TOWARDS
A ZERO-CARBON
FUTURE

MACRO TRENDS AND CORPORATE INITIATIVES
TO CARBON NEUTRALITY

迈向零碳未来

碳中和下的宏观趋势与企业实践

广东中大管理咨询集团股份有限公司 著

企业管理出版社
ENTERPRISE MANAGEMENT PUBLISHING HOUSE

图书在版编目（CIP）数据

迈向零碳未来：碳中和下的宏观趋势与企业实践 / 广东中大管理咨询集团股份有限公司著 . -- 北京：企业管理出版社，2023.2

ISBN 978-7-5164-2818-4

Ⅰ.①迈…　Ⅱ.①广…　Ⅲ.①中国经济－低碳经济－经济发展－研究　Ⅳ.① F124.5

中国国家版本馆 CIP 数据核字（2023）第 022698 号

书　　名： 迈向零碳未来：碳中和下的宏观趋势与企业实践
作　　者： 广东中大管理咨询集团股份有限公司
书　　号： ISBN 978-7-5164-2818-4
责任编辑： 郑小希　陆　淼
出版发行： 企业管理出版社
经　　销： 新华书店
地　　址： 北京市海淀区紫竹院南路17号　　**邮　　编：** 100048
网　　址： http://www.emph.cn　　**电子信箱：** qiguan1961@163.com
电　　话： 编辑部（010）68414643　发行部（010）68701816
印　　刷： 北京天宇万达印刷有限公司
版　　次： 2023年2月 第1版
印　　次： 2023年2月 第1次印刷
开　　本： 700mm×1000mm　1/16
印　　张： 22.75印张
字　　数： 310千字
定　　价： 90.00元

编委会

序言一

谷树忠

（国务院发展研究中心资源与环境政策研究所研究员，全国政协委员）

为积极应对全球气候变暖，倡导构建人类命运共同体，我国提出了“二氧化碳排放力争于2030年前达到峰值，努力争取2060年前实现碳中和”的目标，并陆续出台完善碳达峰碳中和“1+N”政策体系，切实推动碳达峰碳中和目标的实现。能源问题是事关国家安全和国计民生的关键问题，我国是碳排放大国，煤炭能源在我国能源结构中占比高，碳达峰碳中和的实现，将带动我国能源结构的重大调整，对我国经济社会发展将带来全面而深远的影响。围绕碳中和的长远目标，尚有一系列课题需要关注和研究：既定政策如何落地实施？传统高能耗行业如何切实实现低碳零碳转型？基于绿色低碳需求而产生的新技术、新业态、新模式将迎来哪些发展机遇？企业在国家和行业碳达峰碳中和战略进程中如何下好先手棋？

为研判上述问题，该书作者先是选取美国、日本、欧盟等国家和地区作为重点研究对象，从政策脉络视角研究其减碳转型的历程与重要举措，以期总结其经验教训并研判我国碳中和发展趋势；然后，选择电力、钢铁、交通、建材、建筑等5个传统高碳行业，从各重点国家和地区的实践中分析其低碳零碳发展的重点难点，并围绕产业园区这一碳中和实施场景，分析研究生产制造型、物流仓储型、商务办公型等三种产业园区类型的绿色低碳发展的路径；

研判碳排放交易、碳汇、CCUS与绿色金融等绿色低碳工具和技术的发展现状与发展模式，挖掘碳中和目标下新业态、新技术的发展机遇；最后，结合重点行业分析，选取重点企业为研究对象，从战略引领、业务发展、运营管理和组织体系等维度研究不同领域企业低碳转型的路径与模式。相信该书对于相关企业加速低碳转型会有所启迪。

序言二

吴能全
（中山大学管理学院教授，硕士生导师、博士生导师）

气候问题是人类命运共同体建构的重要一环。近年来极端天气事件频繁发生，全球各大经济体纷纷开始探讨推动气候治理。我国提出力争2030年前实现碳达峰、2060年前实现碳中和，是基于推动构建人类命运共同体的责任担当和实现可持续发展的内在要求作出的重大战略决策。

在力求实现碳达峰碳中和目标的背景下，国家、行业、企业的发展均发生了相应的变化。随着国家能源结构与产业结构的调整，行业生态与企业发展向低碳转变，逐步构建人与自然生命共同体。

这本书从宏观层面的双碳目标推进挑战与政策体系，再到传统高碳排放行业的发展趋势研究、碳中和路径，最后到企业的降碳标杆分析，建立起关于双碳的系统分析体系，力求为读者展示双碳概念下的生态体系，也是中大咨询研究院追求其愿景——“咨询生态的价值典范”而迈出的重要一步。

借习近平主席讲话中的一句——“众力并，则万钧不足举也。”愿这本书能够为各位读者增加一丝对于双碳的理解，为读者思考提供一丝素材，明辨自身于生态之定位，笃行生态文明建设之路，共同构建人类命运共同体。

前　言

20世纪80年代开始，由于酷热、干旱、洪水、暴雨、海平面上升等重大气候问题频发，气候问题开始在全球受到广泛的关注。经过政府、学界等多方面的研究与讨论，全球逐步达成了共识，认为全球变暖是引起灾害性气候问题多发的直接原因，而全球变暖的主要原因，是以二氧化碳为主要构成部分的温室气体在大气中的浓度过高。减少二氧化碳排放，成为全球公认的解决气候问题的根本举措。

解决气候问题是与全人类未来命运息息相关的命题，全球已为治理气候变化付出了巨大努力。1992年，国际社会形成了第一个具有法律效力的国际气候合作协议《联合国气候变化框架公约》，确立了“共同但有区别的责任”原则，划分了发达国家和发展中国家的气候减排义务标准。1997年，各国签署了第二个重要的国际气候协议《京都议定书》，对主要发达国家截至2012年减排温室气体的措施做出了具体规定，确定了“自上而下”的强制减排机制。2015年，全球形成了第三个重要的应对气候变化国际法律文本《巴黎协定》，确定了2020年以后的全球气候治理框架，明确“将升温幅度控制在工业化水平2℃，并努力实现1.5℃”的目标。在《巴黎协定》框架下，2020年9月，习近平主席在第七十五届联合国大会上正式提出“双碳”目标，即中国力争2030年前二氧化碳排放达到峰值，努力争取2060年前实现碳中和目标，正式拉开了我国走向碳中和的序幕。

我国作为全球最大的发展中国家，依然肩负着发展经济的重任，且能源结构以化石能源为主，实现碳中和面临多方面的困难。即便节能减排、能耗双控等工作已推进多年，但直接以“碳排放”为管理对象的碳减排工作依然处于初期，政府、行业、企业等主体对于如何开展碳中和工作依然处于探索阶段。为给上述主体开展碳中和提供参考，中大咨询开展了系列研究，本书便是中大咨询对碳中和的初步研究结论与认识。

本书主要从宏观、行业、企业三个视角分析碳中和。

第一章从宏观视角出发看双碳目标。首先从双碳目标提出的背景出发，介绍为什么要减少碳排放，以及减少碳排放对全球和我国的意义；其次从总量、区域、来源等视角分析全球与我国碳排放的现状，介绍全球和我国已经取得的减排成果和未来减排工作中将要面对的挑战；最后对全球主要经济体的碳减排政策体系进行综述，总结归纳各经济体减碳政策的特征与作用路径，并提出对我国建设碳减排政策体系的启示。

第二章从行业视角出发，首先聚焦电力、钢铁、交通、建材、建筑五个碳排放较高的典型行业，讨论这些行业在双碳背景下的发展趋势与减排路径；其次结合具体案例介绍典型的产业载体——产业园区的碳中和路径；最后关注在双碳目标提出后，我国开始运行的全新交易市场——碳排放权交易市场，介绍我国全国和各试点碳排放权交易市场的发展现状，并结合欧盟、美国、韩国的碳排放权交易市场发展历程与发展模式，研判未来我国碳排放权交易市场的发展趋势。

第三章主要聚焦碳汇、CCUS、碳交易和绿色金融三个降低碳排放的辅助手段。本章介绍当前常见碳汇的主要类型和CCUS的发展现状，并阐述碳汇和CCER之间的关联；同时，概述我国绿色金融的概念、发展历程与发展现状，并梳理常见绿色金融工具的发行与适用条件。

第四章从企业视角出发，分别选取电力、钢铁、交通运输、建筑、建材、石化、通信几个领域内的降碳标杆企业，从战略、业务构成、运营方式、组织结构、管理体系等方面系统性分析标杆企业的降碳经验，为行业内的其他企业提供参考。

最后，我们在附录中提供了与碳达峰碳中和相关的各类名词解释，同时总结了企业核算碳排放量的通用方法论，便于读者查阅。

碳达峰碳中和带来的是广泛而深刻的经济社会系统性变革，要求我国的经济发展动能、产业结构、能源结构、技术创新方向、企业生产经营方式做出根本变革，同时还对资本投向、金融市场投融资支持、低碳减排政策体系提出了新的要求，这对政府、企业以及经济社会系统中的每个主体都产生了巨大影响。因此，各行各业需要尽快达成共识，分工协作，以顺利实现双碳目标。

目 录

CONTENTS

附 录

第一章

宏观概览

全球碳排放现状与减碳政策概览

第一节
厘清定义：双碳产生背景与基本概念

“碳”这个关键词指的是什么？

多年来，温室效应不断增强，全球气候出现变化，引起了各方对温室气体排放的强烈关注。二氧化碳是温室气体中最主要的部分，是产生温室效应最主要的原因，因此联合国政府间气候变化专门委员会（IPCC）将碳中和定义为人类活动排放的二氧化碳与人为活动产生的二氧化碳吸收量在一定时期内达到平衡。习近平主席在第七十五届联合国大会一般性辩论上的讲话中提到“二氧化碳排放力争于2030年前达到峰值，努力争取2060年前实现碳中和”，这里的“碳”就是指二氧化碳。

为什么要减少碳排放

自从人类社会进入工业化时代以来，全球碳排放量呈现出逐渐增多的趋势，大量的温室气体导致全球气候变化，对人类赖以生存的自然环境产生了破坏性的影响。为此，各国需要尽快减排，并实现净零排放，保护适宜人类生活的环境。目前，全球已经在控制碳排放的路上取得了一定的进展与技术储备。

碳排放量的增多是气候变化的主要原因

以二氧化碳为主的温室气体不断地大规模排放，是全球气候变化的主要驱动力[①]。全球每年的二氧化碳排放量呈现出上升态势，虽然近几年增长速度

---

① IPCC. Climate Change 2013: The Physical Science Basis[M]. Cambridge: Cambridge University Press, 2014.

放缓，但二氧化碳排放量仍未到达顶峰[①]。全球地表平均气温自1750年以来不断升高，与二氧化碳排放量呈现出相同的变化态势。

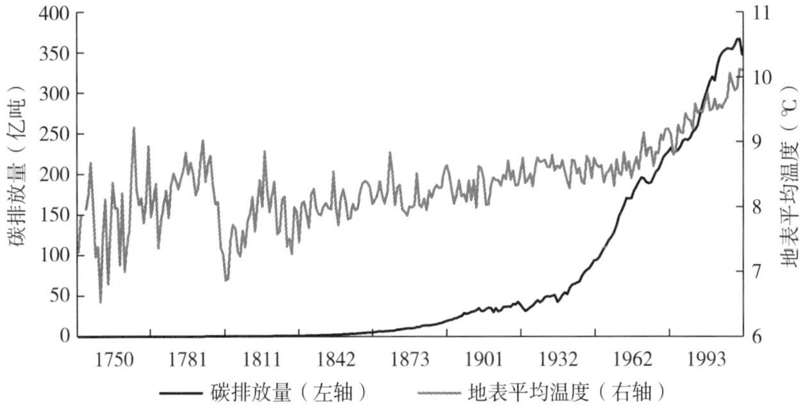

图1-1　1750至2020年全球年度二氧化碳排放量与地表平均温度

数据来源：Our World in Data，Climate Watch；中大咨询分析。

二氧化碳等温室气体的浓度升高会强化其阻挡热量逃逸的能力，形成更强的温室效应，引发温室气体与气候变化的紧密联系[②]。政府间气候变化专门委员会在第5次评估报告中指出，前工业时代以来二氧化碳等温室气体的浓度不断上升，这一现象极有可能是气候变化的主要原因[③]。

《联合国气候变化框架公约》将气候变化的表现归结为三方面：气候变暖、酸雨、臭氧层破坏，三方面的变化均对人类社会产生了巨大的影响。其中，温室效应增强引发的气候变暖对社会发展产生了严重的危害，比如极端天气事件增多、海平面持续上升、农作物生长受影响等[④]。气温上升会使大气环流更加活跃，水蒸发更加旺盛，降雨持续增加，加剧干旱、热浪、洪涝灾害，从各方面危及人类生存。因此，尽快控制住碳排放，实现碳中和，减缓

① Our World in Data. Global emissions have not yet peaked[EB/OL]. (2020-08-21)[2022-07-22]. https://ourworldindata.org/grapher/annual-co-emissions-by-region.

② Lacis A A, Schmidt G A, Rind D, Ruedy R A. Atmospheric CO_2: Principal control knob governing Earth's temperature[J]. Science, 2010, 330(6002): 356-359.

③ IPCC. Climate Change 2014: Synthesis Report[R]. 2015.

④ IPCC. Climate Change 2014: Impacts, Adaptation, and Vulnerability. Part A: Global and Sectoral Aspects[M]. Cambridge: Cambridge University Press, 2014.

全球气候变暖，从而促进人类社会健康发展，是当务之急。

减少碳排放已经具备了一定的基础

目前全球的碳排放大多来自对能源的利用。在全球能源消耗结构中，化石燃料等高碳排放类能源的总体占比呈下降趋势，清洁能源的利用在逐渐增多，这说明从全球视角来看能源结构已经开始转型，在全球范围内实现碳中和有一定基础。

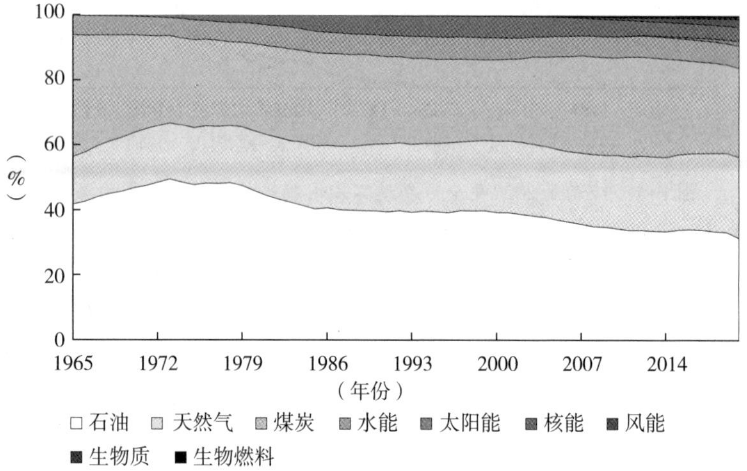

图 1-2 全球能源消耗结构

数据来源：Our World in Data；中大咨询分析。

部分国家与地区已经着手调整能源结构，更取得了一定的成绩。美国、欧盟、英国和中国的能源结构都在优化，特别是英国和中国近几年均保持着较快的能源结构优化速度。

此外，各国均致力于从技术方面对减少碳排放、提高碳吸收进行创新。在碳减排方面，电力脱碳、新能源技术开发、清洁燃料利用等技术已经开始应用；在碳吸收方面，碳捕获装置设置、生物碳汇的发展也能够为各国提供技术支撑。

全球对治理气候变化问题形成共识

不断变暖的气候给人类社会带来了巨大的不利影响，在各方的推动下，各国联合推进气候公约的谈判，并逐渐采取措施，取得了一定进展。

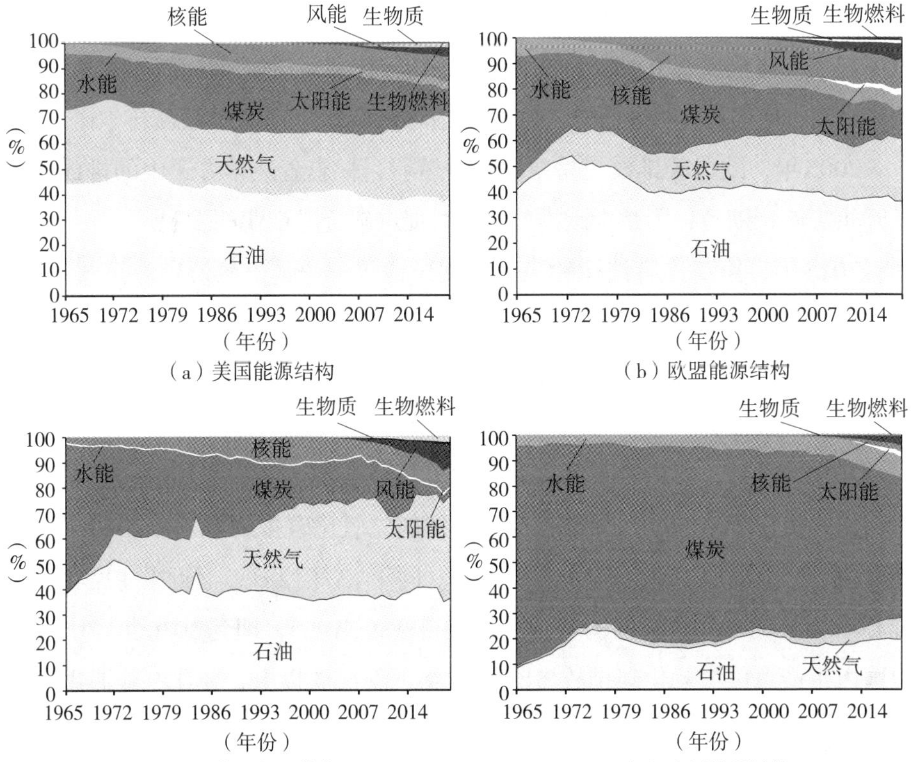

（a）美国能源结构　（b）欧盟能源结构　（c）英国能源结构　（d）中国能源结构

图1-3　美国、欧盟、英国和中国能源结构

数据来源：Our World in Data；中大咨询分析。

1992年，联合国组织签订了《联合国气候变化框架公约》，确定了“共同但有区别的责任”原则，要求发达国家先采取措施控制温室气体的排放，并逐步为发展中国家提供资金和先进技术；而发展中国家在发达国家的帮助下，采取对应的措施减缓或适应气候变化。

1997年，《联合国气候变化框架公约的京都议定书》(《京都议定书》) 达成，并于2005年2月正式生效。其以法规的形式限制温室气体排放，确定了三种灵活合作机制：第一，清洁发展机制，允许发达国家同发展中国家进行项目合作，获得由项目产生的“核证的温室气体减排量”，从而帮助发展中国家实现可持续发展，并帮助发达国家实现减少温室气体排放的承诺；第二，联合履行机制，指的是“附件一所列任一缔约方可以向任何其他此类缔约方转让或从它们获得由任何经济部门旨在减少温室气体的各种源的人为排放或增强各种汇的人为清除项目所产生的减少排放单位”，换言之，合约方各国之间可以通过建立减少温室气体排放或增加碳汇的项目，互相转让温室气体减排量；第三，排放贸易机制，指的是合约方各国之间进行碳排放额度的交易以实现减排承诺。

2005年，欧盟碳排放交易系统开始运行，标志着减排方式中的排放权交易开始实施，助力各国减少碳排放，同时促进碳金融产业的发展。

2015年，第二份有法律约束力的气候协议——《巴黎协定》正式通过，为2020年之后全球应对气候变化的行动做出安排：把全球平均气温较工业化前水平的升高幅度控制在2摄氏度之内，并为把升温控制在1.5摄氏度之内努力；在21世纪下半叶实现温室气体净零排放。

2020年9月，习近平主席在第七十五届联合国大会一般性辩论上发表讲话，正式提出了“3060”双碳目标：中国的二氧化碳排放力争于2030年前达到峰值，努力争取2060年前实现碳中和。同年12月12日，习近平主席在气候雄心峰会上提出我国新的国家自主贡献目标（NDC），即到2030年，中国单位国内生产总值二氧化碳排放将比2005年下降65%以上，非化石能源占一次能源消费比重将达到25%左右，森林蓄积量将比2005年增加60亿立方米，风电、太阳能发电总装机容量将达到12亿千瓦以上。同年12月18日，欧盟提交了新NDC，强调要在2030年实现温室气体排放量较1990年减少55%，在2050年实现碳中和目标。2021年4月22日，美国递交新NDC，指出要在2030年实现温室气体排放量较2005年降低50%～52%，在2050年前实现碳中和。

我国为何需要控制碳排放

应对气候变化

碳排放量不断上升给全球气候造成了巨大影响，我国作为人类命运共同体的一员，也会受到极大影响。我国2019年的碳排放量约占全球碳排放量的27%，因此为了促进人类社会更安全健康地发展，我国有必要控制碳排放。

随着我国碳排放量与地表平均温度的逐渐升高，我国的气候同样出现了较大的变化。根据《2020年中国气候公报》，在气温方面，近年来全国平均高温日数呈现出上升趋势，且极端高温事件偏多而极端低温事件偏少；在降水方面，2020年我国平均降水量较常年多10.3%，暴雨日数较常年多24.1%，此外，全国共出现37次区域性暴雨天气过程，造成了大量经济损失。

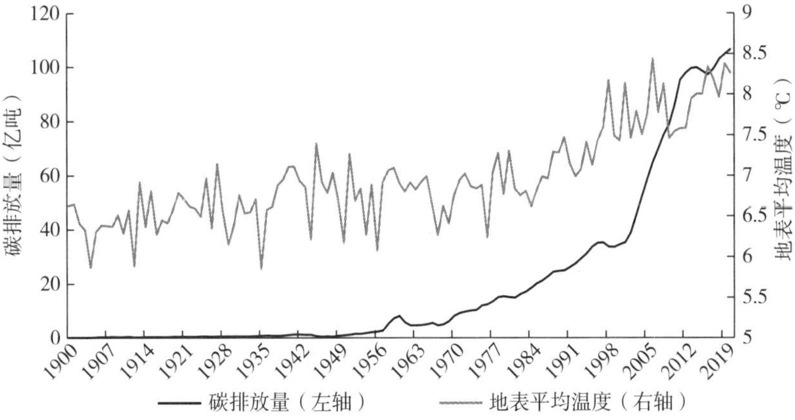

图1-4 1900至2020年我国碳排放量与地表平均温度

数据来源：Our World in Data，Climate Watch；中大咨询分析。

获取国际竞争优势

温室气体的排放造成了严重的经济后果，不仅会阻碍我国的发展，更会直接或间接地威胁到人民的生命财产安全。减少碳排放、实现净零排放是全球范围内不可阻挡的趋势，只有拥有实现“零碳”发展的产业与技术，才能激流勇进，促进全球范围内的绿色发展。推进碳达峰、碳中和目标的实施过程也伴随着各项先进技术的创新以及新兴产业的飞速发展，在这一过程里，我国不仅能够延缓气候变暖、改善生存环境，还能够获得可持续发展的长期机会，帮助我国在未来的国际竞争中获取优势。

美国、英国等发达国家经过多年的发展，在碳排放总量与人均碳排放量两方面均已经实现了碳达峰，进入了达峰之后的下降阶段。究其原因，一方面，发达国家在经济发展达到一定水平后将高碳排放制造业转移到了发展中国家；另一方面，发达国家在新能源利用、清洁燃料利用、高端技术等方面已经有了良好的储备。而我国发展目前仍处于增长阶段，对化石燃料以及高碳制造业的依赖性仍较强，碳排放总量仍在缓慢升高；但是对清洁燃料、新能源技术的应用以及对高碳产业的控制，使我国在人均碳排放方面进入了平台期。

我国近年来对减排持续投入，力求在相关新兴产业开展创新活动，以寻求获取突破性技术，在避免被发达国家卡脖子的同时，将相关新兴技术推广至全球，帮助人类命运共同体尽早实现碳中和目标，减缓气候变暖。

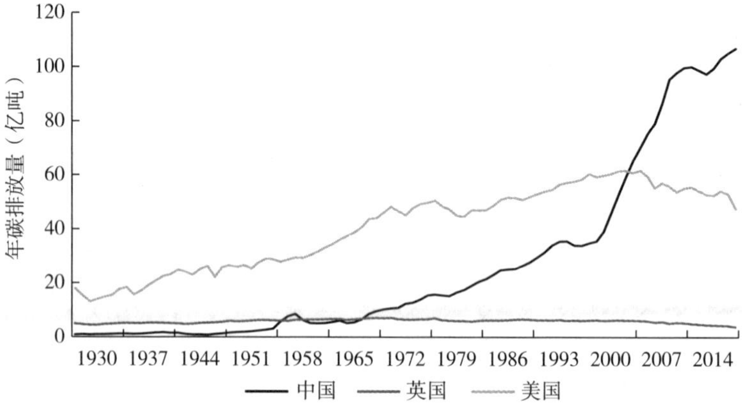

图 1-5　1930 至 2020 年中国、英国和美国碳排放量

数据来源：Our World in Data，世界银行；中大咨询分析。

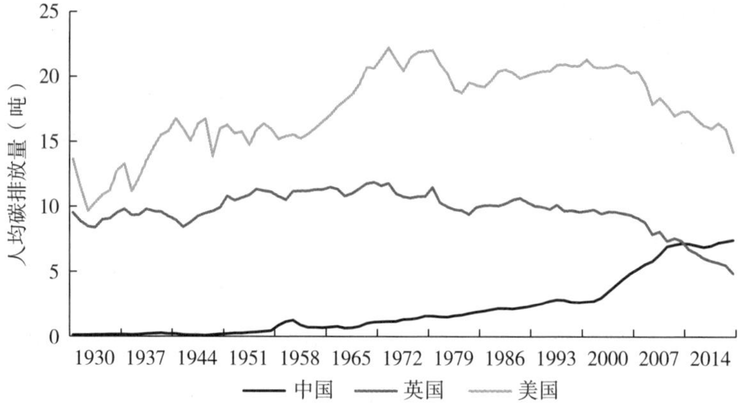

图 1-6　1930 至 2020 年中国、英国和美国人均碳排放量

数据来源：Our World in Data，世界银行；中大咨询分析。

由此，我国提出了双碳目标，促进我国向绿色发展转型，高质量发展绿色经济，应对气候变暖。在第七十五届联合国大会一般性辩论（2020 年 9 月 22 日）上，习近平主席发表讲话，提出“中国将提高国家自主贡献力度，采取更加有力的政策和措施，二氧化碳排放力争于 2030 年前达到峰值，努力争取2060年前实现碳中和"，正式确定了我国的双碳目标。

何为碳达峰和碳中和

碳达峰

碳达峰指碳排放量达峰：二氧化碳排放总量在某一个时期达到历史最高值，之后逐步降低。我国的碳达峰目标为在确定的年份（2030年）实现碳排放量达到峰值，形成碳排放量由上涨转向下降的拐点。碳达峰是碳中和实现的前提，其机理主要是控制化石能源消费总量、控制煤炭发电与终端能源消费、推动能源清洁化与高效化发展①。

碳中和

碳中和即二氧化碳净零排放，指的是人类活动排放的二氧化碳与人为活动产生的二氧化碳吸收量在一定时期内达到平衡②。碳中和有两层含义，狭义上的碳中和即二氧化碳的排放量与吸收量达到平衡状态，广义上的碳中和指所有温室气体的排放量与吸收量达到平衡状态。我国碳中和的目标是在确定的年份（2060年）实现二氧化碳排放量与二氧化碳吸收量平衡。碳中和机理为减少二氧化碳排放与增加二氧化碳吸收。减少二氧化碳排放，需要从生产端与消费端两方面入手。在生产端，调整能源供给结构以减少化石燃料等高碳能源带来的碳排放，同时提高现有资源利用效率以降低能源碳强度；在消费端，推动高碳部门节能增效，同时通过新能源技术优化能源消费结构，最终实现能源消费与经济增长脱钩。增加二氧化碳吸收，需要从提高碳捕集以及增加负排放入手，碳捕集即CCUS（碳的捕集、利用与封存），增加负排放则是通过生物能源与碳捕获和封存、直接空气捕获、造林/再造林等技术从大气中去除和封存二氧化碳。

---

① 刘振亚．实现碳达峰碳中和的根本途径［N］．学习时报，2021-03-15（A8）．

② IPCC. In: Global Warming of 1.5℃[R]. 2018.

实现双碳目标对我国发展具有重大意义

推动经济发展绿色转型

碳达峰标志着碳排放与我国经济发展开始脱钩，经济的发展不再过度依赖于碳排放[①]。其机理是“两控两化”，重点落在能源产业方面，通过加速能源结构转型、促进产业升级，逐步推动绿色经济发展，逐渐降低我国经济发展对高碳产业和高碳能源的依赖，从而迈出经济发展与碳排放脱钩的第一步。

碳中和的实现是我国绿色低碳发展、建立健全绿色低碳循环发展经济体系、促进经济社会发展全面绿色转型的内在要求，碳中和通过转变能源结构、实现产业调整推动我国产业结构转型，迈入可持续发展新阶段，实现经济发展绿色转型。

助力生态文明建设

“十四五”时期，我国生态文明建设进入了以降碳为重点战略方向、推动减污降碳协同增效、促进经济社会发展全面绿色转型、实现生态环境质量改善由量变到质变的关键时期。实现碳达峰的过程是通过能源结构优化、新能源技术发展，形成绿色生产生活方式，进而推动我国生态环境改善。

碳中和实现的过程，本质上是将现在不可持续的低效污染发展模式转变为可持续的绿色、低碳发展模式的过程。因此，碳中和有利于建设人与自然和谐共生的现代化，有利于加速生态文明建设。

维护国家安全

美国、欧盟等发达国家已经实现了碳达峰，正在向碳中和目标迈进，并拥有了一定的新兴技术储备。我国需要高质量实现碳达峰，尽快推动社会发

---

① 胡鞍钢．中国实现2030年前碳达峰目标及主要途径［J］．北京工业大学学报（社会科学版），2021，21（3）：1-15.

展绿色转型，降低对化石能源的依赖，从而避免被西方国家在能源方面卡脖子，加强我国能源安全。

实现碳中和会涉及各方面发展模式的变革，在这一过程中新兴技术的发展极为重要，只有掌握核心技术获得未来新兴产业的主导权，才能够让我国在未来国际竞争中取得优势。

我国应对碳排放增加采取的措施

面对日益严峻的生态环境问题与能源安全问题，我国对气候变化问题认识的逐渐深刻，逐步推进节能减排工作，随着减排工作经验的累积以及国际形势的变化，我国提出了碳达峰碳中和目标。并且在以往节能减排的基础上推出了碳达峰碳中和“1+N”政策体系，来加速调整能源结构、持续优化自然生态，促进实现双碳目标。

完善政策体系

自20世纪90年代开始，我国陆续提出了多项报告、管理条例与管理办法，如《关于加强能源工作的报告》《节能政策技术大纲》《工业企业环境保护考核制度实施办法（试行）》《节约能源管理暂行条例》，以行政手段为主推动节能减排，但是由于不具强制性难以达到应有的效果。

随后我国针对环境问题制定了许多政策法规，颁布了《国务院关于进一步加强环境保护工作的决定》《关于新能源和可再生能源发展报告》《中华人民共和国节约能源法》《重点用能单位节能管理办法》《中华人民共和国大气污染防治法》《能源中长期发展规划纲要》《节能减排综合性工作方案》等，不断提升节能减排工作效果。

在2009年我国提出“到2020年中国单位国内生产总值二氧化碳排放比2005年下降40%～45%”，在2015年提出“到2030年二氧化碳排放相对于2005年降低60%～65%并争取实现达峰”的目标，在这期间出台了《“十二五”控制温室气体排放工作方案》《关于开展碳排放交易试点工作的通知》等相关政策，着力推动碳减排工作。2020年，我国提出双碳目标，正式开始推行碳达峰碳中和“1+N”政策体系，以《关于完整准确全面贯彻新发展理念做好碳达峰碳中和工作的意见》和《2030年前碳达峰行动方案》为主干，我国推行了一系列政策，推动节能降碳工作。

调整能源结构

鉴于碳排放主要来自能源生产相关产业，我国专注于调整能源结构。第一，控制能源消耗总量与强度，施行能耗双控制度。2021年，国家发改委发布《完善能源消费强度和总量双控制度方案》，保持节约能源的基本原则，优化能源使用；提高能源使用效率。自2012年以来，我国能耗强度累计降低24.6%，减少能源消耗量约12.7亿吨标准煤[①]。

第二，推动化石能源清洁利用，降低化石能源碳排放与污染物排放。鉴于我国发展依赖化石能源使用的基本特征，短时间内快速降低化石能源使用并不现实；创新化石能源清洁利用技术，提高化石能源使用过程中的碳吸收率，能够帮助我国在保证能源安全的基础上，逐步实现能源行业脱碳。截至2019年，我国累计实施煤电装机节能改造7.5亿千瓦，拥有超低排放煤电机组约8.9亿千瓦。

第三，大力发展低排放乃至零排放的新能源，提高其在能源消耗中的占比。我国不断出台规划来推动水电、光伏、风电的有序绿色发展，辅以储能系统来实现对化石能源发电的替代，如《2030年前碳达峰行动方案》要求“到2030年，风电、太阳能发电总装机容量达到12亿千瓦以上”。同时，我国要求有序发展核电、生物质能、地热能、海洋能与氢能，全面提升可再生能源利用效率[②]。截至2019年，非化石能源消费比重超过15%，能源加速清洁转型。

优化产业结构

我国加速推动产业结构优化，向绿色低碳产业发展。一方面，我国制定了战略新兴产业的发展规划，引导绿色低碳技术创新，加速绿色低碳产业发

① 人民日报．“十四五”我国单位GDP能耗降低13.5%——加快形成能源节约型社会［EB/OL］.（2021-08-10）［2022-07-22］. http://www.gov.cn/xinwen/2021-08/10/content_5630408.htm.

② 中华人民共和国国务院．中国应对气候变化的政策与行动［R］.2021.

展。2019年，七部委联合印发《绿色产业指导目录（2019年版）》，划清产业边界来引导社会资本投向绿色低碳产业，从而促进绿色产业发展。

另一方面，我国持续优化产能，同时限制“两高”项目的盲目发展，推动传统高耗能高排放产业绿色发展。2016年以来，我国采取相应的举措来解决产能过剩的问题，特别是对钢铁、石化、冶炼、建材等高耗能行业进行严格控制，化解过剩产能并淘汰落后产能。仅钢铁行业在2016年至2018年间就化解了1.5亿吨以上的产能，减少了大量碳排放，高耗能行业持续优化效果明显[①]。

完善生态系统

我国大力加强林草地的培育，提升碳汇能力，从碳吸收端推进解决温室气体过量排放的问题。几十年间，我国持续推进生态系统治理，推行天然林、防护林的保护，施行生态修复工作，巩固并提升生态系统碳汇能力。我国第九次全国森林资源清查结果显示，森林蓄积量较2013年增加24.23亿立方米，增加到141.08亿立方米，森林覆盖率提高至22.96%，碳汇能力逐步提升。

实现双碳目标的路径

强化政策支持

目前大量国家与地区提出了碳中和目标，如美国、欧盟、英国等提出要在2050年实现碳中和，我国提出要在2060年实现碳中和目标。大部分国家基于产业制定了碳中和实现路径，力图通过能源结构调整与产业结构调整来实现碳中和[②]。

全球部分国家的政策路径主要包括五条路径：一是发展清洁能源，同时降低化石能源消耗，调整能源结构，推动能源脱碳；二是降低建筑行业的

① 中华人民共和国生态环境部．中国应对气候变化的政策与行动2020年度报告［R］．2021．
② 人行国际司青年课题组．主要国家实现“碳中和”路线图［N］．第一财经日报，2021-02-04（A11）．

碳排放，推进绿色建筑，实现零碳建筑；三是降低交通运输行业的碳排放，发展新能源汽车等清洁交通工具，提高资源利用效率，发展交通脱碳；四是减少高碳工业的碳排放，利用BECCS技术与CCUS技术加强碳汇并实现碳循环利用，打造低碳工业；五是发展低碳农业，同时提高生物资源的碳汇能力。

对于我国而言，碳排放总量中来自煤炭消耗的比例达到72%，按产业结构划分，电力与供热行业、工业的碳排放量占比分别51%、28%，由此可见我国碳排放主要来源于煤炭能源的消耗，电力行业、供热行业与工业是碳排放的主要行业。有鉴于此，我国实现碳中和的政策路径目前以优化产业结构和能源结构为基础，着力提升能源利用效率，大力发展新能源，促进减排技术的发展，同时利用绿色金融支持碳中和实现①。

调整能源结构

目前全球清洁能源的占比虽然逐渐提高，却仍在20%以下。各国纷纷从能源供给入手，发展清洁能源，提高清洁能源占比，以调整能源结构，逐步推动能源脱碳，进而减少碳排放以实现碳中和。

各国具体实施策略主要从两方面入手。一是降低化石燃料的消耗。在能源消耗结构中化石燃料占比极高，导致能源消耗过程中产生大量碳排放，因此部分国家将降低化石燃料的消耗以弱化对化石能源的依赖视为重要策略。例如，2017年联合国气候大会召开时，英国、法国等20个国家联合美国的两个州共同成立了弃用煤炭发电联盟（The Powering Past Coal Alliance），逐渐淘汰煤炭发电；丹麦停止发放石油和天然气开采许可证，并提出在2050年停止开采化石燃料；美国开始出台政策暂停部分地区的石油与天然气开采活动；我国也在逐步要求不再新建煤炭发电项目，并淘汰老旧燃煤电厂。

二是发展清洁能源，降低能源消耗过程中的碳排放。清洁能源具有资源量丰富、环境友好、可循环的特征，提高清洁能源的利用率是各国调整能源结构的重要途径。法国政府2020年发布新的多年期能源计划，提出到2023年

---

① 李克强．政府工作报告［R］.2021.

实现20.1吉瓦可再生能源发电装机，到2028年实现44吉瓦可再生能源发电装机；德国颁布了《气候行动法》《可再生能源法》，计划提高可再生能源发电量；日本计划提高海上风电装机量，实现氨混合燃料发电，提高氢能发电；美国制定了清洁能源革命计划以支持清洁能源技术创新；我国可再生能源开发利用规模已居世界首位；欧盟提出了清洁能源计划与《欧盟氢能战略》，推动清洁能源的发展，还提出了新的提案，要求到2030年可再生能源占欧盟最终能源消耗的40%。

创新降碳技术

对于工业、建筑、交通运输等耗能行业而言，创新并应用降碳技术是推动行业低碳发展的基本途径。第一，实施低碳改造，对高排放生产设备、建筑设施、交通设施等，依托低碳技术实现绿色升级；第二，推行新能源应用技术，如发展新能源汽车，推动交通运输低碳化；第三，利用数字化技术提高效率，如欧盟发布了《可持续与智能交通战略》，提出构建自动化的多式联运体系，优化运输模式，提高利用效率，同时部署自动汽车、无人机来提高交通系统的智能化程度；第四，发展循环利用技术，对工业材料、废弃物进行循环利用，降低碳排放强度，如我国印发《"十四五"循环经济发展规划》，构建资源循环型产业体系，提高资源利用效率；第五，目前各国创新碳捕集、利用与封存技术（CCUS）、生物能源与碳捕集和储存技术（BECCS）、直接空气碳捕集技术（DAC），对各生产过程产生的二氧化碳等温室气体进行捕集并再次利用，从而提高资源使用效率，减少碳排放。

增强生态碳汇

在增加碳吸收方面，各国主要通过增加本国碳汇能力来增加碳吸收。比如英国推动"林地创造资助计划"，提高本国林地面积；美国发布《美国农林部智能气候体系》，通过森林管理、保护和恢复国有森林来增加碳汇能力。我国在《中共中央国务院关于完整准确全面贯彻新发展理念做好碳达峰碳中和工作的意见》中将提升生态碳汇能力作为重要的碳达峰碳中和实现途径，通过生态修复、国土规划等举措来巩固并提升生态系统碳汇能力。

发展绿色金融

在《京都议定书》中，碳排放权交易体制是重要的减排机制之一。自《京都议定书》生效后，碳交易市场开始快速发展，绿色金融迅速推进，助力各国实现碳中和。欧洲、美国等国家或地区陆续设立了碳排放交易市场，将碳排放权与减排措施实现的减排额度进行量化并形成指标，在市场上交易，提高全球整体的减排能力。

同时，绿色金融不断发展，通过绿色信贷、绿色税收支持各行业新兴技术，助力各行业实现碳中和。欧盟推出了《欧盟可持续金融分类方案》《欧盟绿色债券标准》等文件，推动欧洲绿色金融的发展，此外还有提案提出“到2026年开始设立碳边境税”等具体目标；美国通过制度保障与金融创新，优化绿色金融资金的使用。

温室气体过量排放带来的气候变化问题亟待解决，全球各经济体已逐渐形成共同治理气候的共识，纷纷提出了碳中和目标。在气候问题愈发受到重视的背景下，我国也在2020年提出了自己的碳达峰碳中和目标，投身于全球气候治理的大趋势。我国已从政策体系、能源结构、产业结构、自然生态等方面做出了降碳工作，有力地推进了我国碳达峰碳中和进程，但是未来仍需从政策、能源、技术、碳汇、绿色金融等方面持续开展双碳工作。

第二节
现状概览：世界碳排放现状与问题分析

全球碳排放具有一些显著特征。当前全球年度碳排放总量达320亿吨，从地域看，碳排放主要来源于亚洲，其中我国碳排放总量约107吨，是主要碳排放国之一；从产业看，供能产业、制造产业和建筑业、交通运输业等产业是全球的主要碳排放来源。当前全球的减碳工作也面临着能源结构调整时间长、节能减碳技术不够成熟等问题带来的挑战，而中国作为依然担负着更高发展需求的发展中国家，面临的降碳难度更高。

全球碳排放现状概览

总量视角

20世纪70年代至今，全球碳排放与全球经济发展基本呈正相关。随着全球经济发展，碳排放总量和人均碳排放均有大幅增长。

从排放总量和增速来看，全球碳排放量与经济总量呈现同步上升趋势，但增速近年来有所放缓。经济总量与碳排放同步增长的原因是经济增长加大了各经济部门对电力、石油等能源的需求，而电力生产、石油、天然气等化石能源使用都会产生大量碳排放。经济衰退时期，能源使用量下滑，碳排放量也出现阶段性下滑，如2008年经济危机、2020年新冠疫情，都带来了阶段性的碳排放量下降。2018年，全球碳排放量达到了目前为止的最高值340.5亿吨，是1965年的3倍。增速方面，随着气候问题逐步成为全球共识，各国纷纷采取措施控制碳排放，碳排放增速开始放缓，直到2019年，全球碳排放增长率已接近0。

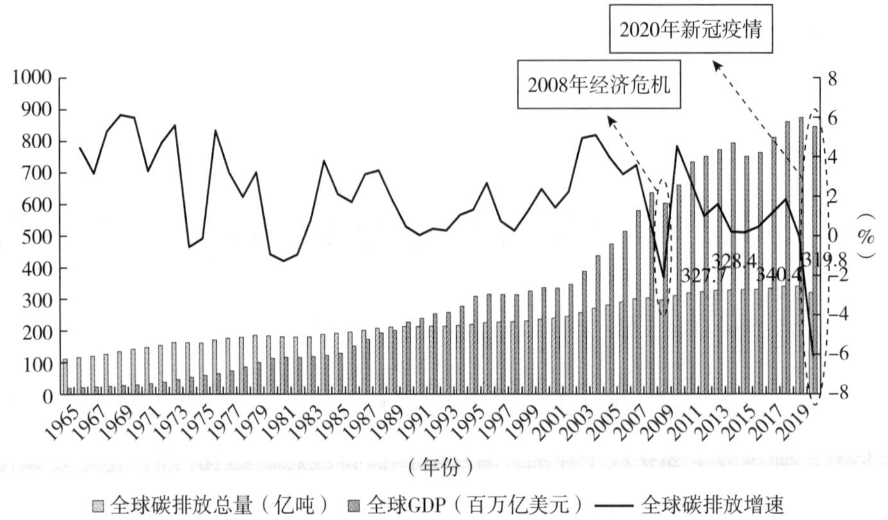

图1-7　全球二氧化碳排放与GDP走势图

数据来源：Our World in Data，World Bank；中大咨询分析。

从人均碳排放量来看，全球人均碳排放量和全球碳排放量基本呈现出相同的变化趋势，在波动中逐渐增长。2020年，全球人均碳排放量达到4.47吨，较1971年增长了9%。

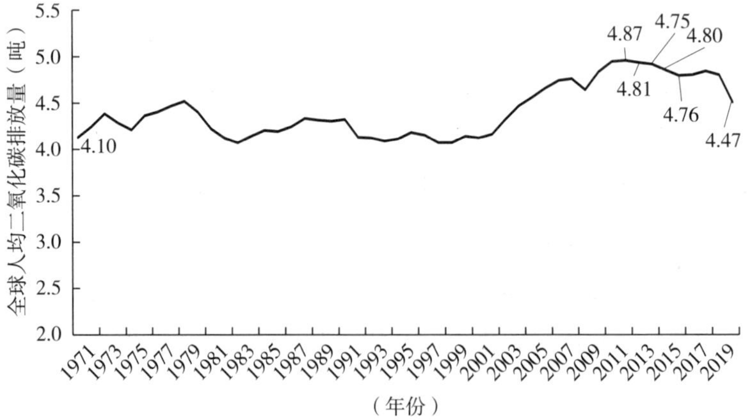

图1-8　全球人均二氧化碳排放量

数据来源：Our World in Data；中大咨询分析。

区域视角

从区域结构来看，亚洲在中国、日本等国家经济增长的驱动下，碳排放量快速增加，逐步成为世界第一大碳排放地区；北美洲、欧洲的碳排放量则逐步走低，进入负增长阶段。大洋洲、非洲、南极洲由于碳排放量极小，此处不进行分析。

从区域碳排放总量来看，亚洲是当前世界第一大碳排放地区，碳排放量远超其他区域。造成这一现状的主要原因是“二战”后很多亚洲国家开始进行大规模经济建设，随着中国、日本、韩国、印度等国家经济快速发展，对能源、工业产品等的需求剧增，带动了碳排放量的快速增长。亚洲在1985年超过北美洲，在1992年超越欧洲，成为世界碳排放最多的地区；亚洲的碳排放量从1965年的16.46亿吨增长到2020年的203.17亿吨，增长超过12倍。欧洲和北美洲的年度碳排放量大体上从2008年前后开始逐渐减少。

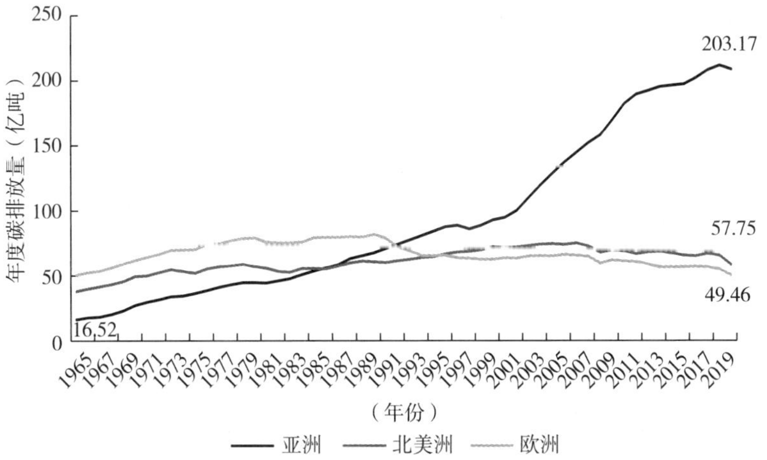

图1-9　主要碳排放区域年度碳排放走势图

数据来源：Our World in Data；中大咨询分析。

从区域碳排放增速来看，亚洲增速开始进入下行通道，欧洲、北美洲已经保持在负值。亚洲在2011年以前除个别年份外都保持着高增速，随着各国逐渐重视碳排放问题，2011年以后增速进入下行阶段；而欧洲在1990年以后碳排放增速多保持在负值，北美洲在2007年后增长率多保持在负值。

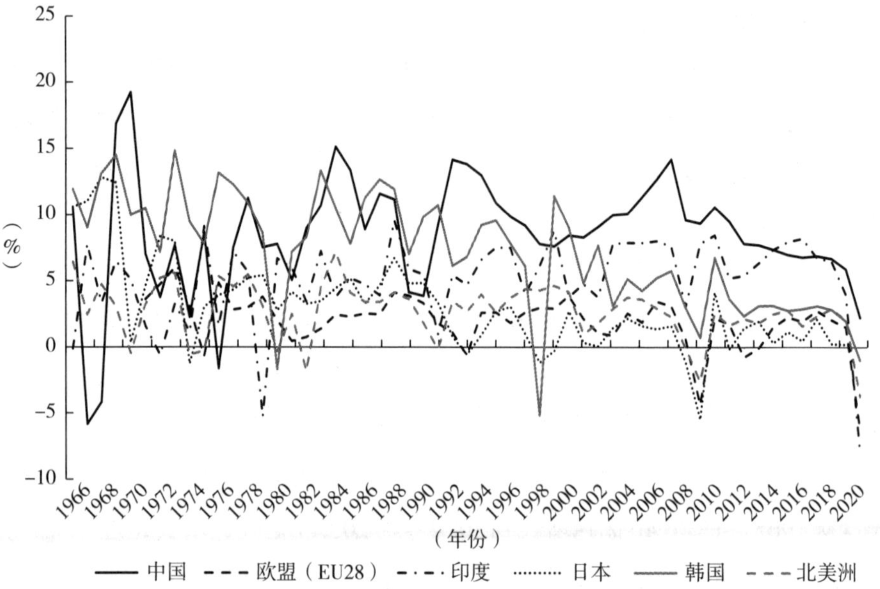

图 1−10　各区域经济增速走势图

数据来源：World Bank；中大咨询分析。

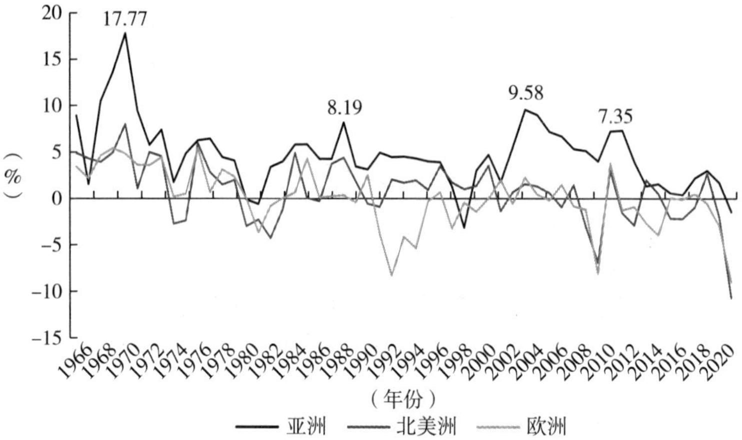

图 1−11　主要碳排放区碳排放增速

数据来源：Our World in Data；中大咨询分析。

来源视角

从排放来源看，供能产业、交通运输业、制造产业和建筑业是碳排放的最主要来源，可以预见这些领域是未来减排的关键点。

供能产业是全球主要的碳排放来源。目前全球电力行业依然以煤炭、石油、天然气等化石燃料燃烧作为最主要的发电方式，供热产业也以燃烧化石燃料作为主要的供热方式，而化石燃料燃烧会带来大量碳排放。2019年，全球供能产业产生的碳排放达到了140.68亿吨，占全球当年碳排放量的41.8%。

交通运输业是全球第二大碳排放来源。目前陆上交通、航空、航海依然以燃油作为最主要的动力来源，对燃油的高需求也会带来大量碳排放。

制造产业和建筑业是另一个重要的碳排放来源。钢铁冶炼、化工制造、采矿、建筑等行业对能源需求量大，生产过程中原材料分解也会带来碳排放。

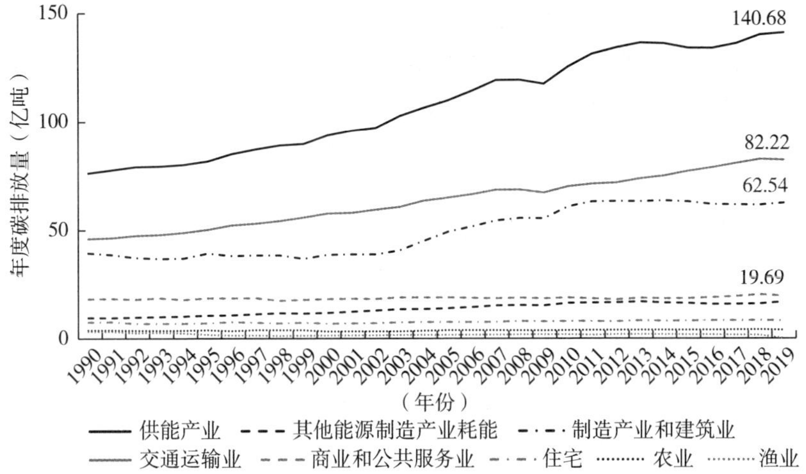

图1-12　全球各类经济活动年度碳排放量

数据来源：IEA；中大咨询分析。

减排成就

面对碳排放快速增长带来的威胁，世界各国采取了立法、政策宣誓等措施开展减排行动，包括中国在内的主要碳排放国家设置了实现碳中和的目标时间。

在经济发展方式转变、产业结构调整、实施减排措施等多种因素影响下，截至2019年，全球有49个国家已经实现了碳达峰，这些国家的碳排放量之和占全球碳排放总量的36%。在1990年以前实现碳达峰的国家，除挪威和德国，主要是苏联加盟共和国和东欧国家，1990年以后的经济衰退和转型导致了它们的碳排放在达到峰值后下降。1990年至2000年间碳达峰的国家，包括法国、英国等工业化、城镇化进程接近尾声的主流发达国家，也包括卢森堡、瑞典、芬兰等以服务业为主的中小经济体。2000年至2010年间碳达峰的国家类型与上个

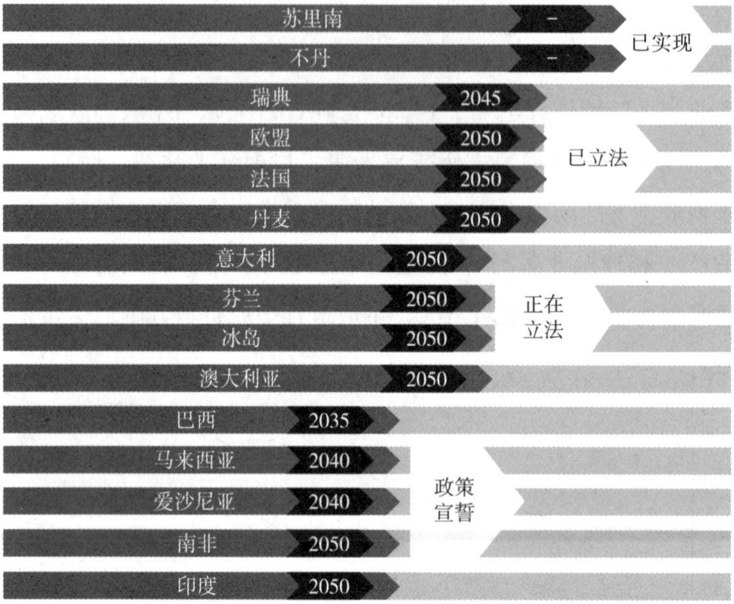

图 1–13 部分制定碳中和目标地区及时间表

资料来源：众诚智库，《2021 碳达峰碳中和研究报告》。

十年的国家类型基本相同，在此期间美国实现了碳达峰，经济增长与碳排放开始脱钩。其他依然处在工业化进程、产业结构调整过程中的国家，碳排放将继续增加。

表 1–1　　碳达峰国家名单

实现/预计碳达峰时间	国家名称
1990年前	阿塞拜疆、白俄罗斯、保加利亚、克罗地亚、格鲁吉亚、捷克、爱沙尼亚、德国、匈牙利、哈萨克斯坦、拉脱维亚、摩尔多瓦、挪威、罗马尼亚、俄罗斯、塞尔维亚、斯洛伐克、塔吉克斯坦、乌克兰
1990年至2000年	法国、立陶宛、卢森堡、黑山共和国、英国、波兰、瑞典、芬兰、比利时、丹麦、荷兰、哥斯达黎加、摩纳哥、瑞士
2000年至2010年	爱尔兰、密克罗尼西亚、奥地利、巴西、葡萄牙、澳大利亚、加拿大、希腊、意大利、西班牙、美国、圣马力诺、塞浦路斯、冰岛、列支敦士登、斯洛文尼亚
其他国家预计实现	预计马耳他、新西兰、韩国在2020年左右实现碳达峰；预计中国、马绍尔群岛、墨西哥、新加坡在2030年左右实现碳达峰

资料来源：世界资源研究所，公开资料；中大咨询分析。

未来挑战

尽管减排行动已经取得了一定成就，但在能源结构、碳汇技术发展程度、各国对减排重视程度不同等因素影响下，全球减排问题依然面临着严峻挑战。

一是世界能源结构调整需要一定时间。目前世界能源消耗依然以燃烧产生大量碳排放的化石能源为主，2021年石油、天然气、煤炭三者消耗占比达到全球一次能源消耗总量的84%左右，在短时间内剧烈调整能源结构，降低化石能源占比，提升可再生能源比例，存在巨大挑战。

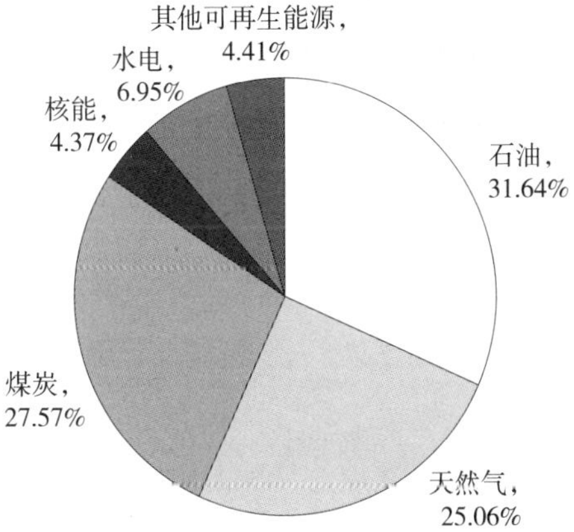

图1-14 2021年全球各类一次能源消耗结构

数据来源：IEA；中大咨询分析。

二是碳汇技术的发展处于初期阶段。碳汇技术尚未取得突破性进展，目前还没有大规模商用的标志性项目出现，且成本较高，当前阶段对减排技术贡献度有限。

三是世界各国减排强度不同，减排能力存在差异。当前世界各国对碳排放的紧迫程度有不同理解，采取的减排措施力度不同。英国、日本、欧盟、韩国、美国加州通过了应对气候变化的专项法律，但法律实施力度尚未明了；部分国家采取了政策宣誓，但缺乏实施的政策文件；更多国家并没有出台有实际效用的减排措施。另外，国家之间经济发展水平、资源禀赋、技术发展程度不同，减排的能力也存在差异，可再生能源少、技术水平较弱的国家难以有效减排。

中国碳排放现状概览

总量视角

作为过去30年世界经济发展最强劲的动力源之一，从排放总量看，中国的碳排放与经济水平呈现出同步快速增长的态势。中国自1970年以来碳排放量随着经济增长而同步抬升，在此后30年间基本保持着5%左右的增速；2001年入世后，我国经济迎来另一个快速增长周期，在2001年至2010年期间，碳排放和GDP之间存在明显的正向变动关系，增速大幅上行，部分年份增速达到了10%以上；直至2011年以后，我国环保政策趋严，碳排放增速才开始下行。从1970年到2020年，我国碳排放量从9.1亿吨增长到106.7亿吨，增长约12倍，这也从侧面说明，这一阶段我国的经济增长主要还是靠着粗放型的资源消耗带动。

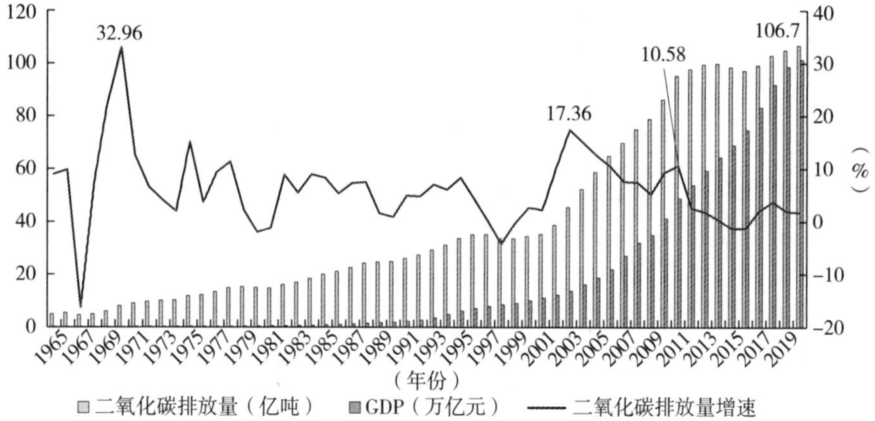

图1-15 中国二氧化碳排放量与GDP走势图

数据来源：国家统计局，Our World in Data；中大咨询分析。

与中国相比，美国的GDP增长与碳排放增长已经实现了脱钩。对比中国，美国在1971年至2007年间增速基本维持在5%以下，且部分年份增速为负值，并最终在2007年实现碳达峰，此后碳排放开始在波动中下滑，与GDP增长基本脱钩。这是由于美国GDP增长已经主要由消费和科技创新拉动，并在发展过程中逐渐将高碳排放产业向国外转移。

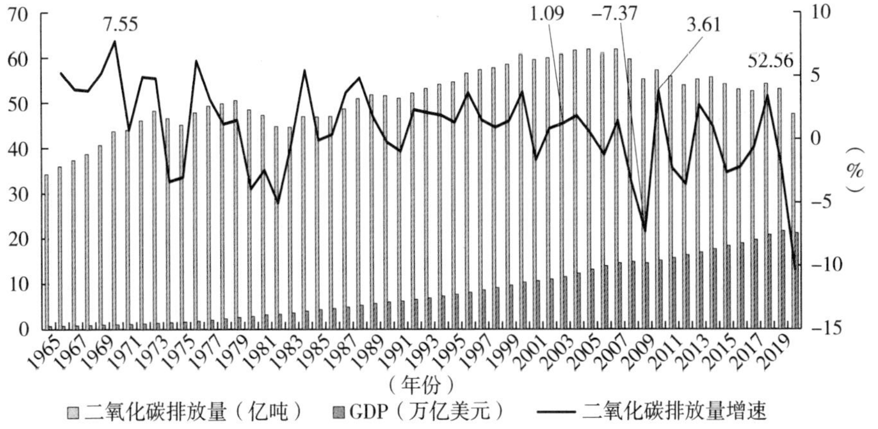

图1-16　美国碳排放量与GDP走势图

数据来源：Our World in Data，World Bank；中大咨询分析。

从排放占比来看，中国自1970年以来，年度碳排放量占全球比重一路走高，在2003年超越欧盟，2005年超越美国，2020年达到了30%，目前已成为碳排放量最大的国家。除中国以外，印度是另外一个占比逐步走高的国家。

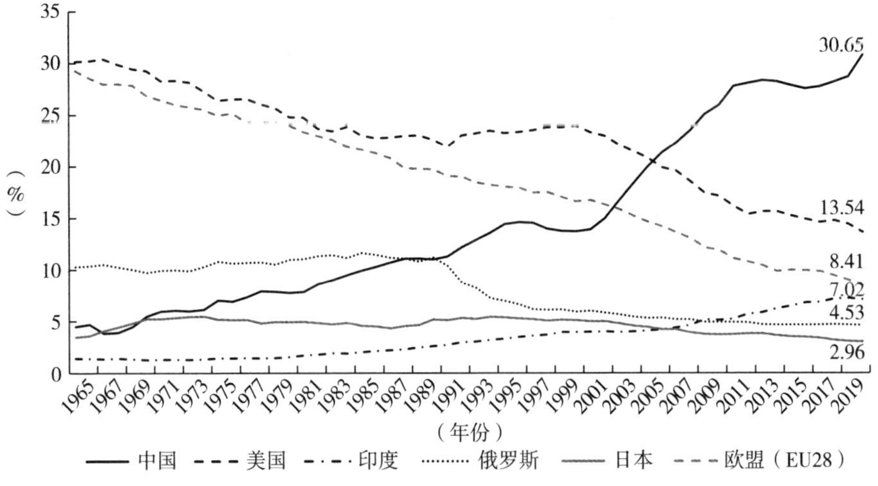

图1-17　主要碳排放经济体二氧化碳排放占全球比重

数据来源：Our World in Data；中大咨询分析。

从增速来看，中国碳排放增速目前进入放缓阶段。2011年后，随着环保意识的增加、相关政策的出台与推行以及节能减排技术的开发，中国的年度碳排放量增速开始快速下行，甚至在2015年与2016年达到负增速，减排取得了一定进展。与此同时，美国、欧盟、日本的年度碳排放增长率现已基本保持在负值区间；随着欧盟、美国、日本均承诺在2050年实现碳中和的目标，预计未来负增长的势头将进一步延续。

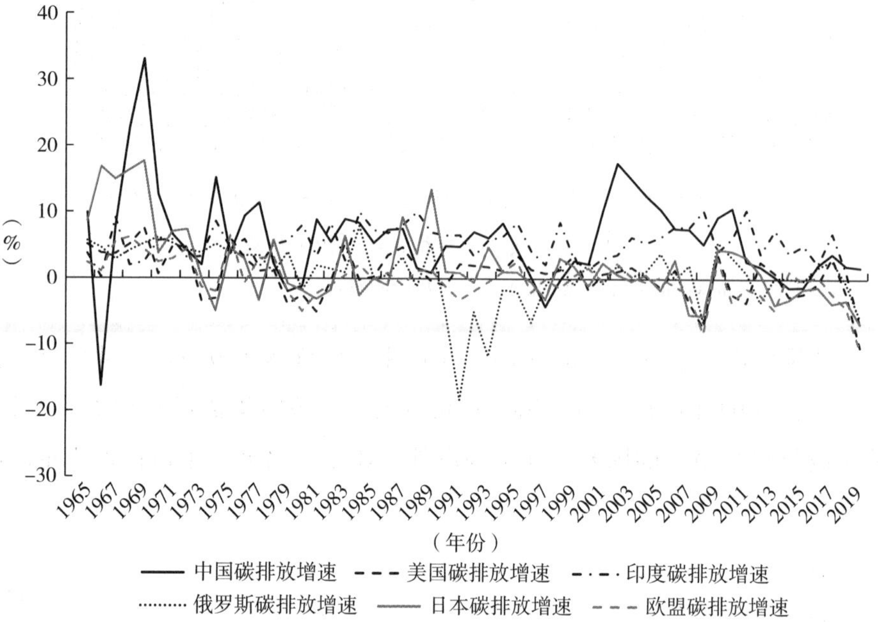

图1-18　主要碳排放经济体碳排放增速

数据来源：Our World in Data；中大咨询分析。

从累计排放来看，我国碳排放累计占比依然处于上升阶段。截至2020年，全球已经累计排放了超过1.7万亿吨二氧化碳，其中美国累计排放0.42万亿吨，占全球累计排放的25%，欧盟累计排放占比22%，中国占比约14%。从累计排放角度看，中国并不是二氧化碳排放的最大贡献者，发达国家在工业化进程中的累计碳排放量远超中国。

从人均二氧化碳排放来看，我国人均碳排放量低于主要发达国家。中国人均碳排放在2006年达到了全球平均水平，在2014左右达到了欧盟水平，2020年我国人均碳排放量为7.4吨/人，依然远低于美国的14.2吨/人、俄罗斯的10.8吨/人、日本的8.2吨/人。从人均排放量来看，中国同样不是碳排放最大的贡献者。

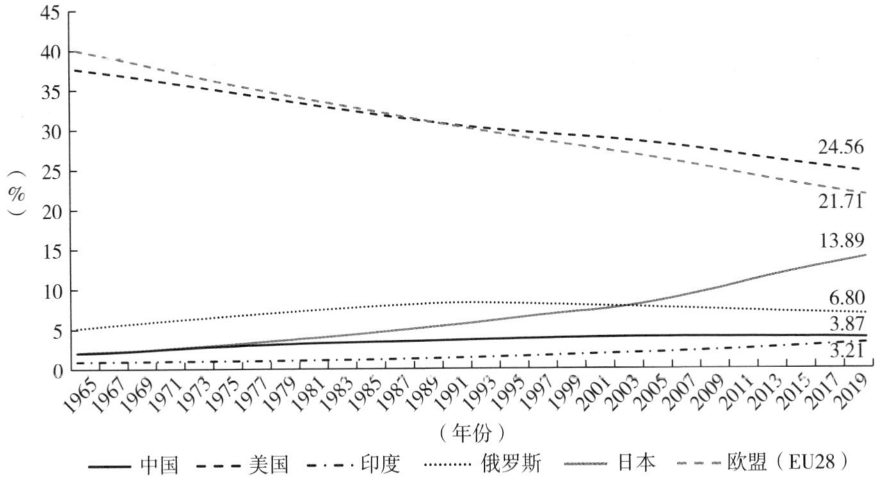

图1-19　主要碳排放经济体累计排放占比

数据来源：Our World in Data；中大咨询分析。

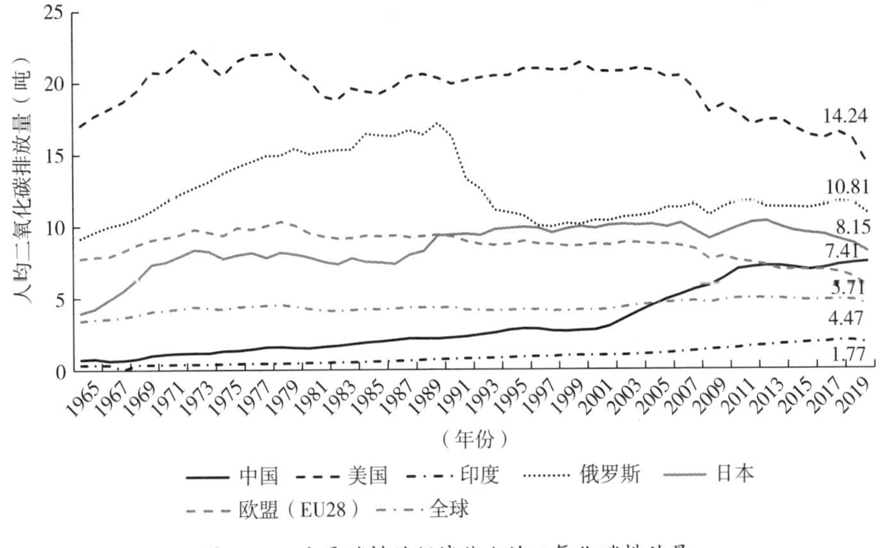

图1-20　主要碳排放经济体人均二氧化碳排放量

数据来源：Our World in Data；中大咨询分析。

来源视角

从排放来源看，主要电、热生产活动是我国第一大碳排放来源，且占比有增加趋势；制造产业与建筑业作为第二大排放来源，占比逐渐降低；交通运输业是第三大排放来源，占比平缓提升。主要电、热生产活动的碳排放主要来源于化石燃料燃烧，排放占比超过一半。从1990年开始，随着我国经济快速增长，对能源的需求量一路走高，主要电、热生产活动碳排放量迅速提升，2019年碳排放量达到52.38亿吨。制造产业与建筑业碳排放在我国工业化

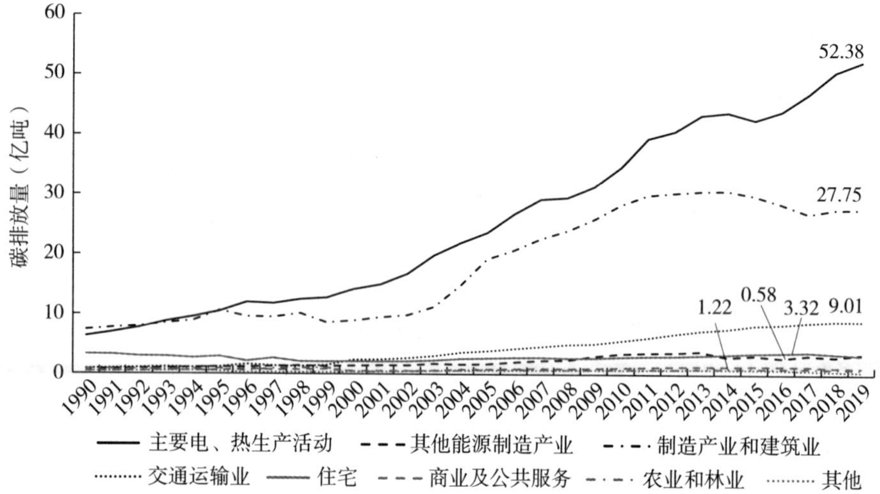

图1-21 中国历年各类经济活动碳排放量

数据来源：IEA；中大咨询分析。

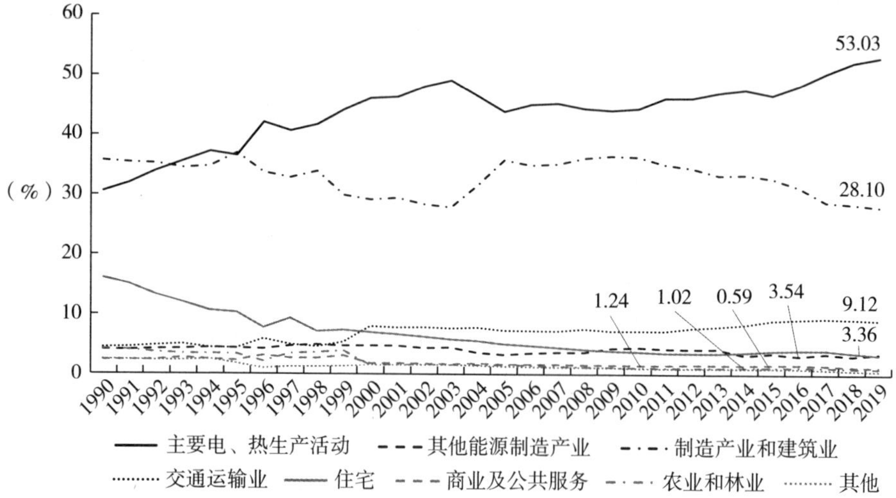

图1-22 中国历年各类经济活动碳排放占比

数据来源：IEA；中大咨询分析。

不断深化的过程中快速抬升，在2011年左右达到峰值30亿吨。此后，随着我国产业结构调整，第二产业比重走低，制造产业与建筑业碳排放总量开始下降，占比也随之下滑，2019年制造产业与建筑业碳排放共27.75亿吨，占比约28%。交通运输业的碳排放主要来源于交通运输工具燃料燃烧，随着经济增长，对交通运输的需求不断增加，预计交通运输业的碳排放将会继续保持增长趋势，占比也将提升。

对比其他经济体，我国碳排放与欧美发达经济体存在一定差异，供能产业、制造产业与建筑业相对占比较高，交通运输业占比远低于其他国家。我国供能产业占比显著高于欧美发达经济体，一方面说明我国经济增长动力更为强劲，对能源需求量更大，另一方面也说明我国的能源结构不尽合理，能源使用效率较低。制造产业与建筑业占比较高是由于我国目前依然处于产业结构调整、工业化深化过程当中，第二产业整体占比更高，因此这部分碳排放占比远高于其他国家，也高于全球平均水平。我国交通运输部门碳排放量占比远低于其他发达国家，同样低于全球占比25%，随着经济增长，交通运输需求必然会增加，交通运输领域可能面临较大的碳排放上行压力。

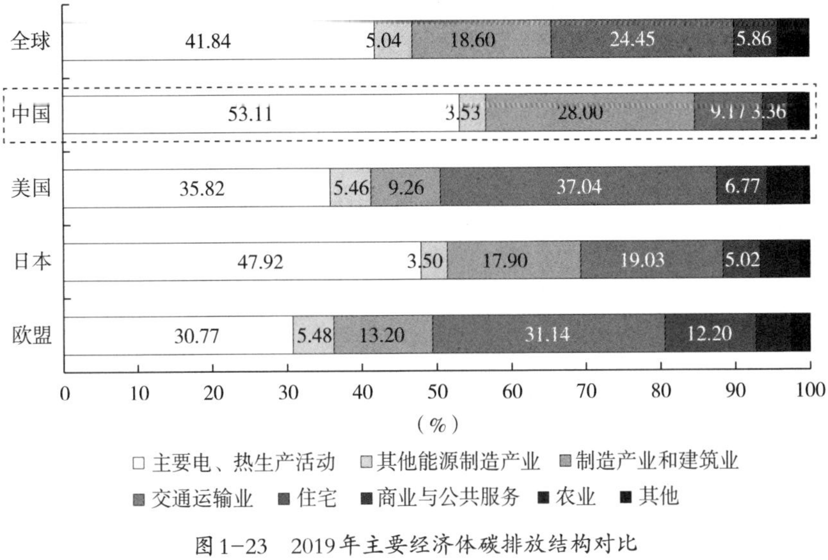

图1-23　2019年主要经济体碳排放结构对比

数据来源：IEA；中大咨询分析。

减排成就

为减少碳排放，我国不断加码碳减排目标，并实现了我国向国际社会承诺的2020年碳减排目标。

2005年，我国第一次提出了碳减排目标，承诺我国将在2020年实现碳排放强度比2005年下降18%，非化石能源占一次能源比重达到15%左右，森林蓄积量比2005年增加13亿立方米；2015年，我国提出了到2030年的自主行动目标，提出碳排放在2030年左右达到峰值并尽早达峰，碳排放强度比2005年下降60%～65%，非化石能源占一次能源消费比重达到20%左右，森林蓄积量比2005年增加45亿立方米左右；2017年，我国提出2050年，我国能源消费总量基本稳定，非化石能源占比超过50%，清洁能源率达到50%，终端电气化率达到50%；2020年我国正式提出双碳目标，并提出到2030年，碳排放强度比2005年下降65%以上，非化石能源占一次能源比重达到25%左右，森林蓄积量将比2005年增加60亿立方米，太阳能发电总装机容量达到12亿千瓦以上。

对比其他经济体，美国、欧盟、日本碳排放强度均低于世界平均水平，而中国近60年的碳排放强度明显高于世界平均水平。20世纪90年代以来我国碳排放强度开始下行，近年来我国经济向高质量发展转型，在一系列政策要求和产业结构调整的背景下，我国碳排放强度开始向世界平均水平接近，并

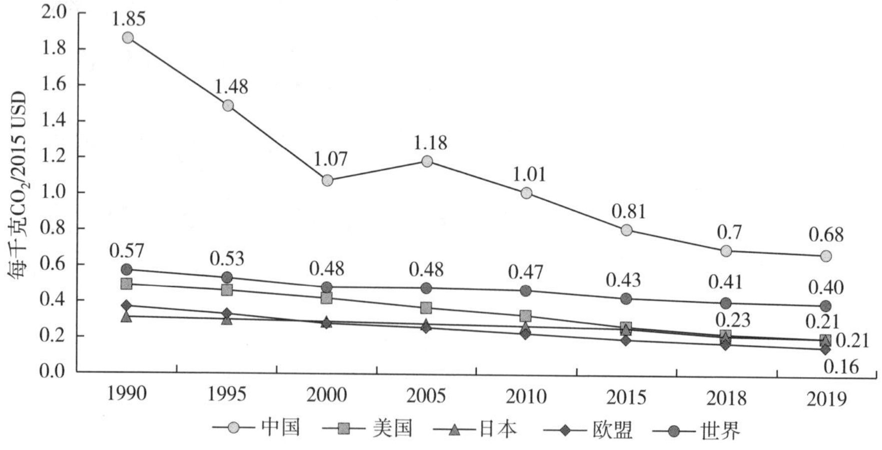

图1-24 全球主要碳排放经济体1990—2019年碳排放强度走势图

数据来源：IEA，World Bank；中大咨询分析。

在2020年底之前实现了较2005年下降42.7%，超额完成了中国向国际社会承诺的2020年目标。在经济持续高质量发展的背景下，我国的碳排放强度将进一步向世界发达经济体靠近。

未来挑战

尽管我国的碳减排已经取得了一定成绩，但实现双碳目标对于我国依然富有极大挑战性。

从经济发展视角看，中国依然具有较大的经济增长需求，因此，面临着比其他国家更严峻的脱碳挑战。我国当前仍处于城镇化进程中，具有很重的经济发展和民生改善任务，目前的人均GDP和城镇化率远低于发达国家碳达峰时的水平，因此在实现双碳目标方面，与其他发达国家相比，面临着更加严峻的挑战。

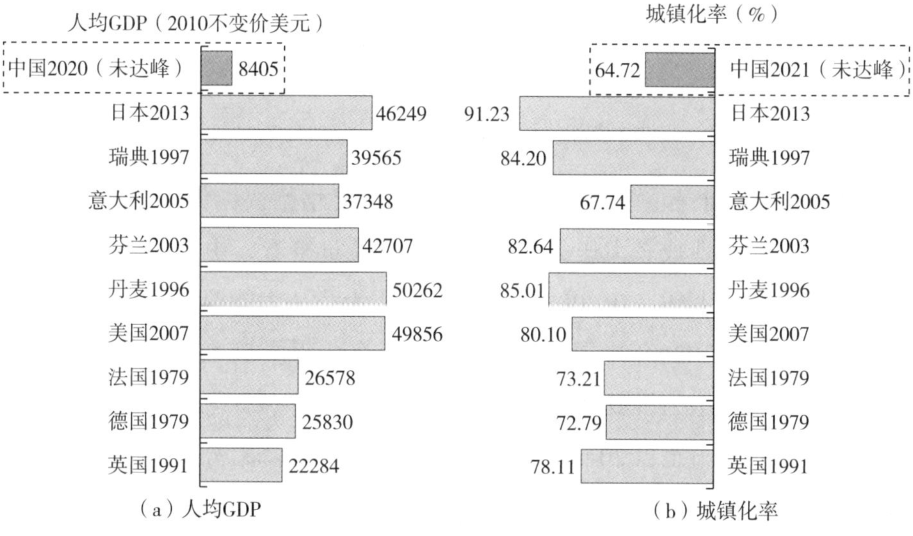

图1-25　部分碳达峰国家达峰时人均GDP与城镇化率

数据来源：Our World in Data，World Bank；中大咨询分析。

从产业结构视角看，我国工业占比较高的产业结构特点造成了对能源的高需求，对碳减排造成了阻碍。发达国家在碳达峰时，工业增加值占GDP比重基本在30%以下，第一、第二、第三产业发展较为均衡；2021年我国工业占GDP比重达到32.58%，产业结构显然还有调整空间。作为高耗能产业，较高比重的工业带来了高能源需求，工业能源消耗在我国能源消耗量中占据了超过

60%的比重，即使占比逐年下滑，2019年依然超过66%。结合我国以化石能源为主的能源结构，工业生产活动带来大量碳排放，阻碍了碳减排的过程。

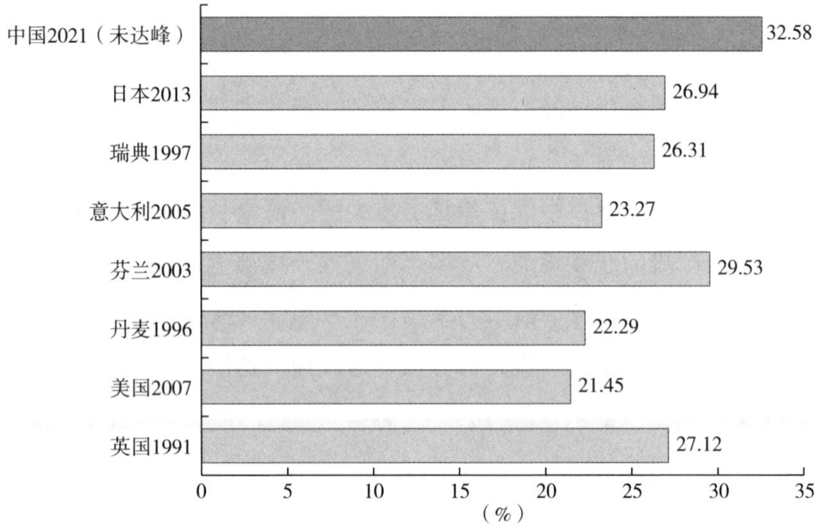

图1-26　部分碳达峰国家达峰时工业增加值占GDP比重

数据来源：World Bank；中大咨询分析。

从能源结构来看，我国一次能源消耗量大且增幅快，化石能源占比高，对实现双碳目标造成较大压力。从能源消费总量来看，中国一次能源消费总量庞大且快速上涨，在2008年超越美国成为第一大能源使用国。从能源消费结构来看，2020年中国能源消费占比排名为煤炭56.8%、石油18.9%、水电风电等一次电力及其他能源15.9%、天然气8.4%，化石燃料占比达到84.1%，尽管2016至2020年间化石燃料总占比呈下降趋势，但以化石燃料为主的能源结构短时间内难以改变，依然会带来巨量的碳排放。实现双碳目标要求中国调整能源结构，提升清洁能源和可再生能源占比。

与其他国家相比，我国实现双碳目标面临着减排时间短、减排量大的巨大挑战。结合我国经济发展需求，预计未来一段时间，我国碳排放仍然将维持小幅的增长趋势，而碳排放量较大的电力、供热、制造业、建筑业、交通运输业等领域将成为控制碳排放的重点领域。随着我国整体向高质量发展转型，产业结构与能源结构逐步调整，碳汇技术与绿色金融快速发展，我国将逐步走向碳达峰、碳中和。

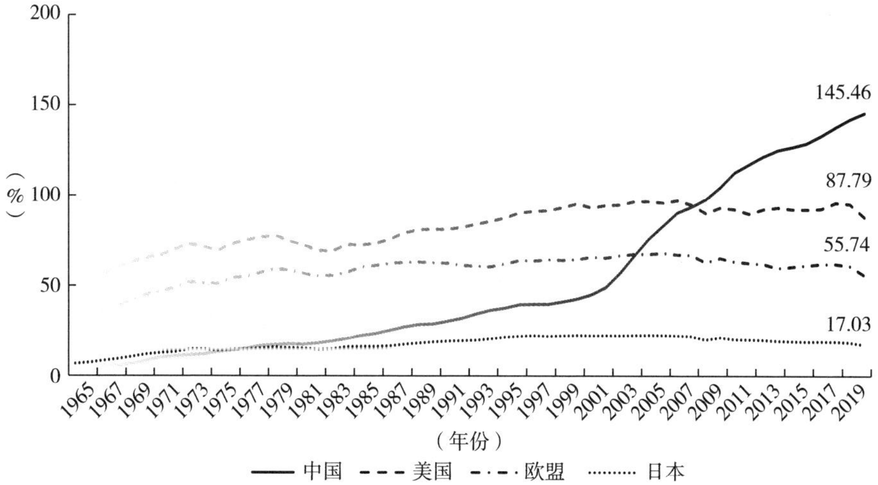

图1-27 主要碳排放经济体一次能源消费量

数据来源：IEA；中大咨询分析。

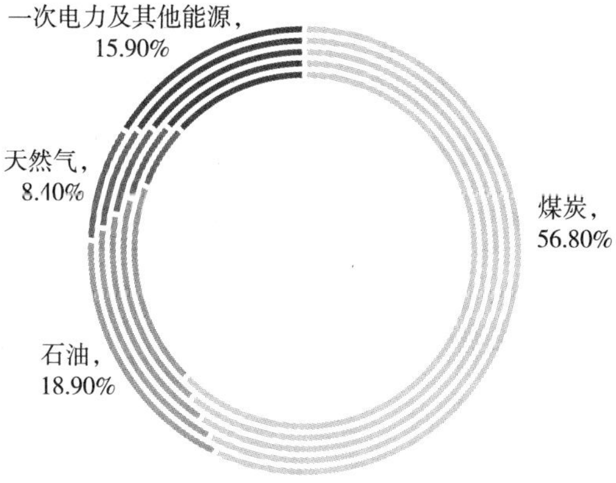

图1-28 2016-2020中国能源消费结构

注：内圈为2016年能源消费结构

数据来源：国家统计局；中大咨询分析。

第三节
政策综述：全球主要经济体减排政策分析与启示——欧盟、美国、日本

愈发严峻的气候问题使各国对解决气候变化越来越重视，1992年联合国组织签订《联合国气候变化框架公约》后，全球逐渐达成共同治理气候变化问题的共识。各经济体基于自身情况纷纷加紧碳政策的制定，并逐渐形成了各具特色的降碳政策体系。

欧盟是全球推动气候治理最积极的经济体，也是全球降碳的先驱，在降碳政策的制定上具有充足经验。美国是全球第一大经济体，累计产生了大量碳排放，其碳达峰之后碳排放逐步下降，碳减排工作取得了一定成果。日本同为亚洲的主要经济体，其降碳政策引导日本在2013年实现了碳达峰。上述三个主要经济体的减碳政策均对其降低碳排放起到了积极作用，能够为我国制定降碳政策提供经验借鉴。

欧盟减碳政策发展历程与评价

欧盟作为世界上最主要的经济体之一，是治理气候问题的先驱，同时也是积极推动全球共同应对气候变化问题的主要驱动者。随着全球气候变化问题愈发严峻，加之国际关系变幻莫测，为解决能源依赖问题，建立技术优势，引领全球经济发展，加强欧盟内部一体化，获取国际政治利益，欧盟持续积极推动内部以及国际上的碳减排进程。

欧盟降碳政策的发展可分为三个时期。其减碳政策不断发展完善，最终

呈现出以能源政策、创新减排技术为主线，以财政政策、碳交易为手段推动各部门节能减排的发展趋势。其中，碳排放权交易体系与体现“污染者付费”原则的财政手段体系是较为重要的举措，充分利用了市场机制与财政手段推进碳减排。降碳政策的施行使其在碳排放定价领域、清洁能源领域、节能技术领域、降碳技术领域具备了领先优势。

萌芽时期（1990年以前）：以污染治理为出发点，辅以能源结构调整

欧盟减碳政策最初由环境保护运动发展而来，早期举措集中在环境污染防治方面，能源结构调整为辅。欧洲各国为了经济的快速发展而忽视了重工业以及能源消耗给环境造成的剧烈变化，产生了严重的环境污染问题，给社会发展造成了阻碍，环境污染问题由此开始被欧洲学术界和政界所关注。早期的环境政策举措落在控制环境污染、改善能源结构上，这些举措并未直接针对碳排放，却在实际执行过程中对减少欧盟碳排放起到了一定作用。

在《环境行动计划》中，提出要制定污染物排放标准以评估企业生产排放情况，更重要的是确定了“污染者付费”原则。“污染者付费”原则在其提出之际就有了明确的定义，即如果由法律规定的自然人或法人对环境污染负有责任，那么必须采取相应的措施或支付费用以消除或减少造成的污染[①]。“污染者付费”原则将污染治理的责任落实，推动各成员国实施污染治理制度，逐渐提高环境污染的成本，倒逼企业采取相应措施减少排放，从而达到治理污染的目的。在这一过程里，高碳排放、环境污染型产品的成本不断上升，一方面会促使企业主动采取减产、优化生产技术、应用污染物吸收技术等减排措施来降低成本，另一方面，这些企业面对欧盟与发展中国家不同的环境规制水平，有动机将能源密集型产业转移至发展中国家，降低企业的生产成本。此外，欧盟还将“奖惩结合”原则作为补充，对有利于环境污染治理、节能减排的产品与服务提供税收优惠，以此支持企业开发与应用减排技术。如德国于1976年制定并实施了《德国排污费法》，对向公共水域排放污水者征收费用，并逐步提高排污费价格，

① Kingston S. The polluter pays principle in EU climate law: an effective tool before the courts?[J]. Climate Law, 2020, 10(1): 1-27.

同时给符合规定的排放者降低50%排污费[①]，此举既增加企业或个人的污染成本，又向符合规定的企业或个人提供支持，推动了企业与个人层面上的环境保护。

与此同时，受石油危机以及化石能源消耗带来污染的影响，欧盟逐渐重视可再生能源的发展。1986年提出的《能源政策》将开发利用可再生能源视为改善欧盟能源结构的发展方向，使能源发展的目光从核能转移至可再生能源，为欧盟能源政策奠定了基础。如瑞典自1975年开始每年补贴生物质燃烧与转换技术的研发[②]，德国在1985年之前就开始推行可再生能源发电[③]，并且在1989年提出风电计划[④]。在欧盟（欧共体）于1988年发表的《能源内部市场》报告中，提出要对天然气与电力部门实施一体化发展，推动天然气对煤炭以及石油的替代并提高欧盟内部能源利用效率，各成员国合力推动欧盟整体能源产业转型，从而实现欧盟调整能源结构、提高能源使用效率、维护能源安全的目标。

表1-2　　萌芽时期欧盟主要政策

年份	政策	主要内容与作用
1973年	第一个《环境行动计划》	提出要减少环境破坏，标志着欧盟（欧共体）开始从环境保护角度讨论气候方面的举措
1986年	《能源政策》	奠定欧盟能源政策法律基础，且提出将开发利用可再生能源
1987年	《单一欧洲法令》	对欧盟环境政策做出了规定，将环境问题的重要程度与其他领域的问题统一
1988年	《能源内部市场》报告	要求构建欧盟（欧共体）一体化的天然气与电力市场
1990年	欧共体减排要求	将2000年的二氧化碳总排放量控制在1990年的水平[5]

资料来源：IEA，欧盟委员会；中大咨询分析。

从政策效果来看，环境污染防治与可再生能源的利用在一定程度上减缓了二氧化碳排放的增长。欧盟1973年至1989年的二氧化碳排放平均增长速度

① 张宏翔．德国排污制度环境税的经济效应与制度启示［J］．华侨大学学报（哲学社会科学版），2015，（4）：50-59.

② 程荃．欧盟新能源法律与政策研究［D］．武汉：武汉大学，2012.

③ IEA. Federal States(Länder)Support for Renewable Energy[EB/OL].[2022-07-22]. https://www.iea.org/policies/4058-federal-states-lander-support-for-renewable-energy?country=Germany&page=3&qs=ger&topic=Renewable%20Energy.

④ IEA. 250 MW Wind Programme[EB/OL].(2012-07-29)[2022-07-22]. https://www.iea.org/policies/3857-250-mw-wind-programme? country=Germany&page=2&qs=ger&topic=Renewable%20Energy.

⑤ 贺鸿昌．欧盟的气候政策与防止气候变暖的国际机制［D］．上海：复旦大学，2002.

为1.88%，低于1946年至1972年的5.19%。但是由于相关政策并未将碳减排作为主要目标，这一时期欧盟的二氧化碳减排效果不够理想，二氧化碳排放总量呈现上升趋势。

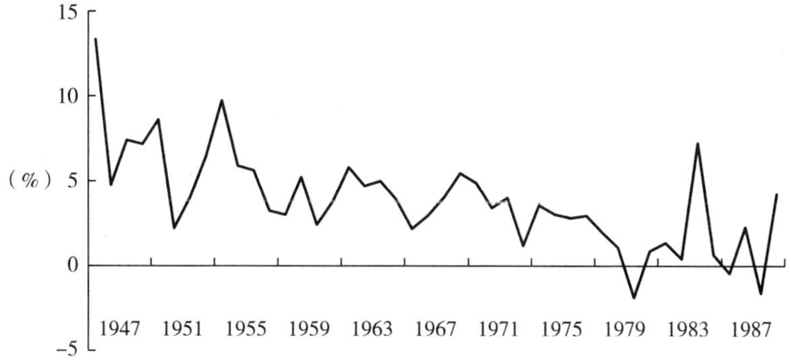

图1-29　1947-1990年欧盟二氧化碳排放增长率

数据来源：Our World in Data；中大咨询分析。

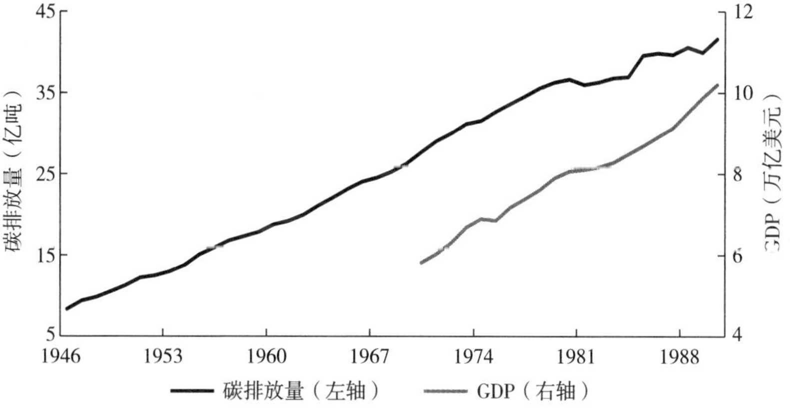

图1-30　1946-1990年欧盟碳排放与GDP走势

数据来源：Our World in Data，世界银行；中大咨询分析。

探索发展时期（1991-2017年）：从能源角度出发延伸至各部门，利用碳交易促进节能减排

在初步提出减排目标之后，欧盟主要从发展新能源、调整能源结构角度出发，制定与实施减碳政策。环境污染治理取得一定效果之后，欧盟也更加重视气候变化问题，加之为解决能源依赖，欧盟的减碳政策重心转移至发展新能

源。1992年《马斯特里赫特条约》签署后，欧盟正式成立，环境政策也正式确定，重点落在能源、土地整治与利用、水资源管理等领域。2000年，欧盟提出了第一个欧洲气候变化计划①，大力开发利用新能源，同时发展碳排放交易市场，推动欧盟各成员国的碳减排。到了2007年3月，欧洲理事会提出《2020年气候和能源一揽子计划》，提出了“20-20-20计划”目标，第一次将气候与能源在同一个战略计划里形成战略关联，共同推进碳减排，使减碳政策的发展趋势呈现为以应对气候变化为目标，以能源改革为重点推动各部门节能减排，同时发展负排放技术促进减排，提高欧盟经济竞争力。与此同时，2005年欧盟开始构建欧盟碳排放交易体系，在争夺金融话语权的同时优化市场资源配置，调动市场积极性，共同推动碳减排项目的开发。

表1-3　　探索发展时期欧盟主要政策

年份	政策	主要内容与作用
1992年	《马斯特里赫特条约》	欧盟正式成立，其在减碳政策方面的重点落在能源、土地整治与利用、水资源管理等领域
1995年 1997年 1998年	《欧盟能源政策白皮书》 《未来能源：可再生能源——共同体战略与行动计划》 《能源行动框架计划》	对欧盟整体的能源政策实施进行了规划，要求大力支持可再生能源技术的研发和利用，提出可再生能源发展的具体目标
2000年	第一个欧洲气候变化计划	要求从碳排放交易、热电联产、可再生电力等方面开展应对气候变化的行动
2006年	《可持续、竞争和安全的欧洲能源战略的绿皮书》	要求统一欧盟内部电力与天然气市场；要求通过能源调整应对气候变化
2007年	《2020年气候和能源一揽子计划》	将“20-20-20计划”作为减碳目标，提出提高可再生能源的利用，减少各部门碳排放，扩展欧盟碳排放交易体系发展碳捕获及封存技术[2]
2011年	《2050年迈向具有竞争力的低碳经济路线图》 《2050年能源路线图》	提出相比1990年，在2050年将碳排放量减少80%～95%
2012年	第七个环境行动计划	提出开展气候变化政策立法，提高能源利用效率，投资绿色创新等，要求将减碳融入各部门中

① European Commission. European Climate Change Programme[EB/OL]. [2022-07-22]. https://ec.europa.eu/clima/policies/eccp_en#tab-0-1.

② 唐甜．欧盟气候与能源政策研究［D］．吉林：吉林大学，2016.

续表

年份	政策	主要内容与作用
2014年	《2030年气候与能源政策框架》	提出减少碳排放、提高可再生能源占比、提高能源效率的相关目标[①]；要求推动欧盟能源结构的转变以及各部门的节能减排
2017年	《强化欧盟地区创新战略》	提到要以创新技术推动欧盟脱碳
2005年至今	欧盟碳排放交易体系	优化市场资源配置，推动欧盟低碳发展

资料来源：IEA；中大咨询分析。

欧盟一直在积极推动减碳政策的发展与实施，探索发展时期内主要从推动新能源的开发利用、发展碳排放交易体系优化市场资源配置、补贴新能源项目、推动碳汇技术创新等方面开展了一系列的具体举措，推动欧盟整体碳减排，并取得了一定的效果。这一阶段，欧盟主要从财政措施、碳排放权交易机制等方面着手推动各成员国实施相应的减碳政策。

在财政措施方面，一是各成员国根据“污染者付费”原则设立了碳税、能源税等环境税，提高企业生产过程中的碳排放成本，进而刺激企业自主寻求减排方法，同时根据“奖惩结合”原则对减排产品与服务提供税收优惠，在企业层面推行自愿碳减排模式。在实际执行中，探索发展阶段内最直接体现“污染者付费”原则的措施是部分成员国设立了碳税，直接提高企业排碳成本。理论上，碳税的实施通过影响微观企业行为而产生作用，其作用渠道可以分为三方面。第一，促使企业提高产品与服务的价格，从而将成本转嫁至消费者，推动消费者提高产品使用效率或购买低碳低价产品，使市场从需求端形成低碳产品需求，促进碳减排。第二，提高企业生产产品与提供服务的成本，促使企业在生产端采取减排技术，同时对减排项目的税收减免措施会进一步推动减排技术的开发与利用。第三，减排成本大幅上升会导致企业将生产部门转移至其他碳排放规制水平低的国家，产生“避难所”效应，使欧盟碳排放下降。实际执行上，丹麦、芬兰、德国、荷兰自1990年起陆续征收碳税，之后爱尔兰、法国、葡萄牙开始正式征收碳税，取得了一定减碳效

① 张敏．解读“欧盟2030年气候与能源政策框架”［J］．中国社会科学院研究生院学报，2015，（6）：137-144．

果。芬兰从1990年实施碳税起至1998年碳税改制，碳排放量共减少了7%[①]。

二是利用补贴激励手段推进新能源项目与减碳项目的开发与应用，如为绿色能源开发与利用设立补贴，拨款支持碳捕集技术类项目开发，成立气候基金以投资绿色产业，进而调动企业积极性，使其自愿投入碳减排行动中，形成低碳发展模式。例如，德国《可再生能源法》规定年用电量超过10亿千瓦时的大型企业需要建立能源管理体系，获取相关证书后才能够享受税收减免政策[②]。早在2009年，欧盟就批准了6个全流程CCS项目，资助额达10亿欧元；之后欧盟还投入2100万欧元推动LEILAC项目，发展直接分离煅烧技术，这一技术能够减少水泥和石灰生产过程中60%的碳排放[③]。荷兰2012年设立了SDE（SDE+）资助计划，为可再生能源生产与减排技术发展提供补贴[④]。2017年联合国气候大会召开时，法国等20个国家联合美国的两个州共同成立了弃用煤炭发电联盟，逐渐淘汰煤炭发电，净化电力结构。这些措施促使企业使用新能源并应用创新技术，推动了电力、交通、建筑等部门能源消费结构转型，从而实现碳减排。

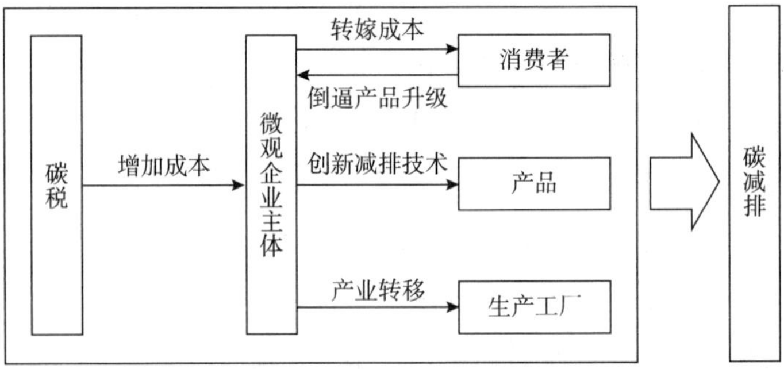

图1-31 碳税等碳排放规制措施作用路径图

资料来源：中大咨询分析。

---

① 吴斌，曹丽萍，沃鹏飞．复合的碳税和碳排放权交易政策：欧盟的经验与启示［J］．广西师范大学学报（哲学社会科学版），2020，56（4）：84-94.

② 王宁．德国能源转型的经济分析及启示［D］．吉林：吉林大学，2019.

③ European Commission. LEILAC[EB/OL]. [2022-07-22]. https://ec.europa.eu/inea/en/horizon-2020/projects/h2020-energy/carbon-capture-and-storage/leilac.

④ Netherlands Enterprise Agency. Stimulation of sustainable energy production and climate transition(SDE++)[EB/OL]. [2022-07-22]. https://english.rvo.nl/subsidies-programmes/sde.

在碳排放权交易机制方面，欧盟限制碳排放，使碳排放权成为稀缺资源，具备了进入市场中进行交易的基础；同时赋碳排放权以流通性，让欧盟能够利用市场机制调节碳排放量。在欧盟碳排放交易体系中，企业可以通过免费分配、拍卖或混合方式获取碳排放配额，随后根据自身碳排放情况交易碳排放配额，卖出配额获取额外的经济利益或购入配额满足碳排放需求。碳排放权交易机制就是通过市场的调节机制调动企业积极性，进一步将减排责任与企业利益相挂钩，在惩罚碳排放未达标企业的同时，提高因采取了有效减排措施而有多余排放权企业的经济效益，利用奖惩机制推动企业开发碳减排项目，使企业努力减排，进而达到欧盟碳减排的目的。

碳排放权交易的实际执行过程中，不同类型企业采取的措施会存在一定区别。对配额不足的高碳排放企业而言，碳排放权交易体系使其面临碳排放配额约束的压力以及碳排放减少带来的市场激励，因此一般有两种实现碳减排目标的途径，一是降低产量，二是采取新技术降低产品服务碳排放或投资碳汇项目。对配额足够的低碳排放企业而言，碳排放权交易体系更多的是起市场激励作用，这些企业通过开发与应用清洁技术或投资碳汇项目获取额外的配额，以在碳排放权交易中获益。

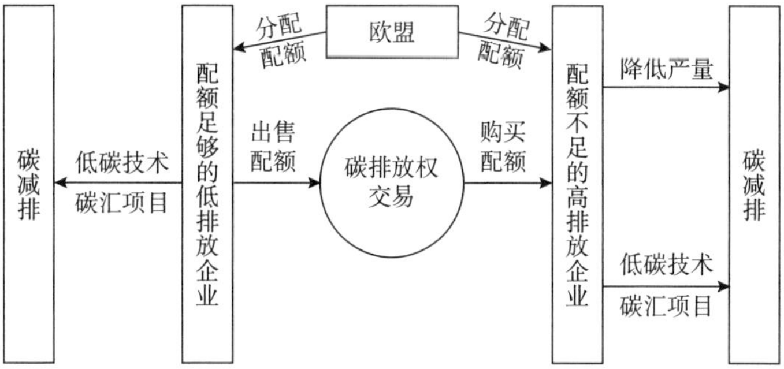

图 1-32　碳排放交易推动碳减排机制

资料来源：中大咨询分析。

在这一时期，欧盟取得了较好的减排效果，完成了之前设定的减排目标。欧盟2018年碳排放量为33.3亿吨，相比1990年减少约22%。能源结构方面，欧盟整体上表现为清洁能源占比逐步提高，化石燃料占比逐渐降低。自2009年开始，欧盟化石能源占比保持在80%以下，水能、风能与生物质能的使用开始增多。进一步从化石能源使用结构来看，煤炭使用量大幅降低，天然气占比大幅提高，减少了煤炭燃烧产生的碳排放。在能源结构调整的作用下，欧盟于1990年碳达峰，碳排放与经济增长开始脱钩，碳排放量呈现缓慢下降趋势，2008年至2014年降幅尤其明显，这是由于在这一阶段水能、风能与生物质能的使用快速增加，电力与供热部门碳排放快速降低；但是由于经济的发展以及

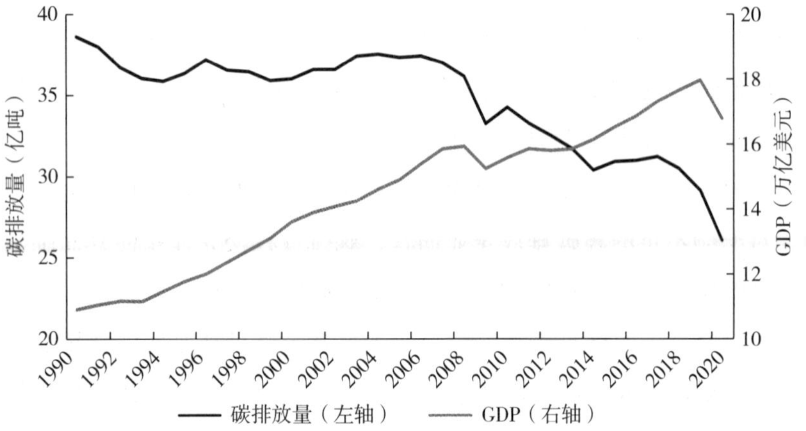

图1-33　1990—2020年欧盟碳排放与GDP走势

数据来源：Climate Watch，世界银行；中大咨询分析。

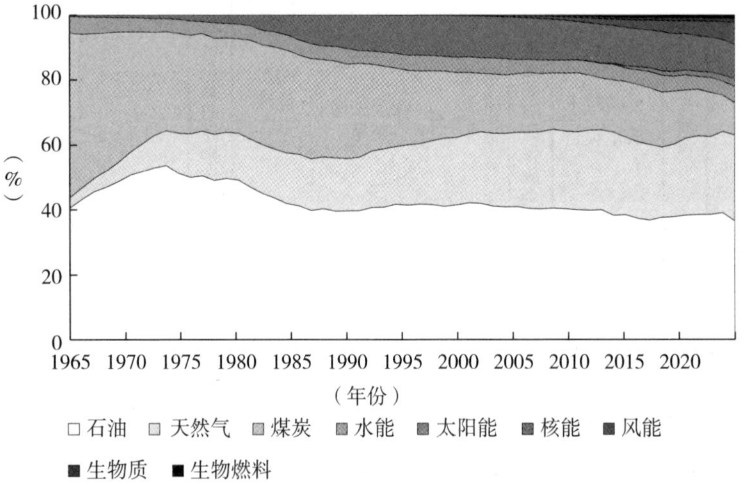

图1-34　1990—2020年欧盟能源结构

数据来源：Our World in Data；中大咨询分析。

居民生活水平的不断提高，交通运输部门的碳排放并未产生明显的下降，甚至在2014年之后又呈现出上升趋势。2015年和2016年，难民危机、债务危机使欧盟疲于应对，为了推动经济增长，欧盟难以保持对减碳政策的强力推进状态，导致化石能源使用在2015年与2016年出现了反复，碳排放小幅反弹。

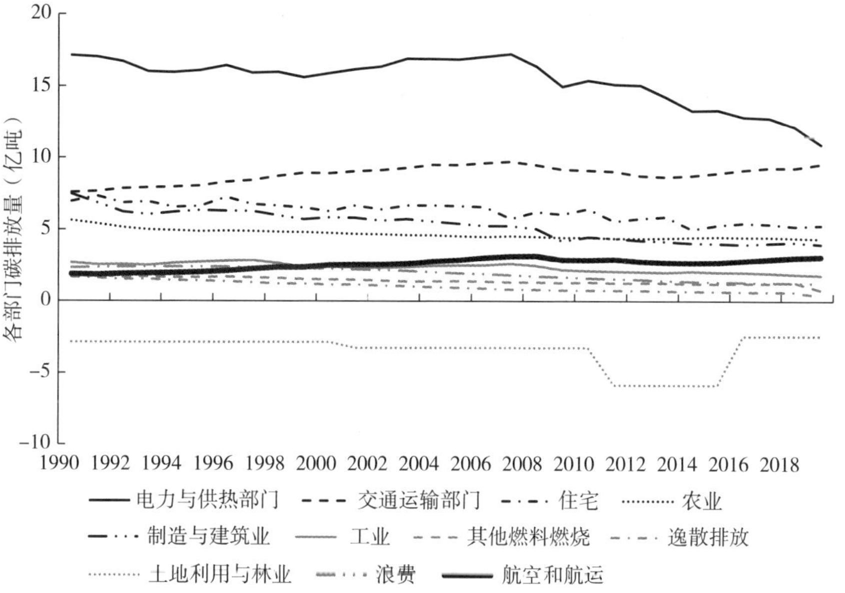

图1-35　1990—2019年欧盟各部门碳排放

数据来源：Climate Watch；中大咨询分析。

成型时期（2018年至今）：提出碳中和目标，多领域合力推动碳减排

2018年11月28日，欧盟通过了《欧盟2050战略性长期愿景》，提出到2050年建成现代化、有竞争力、繁荣且气候中性的经济体这一目标，自此欧盟减碳政策进入成型时期[①]。2020年3月4日《欧洲气候法》提出，并在2021年6月28日获得通过，从法律层面推动欧盟实现碳中和。《欧洲气候法》的出台旨在确保欧盟的所有政策都能围绕着减排、绿色技术投资和保护自然环境开展，确保欧盟国家整体实现温室气体净零排放目标。随后的“Fit for 55”计划

① European Commission. 2050 long-term strategy[EB/OL]. (2018-11-28)[2022-07-22]. https://ec.europa.eu/clima/policies/strategies/2050_ en.

更进一步，对欧盟碳中和路径进行了阶段性规划，并将能源税作为主要政策举措。

欧盟的减碳政策实施至今，其大部分部门的碳排放均产生了一定下降，但为实现碳中和目标，仍需采取较为强力的措施，进一步推动各部门实现碳中和。在这一时期内，欧盟制定了一系列政策来描绘碳中和实现路径，从自身碳排放情况与经济特点出发，重点举措为持续创新新能源技术、拓展碳排放交易体系、严格设定各行业产品碳排放标准、发展碳汇项目、推进能源税等，全面推进各部门的碳减排，重点降低能源、建筑、交通行业的碳排放，同时辅以创新负排放技术、应用财政政策、发展绿色金融、增加碳汇等政策，共同推动欧盟碳中和的实现。上述政策举措的主要实现途径仍为利用碳排放权交易、财政补贴、环境税等，主要作用机制是推动企业等微观经济主体自发性地采取碳减排措施，使各部门逐渐脱碳，从而推动欧盟整体碳减排。

表 1–4　成型时期欧盟主要政策

年份	政策	主要内容与作用
2018年	《欧盟2050战略性长期愿景》	要求欧盟从能源、建筑、交通、土地利用与农业、工业、循环经济等多方面入手，推动欧盟全面低碳化发展
2019年	《欧洲绿色新政》	设置2030年减排目标和2050年气候中和目标；以调整能源结构等方面为主线，要求从能源、工业、金融等领域提出政策，构建欧盟可持续发展模式①
2020年	《欧洲气候法》	对碳中和立法，以法律的形式来推动欧盟碳中和目标的实现②
2020年	《欧洲新工业战略》	帮助欧洲工业向气候中立和数字化转型，并提升其全球竞争力和战略自主性
2020年	《欧洲氢能战略》	以提高氢能技术与氢能产量为主线，将未来欧盟氢能发展分为三个阶段
2020年	《生物多样性战略2030》 《欧盟森林战略2030》	制定了30亿棵树的植树目标，推动恢复生物多样性的同时增强碳吸收

① European Commission. A European Green Deal[EB/OL]. (2019-12-11)[2022-07-22]. https://ec.europa.eu/info/strategy/priorities-2019-2024/european-green-deal_en#thematicareas.

② European Commission. European Climate Law[EB/OL]. (2021-07-09)[2022-07-22]. https://ec.europa.eu/clima/policies/eu-climate-action/law_en.

续表

年份	政策	主要内容与作用
2021年	《欧盟适应气候变化战略》	旨在为欧盟提高气候变化适应能力、降低面对气候变化的脆弱性、实现碳中和等目标，提出实施措施与路径，主要通过技术创新、数智化发展、各部门碳减排、财政政策、提高新兴技术投资等方式来实现碳中和
2021年	"Fit for 55"计划	要求欧盟推进产业转型、碳定价、发展可再生能源、能源税
2021-2030年	碳排放交易体系第四阶段	创新发展阶段，对欧盟内部的减排率、配额方式等进行改革，推动欧盟碳减排

资料来源：IEA，欧盟委员会；中大咨询分析。

美国减碳政策发展历程与总结

美国作为世界第一大经济体，累计产生了大量的碳排放。美国2019年碳排放量约占全球碳排放量的15%，累计碳排放（1900年至2019年）排名全球第一，需要承担应对气候变化的大国责任。但是美国两党执政理念存在差别，导致减碳政策在各阶段表现出截然不同的态度，减碳政策的发展一波三折，整体减排效果不够理想。美国不同于欧盟，其在早期较为依赖石油进口，但是随着页岩气革命的发展，美国传统化石能源产业又逐渐在经济中占据了重要地位，因此美国内部各个利益集团存在一定冲突，减碳政策反复多变。

美国减碳政策在摇摆中形成了以发展清洁能源为主，以推动各部门低碳发展、加强负排放技术发展为辅的路线，同时利用财政政策与碳交易市场机制推动企业自愿碳减排。美国降碳政策的推行使其在2007年实现碳达峰，碳排放开始逐渐下降，碳减排工作取得了一定的成果。

萌芽时期（1993年以前）：以污染治理、节能增效为主制定政策，利用政策强化市场机制来推动节能减排工作

早期美国减碳政策整体上呈现以污染治理、提高能源效率并调整能源结构为主线的特征，以环境税、财政补贴、排污权交易为主要方式推动政策执

行。美国在早期与欧盟类似，以重工业发展为主，产生了环境污染以及化石资源依赖问题，还面临着能源危机，因此美国的环境政策将解决环境污染与保护能源安全当作主要抓手。美国先后出台了《1960年空气污染控制法》《清洁空气法案》《国家环境政策法》等多项法律法规，同时成立了美国环保局，随后又颁布了《能源政策和节约法案》《国家节能政策法》《联邦能源管理改进法》《国家能源政策法1992》等法律法规，注重提高能源使用效率，减少能源使用产生的污染，开发可再生能源。

在实际执行中，早期行政管制手段存在财政压力大、环境治理成本高且治理效率低、难以调动企业自主治理污染等弊端，导致单一的行政管制手段难以发挥应有的效果。于是，美国政府开发了环境税体系、排污权交易体系、财政补贴体系，利用政策引导市场，将行政管制与市场机制相结合，强化市场机制的作用，推动美国环境保护与能源开发工作[①②③]。在环境税体系方面，这一时期内美国政府提出了《二氧化硫税法案》《综合应对、赔偿和责任法》《环境收入税法案》等政策法案，不断完善美国的环境税种，贯彻“污染者付费原则”，推动企业减少二氧化硫等污染物的排放，同时节约能源、提高能效；在排污权交易体系方面，1976年美国环保局提出补偿政策，为超量削减污染物排放的企业提供“排放削减信用”认证，推动“排放削减信用”在市场上进行交易，在此之后美国的排污权交易制度逐渐建立，开展了一系列的排污权交易，如铅交易计划、《蒙特利尔公约》下的可交易许可证体系、《清洁空气法》促成的二氧化硫许可交易体系[④]。

在这一时期内，美国经历了国内外的环保运动、能源危机，引起了政府对环境治理、能源结构的反思，并开始采取相应措施来应对环境污染与能源危机。同时，随着国内外对全球气候变化问题的认识逐渐深入，美国也开始关注气候变化问题，但并未将其提高至战略重心的地位，因此这一时期主要

---

① 张莉．美国气候变化政策演变特征和奥巴马政府气候变化政策走向［J］．国际展望，2011，(1)：75-94，129.

② 李继嵬．美国环境税研究［D］．吉林：吉林大学，2018.

③ 赵红．美国环境管制政策分析及启示［J］．管理现代化，2005，(5)：16-18.

④ 吴健，马中．美国排污权交易政策的演进及其对中国的启示［J］．环境保护，2004，(8)：59-64.

解决的是美国的环境与能源问题。在解决环境问题与节约能源的过程中，美国二氧化碳排放增长速度逐渐放缓，其原因是美国政府利用行政管制与市场机制推动企业自主节能减排，部分高污染企业跨国经营，将生产工厂转移至环境管制水平低的国家；此时又正逢美国产业结构优化，低污染的服务业快速发展，占GDP的比重不断上升。但是这一阶段内，碳排放变化与GDP走势高度相似，表明碳排放并未与经济增长脱钩，美国的二氧化碳排放仍处于增长阶段。

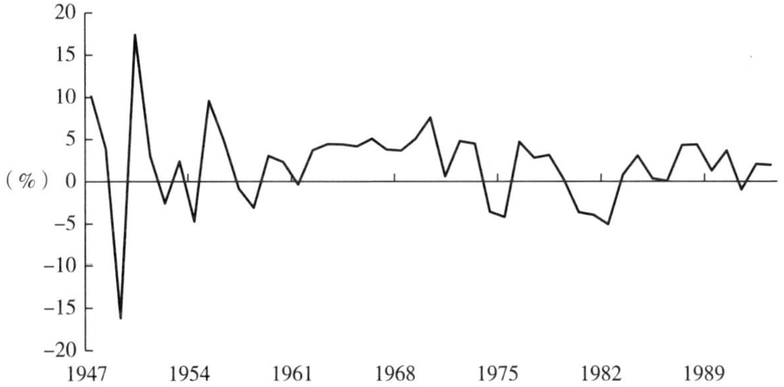

图1−36 1947−1993年美国二氧化碳排放增长率

数据来源：Our World in Data；中大咨询分析。

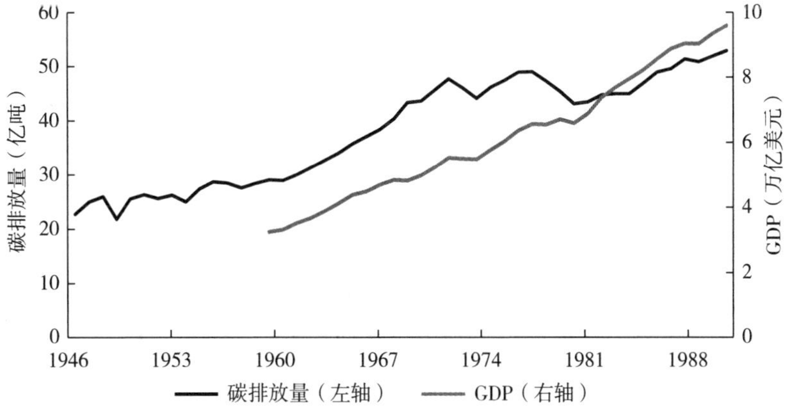

图1−37 1946−1993年美国二氧化碳排放与GDP走势

数据来源：Our World in Data，世界银行；中大咨询分析。

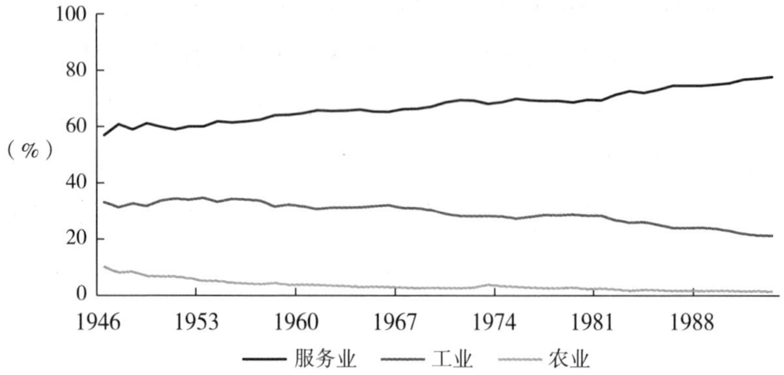

图1-38　1946—1993年美国产业结构

数据来源：Our World in Data；中大咨询分析。

克林顿时期（1993—2001年）：以能源政策为核心，推动节能减排

在污染问题缓解后，气候变化问题得到重视。美国开始在国际上积极展开气候外交，在国内以能源政策为核心推出减碳政策，利用税收、财政等手段持续调动市场积极性，通过调整能源结构、提高能源利用效率来实现节能减排。在国际方面，美国为提高自身国际领导力，引领全球发展以获取经济与政治利益，表现得相对积极，主张使用市场机制来解决全球碳排放问题，并促进了《京都议定书》的签署。在国内，1993年，克林顿政府要求经济、社会、生态之间保持协调发展，发布了《气候变化行动计划》，首次提出明确的减排目标：将2000年的碳排放量减少1.09亿吨。之后由于环境污染得到了控制，美国减碳政策落脚点转变为能源政策，提出《国家能源综合战略》、替代燃料免税举措、碳封存项目开发、可再生能源和分布式系统集成计划、清洁燃料资助计划、生物质能研发计划等一系列举措①，旨在提高美国各部门能源利用效率，改善能源消耗结构，同时利用碳捕集、封存技术减少碳排放。克林顿政府在政策执行中利用财政补贴②③、完善环境税收、提供税收

① 门丹．美国低碳经济政策转向研究：原因、定位及经济绩效［D］．沈阳：辽宁大学，2013.

② DOE. About the State Energy Program[EB/OL]. [2022-07-22]. https://www.energy.gov/eere/wipo/about-state-energy-program.

③ IEA. Clean Fuels Grant Program[EB/OL]. (2017-11-05)[2022-07-22]. https://www.iea.org/policies/1966-clean-fuels-grant-program.

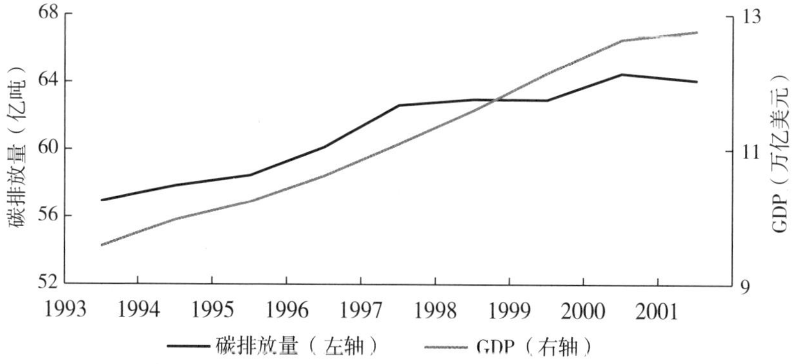

图 1-39　1993-2001 年美国碳排放与 GDP 走势

数据来源：Climate Watch，世界银行；中大咨询分析。

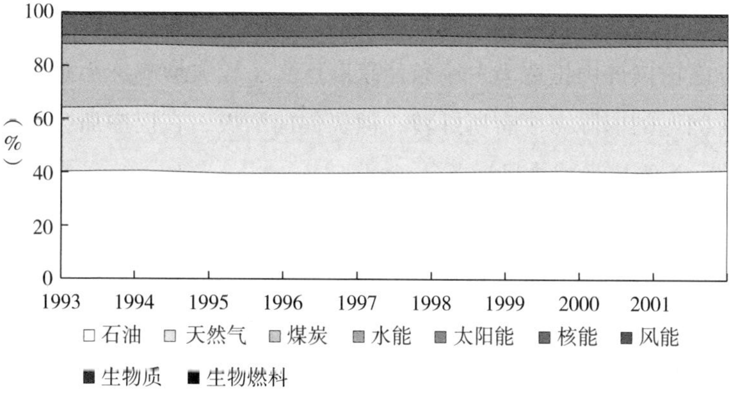

图 1-40　1993-2001 年美国能源结构

数据来源：Our World in Data；中大咨询分析。

抵免[①]、发起“气候拯救者”等政企合作项目[②]，利用政策引导企业自主节能减排，推进美国节能减排工作。

克林顿政府的减碳政策主要以新能源的开发利用、能源效率的提高为目标，但此时美国联邦政府预算约束较大，且美国国会由共和党控制，两方面因素限制了克林顿政府研发支出、财政补贴、税收激励等政策的实施，减碳

① IEA. Renewable Electricity Production Tax Credit(PTC)[EB/OL]. (2017-02-17)[2022-07-22]. https://www.iea.org/policies/4797- renewable-electricity-production-tax-credit-ptc.

② IEA. Public-Private Partnership - Climate Savers[EB/OL]. (2021-08-24)[2022-07-22]. https://prod.iea.org/policies/2176-public-private-partnership-climate-savers.

政策效果有限，美国在克林顿执政时期内的碳排放仍保持不断增长的态势。在这一时期内，美国新能源政策的实施同样未产生良好的效果，化石能源占比88%左右，保持在平稳状态。

小布什时期（2001–2009年）：在国际上消极应对气候变化，在国内积极推动低碳经济

进入21世纪之后，国际上对气候变化问题的重视程度逐渐提高，但是此时美国在国际上呈现出较为消极的态度。在小布什执政早期，美国政府认为《京都议定书》的内容不符合美国的经济与政治利益，会导致失业率上升、物价上涨等问题而影响美国经济发展，于2001年宣布退出《京都议定书》。之后随着国际社会上《京都议定书》的生效，美国开始担忧其国际领导地位受影响，加之国内外舆论压力对小布什政府产生了较大影响，小布什政府对待气候变化问题的国际态度有所好转，但仍偏向消极，在巴厘岛会议上反对欧盟的倡议，拒绝接受减排目标①。

然而，鉴于能源对外依存度较高且低碳经济具有巨大的发展潜力，美国政府为维护国内能源安全，避免失去技术优势，仍以相对积极的态度制定国内减碳政策。在小布什执政初期，美国页岩气革命还未取得良好成果，导致美国能源自给率较低，对外依存度仍在上涨阶段，因此美国在这一阶段内较为注重国内新能源的发展，提出了《2005能源安全法案》《安全、负责任的、灵活的、有效率的交通平等法案2005》《2007低碳经济法案》等一系列政策法规，推动美国新能源的发展。同时，欧盟在国际上积极推动全球应对气候变化问题，试图引导国际低碳技术与低碳经济的发展，面对这样的形势，美国为维持自身技术优势以获取政治与经济利益，也在国内推动碳减排相关技术的创新与应用。美国联邦政府先后提出了《全球气候变化技术计划》《2007节能建筑法案》及《2008气候安全法》等政策法规，利用财政补贴推动新能源技术的开发、开展"气候领袖""能源之星""高效运输伙伴计划"等项目推动各部门碳减排，还制定了美国气候变化技术计划，利用联邦财政拨款研究

---

① 焦莉．奥巴马政府气候政策分析［D］．上海：上海外国语大学，2018.

节能减排技术、二氧化碳回收与储藏技术。

在实际执行中，“气候领袖”“能源之星”与“高效运输伙伴计划”等项目通过提供补贴、税收优惠等措施直接作用于美国企业，促进企业与政府的合作，提高企业节能减排技术的应用，使企业自愿减排并进行低碳发展。《2005年国家能源政策法》提出要使用税收优惠、财政补贴等手段激励企业与个人使用节能产品，从企业和个人层面共同推进节能减排。如对混合动力汽车提供最高3400美元的补贴，为减排技术项目提供贷款担保，每年拨款2亿美元发展清洁煤炭技术，每年拨款5000万美元用于生物质能源发展[①]。

随着减碳政策的执行，“气候领袖”“能源之星”与“高效运输伙伴计划”等减排项目快速扩展，加速了节能减排工作的推进。美国在2007年实现碳排放达峰，经济增长开始与碳排放脱钩。

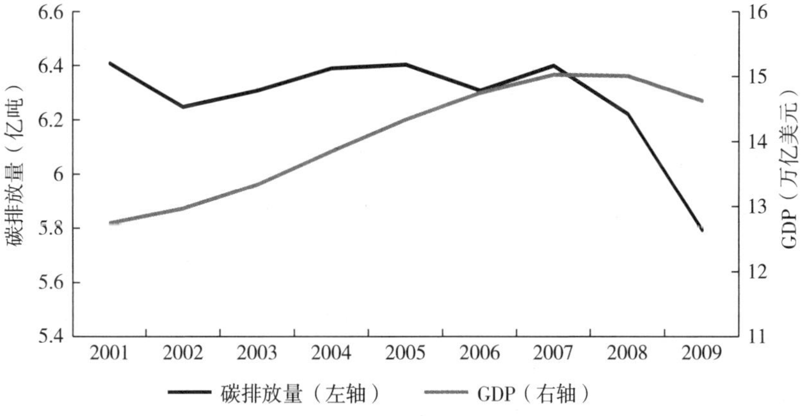

图1-41 2001-2009年美国碳排放与GDP走势

数据来源：Climate Watch，世界银行；中大咨询分析。

奥巴马时期（2009-2017年）：国际上积极引导气候治理，国内发展低碳经济，以发展新能源推动节能减排

奥巴马政府时期，为提高国际地位并主导国际关系、消除小布什执政影响，美国在全球共同应对气候问题上表现出积极的态度。美国政府在哥本哈

① IEA. Energy Policy Act of 2005(Energy Bill)[EB/OL]. (2021-08-24)[2022-07-22]. https://www.iea.org/policies/1492- energy-policy-act-of-2005-energy-bill.

根气候大会上对碳减排的目标做出了承诺，还与其他发达国家以及发展中国家构建合作关系，推动全球碳减排。美国在哥本哈根气候大会上提出2020年碳排放将比2005年减少17%、到2050年碳排放相比2005年减少83%的目标，之后的历次世界气候大会奥巴马都较为积极地参与。同时，奥巴马积极参加国际会议，促成美国与其他发达经济体和发展中国家签订一系列合作计划，如北美领导人峰会、美洲国家能源与气候合作伙伴关系计划、美加清洁能源对话行动计划、中美能源效率行动计划等，推进新能源技术、碳捕集技术创新与应用，发展新能源汽车等绿色产业。2015年，美国与中国签署了《中美元首气候变化联合声明》，之后在两国合作推动下，巴黎气候变化大会终于达成了《巴黎协定》，共同促进全球范围内应对气候变化工作的推进。

为应对经济危机，奥巴马政府积极推动美国国内低碳经济发展，利用税收、财政补贴和碳交易等方式推动形成企业自愿减排模式，以期实现经济复苏与进一步发展。奥巴马政府重视低碳发展，提出将“绿色经济复兴计划”作为从经济危机中恢复的首要任务，将清洁能源与减排技术的开发视为美国经济新的增长点。美国政府出台了《美国复苏与再投资法案》，将开发利用新能源与限制温室气体排放写入法案，加强清洁能源的利用与开发。《法案》提到要投资580亿美元至气候、能源领域，推动清洁能源开发、能源效率提高、化石燃料低碳化技术开发等，希望通过培育新能源产业促进美国经济增长。之后出台的《清洁电力计划》等政策法规对美国能源供给侧与消费侧两方面进行改革，推动清洁能源技术创新，推广清洁能源的利用和普及，并且开始关注温室气体减排。此外，区域温室气体减排行动（RGGI）和加州碳市场分别于2009年和2013年正式实施，利用碳交易来推动企业碳减排[①]。这些政策的实施途径同样是税收、补贴等手段与碳交易市场机制，共同推动企业与个人层面的碳减排，如对替代燃料进行税收减免[②]，为水电生产与太阳能发电奖励拨款，拨款超过30亿美元支持碳捕获、利用和储存（CCUS）技术与

① 郑爽．国际碳排放交易体系实践与进展［J］．世界环境，2020，(2)：50-54.

② IEA. American Recovery and Reinvestment Act of 2009: Tax-Based Provisions[EB/OL]. (2017-11-05)[2022-07-22]. https://prod.iea.org/policies/492-american-recovery-and-reinvestment-act-of-2009-tax-based-provisions.

项目[①]，补贴电动汽车的发展，限制建筑能源消耗，向企业提供贷款或贷款担保[②]，以此进一步加强与企业之间的合作，共同促进美国碳减排。这些政策举措在内容上以提高能源效率、发展新能源、创新温室气体减排技术为主，在形式上以税收、财政补贴、碳交易为主，从各部门减排入手，加强政企合作，调动企业积极性以形成自愿减排模式，对美国国内节能减排工作产生了积极的作用。

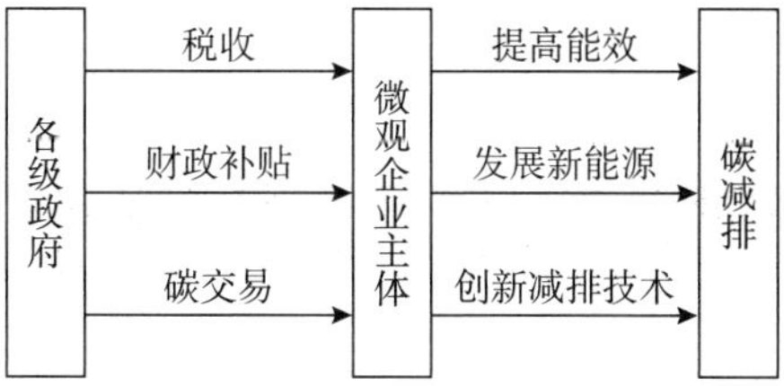

图1-42 奥巴马时期减碳政策作用路径

资料来源：中大咨询分析。

表1-5 奥巴马时期美国主要减碳政策

年份	政策	主要内容
2009年	《2009美国复苏与再投资法案》	计划投资7870亿美元以推动美国经济复苏，其中580亿美元用于新能源开发与利用
2009年	《美国清洁能源领导法》	加强能源生产、利用效率，同时进一步细化明确新能源标准，发展智能电网技术
2010年	《美国电力法》	设定减排目标，要求2020年相比2005年减排17%，2050年减排80%以上；要求提高传统化石能源能效
2010年	《电动汽车促进法》	推广电动汽车
2010年	《新电厂温室气体排放标准》	提高新建电厂排放标准，促进电力部门节能减排
2012年	《清洁能源标准法案》	要求逐年增加清洁能源发电比例
2013年	《总统气候变化行动计划》	发展清洁能源，开发燃油标准，减少能源浪费，解决地方气候变化影响
2015年	《清洁电力计划》	要求提高燃煤电厂热效率，扩大天然气发电量，应用可再生能源发电

资料来源：IEA；中大咨询分析。

① IEA. American Reinvestment and Recovery Act-CCUS elements[EB/OL]. (2021-08-24)[2022-07-22]. https://www.iea.org/policies/11691-american-reinvestment-and-recovery-act-ccus-elements.

② DOE. Pushing America's Automotive Industry Forward[EB/OL]. (2015-01-12)[2022-07-22]. https://www.energy.gov/articles/pushing- americas-automotive-industry-forward.

在2007年碳达峰之后，美国能源结构中煤炭占比持续减少，天然气以及新能源占比不断提高，能源结构不断优化。该现象的主要原因是随着技术的成熟，美国页岩气革命在这一时期取得了一定的成效，加之《美国电力法》等政策法规的推动，美国煤炭使用逐渐下降，而天然气使用量逐年递增，降低了美国的碳排放。与此同时，美国的碳排放呈现出在波动中逐渐降低的趋势，到2017年碳排放约为56亿吨，比2007年下降了约7亿吨，其原因主要是煤炭的使用量减少。

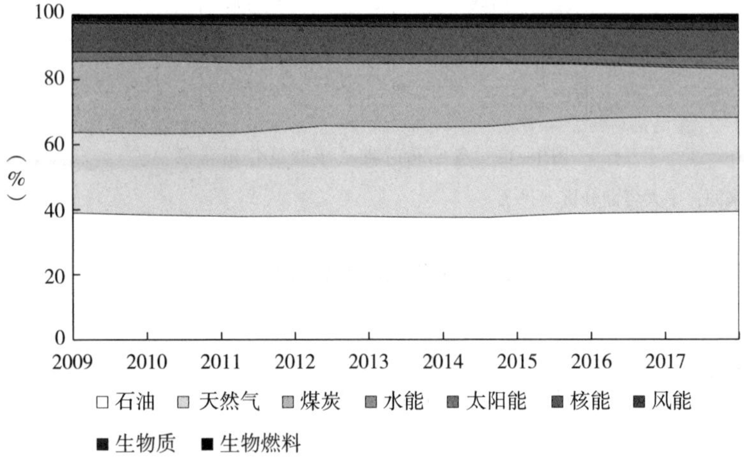

图1-43 2009-2017年美国能源结构

数据来源：Our world in data；中大咨询分析。

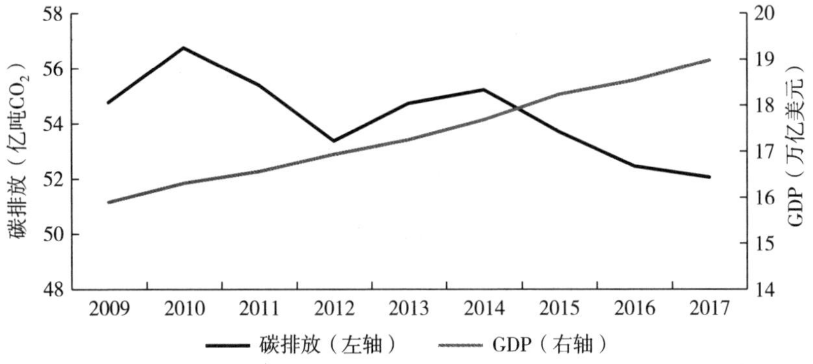

图1-44 2009-2017年美国碳排放与GDP走势

数据来源：Climate Watch，世界银行；中大咨询分析。

特朗普时期（2017-2021年）：应对气候问题“开倒车”，但国内已经形成“自下而上”的低碳经济发展模式推动碳减排

特朗普政府时期，美国在应对气候问题上“开倒车”。在国际方面，特朗普政府以消极的态度应对全球气候变化问题。由于特朗普不认同人类活动造成全球变暖，加之其背后的利益集团以传统制造业、化石能源行业为主，共和党的身份也让他对气候变化持消极态度，其政策倾向于支持传统能源行业。

在国际方面，特朗普上任伊始就宣布退出《巴黎协定》，打击了国际气候合作信心，使得全球范围内的碳减排受到巨大影响。在国内方面，特朗普政府为消除奥巴马政府的影响，对碳减排同样秉持消极的态度，导致美国联邦政府层面减碳政策发生变化。特朗普政府签署了《能源独立行政令》，撤销了部分气候相关的减碳政策法案，最重要的是废止了《清洁电力计划》，并且在政策上向化石能源倾斜，限制了清洁能源的发展。例如，特朗普政府支持Keystone XL和Dakota Access长距离油气管道建设，推动化石燃料开采，还撤销了限制煤炭生产的规定，这些举措虽然促进了美国传统能源产业的发展，却在实际上影响了美国碳减排的效果。虽然特朗普政府秉持消极态度，但是受长久以来低碳经济发展的影响，美国低碳发展的整体方向并未发生根本改变，新能源技术以及碳减排技术仍得到了能源部、部分州政府、企业层面的支持，公司、行业、州政府秉持着低碳发展的理念，形成了“自下而上”的低碳发展模式，推动碳减排①。美国能源部宣布了一系列低碳与零碳能源技术资助计划，并且制定《恢复美国的核能源领导地位战略》，旨在推动核能技术发展与出口，与此同时，美国能源部还对碳捕集、利用和封存技术研发项目进行资助。

美国在特朗普政府时期经历了政策上的“开倒车”行为，虽然有已经形成的企业、行业与州政府“自愿减排”措施推动美国实现“自下而上”的减排过程，美国社会仍沿着低碳的方向发展，但是共和党与民主党之间的竞争与冲突导致美国碳减排工作无法一以贯之地持续推进，减排效果不够理想，碳排放量存在较大波动。美国2018年碳排放为58亿吨，相比2017年的56亿

① 曹慧．特朗普时期美欧能源和气候政策比较［J］．国外理论动态，2019，（7）：117-127.

吨甚至又产生了一定幅度的上涨，虽然2020年美国碳排放产生了一定幅度的下降，但其直接原因是新冠疫情导致美国企业生产活动受到极大影响，碳排放量降低。因此，在特朗普执政时期内减碳政策执行力度不够，若要达到1.5℃的温升目标，美国仍存在较大的减排要求。

拜登时期（2021年至今）：积极推动气候治理，从能源角度入手加速各部门低碳发展

进入拜登政府时期，美国在减碳政策方面又表现出较为积极的态度。在国际上，拜登政府将气候变化确立为“美国外交政策和国家安全的基本要素”，且其奉行多边主义的外交政策，希望美国在气候外交新格局上取得领导地位。因此，拜登政府上任伊始就宣布重新加入《巴黎协定》，推动全球气候治理，试图在全球解决气候变化问题的过程中占据领导地位[①]。拜登政府还制定了气候融资计划以减少国际高碳项目、增加气候融资，这些行为表明拜登政府在气候问题上采取了积极合作的方式，希望通过应对气候危机的行为来巩固美国盟友体系，并且重塑美国的国际领导力。

在国内，拜登政府恢复了奥巴马政府时期的积极态度，提出“3550”目标，即到2035年通过可再生能源实现无碳发电，到2050年实现碳中和。拜登政府为了消除特朗普执政带来的影响，推出了一系列的行政命令来推进碳减排工作，例如，2021年推动《应对国内外气候危机的行政命令》《清洁未来法案》，通过推动新能源技术创新、实施绿色清洁能源解决方案、加大清洁能源投资、利用绿色金融优化市场资源配置等途径来促进能源转型，将发展清洁能源与美国经济发展相结合，加速各部门的低碳发展。具体而言，拜登政府计划投资4000亿美元对技术进行创新与应用，降低清洁能源、碳捕集、燃料替代等技术的应用成本。同时，拜登政府还计划投资16000亿美元兴建基础设施，其中包括了建设充电桩、优化交通路线、优化电网布局、实现清洁能源发电、升级改造现有高耗能建筑物、发展气候智能型农业。但是受两党执政理念冲突的影响，拜登政府推动的《清洁未来法案》仍未获得通过，未来的

---

① 赵行姝．拜登政府的气候新政及其影响［J］．当代世界，2021，（5）：26-33.

降碳政策发展仍存在较大的变数。

日本减碳政策发展历程与政策评价

解决气候变化问题，获取国际领先技术优势，促进日本经济发展，提高日本国际地位，获取政治利益，是日本推动减碳的原因。其减碳政策的演变与资源禀赋和发展路径息息相关，有限的自然资源与逐渐变化的发展模式使日本减碳政策确立向绿色低碳社会转型的目标。日本作为岛国受自然环境约束较强，且地理位置距离中东等化石能源储量丰富地区较远，受资源约束也较强，因此，日本对气候变化问题相对内陆国家更敏感，有更充足的动力去发展绿色技术与绿色产业。

日本减碳政策的发展过程与欧盟类似，同样是以污染治理为出发点，以能源结构调整为主要抓手，以税收、补贴、绿色金融为推动手段，发展绿色产业，逐步向碳中和推进。日本的减碳政策经过不断发展完善，在内容上以开发利用新能源、创新减排技术、发展绿色产业为主线，在形式上利用税收、财政补贴等手段引导地方政府积极参与碳减排工作，调动社会整体力量发展低碳经济，取得了一定的碳减排效果。

萌芽时期（1979年以前）：为应对环境污染与能源危机，减碳政策以环境治理和能源发展为主，利用财政手段引导减碳

早期日本主要是为解决环境污染以及能源危机问题而制定相应的政策，利用财政政策引导企业节能减排，通过法规约束企业行为。日本为快速发展经济，在“二战”后采取了以发展重工业为主的政策，但是随着经济快速发展，日本的环境污染愈发严重，给社会造成了极大的影响。为解决环境污染产生的严重后果，日本开始重视环境保护，推出多项政策加强环境治理。与此同时，1973年爆发的石油危机导致日本经济受损，日本的环境政策开始向发展新能源倾斜，期望通过产业结构与能源结构的调整来摆脱对进口能源的依赖。之后日本出台了一系列节能减排、保护环境的法律法规，促进新能源的开发利用、能源使用效率的提高、产业结构的调整，保障日本国内的能源供给安全。在这

些严格的法规政策的作用下，日本建立起了环境评估制度，引导发展环保产业，教育企业与居民形成环保理念，以此解决环境污染与能源依赖问题。在企业层面，具体举措包括对工厂绿色生产提供补贴与支持，为环保工厂与企业提供优惠贷款，支持可再生能源的研究，设定各类产品的能源效率标准，在企业内设立能源经理职位并要求企业定期报告能耗情况①；还对产生污染的企业施以处罚，责令其对公害患者给予补偿。在居民层面，环境污染问题爆发后，日本开始重视环保教育，向民众普及环境常识，宣传环保理念。

虽然此时期内日本的减碳政策以环境治理和能源发展为主，但是环境与能源政策起到了协同作用，使日本的二氧化碳排放增长率逐渐下降。

表 1–6　萌芽时期日本主要政策

年份	政策	主要内容与作用
1970年 1972年 1973年	《公害对策基本法》 《自然环境保全法》 《公害健康受害补偿法》	推动污染治理，使日本向可持续发展模式转变
1973年 1979年 1979年 1979年	《石油紧急对策纲要》 《节约能源法》 《再生资源利用促进法》 《合理利用能源法》	促进新能源的开发利用，提高能源使用效率，调整产业结构

资料来源：IEA；中大咨询分析。

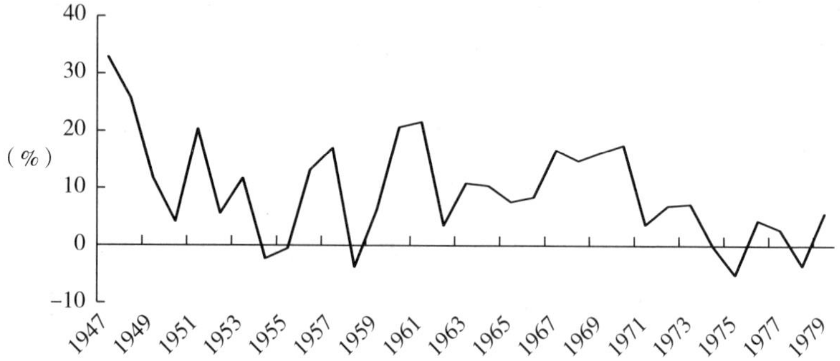

图 1–45　1947–1979 年日本二氧化碳排放增长率

数据来源：Our World in Data；中大咨询分析。

① IEA. Act on the rational use of energy(Energy Efficiency Act)[EB/OL]. (2017-11-05)[2022-07-22]. https://www.iea.org/policies/573-act-on-the-rational-use-of-energy-energy-efficiency-act.

建设完善时期（1980–2017年）：重视新能源开发、技术创新，并通过法律法规、行政命令、税收、财政补贴等手段建设低碳社会

随着《联合国气候变化框架公约》的签订，国际社会对气候变化问题越来越重视，加之日本国内污染问题得到了有效控制，日本减碳政策重点转变至应对气候变化，此时的减碳政策在内容上以新能源开发利用、创新减排技术、发展绿色产业为主。在20世纪80年代后，日本为解决气候变化问题，将能源、环境与经济三方面相协调，提出了以能源安全、环境保护和经济发展为核心的政策[①]。之后发布的《地球温室化对策推进大纲》与《新国家能源战略报告》，推动日本调整能源结构，控制因化石能源消耗产生的温室气体排放。随着减碳政策的完善，日本开始要求构建低碳社会，实现碳减排目标。2010年《气候变暖对策基本法案》规定日本2020年碳排放要比1990年减少25%，2050年要比1990年减少80%，并指出要在核电、可再生能源、交通运输、技术开发、国际合作等方面采取措施推动碳减排。此后，日本又推出了《低碳城市法》《战略能源计划》《全球变暖对策计划》等多项政策法规，以新能源创新为主线，推动各部门低碳发展。

在此阶段的政策执行中，日本依靠行政命令、税收、财政补贴、碳交易等手段，使各级政府、企业与个人参与低碳社会发展，推进日本的碳减排工作。在各级政府层面，《低碳城市法》等法规要求日本各地方政府从能源角度入手，推动交通、建筑、工业节能减排，并逐步培育地方绿色产业，还要求调整城市结构，增加城市碳汇，从多方面入手推动城市低碳发展。在企业层面，日本主要采取了碳排放限额、环境税（其中包括全球气候变暖对策税）、财政补贴等手段推动企业自愿采取碳减排措施，逐步扭转企业发展观念，从而实现企业低碳发展。例如，日本在2012年推出了地球温暖化对策税，渐进式提高税率以推动企业逐渐重视碳减排；2017年对中小企业补贴10亿日元以帮助其进行能源管理。此外，日本还确立了阶段性的碳排放交易体系如资源排放交易计划（JVETS）、核证减排计划（JVER）、日本实验综合排放交易体系（JEIETS），以

① 张楠．日本能源安全政策的分析与借鉴［D］．徐州：中国矿业大学，2019.

及东京排放交易体系等地方政府自发组织的碳排放交易，利用市场机制推动企业自愿参与减排活动。在个人层面，日本政府出台了《环境教育法》，从法律层面推动民众形成环保理念，同时通过划定居民减排职责、利用财政补贴引导（如居民购买清洁能源汽车享受税收减免与补贴①）等手段使居民形成低碳生活模式，促进居民出行绿色化。

日本在这一阶段与美国和欧盟做法相似，利用政策引导行业企业发展，同时发挥市场化机制的作用，调动企业积极性，从企业层面推动绿色技术创新与应用，维持核心技术优势，不断推进绿色产业发展。根据欧委会发布的《欧盟工业研发投资记分牌》，在2010年至2016年间，上榜企业的绿色发明数量占全球总量的82%，日本（97%）、美国（89%）、欧盟（87%）等发达经济体均高于世界平均水平，充分利用了企业的自主性，利用企业主导绿色技术创新。

表1–7　　建设完善时期日本主要政策

年份	政策	主要内容与作用
1993年	《环境基本法》	倡导可持续发展模式，推动构建环境负担小、可持续发展的社会
1994年	第一个《环境基本计划》	以提高能源效率、改进生产技术、降低交通排放、明确各社会主体职责等途径推动可持续发展
1997年	《新能源法》	推动新能源发展
1998年	《全球气候变暖对策推进法》	明确日本社会各主体的职责，将应对气候变暖作为国家基本对策
2002年	《地球温室化对策推进大纲》	要求从节能、新能源、交通、建筑、居民生活方式、碳交易等途径应对气候变化
2003年	《环境教育法》	利用法律法规帮助企业、居民树立起环保理念
2005年	资源排放交易计划	搭建排放权交易系统，利用财政补贴推动企业参与减排项目
2006年	《新国家能源战略报告》	制定了核电、节能、新能源和能源运输计划，从能源供给与需求两端推动日本的能源结构调整
2008年	核证减排计划	构建碳信用交易系统，鼓励企业参与碳汇、减排项目

① IEA. Eco-Car Tax Break and Subsidies for Vehicles[EB/OL]. (2019-04-08)[2022-07-22]. https://www.iea.org/policies/1995-eco-car-tax-break-and-subsidies-for-vehicles?country=Japan&page=2&qs=jap.

续表

年份	政策	主要内容与作用
2010年	《气候变暖对策基本法案》 《2010新成长战略》	利用可再生能源、技术开发、国际合作等方面的措施推进碳减排
2012年	《低碳城市法》	推动地方政府制定城市低碳发展规划，从交通、能源、建筑、碳汇等方面推动城市低碳发展
2012年	《绿色增长战略》	推动环保产业发展，推进蓄电池、环保汽车、海上风能发电发展，推动能源从核能转向绿色能源
2014年	《战略能源计划》	发展新能源，使能源供给结构多元化
2016年	《全球变暖对策计划》	规定了温室气体的减少和消除目标以及企业和市民、国家和地方自治团体的义务与责任

资料来源：IEA；中大咨询分析。

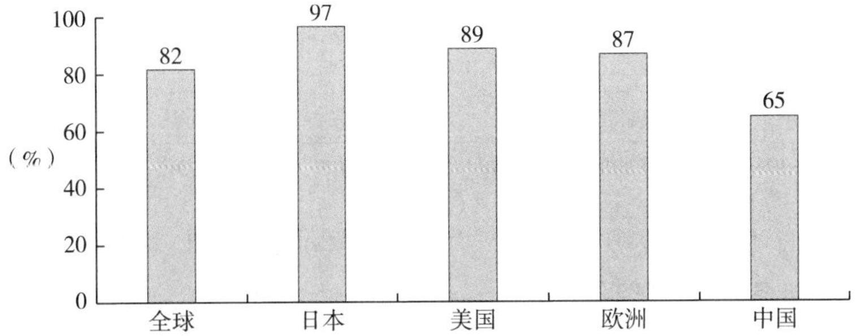

图1-46　2010-2016年全球代表性国家企业绿色专利占比情况

数据来源：《欧盟工业研发投资记分牌》；中大咨询分析。

早期日本推动重工业的发展，造成了严重的环境污染，同时形成了对化石能源的极度依赖，1980年化石能源占比在90%以上。之后随着日本能源政策的调整，核能开始快速发展，化石能源的占比逐渐降低，到1996年下降至82%。在1990年至1996年间，虽然能源结构优化，但是这一阶段内日本经济保持增长，各部门碳排放不断增多，导致碳排放仍然与GDP呈相同的增长趋势，两者并未实现脱钩。1997年至2012年，日本碳排放进入了平台期，期间在2008年与2009年碳排放大幅下降，这是由于全球金融危机使日本经济萧条，大量的失业造成了能源消耗与产品生产减少，从而减少了碳排放。2011年的福岛核事故导致日本对核能的利用大幅减少，化石能源的占比激增，2011年至2013年碳排放量快速上升。从核泄漏事故中恢复之后，在2013年至2017年，日本碳排放达到峰值后开始下降，经济增长与碳排放逐渐脱钩，这是由于福岛核泄漏之后，日本能源结构开始了新一轮的优化，以绿色能源、绿色技术发展绿色产业，碳排放随之逐渐下降。2017年日本碳排放量为12亿吨，相比1990年的11亿吨增长了1亿吨，很难达成《气候变暖对策基本法案》中规定的到2020年碳排放要比1990年减少25%的目标，因此日本在未来需要付出极大的努力以达成碳中和目标。

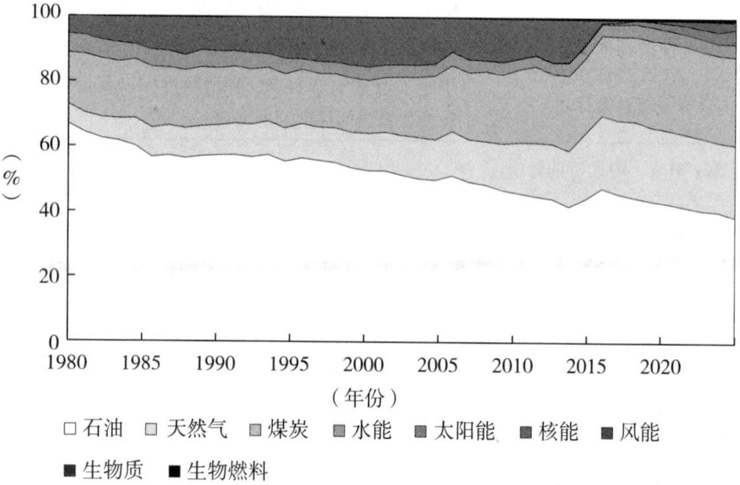

图1-47　1980-2020年日本能源结构

数据来源：Our World in Data；中大咨询分析。

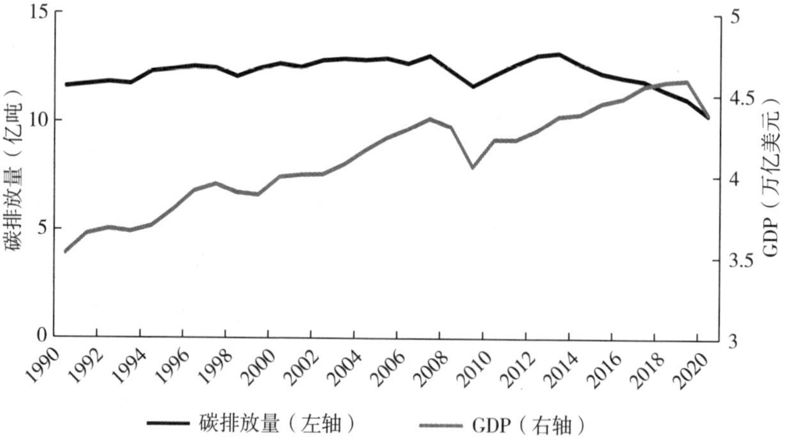

图1-48　1990-2020年日本碳排放与GDP走势

数据来源：Climate Watch，世界银行；中大咨询分析。

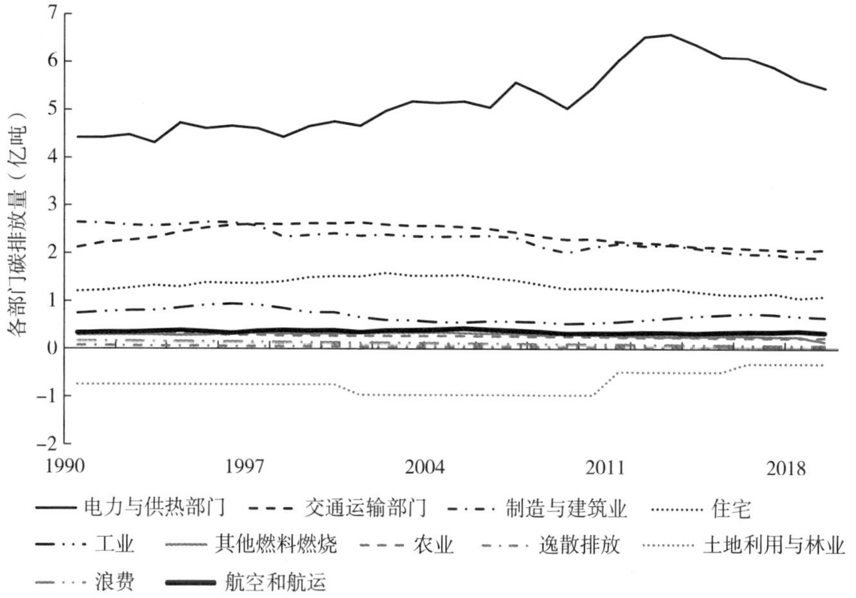

图1-49　1990—2019年日本各部门碳排放

数据来源：Climate Watch；中大咨询分析。

全面发展时期（2018年至今）：促进绿色产业发展，为实现碳中和铺路

在《巴黎协定》生效之后，国际社会推动碳中和建设，日本的减碳政策主要是在能源转型基础上推动绿色产业发展，进而实现碳中和目标。自2018年推出第五期《能源基本计划》以来，日本持续投入研发经费至新能源开发利用中，之后的《革新环境技术创新战略》又提出了39项重点绿色技术，包括可再生能源、氢能、核能、碳捕集利用和封存、储能、智能电网等绿色技术，计划投入30万亿日元以促进绿色技术的快速发展。2020年12月，日本颁布《2050年碳中和绿色增长战略》[①]，提出了推动日本实现碳中和的产业分布图，并要求通过财政扶持、税收、金融支持等方式引导企业创新，推动绿色产业发展。

① METI. "Green Growth Strategy Through Achieving Carbon Neutrality in 2050" Formulated[EB/OL]. (2020-12-25). [2022-07-22]. https://www.meti.go.jp/english/press/2020/1225_001.html.

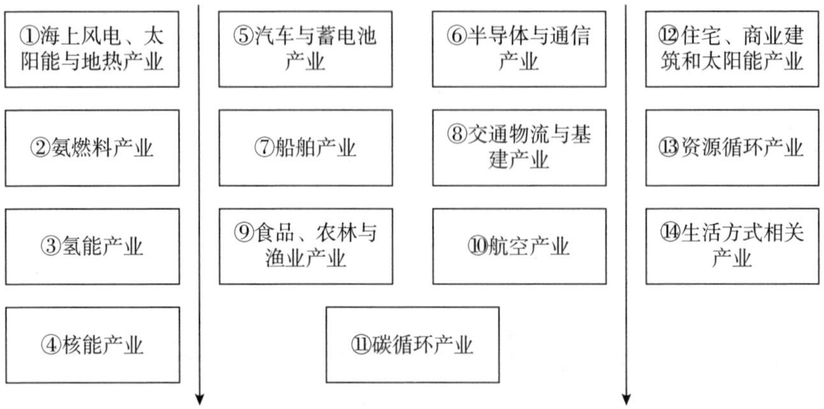

图1-50 日本碳中和的产业分布图

资料来源：METI；中大咨询分析。

表1-8 全面发展时期日本主要政策

年份	政策	主要内容与作用
2018年	第五期《能源基本计划》	降低化石能源的使用，推动新能源技术、储能技术的发展与应用
2019年	《氢能及燃料电池战略发展路线图》	着眼于燃料电池技术、氢供应链与电解技术三大领域，确定10个项目作为优先领域中的优先项目，促进研究与开发，推动日本氢能发展，实现氢能社会
2020年	《革新环境技术创新战略》	提高绿色技术的应用，促进绿色技术发展
2020年	《2050年碳中和绿色增长战略》	提出能源、运输与制造、家庭与办公三个类目下共14产业进行战略规划

资料来源：IEA，METI；中大咨询分析。

减碳政策启示

欧盟、美国与日本的降碳政策体系各具特色。欧盟政策路线以能源结构调整推动各部门碳减排为主线，辅以创新负排放技术、发展绿色金融、增加碳汇等政策，政策工具以财政工具、碳排放交易体系等为主；美国降碳政策路线同样以优化能源为主，但是两党执政理念的差距导致美国降碳政策连续性较差；日本降碳政策重点在能源结构调整、绿色低碳技术研发，利用绿色产业飞速发展来推进碳中和的实现。

对我国而言，需要从欧盟、美国和日本的降碳政策体系中吸取经验，根据

“富煤、贫油、少气”的基本国情，稳步发展新能源来推进能源结构优化，创新节能降碳技术促进产业结构调整。同时，我国需充分利用财政工具、碳排放权交易等市场化工具，充分调动社会资源，以更低的成本来推进双碳工作。

欧盟减碳政策启示

气候中性目标提出以来，欧盟的减碳政策开始围绕气候中性、碳减排、碳中和设计，已经取得了比较好的成果。我国需要持续稳步推进碳排放权交易市场以及财政政策的完善，利用碳排放交易和财政手段引领企业主动参与碳减排项目，从而实现整个经济体的碳减排。

欧盟的碳排放交易体系起始自2005年，经过十几年的发展，已经成为全球范围内较为成熟的市场，涵盖行业范围从起初的电力与能源密集型工业拓展至航空业，逐年减少碳排放配额以促进企业采取碳减排措施，助力欧盟碳减排。2018年，欧盟碳排放交易市场交易了约17.50亿吨碳排放，覆盖欧洲约39%的碳排放[①]，碳排放交易取得了一定成效。而且，在2021–2030年，欧盟碳排放交易体系的碳排放配额将以每年2.2%的速度递减，将每年的目标分解，推动欧盟实现2030年碳减排55%的目标。我国虽然在2013年就开始陆续设立碳排放权交易市场试点，但市场发展较为缓慢，截至2020年12月31日，8个试点碳市场累计成交4.55亿吨配额，覆盖我国碳排放总额的比例较小[②]。直至2021年7月16日，全国碳排放权交易市场正式启动，我国利用市场机制控制和减少温室气体排放、推进绿色低碳发展取得重大创新。2021年，全国碳排放权交易市场涵盖40亿吨以上碳排放，占我国总碳排放的比例约为34%。但是由于我国碳排放权交易市场之前一直处于试点状态，其发展仍存在着较大的不足，如全国碳交易市场碳排放配额发放的企业主体目前限制在电力行业，而钢铁、水泥等行业仅在试点省市碳交易市场被覆盖；碳定价体系不够完善、市场主体交易不够活跃等问题也限制了我国碳排放权交易的发展。因此，未来我国需要通过不断扩大交易主体范围、完善价格体系、调动市场主

---

① ICAP. Emissions Trading Worldwide: Status Report 2021[R]. 2021.

② 刘磊，周永锋，刘冬．欧盟碳排放交易体系建设经验及启示［J］．金融纵横，2021，(6)：42-48.

体交易的积极性等途径发挥碳排放权交易的市场机制作用，推动各部门企业的碳减排，从而助力碳达峰与碳中和。

除碳排放权交易体系外，欧盟还在“污染者付费”原则下不断完善环境税、能源税等税收体系，如德国于2019年新修订了《能源税法》，并在2021年起针对交通部门征收碳排放的机动车税，利用税收提高煤炭、天然气等化石能源的使用成本，同时采取税收优惠政策推动新能源技术的发展应用。我国2016年通过了《中华人民共和国环境保护税法》，并自2018年1月1日起开始实施，推动企业在生产经营过程里既考虑经济账又考虑环境账[①]。根据《中华人民共和国环境保护税法》，我国现行环境保护税覆盖了大气污染物、水污染物、固体废物和噪声四类主要污染物共100多种主要污染因子，其中关于氟化物、氮氧化物的规定在一定程度上限制了温室气体的排放，但是由于未能直接限制二氧化碳的排放，而使碳减排效果受到一定影响。双碳目标对我国碳减排成果提出了挑战，不断完善财政手段调控碳排放有利于我国碳减排，同时更需要利用税收优惠手段保护我国企业的健康发展。因此，我国未来需要推进环境税体系的发展完善，与碳交易发挥协同作用，以奖惩结合的原则持续促进我国各部门企业低碳转型，从而实现整个社会的绿色发展，增强我国竞争力。

美国减碳政策启示

美国减碳政策经过多年的发展，形成了政府利用政策法案引导、市场自发调节的总体减排模式，通过税收、财政补贴、碳交易等手段推动行政管制与市场机制相结合，共同推进减碳政策的执行。在这个模式下，美国形成了发展新能源、调整能源结构、创新负排放技术的碳减排路线，取得一定碳减排效果的同时获取了技术优势。然而共和党与民主党之间的执政理念差异导致美国部分减碳政策延续性较差，减碳法案为美国碳减排起到了重要作用。从美国减碳政策的制定与实施过程中可以总结以下经验。

---

① 中国政府网．我国环境保护税是覆盖面广又作用直接的环境保护税［EB/OL］.（2018-05-09）［2022-07-22］. http://www.gov.cn/wenzheng/2018-05/09/content_5289515.htm.

美国减碳政策在执行上形成了积极利用财政手段与市场机制推进企业层面碳减排的方式，以“自下而上”的自愿减排模式推进碳减排工作。美国政府重视通过政企合作的模式来创新减碳技术，利用政府政策引导市场发展，提高市场积极性，获取技术优势，进而维护美国的国际竞争优势。在政策执行中，美国政府采取了税收、补贴、金融等手段影响企业生产经营的成本，通过市场价格机制促使企业自愿开展创新活动以发展碳减排技术。目前我国在税收体系、财政补贴、绿色金融等方面已经取得了长足的进步，但是仍存在未能直接针对碳排放征税、碳排放权交易市场不够完善等需要改进的空间。因此，我国需要保持创新驱动策略，不断完善税收、财政补贴、碳交易、绿色金融等体系来调动企业积极性，使“看得见的手”与“看不见的手”互相协同、相得益彰，加强政企合作，激发市场活力，利用政企合作模式推动技术创新以获取核心技术，在低碳经济发展中取得优势。

美国减碳政策在内容上以创新清洁能源技术为主线，取得了一定技术优势，逐步调整自身能源结构，提高能源自给率并减少碳排放。目前我国在光伏产业等清洁能源技术方面处于国际领先地位，新能源产业已打下坚实基础，在产业规模、制造技术水平、成本竞争力等方面有明显的竞争优势，但在某些方面仍存在着短板与劣势，需要付出极大的努力来克服，如海上风电、氢能与燃料电池技术距离全球顶尖水平仍有差距[①]。同时，这也意味着在拜登政府积极的减碳政策下，我国在新能源技术开发应用中面临着更加激烈的竞争。因此，我国需要推动海上风电、氢能、燃料电池、碳捕集利用与封存等技术的创新，加速推进新能源核心技术自强自立，获取国际竞争优势，提高能源独立性，推动国内乃至全球的碳减排。

纵观美国各时期减碳政策的变化，克林顿、奥巴马、拜登等民主党总统任期内，减碳政策较为积极，而小布什和特朗普等共和党的态度则是较为消极。党派执政理念之争导致美国减碳政策出现了明显的“钟摆效应”，政策的连续性较差，无法产生更长期的效果。美国各项具有延续性的法案在实际上

---

① 中国宏观经济研究院．夯实基础，巩固提升我国新能源产业竞争优势［EB/OL］.（2021-04-02）［2022-07-22］. https://www.ndrc.gov.cn/xxgk/jd/wsdwhfz/202104/t20210402_1271693_ext.html.

对长期碳减排工作的推动作用更强，例如《清洁能源标准法案》等法案推出后，即使总统行政命令因政府换届而反复，相关的碳减排工作仍然得以持续推进，并取得一定的效果。我国目前针对双碳目标也出台了一系列政策，然而在推进过程中，部分地方不可避免地产生了“一刀切”和“运动式”减碳行动，导致政策效果不够理想。因此，我国在制定减碳政策法规时需要吸取美国的经验教训，不断完善碳达峰碳中和“1+N”政策体系，发挥立法的延续性优势，持续推进减碳工作。

日本减碳政策启示

日本减碳政策逐步完善，在内容上基于资源禀赋、技术优势制定了以能源转型为核心、以实现绿色产业发展为主的减碳发展路线，在政策执行上形成了利用政策引导城市自主规划碳减排、利用碳税制度和财政补贴等手段推动企业自愿采取减排措施、积极引导民众参与环保运动，从多维度共同推进碳减排的模式，获取了一定减排效果。从日本的碳减排过程中可以总结如下经验。

日本减碳政策以创新新能源、调整能源结构为主，利用政策引导加市场化机制推动企业进行技术创新，从而持续发展绿色产业，全方位地推进碳减排工作。在《2050年碳中和绿色增长战略》的引导下，日本着重推动14个领域的绿色产业发展。为此，日本运用税收、补贴等手段，调动市场机制引导企业保持绿色技术创新，2010年至2016年间，日本企业的绿色技术发明数量占日本整体的97%，发挥了企业作为市场主体的作用。日本利用企业创新获取核心技术、推动绿色产业发展，以此维护在各领域的优势地位。虽然我国在光伏等绿色产业方面取得了一定的优势，但是仍存在较大的不足，尤其是并未充分发挥企业的主动性与主导作用，2010年至2016年间，企业的绿色技术发明数量仅占我国整体的65%，使我国绿色技术的创新速度较慢。目前我国在海上风电方面与最先进的欧洲在技术上仍有不小的差距，部分优势产业也存在关键技术缺失、原创技术短板等不足，需要不断加强新能源技术创新方面的投入以取得技术突破。在我国政策执行中，对税收、补贴等手段的引导作用发挥不足，如2018年我国对新能源电力的实际补贴和理论补贴之间的缺口达到937亿元，部分新能源产业价格补贴存在补贴缺口以及过度补贴并存的现象[1]。过度补贴的存在导致部分企业过度依赖补贴政策，影响了市场价格机制对企业的引导效果。因此，我国需要不断完善政策体系，合理调整税收、补贴政策，利用市场机制引导企业创新绿色技术，提供持续性创新与变革动力，加强我国相关产业的竞争力。

日本早期制定减碳政策时，就有意识地明确各社会主体职责，调动全社会积极性，以社会力量共同应对全球气候变暖。在各级政府层面，日本积极推动低碳城市建设。城市是人类社会生产生活的中心，会产生大量的碳排放，也是低碳发展政策的推动执行层面[2]，因此，低碳城市建设是应对气候变化的重要突破口。日本由中央政府设定法规，提供信息咨询与指导，推出环境示范城市和环境未来城市项目，对每个城市进行绿色低碳发展规划，从能源清洁、低碳交通、低碳建筑、低碳生活、低碳产业等方面推进低碳城市的建设。日本还利用市场化机制引导政府、高校、企业等多方面合作，为低碳城市发展注入内生动力。我国于2010年启动国家低碳省和低碳城市试点工作，并且逐步建设国家生态文明先行示范区，但是我国低碳城市的建设仍处于初级阶段。由于资源禀赋存在限制、城市数目繁多与城市类型明显差异等，我国低碳城市建设存在领域不协调、区域不协调、缺乏整体规划、过于依靠政府力量、公众参与度低等问题。我国目前仍有较大的发展需求，提高经济水平、改善人民生活是我国的重要任务，工业化、城镇化是我国发展的必经之路，然而工业化会带来大量的能源消耗与碳排放，这导致我国城市低碳发展受到一定阻碍，也会使执政者难以权衡经济发展与节能降碳。因此，我国需要加强低碳城市发展的顶层设计与城市独特规划，并利用市场化机制调动企业，利用环保教育调动公众，为低碳城市发展提供内生动力。在企业与个人层面，两者作为碳减排工作的具体行动单元，在碳减排过程中具有极为重要的作用。日本利用税收、财政补贴等手段推动企业与个人参与碳减排工作，又通过《环境教育法》等法律法规培养企业与个人的低碳理念，综合利用社会各层级的力量推动碳减排。因此，我国还需要利用政策法规调动企业与个人的积极性，推动企业与个人积极参与节能降碳，助力双碳目标的实现。

---

① 姜红．促进我国新能源产业良性发展的价格补贴政策分析［J］．价格月刊，2019，(9)：26-33.

② 吴雅．低碳城市建设的演变规律及提升路径设计研究［D］．重庆：重庆大学，2019.

第四节
中国节能降碳政策演变脉络梳理

在推进应对气候变化的过程中，由于相关节能降碳举措会为国家经济发展、企业利润增长带来一定的“绿色成本”压力，政策的引导以及支持必不可少。前文梳理了欧盟、美国、日本三个主要发达经济体降碳政策体系的演进过程，三者由于较早成为发达经济体，均拥有长时间的政策探索与实施降碳举措的过程。

我国作为发展中国家，出于持续发展以提升国家实力的要求，在制定减碳政策时更为谨慎也更为连贯。长期以来，我国低碳相关政策着力于节约能源和减少污染物排放，其主题从“节能减排”逐渐演变为“低碳”发展，并过渡到如今的双碳时代；政策手段也从单一的行政命令逐渐丰富，实现行政命令、财政手段、市场化手段协同推进降碳政策实施。未来我国将主要从产业结构、能源转型、金融支持、技术创新四方面推进降碳。

政策演变脉络梳理

节能管理阶段（1980–1994年）：以行政手段为主，重点关注节约能源

20世纪80年代起，能源问题就已成为国民经济发展中的突出矛盾。国家开始重视能源的节约和管理，并采取政策措施促进能源的合理开发和利用，同时关注环境污染的治理。

政策特征介绍

初始形成阶段确定了节能的战略地位。我国从节能和环保两方面入手，初步建成节能减排体系，致力于加强节能技术改造和治理环境污染。

1.建立以节能管理为基础的综合性法规体系

我国节能政策体系初步形成的标志是1980年《关于加强节约能源工作的报告》的颁布。《报告》强调把能源的节约放在优先地位，加强能源管理，自此节能作为专项工作纳入国家的宏观管理范畴①。1986年，国务院发布了《节约能源管理暂行条例》，对我国的节能工作做出了全方位的指导②。国家出台的一系列有关节能的政策法规为企业的节能水平制定了综合性的考核标准，同时监督能源利用状况，推进了节能管理法规体系的建设。

2.颁布节能技术政策及改造措施

节能技术的推广和改造能够有力推行节能工作。1984年出台的《节能技术政策大纲》提出依靠技术进步来降低能源消耗，将大力开展节能技术改造作为长期途径③。我国节能工作以提高用热和用电效率为重点，实施热电联产、集中供热、提高工业锅炉和窑炉效率、余热回收利用，推广省能设备、节能建筑等技术政策要点，改造耗能工艺设备，提高了用能技术水平。

3.推进环保立法和污染防治工作

随着宪法确立了环境保护在社会生活中的重要地位，20世纪90年代初，国务院相继发布了《中华人民共和国水污染防治法实施细则》《中华人民共和国大气污染防治实施细则》《征收排污费暂行办法》等法律法规，在污染治理方面初步建立了配套的政策体系。《中国21世纪议程——中国21世纪人口、环境与发展白皮书》也在1994年颁布，指出经济发展不应以牺牲资源环境为代价，必须坚持可持续发展。

表1–9　初始形成阶段主要的节能减排政策

领域	年份	相关政策	重点工作
节能	1980	《关于加强节约能源工作的报告》	压缩不合理烧油，减少成品油消耗；节约煤炭、燃料油、焦炭，节约用电；降低能源生产部门的自用量和损耗
	1981	《超定额耗用燃料加价收费实施办法》	对超额燃料消耗加价收费，补充节能费用

① 田晓歌．低碳经济背景下的中国节能减排发展研究［J］．资源节约与环保，2013，(12)：4-4.

② 沈霁华．我国节能减排政策的演变历程与发展趋势研究［D］．青岛：中国石油大学（华东），2014.

③ 唐先棣．坚持目标管理、依靠技术进步、降低能源消耗［J］．节能，1988，(9)：42-44.

续表

领域	年份	相关政策	重点工作
节能	1984	《中国节能技术政策大纲》	大力开展节能技术改造；加强能源管理，改善节能管理体制；发展节能服务
	1986	《节约能源管理暂行条例》	完善节能技术政策；对节能技术改造采取扶持政策；加快节能法规、标准、规范的制定；逐步建立能源信息系统
环保	1982	《征收排污费暂行办法》	规定排污费征收标准及对象，全面开展排污收费工作
	1989	《中华人民共和国水污染防治法实施细则》	开展水环境保护工作，采取防治水污染的对策和措施
	1990	《国务院关于进一步加强环境保护工作的决定》	依法采取有效措施防治工业污染；积极开展城市环境综合整治工作；研发环保科学技术
	1991	《中华人民共和国大气污染防治实施细则》	加快防治煤烟型污染；提出防治大气污染的更高要求和目标
	1994	《中国21世纪议程——中国21世纪人口、环境与发展白皮书》	合理利用资源和保护环境，减少因环境污染引起的危害

资料来源：中国政府网；中大咨询分析。

政策机理分析

1.以行政命令强制推行节能减排措施

本阶段处于从计划经济到市场经济的转型期，我国政府主要采取了节能指令、加价收费、许可证制度等行政措施和强制性命令来推动节能减排工作。1980年至1982年，为实现年均节能量4000万吨标准煤的目标，国务院先后发布了压缩工业锅炉和工业窑炉烧油、节约用电、节约成品油、节约工业锅炉用煤、发展煤炭洗选加工合理用能等5个节能指令，开始在行政法规层面规制节约能源。在国家宏观政策的引导下，上海、浙江、辽宁等地也制订了相应的节能管理办法，对不合理利用能源的行为进行限制。1981年《超定额耗用燃料加价收费实施办法》规定，对燃料消耗超过定额的企业收取50%的加价费用，作为节能措施费用的补充。1989年，国家环境保护局发布了《中华人民共和国水污染防治法实施细则》，对超过国家或地方规定的污染物排放标准的企业事业单位，在限期治理后给予排污许可证。

2.使用有限的市场化手段助力企业节能减排

从节能降耗的实践来看，我国政府也曾采取市场激励手段加强企业的节能基建和技术改造，包括节能投资和信贷优惠，为节能减排的市场化机制奠定了基础。例如，1983年实行了节能技术改造专项贷款的“拨改贷”[①]，即将最初由财政拨款的节能基建投资改为年息仅为2.4%的低息贷款，低于当时5%的一般商业贷款年利率，鼓励企业以节能降耗为重点研究和开发节能技术。另外，《征收排污费暂行办法》作为对《环境保护法》的补充，明确了要对超过国家规定的标准排放污染物收取排污费，促进企事业单位加强经营管理，节约和综合利用资源。

政策实施效果

这一时期是我国的经济体制转型期，我国政府主要依靠行政手段加强节能管理，在节能技术升级、环境污染治理方面取得了成效，在一定程度上调动了企业节能的积极性，推动了能源的开发和节约，我国单位GDP能源使用量呈现出逐年递减的态势。然而，政府和企业在节能减排工作中责任定位模糊，政府包揽了政策制定和实施管理工作，且行政措施的强制性不足，节能减排成为政府单方面的行为和责任，企业未能充分发挥作用[②]。同时，我国的能源发展过程中也存在利用效率低下、经济效益不佳等问题，例如钢铁、建材、化工等主要工业产品单位能耗较高，与发达国家相比差距较大，规模经济效益不够理想，节能潜力巨大。

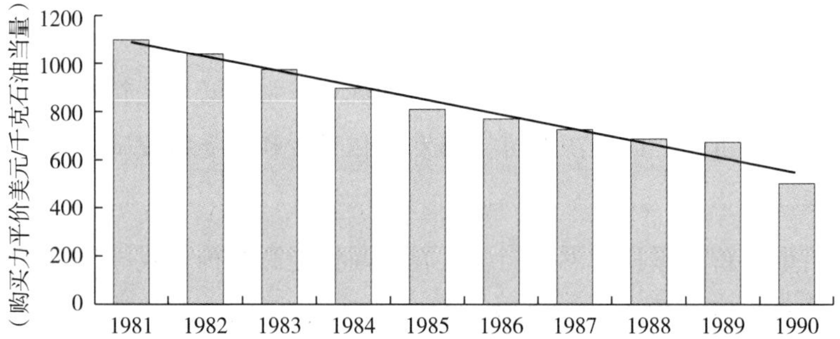

图1-51　1981-1990年我国单位GDP能源使用量

数据来源：国际能源机构，世界银行；中大咨询分析。

① 周庆乐．浅析煤炭基建投资"拨改贷"的可行性［J］．煤炭经济研究，1989，(12)：21-22，26.

② 刘学敏，王珊珊，梁佩韵．节能减排政策与中国低碳发展［A］．中国科学技术协会、福建省人民政府．经济发展方式转变与自主创新——第十二届中国科学技术协会年会（第一卷）［C］．中国科学技术协会、福建省人民政府：中国科学技术协会学会学术部，2010：7.

能源转型阶段（1995-2007年）：坚持节能优先，开始重视能源结构调整

随着能源短缺和用能紧张问题的加剧，节约能源仍然是极为重要的现实课题，大量使用传统化石能源带来的高耗能高排放问题，也催生了能源利用效率提升和结构调整的需要。

政策特征介绍

发展变革阶段，节能减排成为基本国策。我国坚持节能优先的政策，并开始将能源作为经济发展的战略重点，重视能源结构的调整。我国形成了以节能法律法规为主体、以相关能源单行法和节能措施为支撑的节约能源法律框架体系。

1.加强节能管理的政策体系建设

坚持节能先行。我国政府于1997年通过了《中华人民共和国节约能源法》（以下简称《节能法》），明确节约能源是国家经济发展的一项长远战略方针，要求加强节能工作，合理调整产业结构和能源消费结构，挖掘节能的市场效益[①]。《节能法》是我国社会经济史上的里程碑，为节能提供了法律保障。

2.开始出台长期能源规划

制定能源规划。我国已建立起较为成熟的节能工作体系，对未来能源的发展做出了长远规划。2004年的《能源中长期发展规划纲要（2004-2020年）（草案）》是我国能源领域的第一个中长期规划，强调必须坚持把能源作为经济发展的战略重点，以能源的可持续发展和有效利用支持我国经济社会的可持续发展。

开始重视新能源和可再生能源发展，调整能源结构。我国节能减排政策的发展变革阶段以1995年国务院颁布的《1996-2010年新能源和可再生能源发展纲要》为开端，鼓励开发风能、太阳能和地热能等清洁能源，积极发展可再生能源事业，促进了能源结构的优化[②]。

---

① 李增义．中国的节能政策与措施［J］．福建能源开发与节约，1994，(3)：4-7.

② 岳佩萱．中国节能政策变迁研究［D］．太原：山西大学，2016.

3.污染控制和防治政策加码

完善环保立法体系。新修订的《中华人民共和国固体废物污染环境防治法》是我国环境保护立法的重大突破，针对工业固体废物污染提出治理措施，首次将限期治理决定权由人民政府赋予环保行政主管部门。2002年的《中华人民共和国清洁生产促进法》鼓励企业参与研发和推广清洁生产技术的工作，提高清洁生产水平和技术改造能力，达到减少污染排放的效果①。

丰富控污执行手段。2003年《排污费征收使用管理条例》指出，加强对排污费征收、使用工作的指导、管理和监督。不同于上一阶段的《征收排污费暂行办法》，所有排污企业都需缴纳一定数额的排污费，排污费的征收、使用必须严格实行收支两条线。

表1-10　　发展变革阶段主要的节能减排政策

领域	年份	相关政策	重点工作
节能管理	1997	《中华人民共和国节约能源法》	制定节能标准与能耗限额，淘汰落后高能耗产品；降低单位产值能耗和单位产品能耗，改善能源的开发、加工和供应
	1999	《重点用能单位节能管理办法》	加强重点用能单位的节能管理，提高能源利用效率，控制能源消费总量
	2006	《国务院关于加强节能工作的决定》	坚持开发与节约并举、节约优先的方针，大力推进节能降耗
	2007	《国务院批转节能减排统计监测及考核实施方案和办法的通知》	切实做好节能减排统计、监测和考核各项工作
能源规划	1995	《1996–2010年新能源和可再生能源发展纲要》	因地制宜开发和推广清洁能源，加强新能源和可再生能源的科研和示范，促进产业化建设
	2004	《能源中长期规划纲要（草案）》	调整和优化产业结构；推动技术、体制和管理创新
	2007	《能源发展“十一五”规划》	加快可再生能源的发展，促进资源节约和环境保护，积极应对全球气候变化
控污	2002	《中华人民共和国清洁生产促进法》	推行和实施清洁生产，鼓励开发清洁生产技术
	2003	《排污费征收使用管理条例》	加强排污费征收的监督管理
	2004	《中华人民共和国固体废物污染环境防治法》（新修订）	防治固体废物污染，强化环境执法手段

资料来源：中国政府网；中大咨询分析。

① 李荣融．贯彻落实《清洁生产促进法》促进经济社会可持续发展［J］．产业与环境（中文版），2003，(S1)：8-9.

政策机理分析

本阶段，我国节能减排的政策工具保留了行政手段的运用，并逐渐向市场化机制迈进。

1. 实施指令控制型政策推进节能减排工作

加大淘汰落后产能力度，严控“双高”行业过快增长。我国于2005年启动了以节能降耗为起点的产业新政策体系，明确下达了淘汰落后产能的任务，强制公布淘汰落后产能企业名单，严控高耗能高排放和产能过剩行业扩大产能项目。同时，加强对淘汰落后产能的核查，对未按期完成淘汰落后产能任务的企业，依法吊销排污许可证、生产许可证、安全生产许可证，不予审批和核准新的投资项目。此举有利于推动产业结构转型升级，对于我国产业结构的优化调整起重要作用。

表1-11 “十一五”期间我国淘汰落后产能部分行业目标及完成情况

行业	内容	单位	淘汰计划	实际完成情况
电力	实施“上大压小”，关停小火电机组	万千瓦	5000	7682.5
炼铁	300立方米以下高炉	万吨	10000	12272
炼钢	20吨以下转炉和电炉	万吨	5500	7224
水泥	等量替代立窑水泥熟料	万吨	25000	37000

资料来源：国家发改委，《节能减排综合性工作方案》；中大咨询分析。

加强重点耗能单位节能管理。自1999年《重点用能单位节能管理办法》颁布以来，我国政府不断加强对重点用能单位的节能管理，要求省级节能主管部门加强对年耗能5000吨标准煤以上重点用能单位的节能监管①，对节能考核结果为未完成等级的重点用能单位，应当责令其实施能源审计、报送能源审计报告、提出整改措施并限期整改。做好节能监测、产品能耗限额管理和限期淘汰等工作，有助于控制能源消费总量，提高能源使用效率。

强化节能减排目标责任制度。2006年，《国务院关于加强节能工作的决定》对各地区的节能任务进行了部署，落实节能减排目标责任制，要求将单

① 朱益丹. 重点用能单位的节能管理与改进建议［J］. 节能与环保，2011，(7)：57-59.

位GDP能耗下降指标纳入各地经济社会发展综合考核体系，对地方各级人民政府实行节能工作问责制。目标责任制度将节能目标按地区进行分解，是中国政府推进节能的创新性举措之一[①]，加强了节能责任意识，为依靠行政手段推进节能进一步夯实了法律基础。

表1–12　“十一五”期间我国对节能减排目标任务的分解

地区划分	单位GDP能耗降幅
山西、内蒙古、吉林、山东	22%
北京、天津、河北、辽宁、黑龙江、上海、江苏、浙江、安徽、江西、河南、湖北、湖南、重庆、四川、贵州、新疆、宁夏、陕西、甘肃	20%
云南、青海	17%
福建、广东	16%
广西	15%
海南、西藏	12%

资料来源：《国务院关于“十一五”期间各地区单位生产总值能源消耗降低指标计划的批复》；中大咨询分析。

2.依靠市场激励型政策治污减排

使用排污收费制度提升企业排污成本。自2003年《排污费征收使用管理条例》实施以来，我国政府不断加强对排污费征收工作的监督管理，进一步明确了排污收费的范围和标准，促进了污染治理和排污单位的经营管理。排污费的收取减轻了政府在节能减排、环境治理财政支出上的负担，同时也使企业的排污行为受到了市场机制的调节[②]。这一措施一方面影响了企业的决策，特别是对于高耗能高排放企业来说，主动减少产量、治理污染能够促进节能环保，若选择缴纳排污费，也会作为专项资金用于节能减排；另一方面能够促进污染减排技术的创新，排污费是根据企业的排污量来征收的，所以企业必须考虑减少排污量，这将促使企业不断开发新技术，减少污染物的排放。

① 戴彦德，白泉．中国实现“十一五”节能目标［M］．北京：光明日报出版社，2009.
② 苗颖．我国污染减排政策的传导机制及有效性［N］．光明日报，2015-09-13（007）.

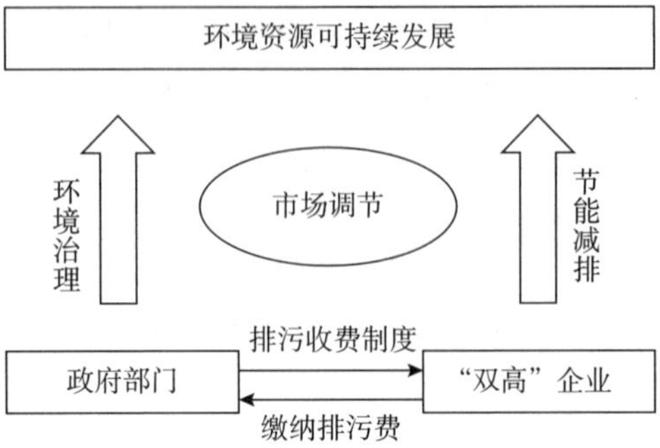

图 1-52 排污收费制度传导机制

资料来源：中大咨询分析。

政策实施效果

市场经济体制助力节能减排政策改革，政策基础更加牢固，环境污染得到改善，能源结构进一步调整，但尚未转变粗放式的经济发展理念，市场调节机制有待优化①。

节能减排取得显著成效。"十一五"期间，我国在节能减排相关政策的指导下基本完成了"十一五"规划确定的目标任务。截至2010年底，全国单位GDP能耗下降19.1%，主要污染物排放总量得到控制，环境污染防治取得阶段性成果。

表 1-13 "十一五"节能减排完成情况

指标	2005	2006	2007	2008	2009	2010	"十一五"完成情况（较2005）
单位GDP能耗（吨标准煤/万元）	1.226	1.204	1.160	1.088	1.077	1.035	-19.1%
与上年相比（%）	/	-1.79	-3.66	-6.21	-3.61	-3.83	
化学需氧量排放量（万吨）	1414.2	1428.2	1381.2	1320.7	1277.5	1238.1	-12.45%
与上年相比（%）	/	+1.00	-3.20	-4.38	-3.27	-3.08	
二氧化硫排放量（万吨）	2549	2588.8	2468.1	2321.2	2214.4	2185.1	-14.29%
与上年相比（%）	/	+1.50	-4.70	-5.95	-4.61	-1.32	

注：化学需氧量、二氧化硫为当期衡量污染排放的主要参考指标。

数据来源：国家发改委；中大咨询分析。

① 陈昊，曹奇．中国节能减排政策研究［J］．时代金融，2016，（17）：2.

能源结构得到优化。政府和企业开始重视新能源和可再生能源的开发利用，提升了非化石能源的比重。2010年，我国煤炭消费量约占能源消费总量的69%，相较于2000年下降了3%，一次电力及其他清洁能源的占比则由7.2%提升至9%。

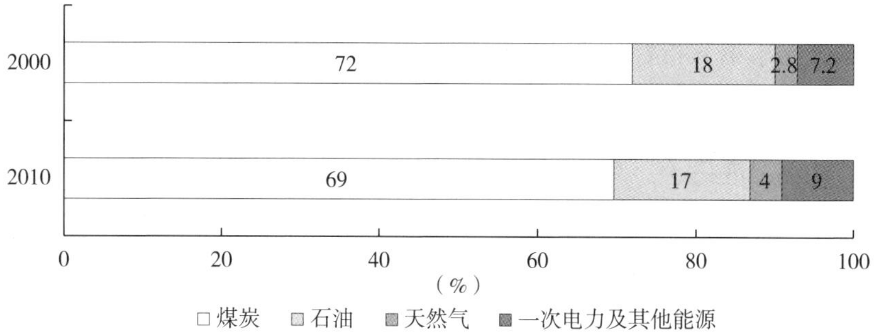

图1-53 2000年、2010年我国能源消费结构（单位：%）

数据来源：国家统计局；中大咨询分析。

总体而言，我国的节能减排工作不断改革创新，打下了坚实的政策基础，但还存在法律法规体系不够科学规范、财税制度尚不完善等问题[①]。片面追求经济增长是节能减排政策实施过程中较大的阻碍因素，我国较为缺乏低能耗、低污染的先进生产能力，对于如何处理经济增长和污染排放的矛盾冲突缺少经验。同时，市场调节机制不够健全，配套的激励政策滞后，例如，排污收费制度还停留在行政调控思维上，没有充分体现出价格机制的激励约束作用[②]。

低碳减排阶段（2007-2016年）：全面完善节能政策体系，调整能源战略，倡导低碳减排

全球气候变化形势严峻，过多的能源消耗、较高的碳排放使得发展低碳能源和低碳减排工作成为重要任务，同时对节能减排政策的科学性也提出了更高的要求。

① 饶旻，王辰，刘帅．我国节能减排财税政策及其政策优化研究［J］．科技与企业，2014，(4)：18.

② 张雪梅．节能减排的宏观政策研究［D］．武汉：华中科技大学，2008.

政策特征介绍

深化改革阶段加大节能体系的改革力度，开发利用可再生能源以进一步优化能源结构，鼓励利用低碳技术提高减排效率。

1. 完善节能减排政策体系

正式提出碳减排目标。“十二五”规划首次将单位国内生产总值二氧化碳排放降低比率纳入指标体系之中，标志着降碳开始成为我国社会发展关注的重要议题。

修订《节能法》，完善节能制度。2008年修订后的新《节能法》制定了节能管理的一系列具体化方针，进一步明确了节能执法主体和重点用能单位的节能义务，强化了节能法律责任①。在新法中，政府机构也被列入监管重点，我国的节能政策体系得到了完善。

升级节能减排目标。2014年政府工作报告中明确规定了当年能源消耗强度要降低3.9%以上，二氧化硫、化学需氧量排放量减少2%，进一步加大了节能减排工作的力度。2016年的《“十三五”节能减排综合性工作方案》也明确了日后节能减排的重点领域，要确保完成“十三五”节能减排约束性目标，经济发展不以环境恶化为代价，为建设生态文明提供有力支撑。

推进节能减排市场化。随着市场化机制的加强，排污权交易平台开始在我国投入使用，2007年，国内第一个排污权交易中心在浙江嘉兴挂牌成立。排污权交易在我国部分省市开展试点，逐步走向制度化和规范化。

2. 调整能源发展战略

以能源结构优化为突破口调整能源战略，强调积极发展低碳能源，并做出了长期规划。继2008年《可再生能源发展“十一五”规划》指出要加强清洁可再生能源的研发和推广后，2014年底，国务院颁布的《能源发展战略行动计划2014–2020》提出以电力为中心的能源消费结构调整，降低煤炭消费比重，提高天然气消费比重，重视和大力发展风电、太阳能、地热能等可再生能源。

3. 鼓励低碳发展模式

大气污染带来的碳排放问题日益严峻，2007年，政府发布了《中国应对

① 李天星. 新《节约能源法》解读［J］. 中国石油企业，2007,（11）：19-21.

气候变化国家方案》，将严格控制温室气体排放作为重要任务。

积极发展低碳技术。2011年的《“十二五”控制温室气体排放工作方案》明确了我国控制温室气体排放的总体要求和重点任务，指出要综合运用各种手段加强低碳技术的研发，推广一批具有良好减排效果的低碳技术和产品，大力推进节能降耗。

开展低碳发展试验试点。《“十二五”控制温室气体排放工作方案》要求各低碳试点地区因地制宜探索低碳发展模式，研究制定支持试点的财税、金融、价格等方面的配套政策，形成低碳发展的政策体系，推动了我国的低碳化进程。

表1-14　　深化改革阶段主要的节能减排政策

领域	年份	相关政策	重点工作
政策改革	2008	《中华人民共和国节约能源法》	建立和推动节能减排市场化机制；落实和完善节能减排支持政策；加强节能管理，强化节能目标责任考核
	2014	政府工作报告	加大节能减排力度，控制能源消费总量；提高非化石能源发电比重；发展清洁生产、绿色低碳技术和循环经济
	2016	《“十三五”节能减排综合性工作方案》	优化产业和能源结构，加强重点领域节能，强化主要污染物减排，强化节能减排技术支撑和服务体系建设
能源战略	2008	《可再生能源发展“十一五”规划》	指导可再生能源开发利用，引导可再生能源产业发展
	2014	《能源发展战略行动计划2014-2020》	推进煤炭清洁高效开发利用，严格控制能源消费过快增长，大力发展可再生能源
低碳发展	2007	《中国应对气候变化国家方案》	坚持减缓与适应并重的原则，控制温室气体排放，加强气候变化的科学研究与技术开发
	2011	《“十二五”控制温室气体排放工作方案》	综合运用优化能源结构、增加碳汇等多种手段，开展低碳试验试点；加强低碳技术研发和推广应用，加快建立以低碳为特征的产业体系，提高应对气候变化能力

资料来源：中国政府网；中大咨询分析。

政策机理分析

1.推行市场化的经济激励政策

（1）财政政策：用于促进节能降耗和污染防治的最主要措施

加大节能和环保财政投入，用于支持重点节能工程和环保设施项目的建设[①]。

① 周雄勇，郗永勤，许志端．节能减排政策的需求，传导与体系建设：基于战略路线图［J］.2021，（4）：132-139.

“十一五”期间，中央在节能技术改造资金上投入了超过300亿元，支持重点节能工程项目，形成了约1.6亿吨标准煤的节能能力，对实现我国的节能目标发挥了重要作用。“十二五”起始，2007年，中央财政设立了节能减排专项资金，安排预算235亿元，2008年增加至270亿元，主要投入节能技术升级和淘汰落后产能。

强化政府采购在节能中的作用。推行政府绿色采购，完善强制采购和优先采购制度，逐步提高节能环保产品比重，实行节能环保服务政府采购[①]。2007年，列入政府强制采购清单的节能产品总计33种类别，涉及539家企业和14551个产品型号，加大了政府对节能新产品的倾斜力度，有效激励企业向生产节能产品的方向发展。

（2）税收政策：实行税收优惠和推进税费改革

加大节能项目税收优惠的范围和力度。新《节能法》明确表示，对列入推广目录的节能技术、节能产品实行税收优惠，促进了我国节能目标的实现。过去的节能减排税收优惠政策局限于企业所得税、消费税等环节，2010年起，为鼓励企业加大节能技术改造的工作力度，对于节能服务公司实施的合同能源管理项目，暂免征收营业税和增值税。

增加高耗能、高排放领域的税负。《关于印发“十二五”节能减排综合性工作方案的通知》明确了积极推进资源税费改革，将原油、天然气和煤炭资源税计征办法由从量征收改为从价征收并适当提高税负水平；积极推进环境税费改革，选择防治任务重、技术标准成熟的税目开征环境保护税；调整进出口税收政策，控制高耗能、高排放产品的出口。

（3）价格政策：加强价格机制的激励约束作用

强化价格约束引导，深入实施差别电价[②]，提升高耗能企业生产成本。2010年，我国在实施差别电价政策的基础上，进一步提高了限制类和淘汰类企业电价，并首次提出对能源消耗超过规定限额标准的企业实行“惩罚性电价”，各地可在国家规定基础上，按程序加大差别电价、惩罚性电价实施力

① 曾凡银．中国节能减排政策：理论框架与实践分析［J］．财贸经济，2010,（7）：110-115.

② 何培育．实施差别电价政策的影响及对策［J］．冶金经济与管理，2010,（5）：36-39.

度。例如，河北省对钢铁、水泥行业实施的差别电价和惩罚性电价政策，高于国家规定的标准，并执行更加严格的能耗限额标准，起到了抑制高耗能行业过快增长和淘汰落后产能的作用。2013年，国家开始对电解铝企业依据铝液电解交流电耗实行阶梯电价，超过最低标准每吨13700千瓦时的加收电价。次年，再次运用价格手段促进水泥行业进行产业结构调整，实行基于可比熟料（水泥）综合电耗水平标准的阶梯电价政策。

深化价格激励作用，支持可再生能源发展。我国对可再生能源价格实施了价格激励政策，如对可再生能源发电按照规定的上网价格实行全额强制性收购，保证适当的投资回报①。此类政策引导了大量社会资本积极进入新能源领域。以风电领域为例，到2016年，中国风力发电装机容量已经达到1.49亿千瓦，从2010年起年复合增长率接近31%，风电装机容量跃居全球第一。

（4）金融政策：增强绿色信贷支持和能效指引

监管机构鼓励各类金融机构加大对节能减排项目的信贷支持力度，金融机构推出适合节能减排项目特点的信贷管理模式。2010年，央行、银监会提出意见，严控高耗能、高污染企业的信贷投入，加大对环保企业和项目的信贷支持，改善环保领域的直接金融服务等。各大银行纷纷主动把握产业结构调整中的业务机遇，支持绿色信贷项目和节能环保项目，比如建行积极贯彻银监会有关支持绿色信贷的要求，对于符合节能减排、绿色信贷要求的客户和项目开放绿色通道，在贷款价格上给予适当优惠，在贷款指标上优先保障②。此外，2015年，银监会、国家发改委联合印发《能效信贷指引》，指导银行业金融机构通过提供信贷融资支持用能单位提高能效、降低能耗。金融政策是国家要求开拓创新的节能减排政策之一，能够助推企业创新绿色信贷产品，强化绿色信贷与市场化的互补机制③。

① 宋辉．我国可再生能源供给的市场特征与激励机制研究［D］．徐州：中国矿业大学，2011．

② 郑华钧．依据国家绿色信贷政策搞好银行绿色信贷管理［J］．经济师，2012，（2）：2．

③ 王晨，王博，梁爽，等．商业银行绿色信贷创新实践与相关政策建议［J］．经济研究导刊，2018，（13）：57-58．

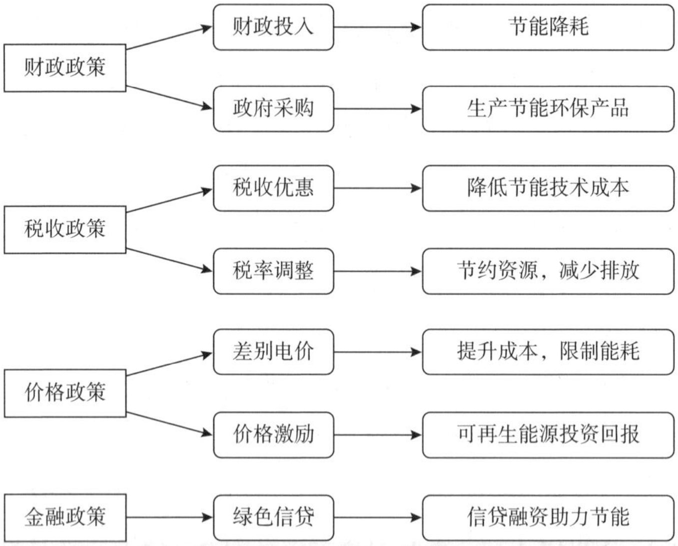

图 1-54　经济激励市场化政策的传导路径

资料来源：《商业银行绿色信贷创新实践与相关政策建议》；中大咨询分析。

2. 市场机制下节能减排政策的阻力

我国节能减排政策从只采取单一的命令控制方法过渡到重视市场化调节机制，注重经济增长与环境治理协同发展，且政策工具开始多元化，但市场化调控方式中依然存在不足。首先，政策实施力度不统一，专项资金的扶持更多面向重点企业的项目，对于不同行业、地区、企业存在资金补助上的失衡；其次，政府调控与市场机制协调性不足，如电力市场的市场化程度不足，导致电价不能准确反映资源稀缺程度和产品供求关系；最后，政策制定缺乏系统性和长期布局，存在“变相达标”风险，地方政府可能采取非常规措施来强行达到节能减排目标，对经济运行产生影响。

政策实施效果

深化改革阶段，节能减排政策体系全面完善，低碳减排工作的运行使得环境污染治理取得高效成果。

“十一五”和“十二五”期间，我国单位GDP能耗呈现出明显的下降趋势，到2015年已经降至0.63万吨标准煤，节能效果突出。我国政府实行的燃煤工业锅炉改造工程、节约和替代石油工程、建筑节能工程、绿色照明工程等十大工程，大幅度提高了能源利用效率，促进了先进节能技术的推广应用和节能环保产业的发展。

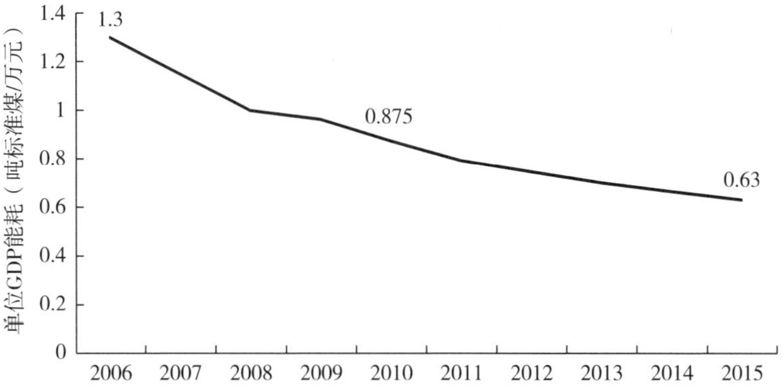

图1-55　2006-2015年全国单位GDP能耗

数据来源：国家统计局；中大咨询分析。

与此同时，工业“三废”治理成效显著。自2006年起的十年间，我国工业废水得到了良好的治理，排放总量呈现出稳步下降的趋势；“十一五”期间工业固体废物综合利用率也逐年升高，但在“十二五”期间出现了下滑，可能是由于该阶段我国经济增长较为迅猛等原因，在生产过程中造成了大量的工业污染物排放。这也正是我国政策制订过程中加强节能减排力度的缘由：力求在发展经济的同时减少对环境的损害。

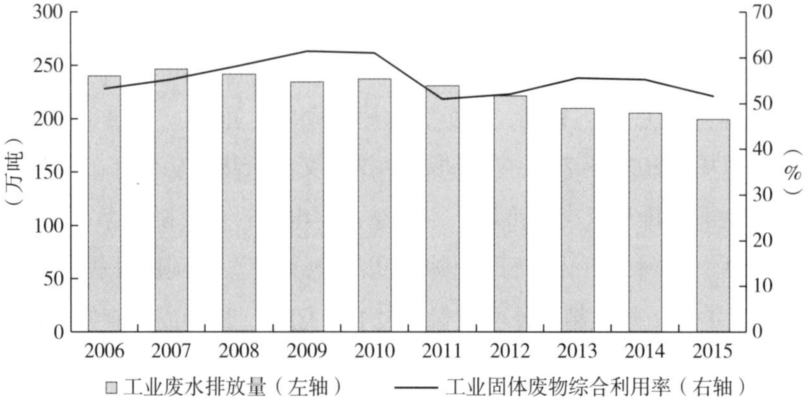

图1-56　2006-2015年全国工业废水排放及工业固体废物处理情况

数据来源：2010年、2015年环境统计年报；中大咨询分析。

从“低碳”到双碳（2016年至今）

这一阶段，随着国际上巴黎协议的生效，国内对温室气体排放的管理也更加完善，各类政策逐步形成系统，市场机制开始发挥更加重要的作用。

政策特征

1. 双碳政策体系更加系统化

2021年10月12日，国家主席习近平在《生物多样性公约》第十五次缔约方大会领导人峰会发表主旨讲话时提出，中国将构建起碳达峰、碳中和“1+N”政策体系。2021年10月24日，中共中央、国务院出台了“1+N”体系中的“1”——《关于完整准确全面贯彻新发展理念做好碳达峰碳中和工作的意见》，标志着双碳领域的顶层设计正式出台。《意见》包含了经济社会发展绿色转型、产业结构、能源体系、交通运输体系、城乡建设、重大科技攻关和推广应用、碳汇、绿色低碳对外开放合作、相关法律法规标准和统计监测体系、政策机制等十大方面的工作方向，涵盖了产生碳排放的主要领域，指明了当前各领域直接降碳和主要配套体系的工作方向。此后，各部委又陆续出台了《能源绿色低碳转型行动》《节能降碳增效行动》《工业领域碳达峰行动》《城乡建设领域碳达峰实施方案》《交通运输绿色低碳行动》《碳汇能力巩固提升行动》等专项政策，不断丰富与完善“1+N”中的“N”。

2. 碳排放权交易市场与绿色金融成为重要的碳中和辅助手段

碳排放权交易市场成为重要的市场化降碳手段。自2011年开始，我国陆续启动了深圳、北京、上海、广东、天津、湖北、重庆、福建8个试点碳排放权交易市场，2021年7月，在吸取8个试点交易市场经验的基础上，我国正式开启了全国碳排放权交易市场，当前纳入了电力行业，随着条件逐渐成熟，未来，钢铁、建材、石化等行业也将逐步纳入其中。全国碳排放权交易市场正式运行1年后，碳配额累计成交量超过1.94亿吨，累计成交额接近85亿元。随着碳交易市场的扩容和交易品种的增加，未来碳交易市场将在我国碳减排工作中发挥更加重要的作用。

绿色金融将为碳达峰碳中和工作提供资本支持。2016年，人民银行、财政部等七部委联合印发的《关于构建绿色金融体系的指导意见》，提出了较为系统的绿色金融发展政策框架；2017年至今，又陆续设立了浙江、江西、广东、贵州、甘肃、新疆六省（区）九地绿色金融改革创新试验区，开展绿色金融发展的试点工作，截至2021年底，绿色贷款余额已达到16万亿元，绿色债券余额达到1.16万亿元，绿色ABS、绿色基金、绿色股权等金融产品也受到政策支持，处于快速发展状态中。由于碳中和工作涉及大量资本投入工作，需要金融市场提供更多资金支持，绿色金融作为一种具有特定用途的金融产品，未来将会发挥更大作用。

3.技术发展成为政策关注的重点

实现双碳目标需要依托技术的突破性进展，需要政策加强对低碳技术的支持。《中共中央关于制定国民经济和社会发展第十四个五年规划和二〇三五年远景目标的建议》提出，在“十四五”期间坚持绿色低碳发展原则，要完善绿色低碳技术的研究与应用。最新出台的《意见》也明确提出强化基础研究和前沿技术布局，加快先进使用技术研发和推广。

表1–15 碳达峰碳中和主要政策

领域	年份	政策	重点工作
顶层设计	2021	《关于完整准确全面贯彻新发展理念做好碳达峰碳中和工作的意见》	厘清双碳具体目标和实施方案，有序推进节约能源和减污降碳工作
	2021	《2030年前碳达峰行动方案》	明确碳达峰重点任务，扎实推进碳达峰行动
能源	2021	《关于完善能源绿色低碳转型体制机制和政策措施的意见》	完善能源绿色转型的体制机制、政策体系、治理方式
城乡建设	2022	《城乡建设领域碳达峰实施方案》	从优化城市结构和布局、开展绿色低碳社区建设、全面提高绿色低碳建筑水平等方面对建设绿色低碳城市作了部署
碳交易与绿色金融	2016	《关于构建绿色金融体系的指导意见》	通过发展金融产品和服务、实施相关政策工具，支持我国经济的绿色转型，构建更好的绿色金融投资环境
	2017	《全国碳排放权交易市场建设方案（发电行业）》	加快推进建设碳交易市场，扩大市场覆盖行业范围，丰富交易品种和方式
低碳技术	2020	《中共中央关于制定国民经济和社会发展第十四个五年规划和二〇三五年远景目标的建议》	坚持绿色低碳发展原则，推进绿色低碳技术研发

资料来源：中国政府网；中大咨询分析。

政策机理分析

本阶段政策以“双轮驱动”为主要特点，政府与市场并重。

政府方面，主要通过能源领域更加严格的控制型指令约束高耗能高排放行业发展，进而推动产业结构升级。能耗双控政策要求对新增能耗5万吨标准煤及以上的“双高”项目加强窗口指导，对不符合要求的项目严格把关，且不予提供信贷支持[①]。在政策影响之下，钢铁、水泥等多个行业面临着趋严的产能调控原则，如受限产政策影响，多地水泥市场价格明显上涨。在工业领域，《意见》指出将对新建、扩建钢铁、水泥、平板玻璃、电解铝等项目严格落实产能等量或减量置换，出台煤电、石化、煤化工等产能控制政策。高耗能高排放项目准入标准的提高也帮助各行业控制产能，逐步解决产能过剩问题，优化整体产业结构。

市场方面，进一步完善投资政策、财税价格政策、碳排放市场等市场化机制，从而推动碳减排。在投资政策方面，在政府引导下构建低碳相关的投融资体系，加大对碳中和相关绿色低碳投资项目的支持力度，为市场主体的绿色低碳投资增添活力。在财税价格政策方面，以加大对绿色低碳产业发展、技术研发的财政投入为主要手段，广泛推行绿色采购制度，助力企业高效生产绿色低碳产品和开发技术；研究碳减排相关税收政策，实行税收优惠，助推绿色低碳经济发展；强化价格的约束引导，严禁对“双高”行业实施电价优惠，提升其生产成本，加大差别电价等政策的执行力度以体现价格的激励作用。同时，碳交易是核心的市场调节机制，通过优化配置碳排放资源，为排放实体提供经济激励，以低成本完成碳减排目标。目前电力行业已率先被纳入碳排放权交易，收到碳排放配额，未来，化工、建材、钢铁等高耗能行业也将逐渐进入。碳市场机制有利于淘汰落后产业，实现产业优化升级，也能够倒逼企业使用新能源，减少对碳排放权的需求，从而达到节能降碳的效果。

---

① 谷宇辰，张达，张希良．关于完善能源消费"双控"制度的思考与建议——基于"十三五"能源消费变化的研究［J］．中国能源，2020，42（9）：6.

双碳未来政策趋势

重视低碳政策的体系性发展。当我国的目标从“节能减排”发展为“碳达峰碳中和”，我国的低碳政策体系也开始从主要关注能源、工业领域演变为关注建筑、交通、金融等多个领域；政策作用的焦点除了节约能源与能源结构调整，也逐步拓展到投融资、碳交易、低碳财税制度、低碳技术创新等领域。随着双碳工作的逐步推进，双碳政策必然向着更加体系化的方向发展，突出综合施策的特点，在产业、能源、工业、金融、财税等多个领域发力，引领双碳目标的实现。

充分发挥市场机制作用。碳排放权交易市场是我国重要的市场化降碳手段。碳市场的完善，能够更加有效地激发控排主体减排潜能，有效确定碳价格。为了使碳定价更加准确，碳市场更加活跃，全国碳市场未来必然将扩大主体覆盖范围，将控排范围从电力行业扩充至石化、化工、建材、民用航空等所有高排放行业；同时改进碳配额分配方法，参考欧盟等成熟碳交易市场的经验，逐渐提高有偿分配比例，充分利用碳市场的调节机制推动碳配额的有效配置。绿色金融是另外一种重要的市场化手段。由于双碳工作给企业的生产、运营、技术创新、管理等方面都带来了成本方面的重大影响，企业需要合适的金融工具开展与低碳相关的融资活动，而如此巨大的融资需求仅通过财政资金无法满足。因此，引入社会资金，建立更加市场化的投融资渠道，推动绿色金融产品发展，将是双碳政策发展的另一大趋势。

加大低碳技术创新发展的支持力度。加速推动可再生能源、氢能、储能、碳捕集利用与封存（CCUS）技术等领域的低碳技术突破。政府在资金投入、基础设施建设、人才培育等方面给予低碳技术创新大力支持，加强可再生能源制氢、新型储能技术等低碳前沿技术的研发、示范和应用，特别是在化石能源消费集中的行业领域加大低碳技术的应用力度。在吸收端，则重点关注发展CCUS技术，从技术研发、资金支持等角度对CCUS技术的中长期发展进行系统性部署，并加大财政投入，激励企业加快CCUS项目的研发示范，逐步走向规模化。

第 二 章

行业分析

高排放行业的发展趋势与降碳路径

双碳目标对我国未来四十年的发展提出了新要求，将促使我国经济社会发展全面绿色转型。在此背景下，各行业均以高质量实现碳达峰碳中和为发展目标，以绿色低碳为发展路径，产生了不同于以往的发展趋势。本章内容选取电力、钢铁、交通、建材、建筑五个典型的高碳排放行业，从排放现状、现状成因、未来发展趋势与减排路径三方面展开分析；同时选取了具有生产、生活综合特性的主体园区开展分析。

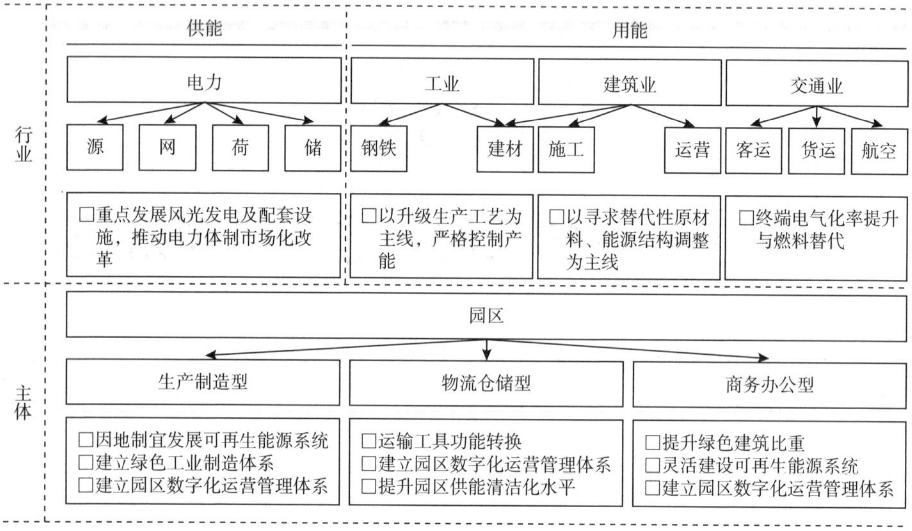

图2-1　各行业降碳路径图

资料来源：中大咨询分析。

第一节
电力行业：源网荷储多点发展，体制改革协同推进

化石能源的使用是经济活动中最主要的碳排放来源，通过燃烧，转化为电能、热能等其他能源形式，是化石能源最主要的用途。在这些能源形式中，电力作为现代经济社会中最重要的供能方式，也成为碳减排的关键领域。我国是以化石能源发电为主要发电方式的电力消耗大国，电力行业在碳排放中占据了重要位置。2021年，电力行业成为首个被纳入全国碳交易市场的行业，也充分说明了电力行业在实现双碳目标中的重要性。本节将具体阐述电力行业碳排放的来源，并从“源–网–荷–储”、电力体制改革等方面分析电力行业在双碳目标下的发展趋势。

为什么电力行业是实现双碳目标的最重要抓手

电力行业是我国碳排放量最多的经济部门。我国电力行业具有碳排放总量大、占全国碳排放量比例高的特点。1990–2020年，中国经济快速发展，带动电力消耗量节节攀升，中国成为全球发电量最大的国家，2020年发电量占全球比重达到29%。发电消耗的大量化石能源使我国电力行业碳排放量从6.64亿吨增长到46.42亿吨[①]，绝对值增长近7倍，年均增速达到7%，占我国碳排放总量比重从31.28%波动增长至53.11%，是我国最主要的碳排放源。因此，电力行业的碳减排工作是我国实现双碳目标的最重要抓手。

① 由于各统计机构未单独统计电力行业碳排放量，此处以供能行业碳排放量近似代替电力行业碳排放量。

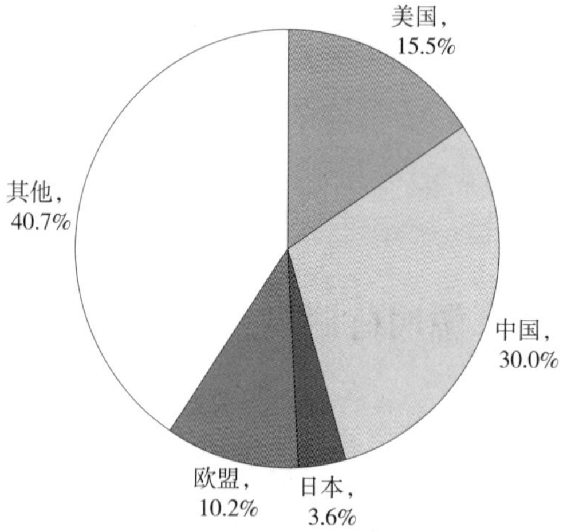

图 2-2 2021年全球主要经济体发电量占比

数据来源：《BP世界能源统计年鉴2022》；中大咨询分析。

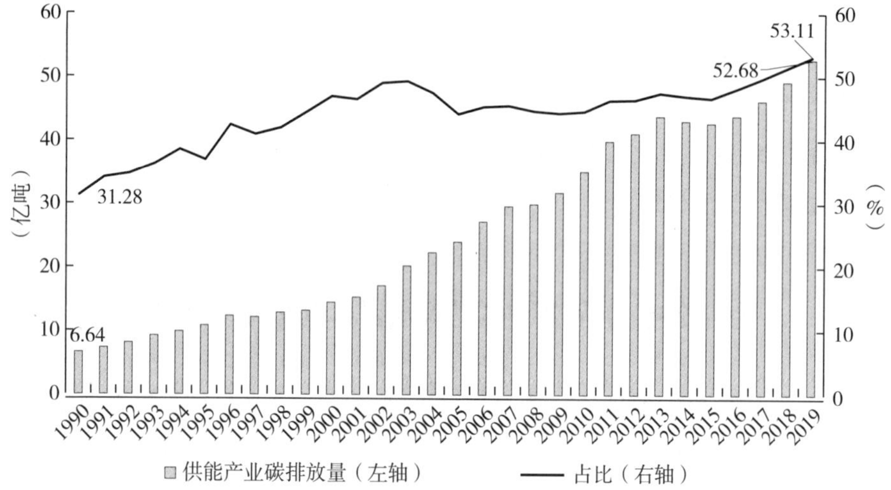

图 2-3 1990-2019年中国供能行业排放量及占比

数据来源：IEA；中大咨询分析。

电力行业碳排放情况也说明我国供能结构仍然有优化的空间。从全球范围看，我国电力行业碳排放量占比远高于其他主要经济体电力行业碳排放量占比。我国供能产业碳排放占比达到53.11%，高于全球平均11.27个百分点，显著高于美国的35.82%和欧盟的30.77%，也略高于同处亚洲的日本，说明与发达国家相比，我国供能结构依然有较大的优化空间，因此，实现双碳目标的过程也是倒逼我国调整能源结构的过程[①]。

中国电力行业的碳来自哪里

我国电力行业碳排放量大、占比高的直接原因在于我国一直以火电作为最主要的发电方式。2001-2020年间，我国火电的发电量从11834.3亿千瓦时增长到51743亿千瓦时，复合增长率达到8.1%；占全国发电量比例虽然呈现下降趋势，但在2020年依然达到68%，是我国最重要的电力供给形式。

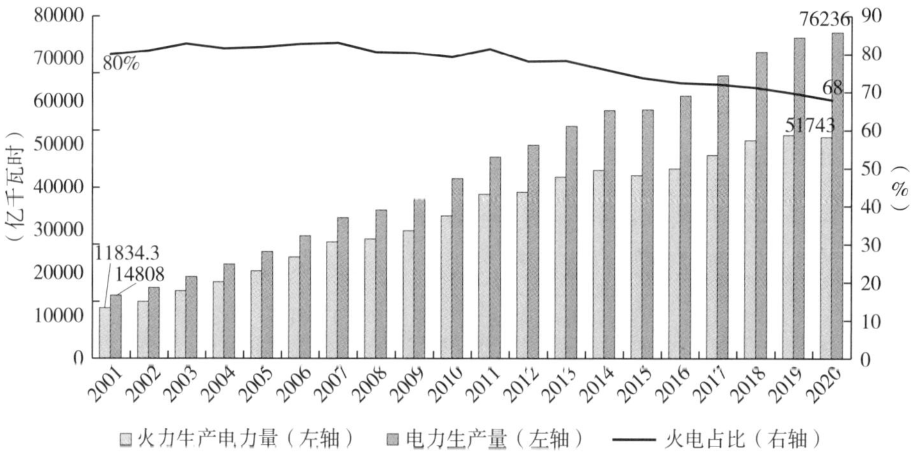

图2-4　2001-2009年中国火力发电量占全国发电量比重

数据来源：国家统计局，中国电力企业联合会；中大咨询分析。

煤电又是我国最重要的火力发电形式，而单位煤炭燃烧产生的二氧化碳远高于单位石油和单位天然气。2021年，我国煤炭发电占比达到63.63%，是全国最重要的发电形式；这一比例远高于全球平均水平和其他发达国家，使我国成为全球煤炭发电占比最高的国家。在煤炭、石油、天然气三种主要化石燃料中，煤炭类燃料的碳排放系数显著高于石油和天然气。高煤炭消耗量、高碳排放系数使我国电力行业碳排放量居高不下。

① 数据来源：IEA

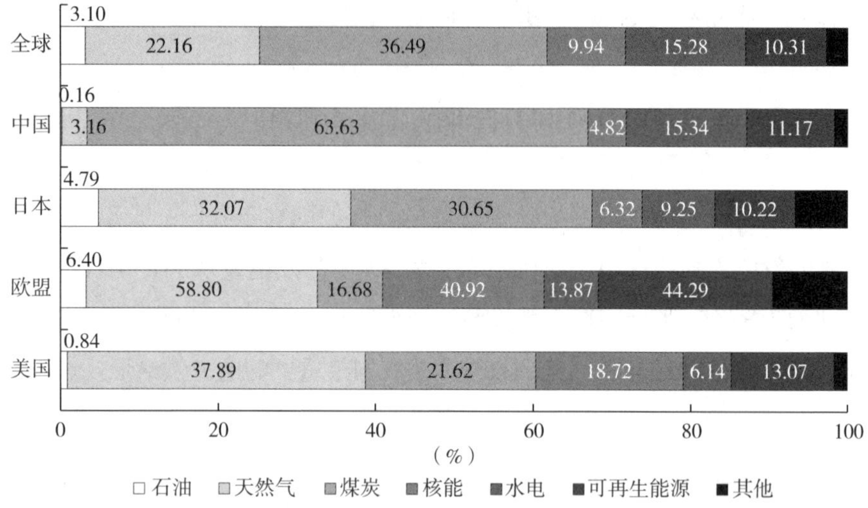

图 2-5　2021 年中国与其他经济体电力结构比较

数据来源：IEA、中国电力企业联合会；中大咨询分析。

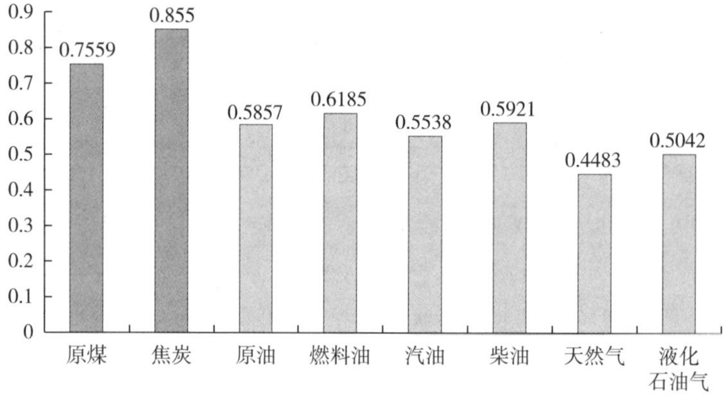

图 2-6　部分燃料碳排放系数

数据来源：公开资料；中大咨询分析。

形成以煤炭发电为主要发电方式的现状，根本原因在于我国“富煤、贫油、少气”的资源禀赋。2020 年，我国煤炭储备占全球比重为 13.3%，在全球位居前列；然而 2021 年，石油和天然气的对外依存度则分别达到 72% 和 45%。丰富的煤炭资源使得煤炭发电相对于其他发电形式具备先天的成本优势，多年来火电技术的飞速发展进一步推动了煤炭发电成本下降，使得煤炭发电成为我国最重要的发电方式。

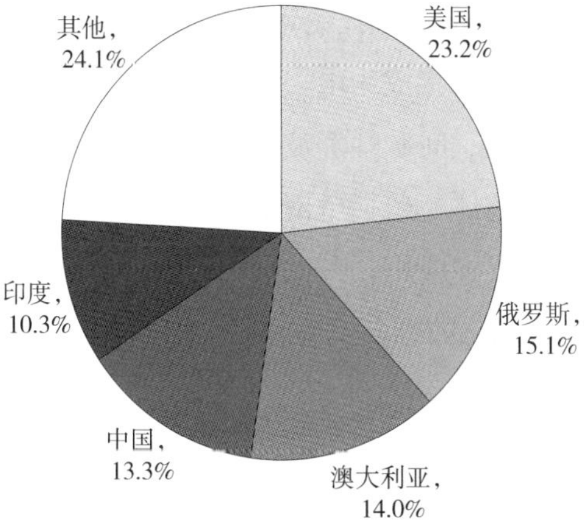

图2-7 2020年全球煤炭储量结构

数据来源：2022年BP年鉴；中大咨询分析。

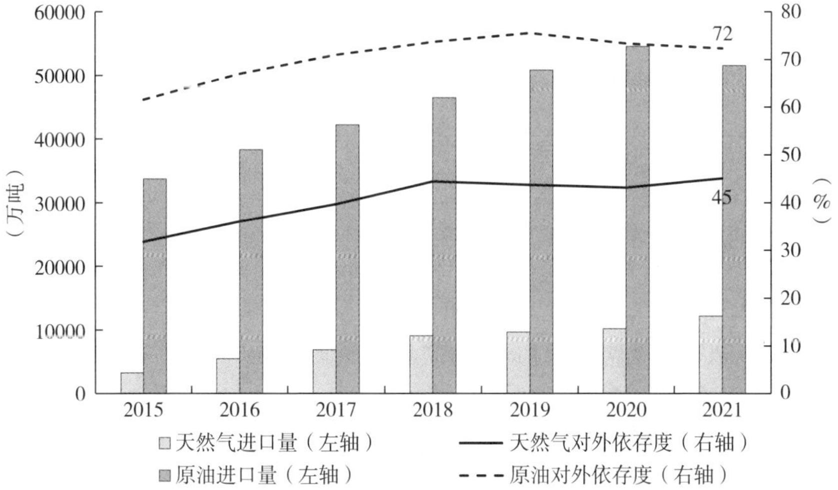

图2-8 2015-2021年中国天然气及原油依存度

数据来源：中国石油和化学工业联合会，国家统计局；中大咨询分析。

双碳目标下，电力行业将会走向何方

在双碳目标的要求下，调整电力结构成为我国的必然选择。根据清华大学气候变化与可持续发展研究院的预测，在2050年强化政策情境下，电力行业2050年非化石能源发电占比将达到76.2%；在2050年升温2℃情景下，非化石能源发电占比将达到90.5%。无论何种情形，化石能源发电的占比都必须大幅压缩，可再生能源发电将成为电力行业最主要的能源消耗形式。由于可再生能源发电具有随机性、间歇性和波动性的特征，当可再生能源发电比例大幅提升后，电力系统整体，包括电网端、负荷端都将随之呈现新的发展趋势，储能技术也将得到更多应用；与此同时，电力体制也将配合可再生能源发电的特点，向更加市场化的方向发展。

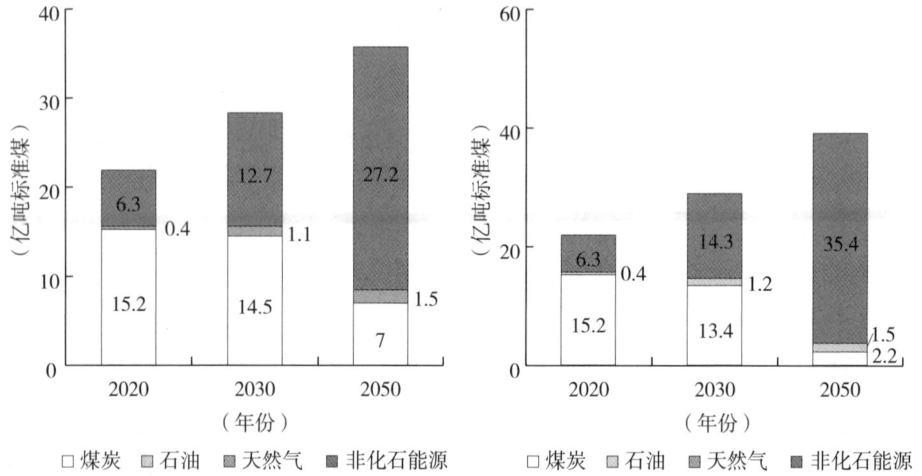

强化政策情景电力生产活动能源消耗结构变化　　升温2℃情景电力生产活动能源消耗结构变化

图2-9　不同政策情景下2030年、2050年中国电力结构预测

数据来源：清华大学气候变化与可持续发展研究院；中大咨询分析。

“源头”减碳，风光发电比例大幅提升

习近平主席在气候雄心峰会上对风电和太阳能发电装机容量提出了具体目标，即到2030年，我国风电、太阳能发电装机总容量将达到12亿千瓦以上，充分说明了风光发电在实现双碳目标中的重要性。由于我国风光资源丰富、行业成熟度高，且皆为优质的“低碳”电力，预计风光发电未来将成为替代火电的最主要发电形式。

我国风光资源丰富，从资源禀赋角度来看能够支撑较大的发电量，满足我国的供电需求。

风电方面，陆地100米高度风速可达到每秒5.7米，风功率密度达到每平方

米221.2瓦，近海100米高度风速可达到每秒8.3米，风功率密度可达到每平方米832.2瓦，从资源禀赋来看，能够支撑较大的发电量；目前，我国的风电装机容量已经位居全球第一，截至2021年底，我国陆上风电装机容量达到302583兆瓦，占全球39.34%；海上风电装机容量达到26390兆瓦，占全球22.81%。

表2-1　　我国风力资源概况

高度	风速	风功率密度
陆地70m	5.4m/s	184.5W/m^2
陆地100m	5.7m/s	221.2W/m^2
近海70m	8.1m/s	572.6W/m^2
近海100m	8.3m/s	832.2W/m^2

数据来源：公开资料；中大咨询分析。

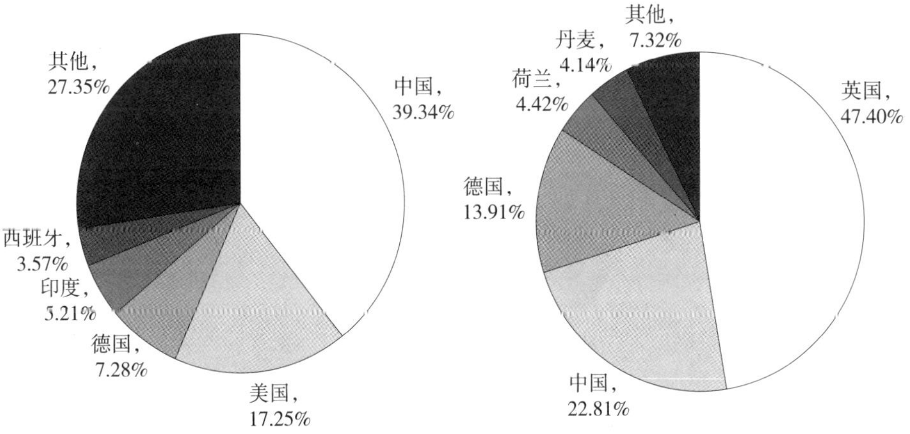

2021年全球陆上风电装机容量结构　　2021年全球海上风电装机容量结构

图2-10　2021年全球陆上风电、海上风电装机容量比重

数据来源：GWEC；中大咨询分析。

太阳能方面，我国太阳能资源丰富区能量能够达到每平方米6690~8360兆焦耳，较差区也能够达到每平方米4180~5016兆焦耳，高于伦敦、东京、汉堡等光伏发电应用较为广泛的地区。2021年，我国光伏装机总量达到3.06亿千瓦，是全球光伏装机总量最高的国家，占全球光伏总装机容量的36.3%。

在多年政策支持下，我国风光发电行业已经走向成熟，制造技术逐步发展，规模效应逐渐显现，整体成本下行，基本能够在发电端实现与火电相竞争的成本优势。

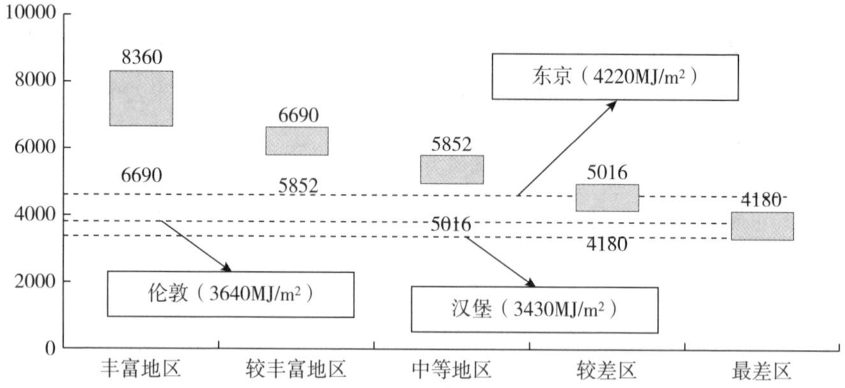

图 2-11　我国各地区太阳能资源

数据来源：安信证券研究中心；中大咨询分析。

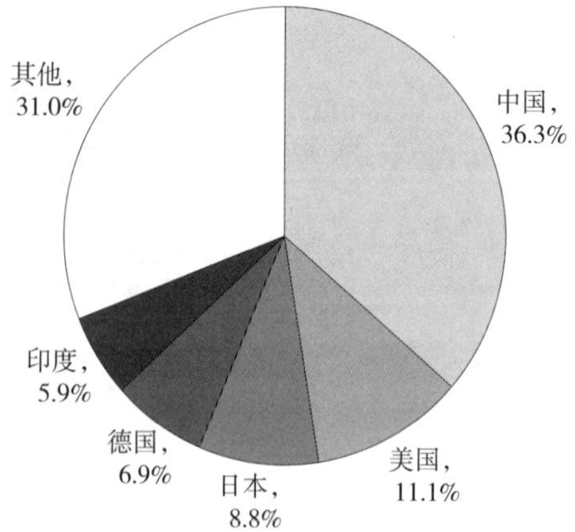

图 2-12　2021 年全球光伏发电装机容量构成

数据来源：IRENA；中大咨询分析。

风电方面，当前我国主要发电方式为陆上风电，其成本从2010年的每千瓦时0.07美元下降到2019年的每千瓦时0.047美元，十年间成本下降了33%；随着中国风机制造技术持续升级，我国单个风机发电容量加大，2010～2018年间，单机容量2～2.5兆瓦的风机占比从12%上升到73%，规模效应预计将带动成本进一步下降。在成本不断下降的过程中，2020年我国风电上网指导价（2019年前为标杆上网电价）下降到0.4～0.47元，在风力Ⅰ类资源区已经低于煤电约0.41元的上网基准价。

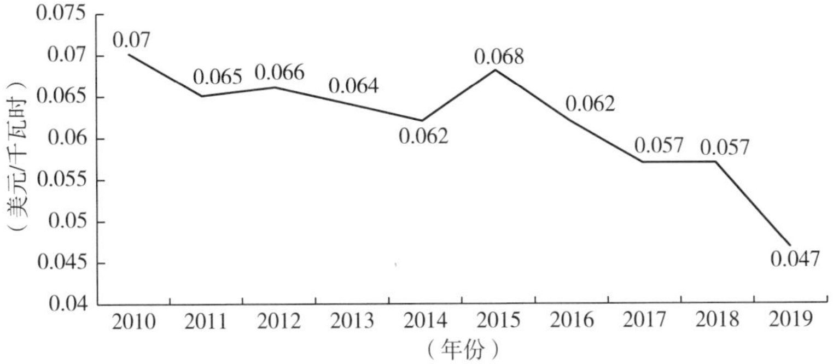

图2–13　我国陆上风电加权平均LCOE

数据来源：IRENA；中大咨询分析。

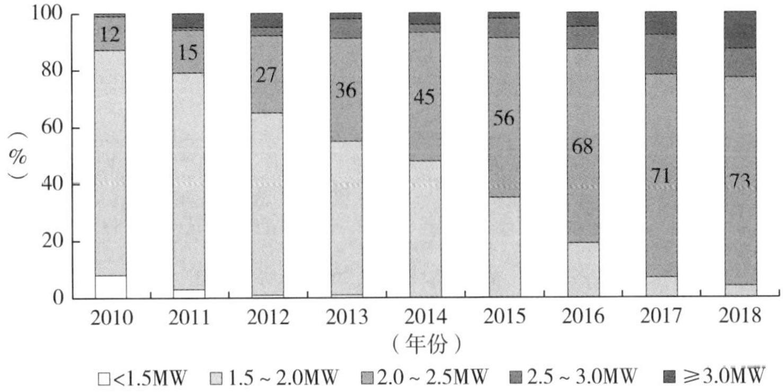

图2–14　全国不同单机容量风电机组新增装机占比

数据来源：中电联；中大咨询分析。

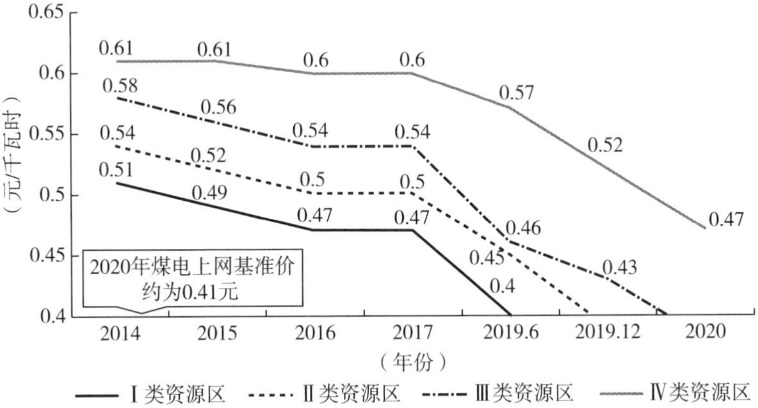

图2–15　2014–2020年中国风电指导价（标杆上网电价）

数据来源：三峡能源招股书，公开资料；中大咨询分析。

光伏发电方面，工商业侧光伏发电成本从2012年的每千瓦时0.147美元下降到2019年的每千瓦时0.064美元，用户侧光伏发电成本从2012年的每千瓦时0.162美元下降到2019年的每千瓦时0.067美元，整体成本在七年间下降了约60%，未来技术成熟将带动发电成本进一步下降。2020年，太阳能Ⅰ类资源区地面集中式光伏的上网指导价为每千瓦时0.4元，已经低于煤电上网电价基准电价。

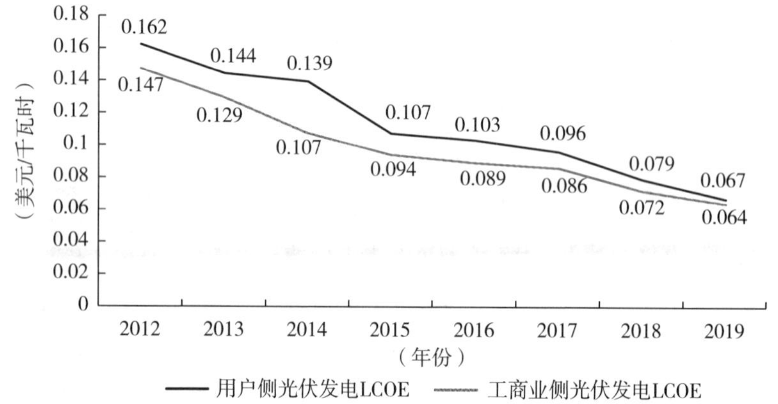

图2-16　我国光伏发电加权平均LCOE

数据来源：IRENA；中大咨询分析。

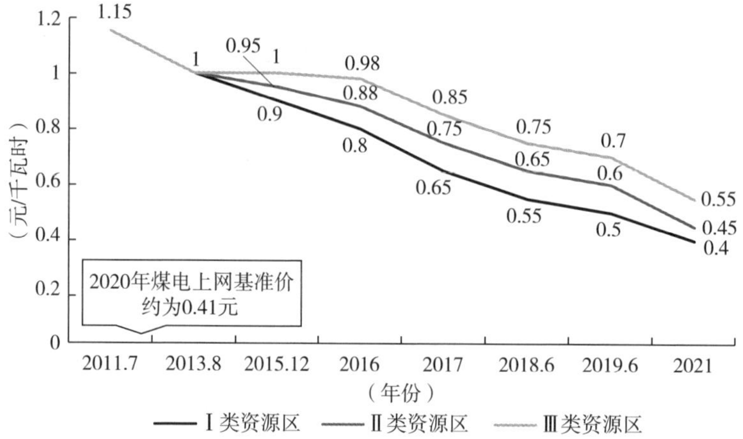

图2-17　地面集中式光伏指导电价/标杆上网电价

数据来源：三峡能源招股书；中大咨询分析。

政策方面，风电、光伏发电补贴政策推动平价上网、向优质项目倾斜的原则愈发明确，有利于风电、光伏发电的长期发展。2020年财政部、发改委、能源局印发了《关于促进非水可再生能源发电健康发展的若干意见》，基本明确了按合理利用小时数核定中央财政补贴额度的补贴原则，大体确定了单个项目每年补贴资金和项目寿命周期内所需的全部补贴资金量；明确在年度补贴资金总额确定的情况下，通过市场竞争的方式选择补贴强度低、退坡幅度大、技术水平高的项目，重点推动优质可再生能源项目平价上网。2021年6月，国家发改委印发了《关于2021年新能源上网电价政策有关事项》，明确了在特定时间后的新增项目不再补贴，实行平价上网，意味着风电光伏补贴需求基本可以收口；同时重点推动存量项目并网，以提高已有项目的利用效率。

当风光发电逐步成为主要发电方式后，火电将成为主要的调节电源，水电、核电将占据一定发电比例。火电方面，占比将逐步降低，但为了保证电力系统稳定性，将保留部分火电作为灵活调节电源，并配备碳捕集利用和封存装置[①]。核电方面，由于核电站对建设场地和安全性有极高的要求，2030年能建成并投入使用的沿海地区核电站基本尚在规划当中，而在“十四五”规划中已经删除了“十三五”规划中提到的内陆核电相关内容，这基本意味着“十四五”期间内陆核电不会重启，在此情况下核电整体增幅有限。水电方面，由于待开发资源量有限，且需要考虑生态环境承受程度、地理位置开发难度等约束条件，可以预见水电不会大幅度、高增速地增长。

电网智能化程度提升，远程输配能力增强

在电网一端，可再生能源发电比例提升，要求电网具备更高的灵活性以保障整个电力系统的稳定，同时适应可再生能源发电、用电的区域不匹配特征，提高输配电能力。这就要求电网在智能化、并网标准、输配线路等方面实现全面升级。

运用智能化手段提升供需预测准确性。由于可再生能源发电占比提升会导致电力负荷不确定性、电网潮流不确定性提升，因此电网将通过更多智能化手段加快信息的采集、感知、处理、应用，以实现更准确的供需预测，保障电网的稳定性。

---

① BCG. 锚定碳中和 电力行业减排扬帆［R］. 2021.

并网标准逐步优化[①]。随着可再生能源向主力电源转变，电网对可再生能源的并网标准（包括电压标准、频率稳定等标准）也将逐步升级；相应地，并网标准的提升也会加大可再生能源场站SVG、虚拟同步机（VSG）等装置的配置。

输配能力将大幅度提升。主网方面，可再生能源发电与用电具有显著的区域错配特征，这一特征提升了特高压等主干网架的建设需求。为提高跨省跨区输送清洁能源力度，国家电网提出“十四五”期间为500千伏及以上电网建设投资约7000亿元，在受端，扩展和完善华北、华东特高压网架，加快建设华中特高压网架，实现500千伏合理分层分区；在送端，推进西南特高压网架建设，完善西北、东北750/500千伏网架，支撑跨区直流安全高效运行。配网方面，负荷快速增长叠加分布式新能源发展，催生了配电网的建设需求。结合我国目前配电网建设水平弱于主网的状况，预计配电网在可再生能源比例提高的趋势下将得到快速发展。

需求侧管理与需求侧响应成为长期发展趋势

风光发电出力不可控，在大量接入电力系统后，仅靠发电侧调峰实现电力系统实时平衡的难度将会加大，需要通过电力用户合理的错峰、避峰和调节保证电力系统的平稳运行。因此，有效的需求侧管理与响应将成为长期发展趋势。

目前我国负荷侧资源已经具备了可观的调节能力。分布式发电、用户侧储能都得到了较为迅速的发展，具有响应自动化、实时化、智能化特征的自动需求响应技术逐渐在智能家居、智能楼宇、用户侧储能等各类负荷中得到应用，散布的负荷侧能源已经具有在物理层面实时响应系统需要的能力[②]。此外，国务院印发的《2030年前碳达峰行动方案》也提出“引导自备电厂、传统高载能工业负荷、工商业可中断负荷、电动汽车充电网络、虚拟电厂等参与系统调节”，充分说明了需求侧管理和需求侧响应的重要性。

---

① 信达证券．新型电力系统的特点、趋势与投资机会［R］.2021.

② 高赐威．虚拟电厂是新时期需求侧管理的重要载体［EB/OL］.（2021-03-04）［2022-07-22］.https://news.bjx.com.cn/html/20210304/1139604.shtml.

储能环节重要性提升

为了解决风光发电出电时的随机性、间歇性和波动性，维持电力系统整体的稳定性，催生了电源、电网、用户等各电力系统各环节对储能设备的需求。例如在电源侧，可以通过储能方式实现用电负荷的削峰填谷，或以“储能+传统机组”联合运行的方式，提高辅助动态运行，提高传统机组运行效率，延缓新建机组；在电网侧，储能工具可以在负荷接近设备容量的输配电系统内，通过较小的装机容量提高输配电能力，延缓新建设施；在用户侧，大型工业企业可以利用储能设备在用电低谷储存电能，高峰时释放，降低成本；储能设施也能提高供电可靠性，防止突然断电造成损失[①]。

目前主流的储能方式分为热储能、电储能、氢储能三类，其中电储能是目前应用最为广泛的储能方式，又可以分为电化学储能和机械储能。各类储能方式具有不同特点和适用场景。电化学储能中的锂离子电池是目前最成熟的新型储能方式，经过多年发展，技术相对成熟，成本已经走入下降通道。《2030年前碳达峰行动方案》中提出，到2025年，预计锂离子电池将在实现双碳目标过程中扮演重要角色。

表2-2 各类储能技术特点对比

	热储能	电储能							氢储能
		电化学储能				机械储能			
		锂离子电池	铅蓄电池	钠硫电池	钠离子电池	抽水蓄能	压缩空气储能	飞轮蓄能	
优点	存量大	大容量，高密度，高效率	投资低，建设快	大容量，高密度，高效率	成本低，安全性高	大容量，低成本，技术成熟	大容量，低成本	技术成熟	大容量，高密度，高效率
缺点	场地要求特殊，应用场景少	成本高	寿命短，有污染	成本高，有安全隐患	能量密度低，寿命短	场地要求特殊，建设周期长	场地要求特殊	能量密度低，寿命短	成本高，技术不成熟

① 华创证券．碳中和系列报告之二：全球碳中和，储能大趋势［R］.2021.

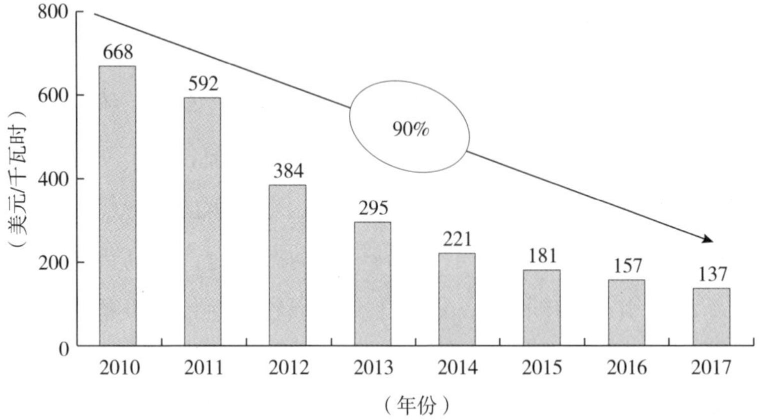

图2-18　2010—2017年锂电池组价格变化趋势

数据来源：公开资料；中大咨询分析。

储能政策方面，2021年起，支持储能行业发展的系统性政策不断出台，顶层设计开始发力，重点在于推动可再生能源消纳。2021年7月，国家发改委、能源局发布《关于加快推动新型储能发展的指导意见》，明确了到2025年新型储能装机规模达3000万千瓦以上的目标，提出将强化规划引导，推动储能设备与新能源协同发展，以提升新能源使用效率，保障发电侧、电网侧、用户侧的系统稳定性。

表2-3　　　　我国储能行业相关政策及主要内容

发布机构	文件	时间	相关内容
发改委、能源局	《关于推进电力源网荷储一体化和多能互补发展的指导意见》	2021/3/1	以系统性、多元化的思维统筹推进源网荷储深度融合和多能互补协调发展
发改委	《“十四五”时期深化价格机制改革行动方案》	2021/5/18	完善风电、光伏发电价格形成机制，落实新出台的抽水蓄能价格机制，建立新型储能价格机制，推动新能源及相关储能产业发展
能源局	《关于2021年风电、光伏发电开发建设有关事项的通知》	2021/5/20	保障性并网范围以外仍有意愿并网的项目……并网条件包括配套新增的抽水蓄能、储热型光热发电、火电调峰、新型储能、可调节负荷等灵活调节能力，并在确保安全前提下，鼓励有条件的户用光伏项目配备储能

续表

发布机构	文件	时间	相关内容
发改委、能源局	《关于加快推动新型储能发展的指导意见》	2021/7/23	明确3000万千瓦储能发展目标，助推储能实现跨越式发展；强调规划引导，深化各应用领域储能布局；健全新型储能价格机制，推动储能商业模式建立

资料来源：浙商证券研究所；中大咨询分析。

电力体制市场化改革进程加快

电力体制整体市场化程度的提高对于消纳可再生能源发电、调节时间、区域发电与用电错配具有重要作用。随着可再生能源接入比例提升，可再生能源参与全国电力市场交易、电价进一步市场化、辅助服务市场更加完善等都将是电力体制改革的新趋势。

可再生能源发电深度参与电力市场交易①。可再生能源发电具有边际成本低的显著优势，其参与跨区域市场交易，有利于消纳西北等地的风光发电量，能够缓解发电、用电的区域间错配问题，降低弃风弃光率。2021年以前，除西北、东北等区域外，风电、光伏尤其是外送消纳的新能源电量还没有参与市场化竞价。2021年上半年《关于进一步做好电力现货市场建设时点工作的通知》提出，将引导新能源项目10%的预计当期电量通过市场化交易竞争上网，首次在国家层面出台的文件中确认了可再生能源参加市场化交易，也意味着双碳目标将在可再生能源逐步市场化的环境下完成。由于现货市场对发电供需预判能力要求较高，但目前新能源发电预测精度低，未来电力市场将会出现更加精细化的交易和更加多样化的交易品种，以适应新能源进入电力现货市场。

电价市场化改革进一步深化。至2021年10月《关于进一步深化燃煤发电上网电价市场化改革的通知》发布前，我国试点电力现货市场对价格波动设定了上下限，而现货市场一般采用边际成本出清统一价格，新能源发电的边际成本为0，使得出力大时，价格直接探底，而出力缺乏时，又会涨到天花

① 华泰证券. 碳中和与电力：无限风光在险峰［R］.2021.

板，市场实际不能给出正确的价格信号。[①]对比欧洲，夜间需求疲软，风电出力无法消纳时，就会出现超低电价甚至“负电价”。德法两国通过允许负电价的存在，刺激燃煤、核能等传统发电厂主动配合可再生能源灵活发电。为了促进风光等可再生能源发电消纳，同时激发煤电机组配合调峰调频的积极性，我国也将继续推动电价的市场化改革，通过价格信号引导各类主体有序发电[②]。

推动辅助服务市场发展。完善能源辅助市场定价机制能够吸引电力系统存量的灵活性资源参与调度，在可再生能源出力高的阶段降低灵活性资源负荷，减少可再生电力的弃用。目前，由于电价波动机制不完善，煤电灵活性改造驱动力不足，2018年，全国辅助服务补偿费用占上网电费总额的0.83%，远低于美国PJM市场的2.5%、英国的8%。未来，为了鼓励煤电进行灵活性改造，保证其获得合理收益，有关补偿政策将确定更加合理的补偿原则，同时通过电价疏导用于调节用电负荷的调峰容量。

作为中国碳排放的主要源头，电力行业的减碳工作是我国实现双碳目标的重中之重。依托我国风光资源丰富的有利条件，大力发展风光发电，是双碳目标下电力行业必然的发展趋势；由风光发电比例提升，引领整体电力系统转型升级，则是电力行业实现双碳目标的必经之路。

---

① 韩舒淋，徐沛宇．碳中和，中国的雄心与软肋［EB/OL］.（2021-02-05）［2022-07-22］. https://www.in-en.com/article/html/energy-2301038.shtml.

② 中电联．煤电机组灵活性运行政策研究［R］.2020.

第二节
钢铁行业：“绿色”钢铁是如何炼成的

钢铁行业是我国国民经济的重要基础原材料行业，投资拉动作用大，吸纳就业能力强，上游连接了采矿、冶炼、运输等行业，下游作为原材料支持了建筑、汽车制造、机械制造等行业的发展。同时，作为典型的高耗能行业，叠加我国以煤炭为主的能源结构，钢铁行业的运营过程产生了巨量的碳排放。2020年全国碳排放市场开启，生态环境部表示，在相关监测与核算标准成熟后，钢铁行业将被纳入全国碳排放交易市场，这也充分说明了钢铁行业的碳减排在我国碳中和工作中的重要性。

钢铁——中国制造业的主要碳排放源

我国是全球粗钢产量最多的国家。2016年以前，由于下游需求减缓、行业内恶性竞争、部分企业失去造血能力成为“僵尸企业”等多重原因，钢铁行业出现了严重的产能过剩局面，导致行业整体利润降低，盈利能力大幅下滑。为化解产能过剩问题，2016年起，钢铁行业开启了供给侧改革，在一系列推动企业重组、关停“僵尸企业”等措施实施后，钢铁行业整体环境得到改善。同时随着下游产业对钢铁需求提升，2016年过后我国粗钢产量开始快速增加，在2020年达到了10.65亿吨，占全球粗钢产量比重超过一半，我国成为全球粗钢产量最多的国家。

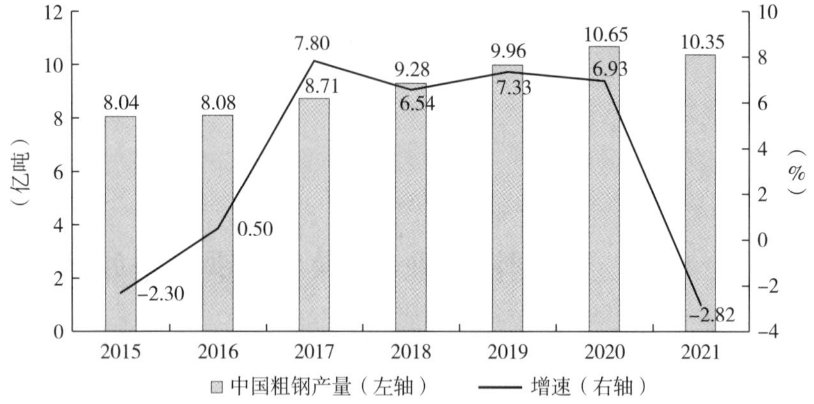

图2-19　2015-2020年中国粗钢产量

数据来源：国际钢铁协会；中大咨询分析。

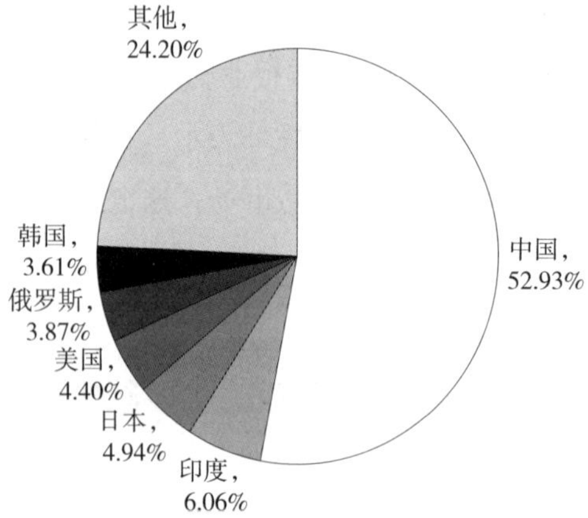

图2-20　2021年全球粗钢产量结构（%）

数据来源：国际钢铁协会；中大咨询分析。

粗钢产量的快速上涨带动了钢铁行业碳排放的快速增加。2019年，我国钢铁行业碳排放量达到18.53亿吨，占全国碳排放总量的19%，仅次于电力行业，是我国碳排放量最多的制造业类别。由于我国粗钢产量占全球粗钢产量的比重巨大，因此我国钢铁行业实现碳中和对全球的碳中和工作有着至关重要的作用。

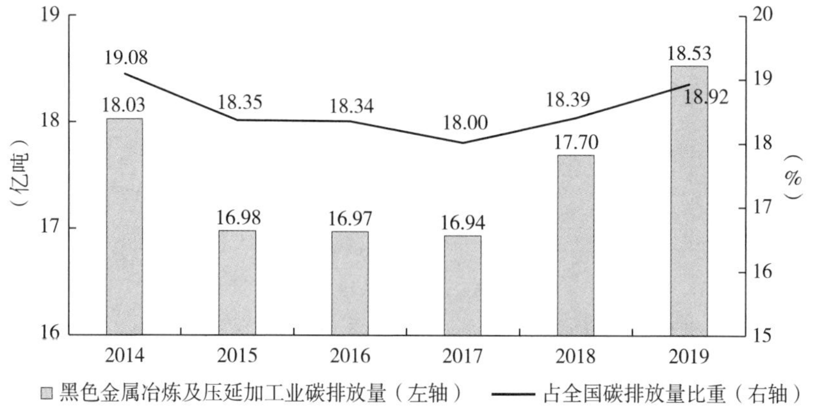

图 2-21　2014-2019 年我国钢铁行业碳排放量及占比

数据来源：CEADs；中大咨询分析。

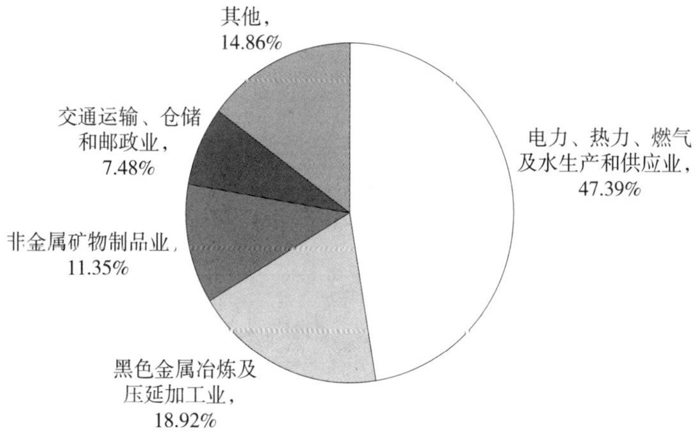

图 2-22　2019 年我国各行业碳排放占比

数据来源：CEADs；中大咨询分析。

钢铁行业的碳来自哪里

当前主流的钢铁冶炼方式可分为以铁矿石为主要原料的长流程炼钢和以废钢为主要原料的短流程炼钢。其中长流程炼钢包含烧结、高价铁还原（炼铁）、炼钢、连铸、轧钢等环节，短流程相对长流程主要缺少炼铁环节。

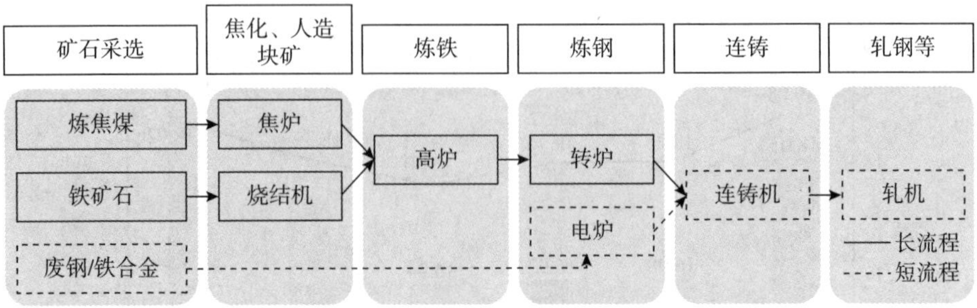

图 2-23　主流钢铁冶炼方式

资料来源：公开资料；中大咨询分析。

生产单位产量的粗钢长流程比短流程的碳排放量高。在长流程炼钢中，碳排放主要来自烧结、高炉两道工序[①]。烧结是将铁矿粉、燃料（包括焦粉、无烟煤等）、溶剂（包括生石灰、消石灰、石灰石等）经过混合加水润湿制粒然后放在烧结设备上点火烧结，最后形成烧结矿；高炉将烧结矿、铁矿、球团矿等

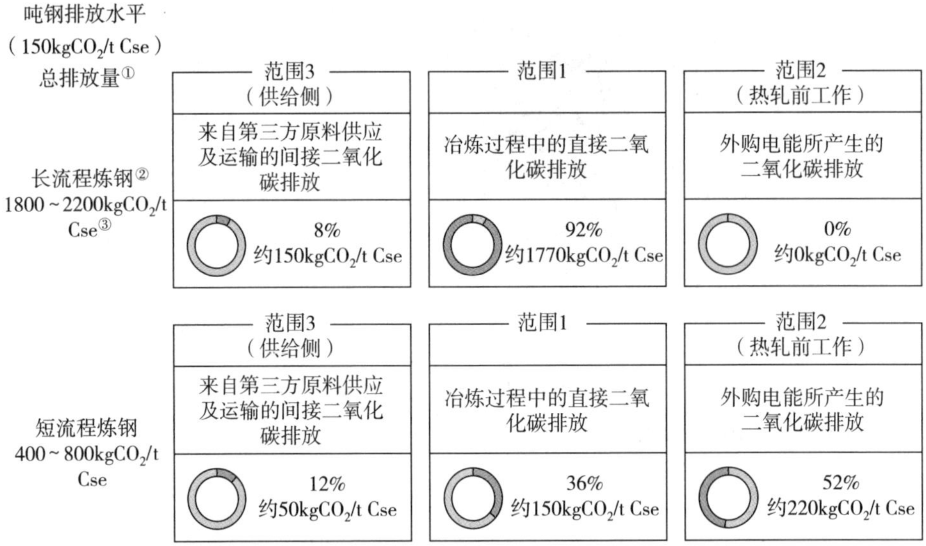

注：①不包括热轧及后续工序和销售端的范围3排放
②假设长流程钢厂自发电可满足热轧前工序生产
③Cse为粗钢当量

图 2-24　流程吨钢碳排放水平对比

数据来源：BCG，《钢铁工业 CO_2 排放的计算须科学》；中大咨询分析。

---

① BCG. 中国碳中和通用指引［M］. 北京：中信出版社，2021.

含铁物质熔炼，还原成铁水；除此之外，转炉、回转窑等辅助工序也会产生一定量的碳排放。整个长流程炼钢过程中，吨钢碳排放约达到1.8～2.2吨。对比长流程炼钢，短流程以废钢为原材料，省略了高碳排放的炼铁环节，直接由电弧炉发热熔炼废钢，冶炼过程中的温室气体排放主要来自废钢中的碳及发热用石墨电极自身氧化产生的碳排放。短流程生产吨钢碳排放仅为0.4～0.8吨。

长流程占比高是我国钢铁行业碳排放高的根本原因。目前我国粗钢的生产工艺主要以高炉–转炉法、熔融换元法和直接还原法等长流程炼钢方式为主，占比高达90%，高于全球平均水平70.8%，而美国的长流程占比在2021年已经下降到30.8%。产量高、使用高碳生产工艺是我国钢铁行业碳排放高的最重要原因。

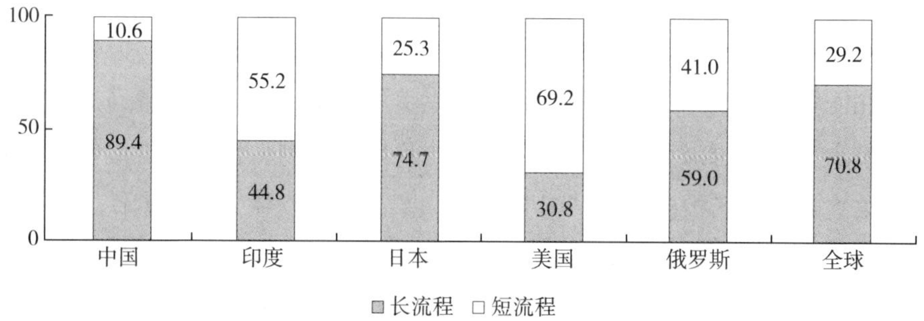

图2–25 全球主要钢铁生产国家长流程与短流程炼钢占比

数据来源：《2022世界钢铁年鉴》；中大咨询分析。

钢铁行业碳中和的路径与困境

钢铁行业实现双碳目标，面临着减排量大、时间短的困难。想要高质量实现钢铁行业的碳中和目标，需要从严格控制产能与产量、推动工艺转型、应用辅助技术、寻求资金支持等多方面综合发力。

行政调控：延续供给侧改革要求，严格控制产能、产量

从行业层面看，控制产能与产量是降低钢铁行业碳排放量的最直接手段。控制产能、产量既是为了深化2016年开始的钢铁行业供给侧改革，保障去产能成果，也是降低碳排放的最重要举措。结合我国钢铁行业依然存在落后产能

的现状，工信部发布了《关于推动钢铁工业高质量发展的指导意见（征求意见稿）》，对控制钢铁行业产能做出了严格且具体的规定，包括严禁新增钢铁产能，严格落实钢铁产能置换、项目备案等相关规定，严禁新建扩大冶炼产能项目；分类施策处置僵尸产能，未重组或未清算的“僵尸企业”产能不得用于产能置换；加大违法违规新增钢铁产能行为的查处力度，持续保持高压打击态势，巩固钢铁去产能工作成果。2021年1月，工信部在新闻发布会上明确提出压减钢铁产量是实现双碳的重要措施，并再次强调将通过严禁新增钢铁产能、完善产能置换办法、推进钢铁行业的兼并重组等方式坚决压缩钢铁产量。

市场调控：提升集中度，形成龙头企业以调控产量

除行政手段外，通过市场化手段调控产能与产量同样重要，但前提条件是存在能够领导全行业的大规模企业。以美国为例，美国钢铁曾经通过不断提高市占率实现了对整个钢铁市场产量与价格的控制，也在市占率不断下滑过程中丧失了市场控制力。1901年，卡内基、联邦钢铁、国家钢铁、谢尔比钢管等生产商与铁矿公司联合组成美国钢铁，市占率达到66%，能够有力控制整个美国钢铁行业产量与价格；1930年，在价格机制领导下，其他钢厂快速扩张，导致美国钢铁的市占率下降到40%左右，价格领导能力开始下滑；1929–1932年大萧条期间，美国钢铁行业产能过剩，部分钢厂开始不再遵守美国钢铁的价格领导；1940年，由于生产效率改善缓慢，人工成本上行等因素，美国钢铁市占率进一步下滑，并最终放弃了价格领导，难以再对整个行业形成产量与价格的有力调控①。我国2021年钢铁行业CR10仅为42.2%，远低于美国、俄罗斯、印度等主要钢铁生产国。集中度过低造成了行业扩张、生产相对无序、对上游议价能力弱等问题，因此无论是为了控制产能产量以实现双碳目标，还是为了整个行业的良性发展，我国的钢铁行业集中度都必须大幅度提升。目前我国钢铁产业政策已经开始大力推动行业集中度提升，宝武钢铁等大型钢企开启了大规模的兼并重组，预计未来我国钢铁行业的集中度将呈现上升趋势。

---

① 华泰证券．钢铁：碳政策下的钢铁结构性投资机会［R］.2021.

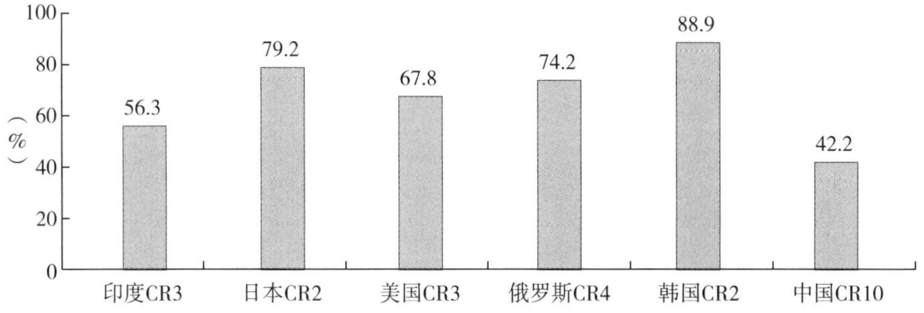

图 2-26 全球主要钢铁生产国家钢铁行业集中度

数据来源：《2022年世界钢铁年鉴》；中大咨询分析。

表 2-4 产业政策推动钢铁行业集中度提升

时间	部门	文件名	主要内容
2016/02	国务院	《关于钢铁行业化解过剩产能实现脱困发展的意见》	行业兼并重组取得实质性进展，资源利用率明显提高，产能利用率趋于合理
2016/09	国务院	《关于推进钢铁产业兼并重组处置僵尸企业的指导意见》	到2025年，中国钢铁产业60%～70%的产量将集中在10家左右的大集团内
2016/11	工信部	《钢铁工业调整升级规划（2016–2020年）》	推进区域内钢企兼并重组，形成若干家特大型钢铁企业集团，改变“小散乱”局面
2020/12	工信部	《关于推动钢铁工业高质量发展的指导意见（征求意见稿）》	在2025年前，力争前5位钢铁企业产业集中度达到40%，前10位达到60%

资料来源：国务院、工信部网站、公开资料；中大咨询分析。

工艺转型：在长期内推动长流程向短流程转变

从生产工艺层面看，推动长流程向短流程转变是行业降碳的另一个重要举措，但短时期内难以实现全盘替代。虽然短流程炼钢吨钢碳排放远低于长流程，但短期内城镇化带动钢铁需求量提升、原材料不足、成本较高等问题决定了工艺转型将是一个长期过程。

需求量方面，中国当前城镇化率仍有提升空间，短期内钢铁需求预计还会攀升。从美国、日本、法国三个发达国家的数据可以发现，在城镇化率达到75%以前，城镇化率提升对粗钢需求有较大的推动作用，而在达到75%以后拉动效应开始放缓，粗钢产量进入平台期；而2019年我国城镇化率约为61.5%，预计对钢铁依然有较大需求，因此在短期内大规模推动短流程替代长流程难度较大。

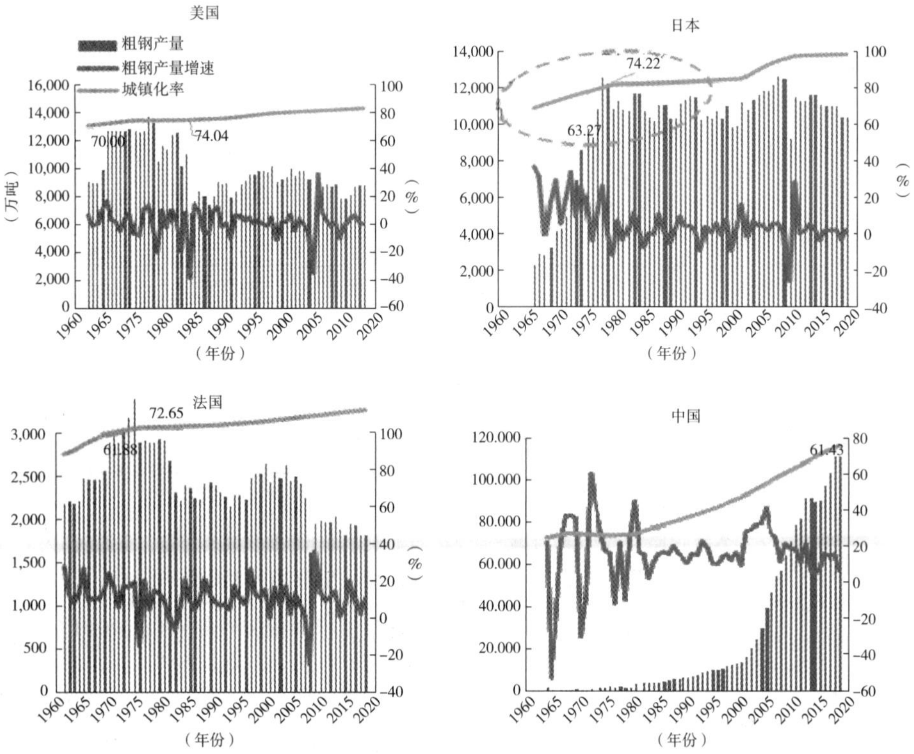

图 2-27　城镇化率与粗钢产量及其增速的对比

数据来源：世界银行，Wind；中大咨询分析。

我国废钢产量不足同样制约了短流程炼钢的规模。国内废钢供给一直以来都处于相对紧张状态，整体废钢产量不足[①]。当前我国废钢每年的增量在2000万吨左右，但粗钢产量已经达到每年10亿吨，废钢产量无法满足短流程的原材料需求。钢铁回收再利用体系不完备也是废钢产量不足的原因之一。我国废钢铁回收加工行业起步较晚，发展时间短，2012年工信部制定发布了废钢铁加工行业准入条件，截至2021年共有584家企业成为工信部准入企业[②]；同时，相关部门也鼓励各类资本进入再生资源回收、分拣和加工环节，支持钢企与废钢回收企业合作，建设一体化废钢铁加工配送中心等；总体来说，我国废钢铁加工行业还处于初期的发展阶段，对废钢供给的助力还相当有限。

---

① 申万宏源．“碳中和”促钢铁行业迎来“新材料”时代——“碳中和”下的钢铁行业发展趋势［R］.2021.

② 北极星固废网．干货整理！9批共584家符合废钢加工准入条件企业名单发布！［EB/OL］.（2021-11-28）［2022-07-22］. https://huanbao.bjx.com.cn/news/20211128/1190446.shtml.

图2-28　我国废钢供给现状

数据来源：Mysteel；中大咨询分析。

短流程炼钢技术的应用与我国电力结构、钢铁产品需求也存在一定不匹配的情况。第一，目前广泛应用的第四代电炉的平均出钢时间为55～60分钟，冶炼周期相对转炉较长；第二，耗电量在每吨500千瓦时，对地方电网供电构成较大压力；第三，目前短流程生产主要适用于螺纹钢，尚不能满足我国多样化的钢铁产品生产需求。

但随着城镇化程度达到较高水平，流通环节废钢增加，叠加我国电力结构转型与碳交易市场，生产工艺将逐步向短流程转变，并成为钢铁行业实现碳中和的根本手段。城镇化率方面，对比发达国家发展历程，城市化率达到70%以上之后，经过长期积累，经济流通环节开始产生大量的废钢，废钢供应增加导致成本下降，以电炉为代表的短流程生产得到快速发展。同时，结合我国在双碳目标下电力结构的转型与调整，随着非化石能源发电的占比增加，钢铁行业作为高耗能行业，向短流程转型意味着能够享受更多来自电力清洁化的碳减排效益。最后，在钢铁行业进入全国碳交易市场后，碳价提升

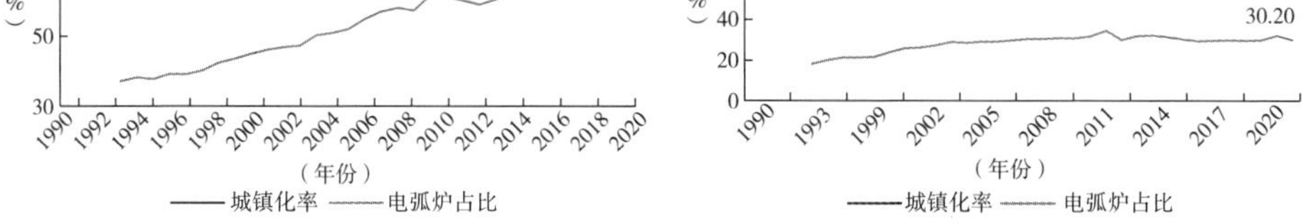

图2-29　美国、德国的电弧炉炼钢（短流程）占比和城镇化率变化趋势

数据来源：《2022世界钢铁年鉴》，世界银行；中大咨询分析。

将间接提升长流程的成本，鼓励钢铁企业加大对短流程的投资与应用。

技术升级：低碳生产、CCUS技术辅助钢铁行业减碳

炼铁过程是以一氧化碳作为还原剂，将高价铁还原成铁元素的化学反应过程。炼钢过程是将铁、废钢等含铁物质，进行氧化反应以调节合金元素比例，形成具有特定理化性能的钢，在氧化过程中会释放出温室气体，产生碳排放①。从上述两种反应过程中可以看出，无论是长流程还是短流程，以目前的生产工艺来说，碳排放都是无法避免的。

还原铁过程：$Fe_2O_3+3CO = 2Fe+3CO_2$

氧化反应过程：$C+O_2 \longrightarrow CO_2$

由于钢铁生产的过程无法完全消除碳排放，因此除长流程向短流程转变以外，其他配套的减源、增汇技术同样需要应用于生产过程。这些技术包含提升球团比例、高炉富氧、提升余热余能利用效率、直接还原铁DRI、富氢冶金、全氢冶金、CCUS技术、电解铁矿石等，降碳机理主要是通过辅助生产

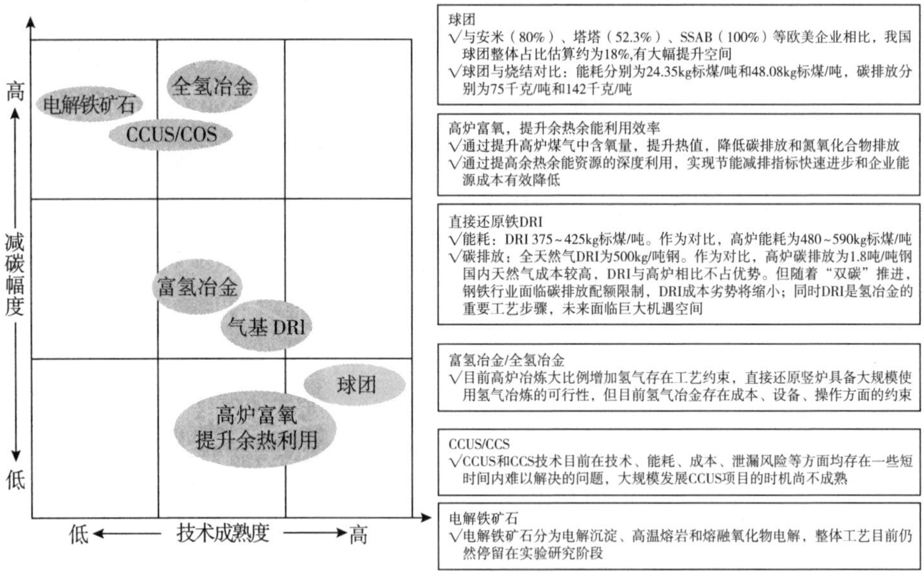

图2-30　各类辅助技术的成熟度与减碳幅度对比

资料来源：华宝证券创新部；中大咨询分析。

---

① BCG. 中国碳中和通用指引［M］. 北京：中信出版社，2021.

过程提升能源使用效率和直接吸收碳排放。但目前很多技术尚不成熟，成本高，短时期内难以作为主要的降碳手段。

资金支持：绿色金融的重要性

钢铁行业进行低碳改造需要万亿级别的投资，绿色金融对钢铁行业实现碳中和的助力必不可少。钢铁行业低碳改造可包含电炉技术改造、球团代替烧结、直接还原铁、富氢提高高炉能效、提高余热余能利用效率和自发电比例等方面，根据华宝证券估算大约需要万亿级别的投资①。如此级别的投资仅靠企业很难完成，必然需要绿色金融的助力。在2018、2019、2020三年和2021年1～6月期间，国内钢铁行业在境内债券市场上发行绿色债券的规模分别是16.2亿元、80.8亿元、0亿元和5亿元，仅占同期钢铁行业债券规模的0.7%、2.68%、0%、0.45%，钢铁行业通过绿色债券渠道融资的比例非常低。未来在行业大规模低碳改造支出的带动下，钢铁行业绿色债券规模可能会有大幅的增长②。

表2–5　钢铁行业低碳改造投资额估算

工艺类型	关键假设	投资总额
电炉技术改造	产能：假设2020–2030年国内电炉产能增加1.25亿吨左右 成本：参照目前国内部分钢企，短流程电炉–轧制投资成本约在40亿元/100万吨左右，部分只需要投资电炉炼钢环节成本为10亿元/100万吨，假设一半钢厂需投资新一代电炉短程集成技术，另一半仅投资电炉	3000亿元
球团代替烧结	占比：假设2020–2030年国内球团占比上升到70%～80%，共增加约5.1亿吨球团产能 成本：我国目前2.6亿吨产能中约有60%需要改造，球团单体投资3亿元/百万吨	1800亿元
直接还原铁（DRI）	占比：2030年国内DRI占铁素原料比达到安米水平（7%～10%） 成本：参考MIDEX发布的一项投资，DRI成本约为1亿元/10万吨	700亿元～1000亿元

① 华宝证券．未来十年投资上万亿，关注低碳技术提供者［R］.2021.

② 远东资信．国内钢铁行业碳中和路径［R］.2021.

续表

工艺类型	关键假设	投资总额
富氢提高高炉能效	成本：3000m^3以上参考韩国浦项，单座投资20亿元，2000～3000m^3单座15亿元，1000～2000m^3以上单座10亿元 数量：国内共700座高炉，3000m^3以上5.8%，2000～3000m^3占比8.7%，1000～2000m^3占比38%，低于1000立方米占比48.5%，假设到2030年国内1000m^3以上高炉有一半富氢	2000亿元
提高余热余能利用效率/提高自发电比例	占比：目前钢铁行业自发电比例为53%，未来约可以提升到63% 成本：根据包钢股份，余压余气节能减排项目投资约23.6亿元	2000亿元

资料来源：华宝证券；中大咨询分析。

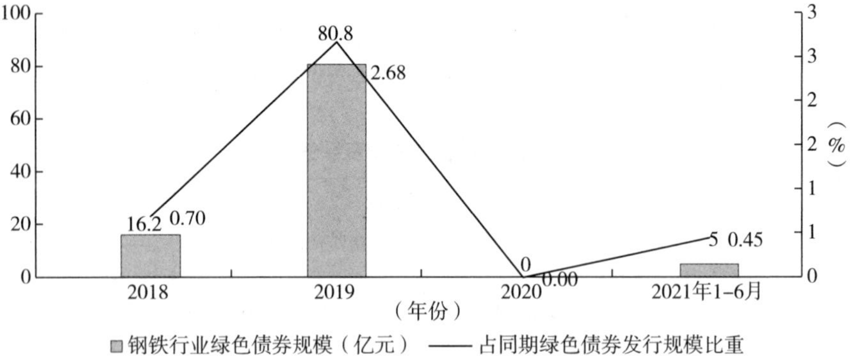

图2–31 钢铁行业发行绿色债券规模及占比

数据来源：远东资信；中大咨询分析。

钢铁工业是我国国民经济的重要基础行业，是建设现代化强国的重要支撑，是实现绿色低碳发展的重要领域。为了实现钢铁行业高质量发展和碳中和的双重目标，合理控制产能与产量、提升行业集中度是短期内的主要抓手，而结合城镇化发展趋势，依托绿色金融工具助力，在长期内不断推进长流程向短流程转型，则是钢铁行业实现碳中和的根本途径。

第三节
交通行业：交通运输行业的绿色未来

交通运输行业本身以化石能源燃烧为主要动力来源的特性导致了行业整体碳排放水平较高。交通运输行业作为与经济发展息息相关的基础性行业，碳排放也将随着经济发展而持续增加。我国的交通运输行业碳排放占比与世界平均水平相比较低，未来面临着较大的碳减排压力。

交通运输行业面临巨大的碳排放压力

交通运输行业碳排放增长空间大

纵向对比，近年来我国交通运输行业的规模与碳排放同步增加，行业的经济增加值已经达到4.16万亿元，碳排放达9.1亿吨，较1990年均产生了大幅度的增长。同时，交通运输行业的碳排放占比达9%，是我国碳排放的主要来源之一，交通运输行业已经成为受到重点关注的碳减排行业。

横向对比，我国交通运输行业的碳排放占比相比其他主要经济体较低，但是未来随着城镇化与经济水平的进一步提升，交通运输行业的碳排放及占比将会增加，具有较大的上行压力。从整体情况来看，2019年，我国交通运输行业碳排放占全国碳排放总量的比例为9.17%，然而全球、美国、日本、欧盟的交通运输行业碳排放占比分别高达24.45%、37.04%、19.03%、31.14%，我国交通运输行业碳排放占比显著低于全球平均水平与发达国家水平[①]。从人

① 数据来源：IEA

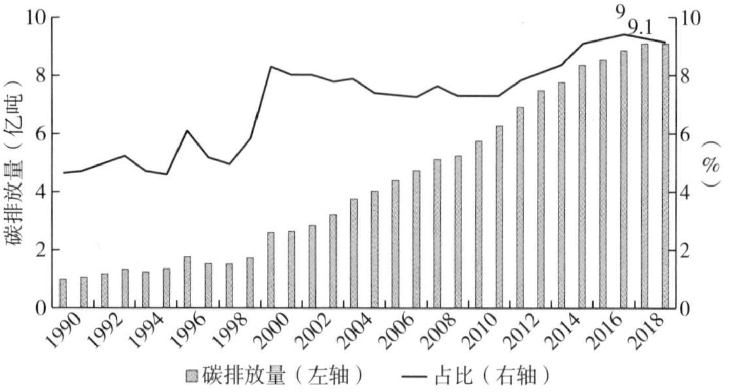

图2-32　1990年至2019年我国交通运输行业碳排放

数据来源：IEA；中大咨询分析。

均水平来看，2019年我国人均交通运输行业碳排放量约0.65吨二氧化碳，远低于欧盟（2.08）、美国（5.35）和日本（1.59），我国交通运输行业碳排放较发达经济体还有一定的上升空间。

究其原因，城镇化率、人均GDP是交通运输行业碳排放的主要影响因素，两者的提升会带动交通机动化水平、服务需求量的增加，使交通运输行业快速发展，增加其能源消耗量，导致交通运输行业碳排放量持续增加、占比提高。发达国家城镇化率与人均GDP较高，对交通运输服务的需求旺盛，于是，

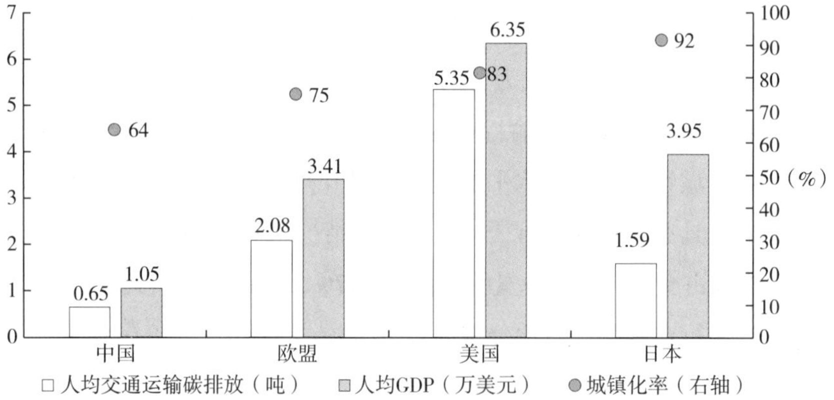

图2-33　人均交通运输碳排放、城镇化率、人均GDP（万美元）对比

数据来源：IEA，世界银行；中大咨询分析。

交通运输行业消耗了大量的能源，碳排放占比较高。2020年，我国城镇化率为64%，人均GDP约10500美元，与发达国家仍存在较大差距。未来随着我国不断发展，城镇化率的提升和经济水平的提高必然会推进我国交通运输行业碳排放增加，交通运输行业碳排放具有较大的上升压力。

双碳目标的提出，明确要求交通运输行业加速向绿色低碳发展。虽然我国交通运输行业在未来具有广阔的发展空间，却也承受着较大的碳减排压力。在2℃或1.5℃升温情境下，交通运输行业的碳排放将会先上涨至2030年的10.75亿吨二氧化碳或10.37亿吨二氧化碳，到2050年需要减排至5.5亿吨二氧化碳或1.72亿吨二氧化碳，整个行业面临着较大的减排压力。

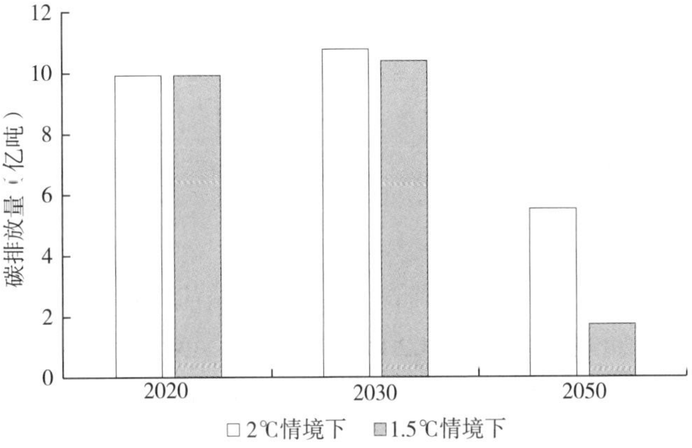

图2-34 2℃与1.5℃情景碳排放变化

数据来源：中国长期低碳发展战略与转型路径研究；中大咨询分析。

交通运输行业减排难

我国交通运输行业的碳排放持续增加，其原因主要有两点。一是交通运输行业蓬勃发展导致能源消耗持续增加，二是运输方式以高耗能的公路运输为主。

不断增加的化石能源消耗使交通运输行业碳排放增加

交通运输属于对能源高度依赖的行业，其快速发展不可避免地带来大量的能源消耗。2019年，我国交通运输行业的能源消耗达到了13.66EJ，占比约16%，较1990年有了极大的提升。与此同时，在交通运输行业的终端能源消耗中，汽油、柴油、煤油等化石能源占比极高，导致交通运输行业产生了大量的碳排放。

与其他主要经济体相比，我国交通运输行业的能源消耗占比预计仍将提升。美国、日本、欧盟在碳达峰时交通运输行业能源消耗占比分别为39.89%、24.52%、21.46%，均超过了20%。随着经济的发展，我国交通运输行业未来的能源消耗将继续增长。因此，在能源消耗总量持续增长的预期下，调整能源结构是交通运输行业碳减排的重要抓手。

图2-35　1990年至2019年能源消耗量及占比

数据来源：IEA；中大咨询分析。

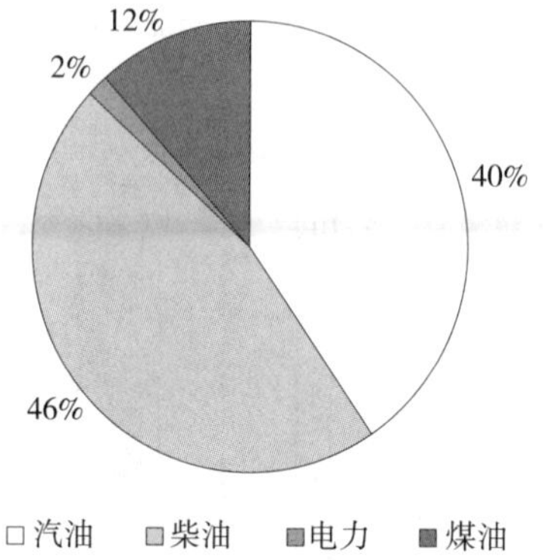

图2-36　2019年交通运输行业终端能源结构

数据来源：IEA；中大咨询分析。

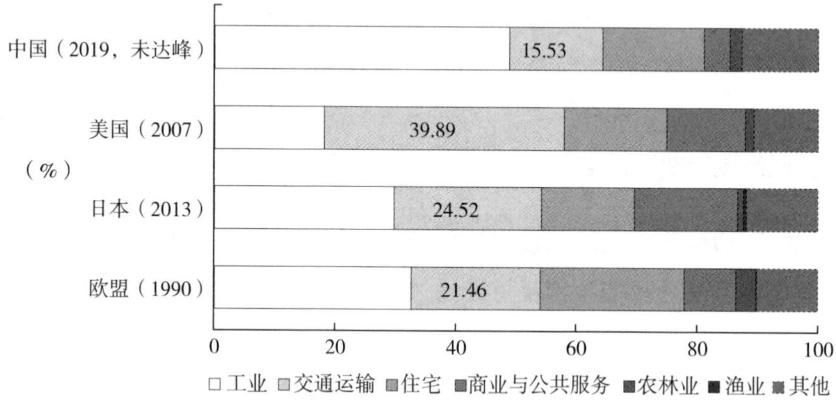

图2-37　主要经济体碳达峰时刻能源消耗结构与中国当前能源消耗结构

数据来源：IEA；中大咨询分析。

运输方式以高能耗的公路为主

目前我国交通运输行业以公路运输为主，公路相对较低的能效导致交通运输行业产生了大量的碳排放。

交通运输行业主要有四种运输方式：公路、铁路、水路以及航空。目前我国公路运输在客运量和货运量中的占比分别达到了61%和75%，与此同时，公路运输的能源消耗占比达到了75%，导致公路的碳排放占整个交通运输系统的74%，是交通运输行业最主要的碳排放来源。

铁路和水路是除公路外的主要客运货运承载工具，两者之和在客运和货运中的占比分别为33%和25%。铁路与水路的单位工作量能耗远低于公路与航空，将运输量与能源消耗量、碳排放量进行对比可以发现，铁路水路仅消耗了13%的能源、产生了16%的碳排放，却承担了25%左右的运输量，表明铁路与水路运输的能效较公路与航空更高。因此，提高铁路与水路的利用有助于交通运输行业的节能降碳。

由于航空运输的单位工作量能耗达每吨公里4203千克标准煤，其能源消耗占比达12%，碳排放占比达10%，然而的客运量占比为4%，货运量占比接近0%，表明航空运输的能效最低。因此推进航空运输转向铁路、水路运输是节能降碳的又一举措。

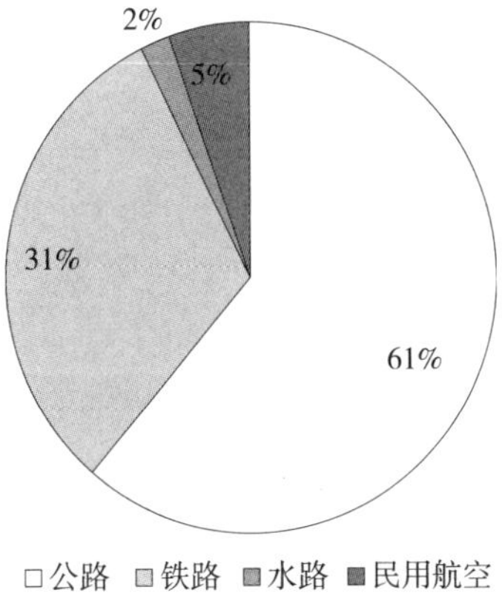

图2-38 2021年客运结构

数据来源：国家统计局；中大咨询分析。

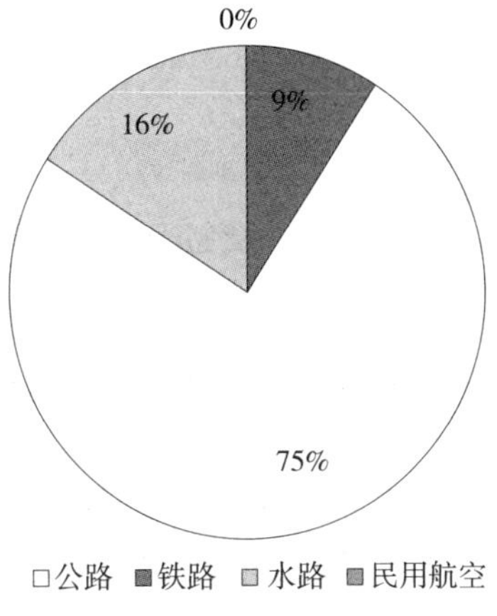

图2-39 2020年货运结构

数据来源：国家统计局；中大咨询分析。

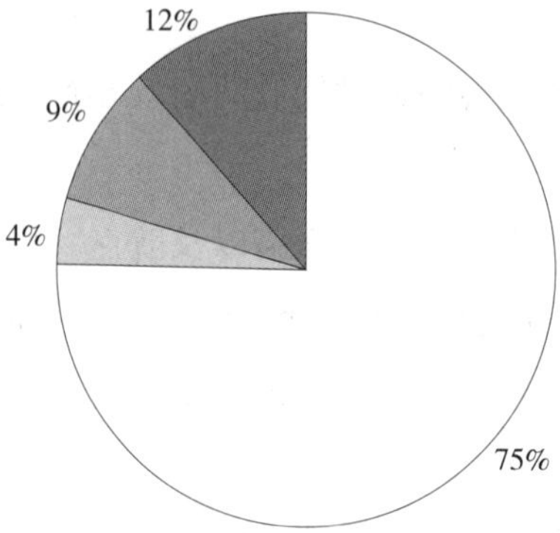

图2-40　2019年各运输方式能源消耗占比

数据来源：国家统计局；中大咨询分析。

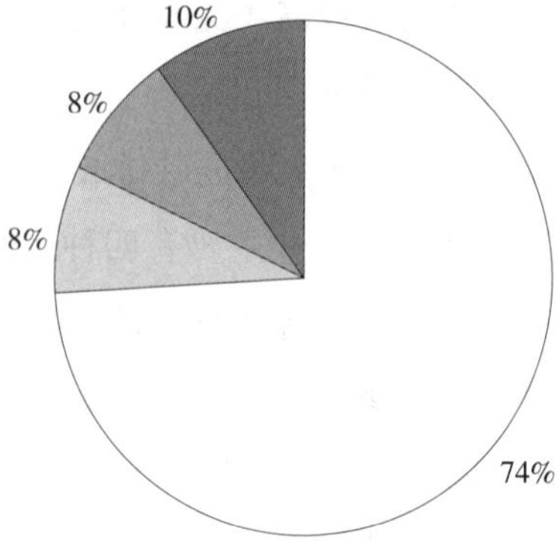

图2-41　2019年各运输方式碳排放占比

数据来源：中国交通部门低碳排放措施和路径研究综述；中大咨询分析。

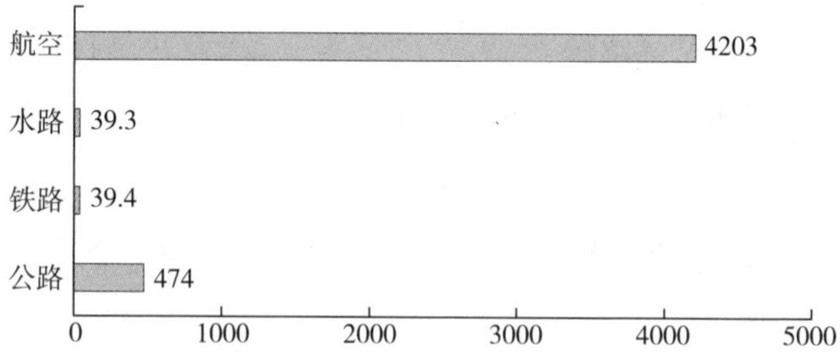

图2-42　2019年各类运输方式单位工作量能耗（千克标准煤/吨公里）

数据来源：《2020能源数据》；中大咨询分析。

交通运输业实现双碳目标的主要路径

发展多式联运，降低公路运输占比

目前的交通运输结构以高碳排放的公路为主。推动多式联运高质量发展，加速铁路水路对公路的替代，是交通运输低碳发展的重要路径。

一方面，铁路与航道里程的增长，为发展多式联运、调整运输结构提供了基础。目前我国铁路的营运里程已经达到14.6万公里，其中高铁3.8万公里；在《新时代交通强国铁路先行规划纲要》目标的规划下，到2035年，铁路营运里程将达到20万公里，其中高铁7万公里。水路运输中，我国高等级航道里程也在不断增加。根据交通运输部规划，到2035年，我国高等级航道里程将达到2.5万公里。不断增长的铁路营业里程与航道里程提高了我国铁路水路运输能力，能够在未来承担起更多的客运货运需求，提高对公路、航空的替代，为多式联运的发展提供基础。

另一方面，我国在政策方面推动多式联运的发展。2017年，交通运输部等十八个部门发布了《关于进一步鼓励开展多式联运工作的通知》，指出“当前，我国多式联运发展水平仍然较低，协同衔接不顺畅、市场环境不完善、法规标准不适应、先进技术应用滞后等问题较为突出”，因此为了推动交通运输绿色低碳发展，完善现代综合交通运输体系，将大力推动多式联运的发展[①]。2021年国家发展改革委办公厅发布了《关于组织开展第四批多式联运示范工程申报工作的通知》，要求“以多式联运示范工程建设为载体，加快推进交通运输发展”，同年的《绿色交通“十四五”发展规划》与《推进多式联运发展优化调整运输结构行动方案（2021—2025年）》要求“发展多式联运、优化调整运输结构”。2022年1月7日，国务院印发《推进多式联运发展优化调整运输结构工作方案（2021—2025年）》，从承载能力、衔接水平、组织模式、重点区域、技术升级等方面推动多式联运的发展。

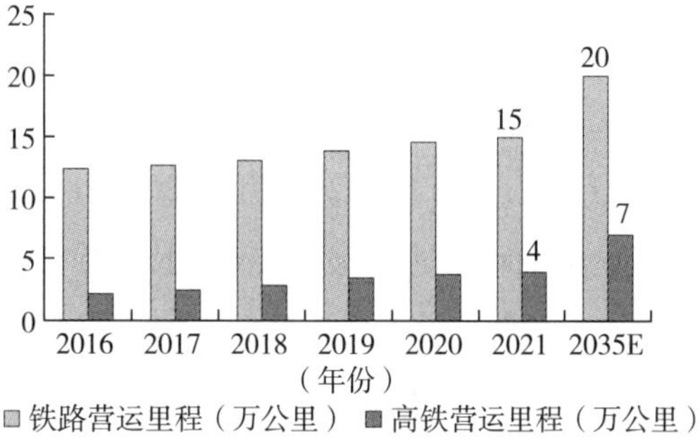

图2-43　铁路与高铁营运里程

数据来源：交通运输部；中大咨询分析。

① 交通运输部．交通运输部等十八个部门关于进一步鼓励开展多式联运工作的通知［EB/OL］.（2020-06-23）［2022-07-22］. https://xxgk.mot.gov.cn/2020/jigou/ysfws/202006/t20200623_3315343.html.

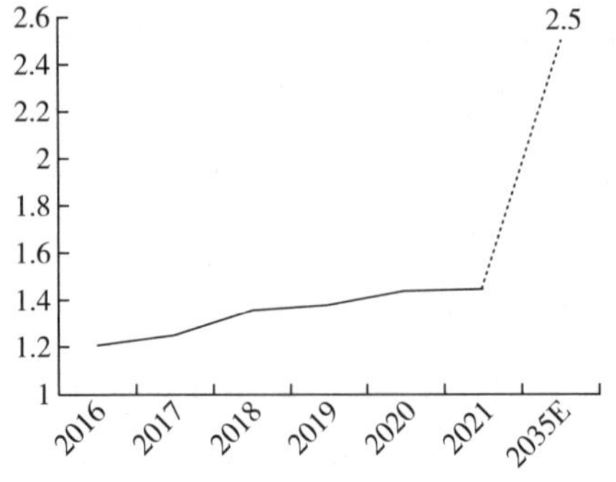

图2-44　高等级航道里程（万公里）

数据来源：交通运输部；中大咨询分析。

持续优化公共交通体系，绿色出行助力碳减排

城市是社会经济活动的重要组成部分，同时也是碳排放的主要来源。城市碳排放的主要来源之一正是城市交通运输。提高公共交通出行占比，优化公共交通体系，推动绿色出行，是助力交通运输碳减排的重要方向之一。

提高公共交通出行占比，减少私家车出行，是公共交通体系助力交通运输行业碳减排的重要举措。过量的私家车出行会导致城市交通拥堵，也无法形成规模效应，致使城市交通效率低下，并产生能源浪费的问题。优化交通出行方式，减少私家车出行，推进绿色公共交通出行，解决交通拥堵，是城市交通运输低碳发展的重要方向。

优化公共交通体系需要从应用新能源交通工具、利用数字化技术两方面推进。在提高新能源交通工具占比方面，2016年至2020年公共交通体系升级换代，尤其是公共汽电车中纯电动车的占比从15.6%上涨至53.8%，柴油车的占比从37.2%降低至13.9%，新能源交通工具在公共交通体系中已经得到大量应用。未来需要持续推进新能源交通工具对柴油车、汽油车的替代，预计到2025年，城市新能源公交车辆占比将达到72%。此外，在人口密度高、交通需求大的城市发展轨道交通，有助于减少城市居民对个人燃油车的使用。预计到2025年，城市轨道交通运营线路总长度将会达到1万公里左右。在利用数字化技术方面，可以搭建公共交通体系的综合性服务平台，利用数字技术优化路网结构、改善运输线路，使公共交通体系更便捷、高效，降低空驶率、空载率、空置率。

在政策端，《完整准确全面贯彻新发展理念做好碳达峰碳中和工作的意见》要求“加快城市轨道交通、公交专用道、快速公交系统等大容量公共交通基础设施建设”，《“十四五”现代综合交通运输体系发展规划》推动城市公共服务车辆电动化替代并使交通基础设施数字化率显著提高，《绿色交通“十四五”发展规划》要求加快推进城市公交、出租、物流配送等领域新能源汽车推广应用。在政策的推动下，私家车出行占比将会逐步降低，公共交通体系的优化会进一步引导居民绿色出行。

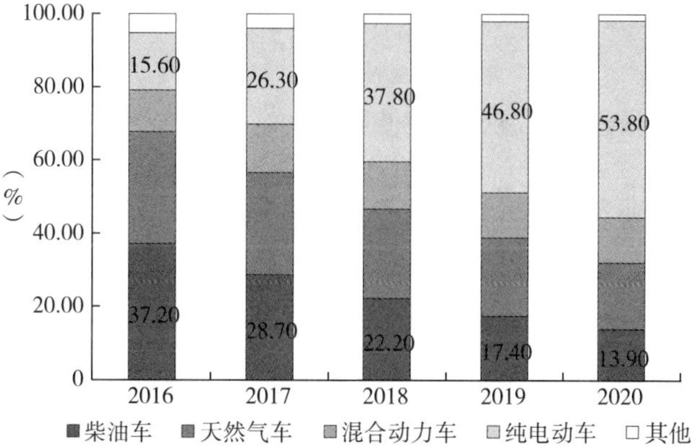

图2-45 2016至2020年公共汽电车分燃料类型构成

数据来源：交通运输部；中大咨询分析。

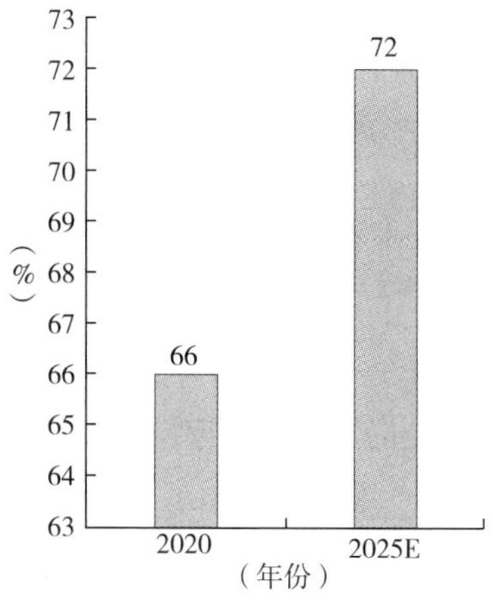

图2-46 城市新能源公交车辆占比

数据来源：交通运输部；中大咨询分析。

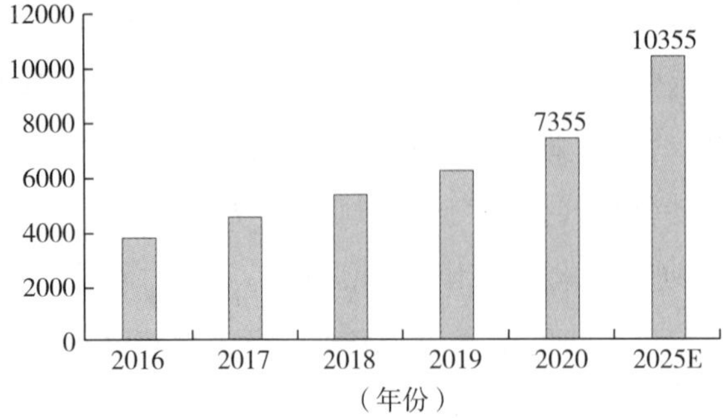

图 2-47 运营线路总长度（公里）

数据来源：交通运输部，中国城市轨道交通协会；中大咨询分析。

提升新能源渗透率，减少燃油使用量

交通运输行业发展的重要方向之三是能源消耗清洁化。公路客运、公路货运、铁路、水路、航空均需要不断推动新能源渗透率提升。不同的运输方式具有不同的特点，公路客运频次高、以短程为主，对燃料的要求相对较低；而公路货运、水路以及航空的单次运输距离相对较长，要求燃料能效高、补充速度快。因此，不同类型的运输方式在能源消耗清洁化方面的发展存在一定区别。

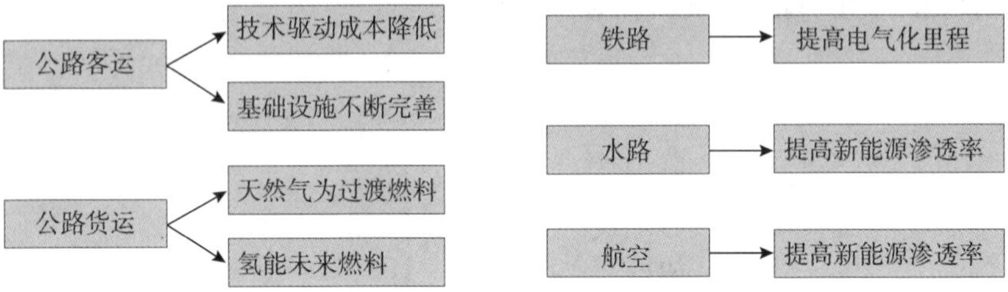

图 2-48 各类运输方式能源清洁化的发展路径

资料来源：中大咨询分析。

1. 公路客运：新能源交通工具渗透率持续提升

在公路客运中，应用新能源交通工具是促使能源消耗清洁化、推动节能降碳的主要途径，是未来公路客运发展的主要方向。新能源汽车的生命周期碳排放分别为196.6（常规混合动力车）、211.1（插电混合动力车）和146.5（纯电动车），单位行驶里程碳排放分别为134.2（常规混合动力车）、131（插电混合动力车）和78.7（纯电动车），均低于传统汽油车和柴油车，具有良好的减排能力。

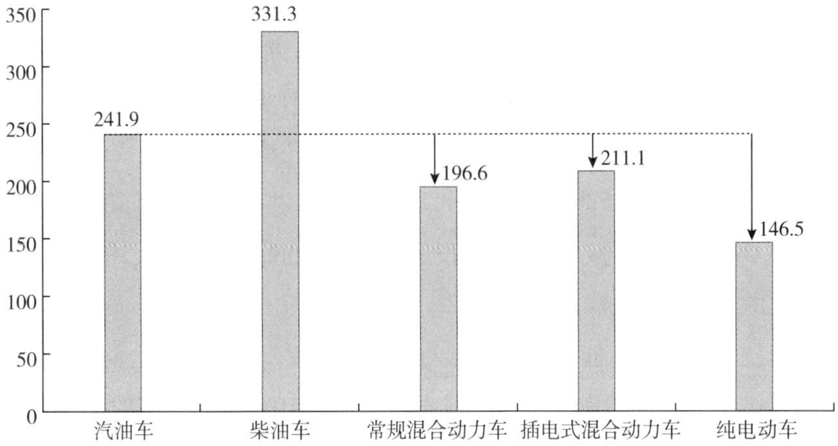

图2-49 传统汽车与新能源车生命周期碳排放（克二氧化碳/公里）

数据来源：BloombergNEF，中信建投；中大咨询分析。

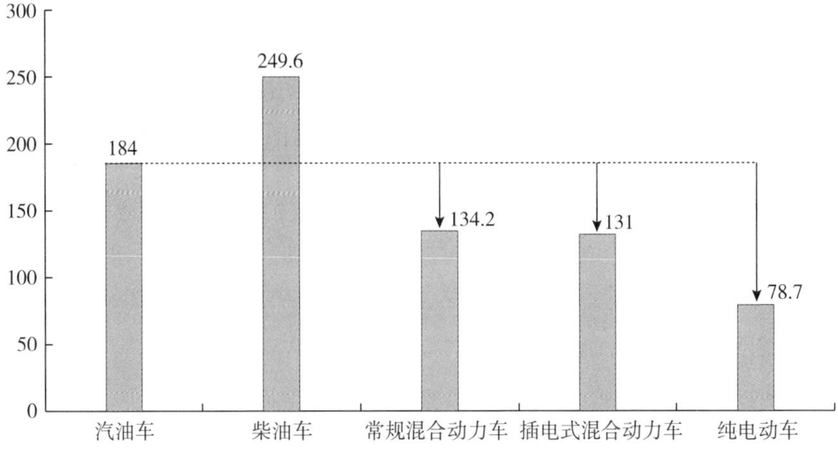

图2-50 单位行驶里程碳排放（克二氧化碳/公里）

数据来源：中信建投；中大咨询分析。

我国逐步完善政策来提高公路客运的新能源渗透率。2020年出台的《关于完善新能源汽车推广应用财政补贴政策的通知》和《关于进一步完善新能源汽车推广应用财政补贴政策的通知》设置了补贴退坡机制，加速新能源汽车的应用回归市场化，加强企业自主能动性，激发市场活力；同年出台了

《新能源汽车产业发展规划（2021—2035年）》，从技术升级、基础设施建设等方面做出了相应的规划，更是要求“新能源汽车新车销售量达到汽车新车销售总量的20%左右”，以此加强新能源技术创新，降低新能源成本，完善新能源基础设施；2021年的《2030年前碳达峰行动方案》要求“大力推广新能源汽车，降低传统燃油汽车在新车产销和汽车保有量中的占比”。在政策体系不断完善的推动下，公路客运将加速推动能源消耗清洁化。

在提高公路客运新能源渗透率的基础上，通过技术升级推动新能源交通工具应用成本降低，通过完善基础设施保障新能源交通工具使用，是能源消耗清洁化的重要方向。

随着技术进步，新能源交通工具的生产成本逐步降低，为公路客运渗透率的提高提供动力。如锂离子电池的成本已经从2010年的每千瓦时1191美元降低至2020年的每千瓦时127美元，预计到2030年将会降低至每千瓦时62美元；燃料电池系统、储氢系统的成本也将持续下降，目前氢气使用成本在每千克4～6欧元，未来将会降低至每千克2～4欧元。不断降低的成本将会提高新能源交通工具的使用，但是目前在产品结构、混合动力发展水平、汽车轻量化、动力电池能量密度、循环寿命等方面存在不足。未来需要从动力电池、燃料电池、加氢与充电系统等方面进行创新，持续推动新能源汽车应用成本的降低。

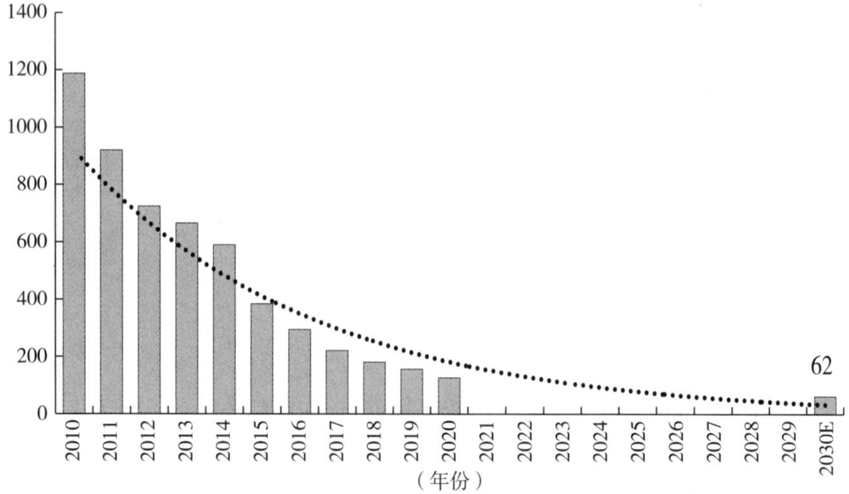

图2-51　锂离子电池单价（美元/千瓦时）

数据来源：中信建投，《中国氢能源及燃料电池产业白皮书2020》；中大咨询分析。

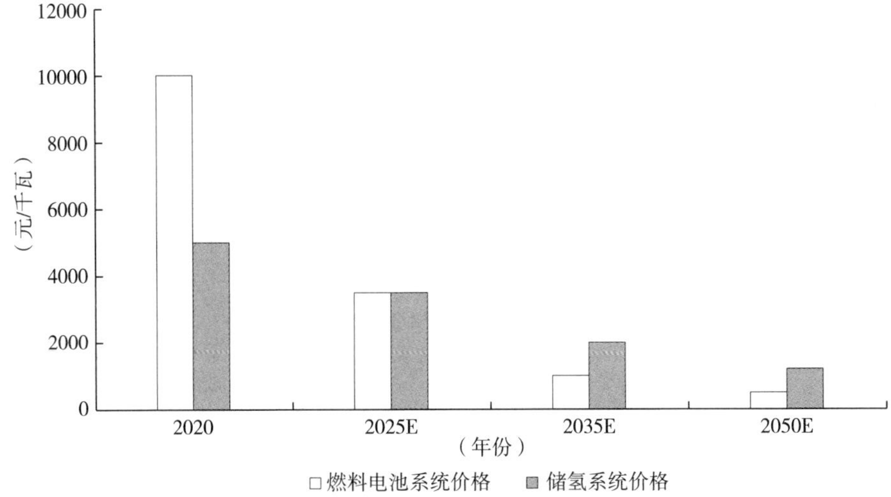

图2-52　燃料电池与储氢系统价格

数据来源：中信建投，《中国氢能源及燃料电池产业白皮书2020》；中大咨询分析。

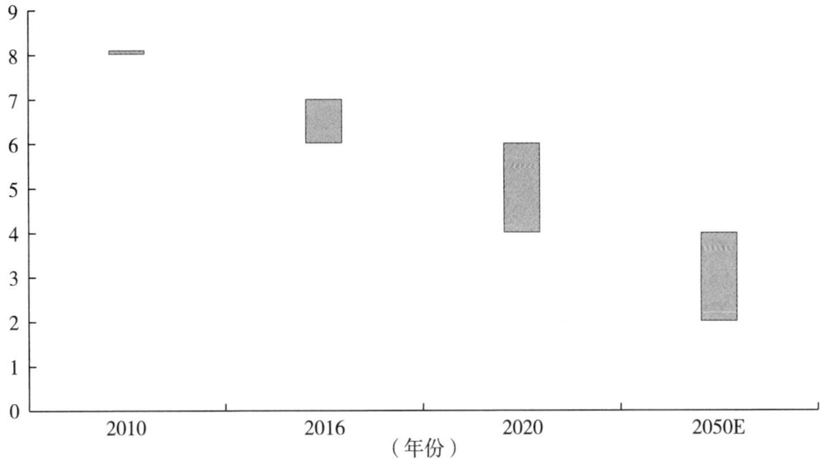

图2-53　氢气成本（欧元/千克）

数据来源：中信建投，《中国氢能源及燃料电池产业白皮书2020》；中大咨询分析。

基础设施的完善，对新能源交通客运工具的推广起着重要的支撑作用。未来基础设施将会持续完善，助力新能源交通工具的使用，实现公路客运的节能降碳。目前充电桩、加氢站、加气站等基础设施已经在逐步建设，未来更会快速增长，预计2025年公共充电桩数量、LNG加气站保有量、累计建成加氢站将分别达到250万～510万座、7700座、1000座，持续助推交通运

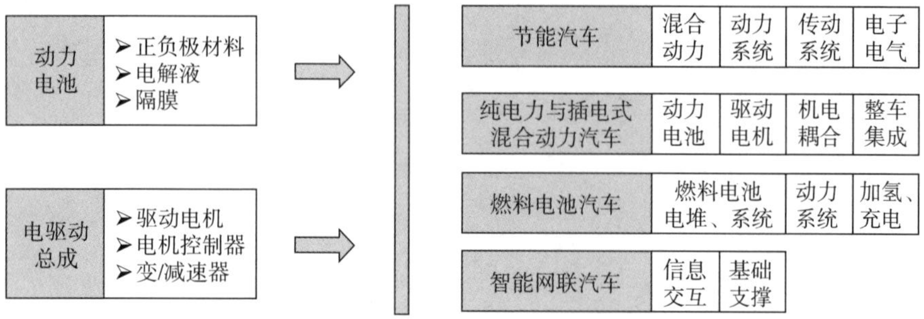

图 2-54 新能源汽车技术发展图

资料来源：《节能与新能源汽车技术路线图》；中大咨询分析。

输行业能源清洁化。目前已出台的一些政策，如《新能源汽车产业发展规划（2021—2035年）》《国务院关于加快建立健全绿色低碳循环发展经济体系的指导意见》以及《住房和城乡建设部等15部门关于加强县城绿色低碳建设的意见》，均要求推动充换电网络建设、提高氢燃料制储运经济性、推进加氢基础设施建设，推动新能源基础设施建设，为公路客运的新能源交通工具的应用提供保障。

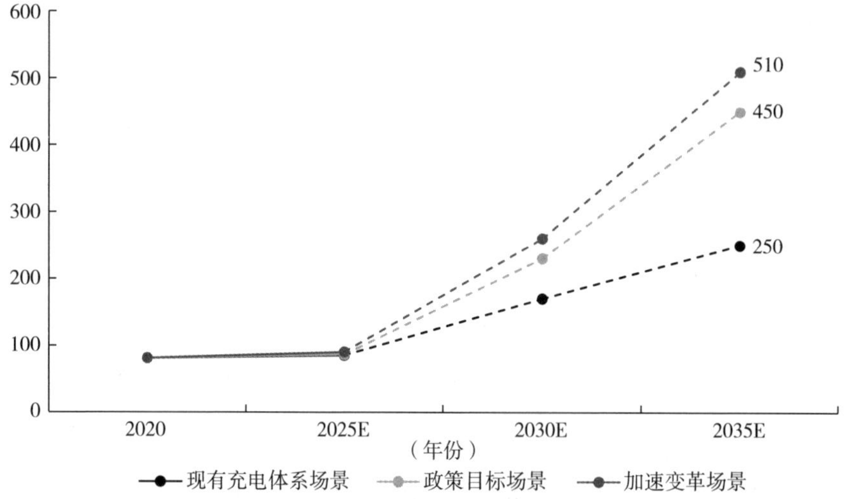

图 2-55 公共充电桩数量（万）

数据来源：中国充电联盟，《中国天然气发展报告》，《中国氢能源及燃料电池产业白皮书》；中大咨询分析。

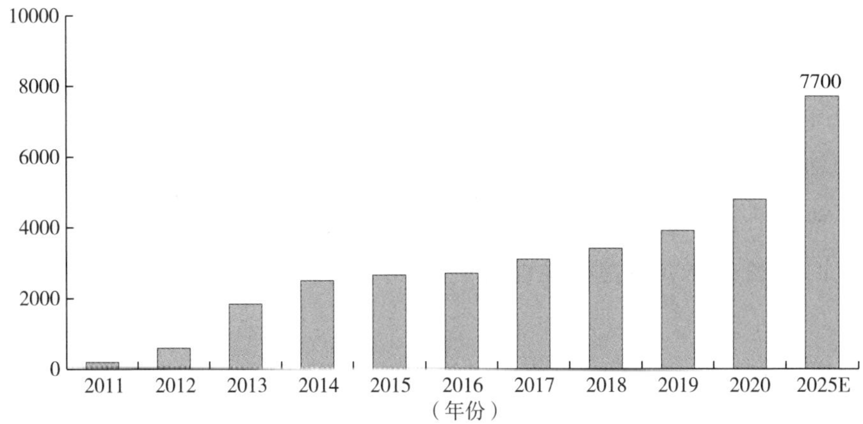

图 2-56　LNG加气站保有量

数据来源：中国充电联盟,《中国天然气发展报告》,《中国氢能源及燃料电池产业白皮书》；中大咨询分析。

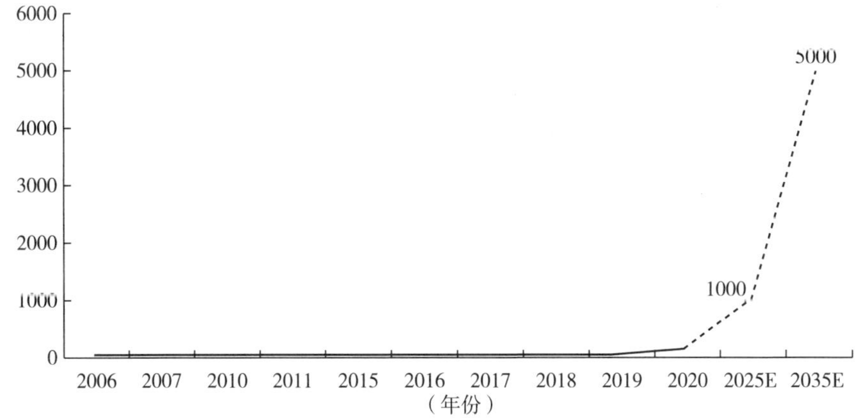

图 2-57　累计建成加氢站数量

数据来源：中国充电联盟,《中国天然气发展报告》,《中国氢能源及燃料电池产业白皮书》；中大咨询分析。

公路货运：短期内以天然气为过渡燃料，长期将以氢燃料为替代燃料

公路货运是维持经济发展与日常生活的重要活动，承担了大量的货物运输服务。在公路货运的碳排放构成中，中型卡车与重型卡车的碳排放之和占比达62%[①]，是公路货运节能降碳的重点关注对象。

① Shell. Decarbonising Road Freight: Getting into Gear[R]. 2021.

中型卡车与重型卡车在运输活动中对运营效率的要求较高，更加重视能源的持久性、稳定性与燃料加注便捷性，对新能源的应用提出了要求。天然气具有比柴油排放少、基础设施相对完善的优点，而且技术相对成熟，能够满足货运燃料的需求，是较为合适的过渡燃料。生物燃料能够对柴油进行替代，但是受限于产能，未来的应用有限；纯电动能源受限于续航短、充电时间长；燃料电池电动能源则是由于成本过高，尚不具备良好的经济性。

以目前的技术来看，以天然气为燃料的货车是最易实现、最具经济性的新能源公路货运交通工具。天然气重型卡车的碳排放低于柴油重型卡车，1000公里的续航里程虽然略低于柴油车，但也达到货运要求，同时，其燃料加注时间与成本约等于柴油货车，是柴油货车的良好替代品。其他动力货车均具有一定的缺陷：生物燃料动力货车受限于生物质燃料的产能规模，存在燃料短缺的风险；纯电动货车的优势在于零碳排放，缺点在于续航里程短、充电时间长、制造成本高，更适合短途货运、园区内货运。燃料电池汽车（如氢燃料电池汽车）同样具有零碳排放的优点，续航里程与燃料加注时间与柴油相似，唯一的缺点是制造成本高。因此，短期内需要以天然气货车为过渡，未来氢能源货车成本下降后将成为公路货运工具低碳化的重要手段。

表2–6　　替代燃料优缺点

燃料类型	燃料名称	优点	缺点
过渡燃料	天然气	比柴油排放少 基础设施相对完善	仍然排放二氧化碳 发动机较小，且有燃料泄漏风险
未来长期燃料	生物柴油	可替代柴油 可利用现有配送设施	原料有限，产能受限
	纯电动	技术相对成熟 维修需求低，运行平稳	续航短，充电时间长，重量大 产能有限、需要庞大的基础设施网络
	燃料电池电动	续航里程与燃料加注时间与柴油相似 维修需求低，运行平稳	燃料成本高 基础设施差

表2-7　　不同动力重卡特点比较

	柴油	天然气	生物燃料	电池	燃料电池
燃料载体	柴油	LNG、CNG	生物柴油	电池组	氢燃料
碳排放	高	低	低	零碳	零碳
续航里程（km）	＞1500	~1000	＞1250	约200~800	400~1200
燃料加注时间（h）	0.3~0.4	0.3~0.4	0.3~0.4	约3~7	0.3~0.4
成本	—	约等于柴油车	约等于柴油车	逐步下降，但仍高柴油车1~3倍	逐步下降，但仍高柴油车2~3倍

资料来源：Shell；中大咨询分析。

铁路：持续提升电气化水平

铁路交通一直是我国交通行业的建设重点。未来铁路交通将持续延长电气化里程，提高整体电化率。高速铁路兼顾高效化与低碳化，将会持续快速发展。高度电气化的铁路运输将会形成对公路、航空更强的替代效应。

截至2020年底，我国铁路电气化里程达10.6万公里、铁路电化率达73%，已经形成了铁路加强电气化、实现低碳化发展的格局。按照近十年电气化里程的增速，预计到2025年，铁路电气化里程将达到约16.9万公里，铁路电化率将达88%左右，铁路电化率会持续提高。此外，高铁的营运里程也将持续

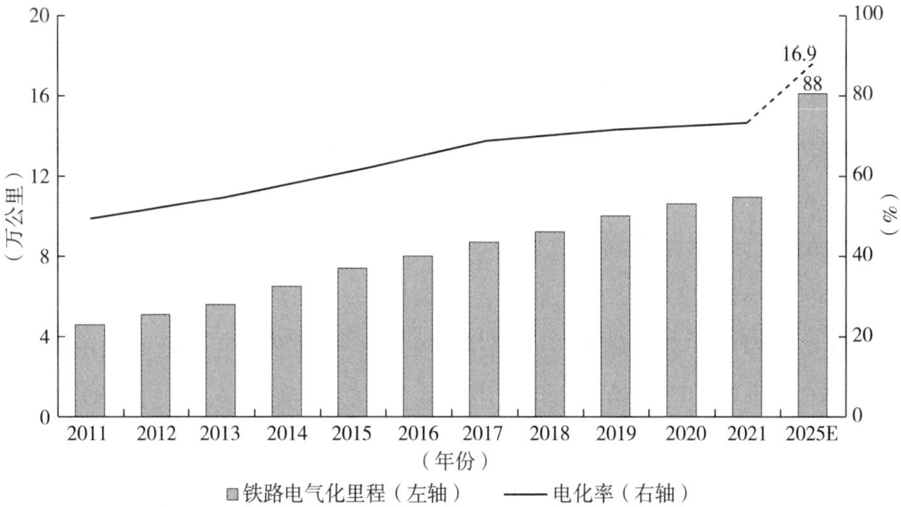

图2-58　铁路电气化里程与电化率

数据来源：交通运输部；中大咨询分析。

增长，预计2035年高铁营运里程将达到7万公里，占比提升至35%。高速铁路提高铁路运输效率的同时，会进一步分流公路与航空的需求，持续优化交通运输结构。在政策端，2020年出台的《新时代交通强国铁路先行规划纲要》要求建成现代化铁路网，不断提高绿色铁路承运比重，进一步加强铁路的电气化，提高高铁占比，促进运输结构深度调整，降低社会物流成本。

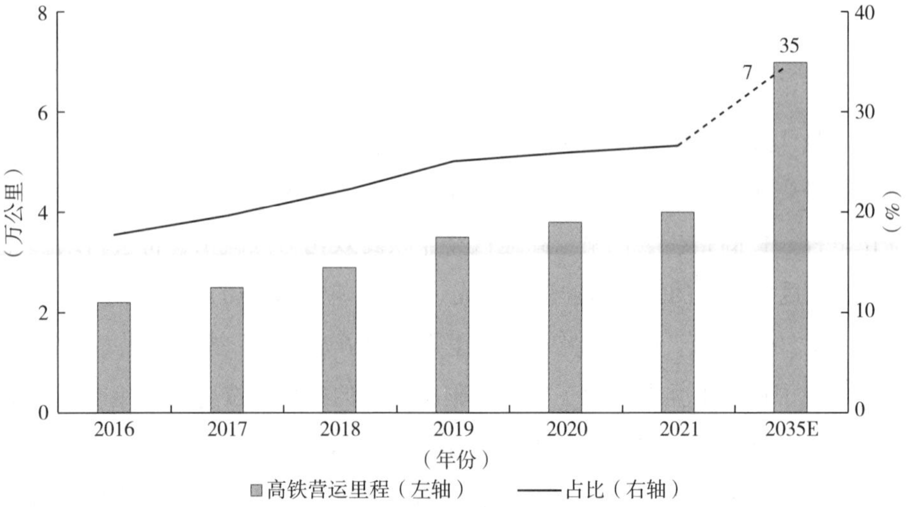

图2-59　高铁营运里程及占比

数据来源：交通运输部；中大咨询分析。

水路：逐步推动天然气、氢能、氨能等新能源对燃油的替代使用

水路交通运输具有运输周期长的特点，要求运输工具使用更高密度的燃料来提高运输效率、增加经济效益。在现有的新能源体系下，天然气、氢能、氨能是相对符合水路交通要求的能源。以三种能源为动力的船舶各有特点：LNG船舶技术相对成熟，但是仍会产生碳排放，且存在泄漏风险；氢动力船舶与氨动力船舶均为零碳排放，但是存在技术不成熟、应用成本高的缺点。目前LNG动力船舶已开始商业化使用，截至2020年底，LNG动力船舶数量仅290条左右，港口LNG加注站仅22座左右。受限于碳减排效果较差，天然气动力船舶会被视为过渡阶段的应用，未来随着氢动力与氨动力船舶技术成熟、成本降低，两者的应用将持续扩大。

政策也将不断推进水路运输新能源渗透率的提高。2021年出台的《内河航运发展纲要》要求“推广LNG节能环保船舶，探索发展纯电力、燃料电池等动力船舶，研究推进太阳能、风能、氢能等在行业的应用；完善水上绿色综合服务区、液化天然气加注码头等绿色服务体系建设”；《综合运输服务“十四五”发展规划》要求“积极推动新能源和清洁能源船舶在运输服务领域应用，加快充换电、加氢等基础设施规划布局和建设”。政策端持续推动新能源船舶应用，同时完善相关基础设施，助力水路交通节能降碳。

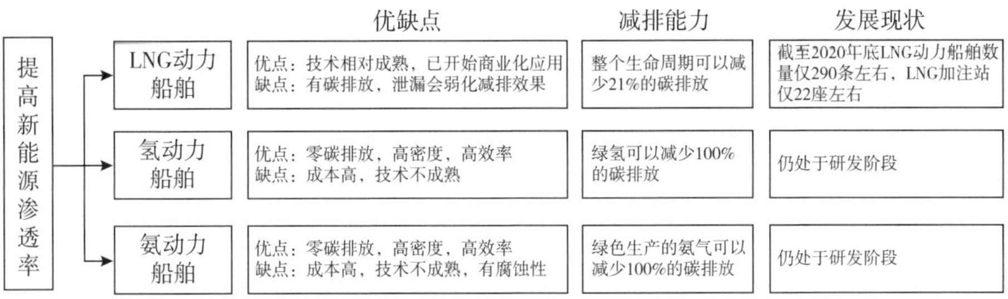

图2-60 水路交通新能源船舶特点

资料来源：《船舶二氧化碳减排技术研究》，公开资料；中大咨询分析。

航空：逐步探索适用于航空领域的清洁动力系统

航空运输距离长、速度快，对新能源的应用提出了较大的挑战。在近期内将侧重于发展可持续燃料，远期则需要加强氢能的应用。目前航空交通主要有纯电动电池、氢燃料电池、氢喷气发动机、可持续燃料等四种替代燃料。纯电动电池动力飞机的碳减排效果最好，但是电池重量的限制使其仅适用于短途飞行；氢燃料电池飞机同样仅适用于短途行程，氢喷气动力飞机的适用里程也存在限制，而且两者燃料加注时间较传统飞机更长，需要建设新的氢气加注与储存设施；可持续燃料动力飞机的减排效果相对较差，但是在适用里程、燃料加注时间、机场设施方面均与传统飞机相似。因此，短期内可以使用可持续燃料来过渡，远期则需要加强氢动力飞机的研发，并研发低碳动力与电力推进技术。

2018年民航局出台了《新时代民航强国建设行动纲要》，要求“构建符合市场规则的航油供应体系，提高航油服务效率和质量，积极推进航空清洁替代燃料开发应用；实现机场污染物‘零排放’、‘碳中和’”，推动新能源在航空领域渗透率的提升。

表2–8　　新能源动力飞机特点

	纯电动电池动力	氢燃料电池动力	氢喷气发动机动力	可持续燃料动力
温室气体减排程度	100%	75%～90%	50%～75%	30%～60%
适用里程范围	500km～1000km	短途行程	＜10000km	与传统飞机相似
燃料加注时间	与传统飞机相似	超出传统飞机1～2倍	超出传统飞机2～3倍	与传统飞机相似
机场设施需求	需要建设快速充换电设施	氢气加注与储存设施		可以利用现有设施

资料来源：World Economic Forum；中大咨询分析。

加强政策引导，推动交通运输行业降碳

交通运输行业的节能降碳、绿色发展离不开政策的支持。未来需要利用行政手段、财政手段、碳交易与绿色金融来推进交通运输行业低碳发展。

在行政手段方面，提高燃油交通工具能耗标准。持续逐步提高传统燃油车、内燃机火车、燃油船舶、燃油飞机的能耗标准，在新能源渗透率较低时期尽量减少传统燃料对环境的破坏。目前乘用车的燃料消耗限值标准一直在更新，燃料消耗限值已经从第一阶段的每百公里7.2升降低到了第五阶段的每百公里4升，逐步提高的燃料消耗限值减小了乘用车的碳排放。

在财政手段方面，第一，需要完善新能源交通工具研发与应用补贴制度。利用财政补贴、研发奖励、科研项目支持等方式来为新能源交通工具的研发提供财政补助，同时对新能源交通工具的购买应用实行补贴退坡机制。第二，善用环境税惩罚机制。现行环境税中包含了氮氧化物、氟化物，在一定程度上限制了温室气体排放；未来需要在合适的时机对现行环境税进行拓展，更直接地针对温室气体排放征税，利用惩罚机制推动企业施行碳减排技术。

在碳交易与绿色金融方面，第一，尽快将航空纳入碳交易范围。航空碳排放增长速度高于其他交通子行业，未来需要对航空企业设置合理的碳排放配额，利用市场化机制促进航空绿色低碳发展。欧盟于2012年就将航空纳入碳排放交易体系内，并取得了一定的减排效果（相比未实施减排7.7%）。第二，提高绿色金融对绿色交通发展的支持。交通已经是绿色信贷与绿色债券的主要投资方向，但是仍需要较大的资金支持（约37.4万亿元），未来需要进一步提高

绿色金融的支持。

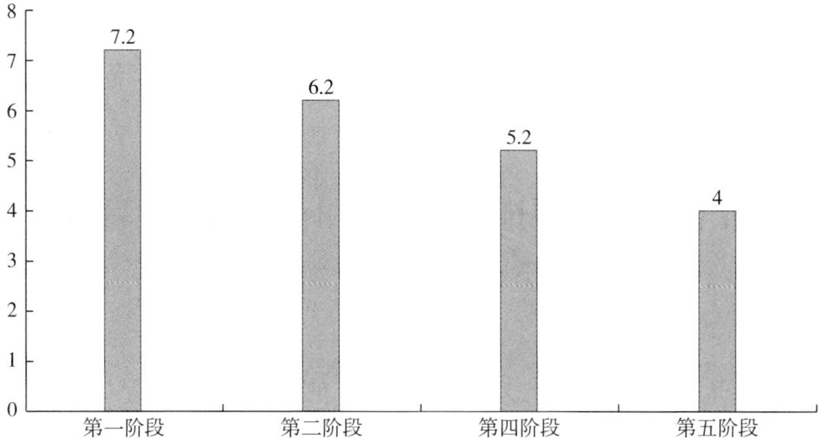

图2-61 乘用车燃料消耗量限值（NEDC方法）

数据来源：公开资料；中大咨询分析。

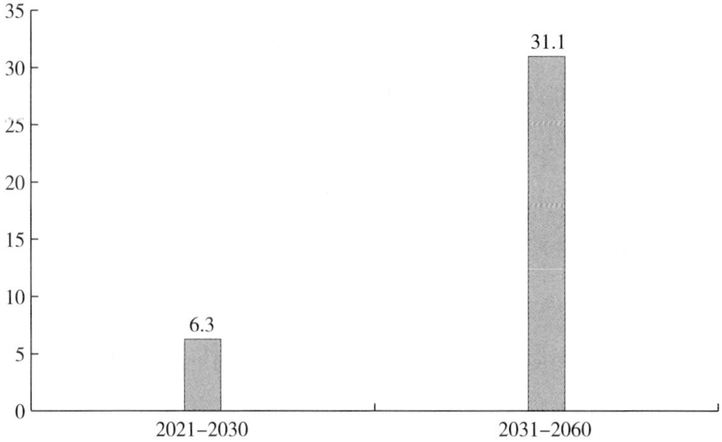

图2-62 交通运输行业资金需求（万亿元）

数据来源：中金研究院；中大咨询分析。

第四节
建材行业：碳排放大户水泥行业如何跑赢双碳赛道

在我国开启了新型城镇化与城乡融合工作的背景下，城市基础设施更新改造、乡村基础设施建设等领域依然存在大量建设需求。建筑材料作为建设领域的上游行业，其碳排放情况将会对下游领域的碳中和进程产生巨大影响。水泥作为建材工业的重要组成部分，是建材行业中碳排放量最大的子行业，同时也是制造业领域仅次于钢铁的第二大碳排放行业，未来面对巨大的碳减排压力，行业整体的节能减排对于我国总体实现“碳中和”愿景意义重大。2021年，中国建筑材料联合会发布《推进建筑材料行业碳达峰、碳中和行动倡议书》，明确提出建材行业要在2025年前全面实现碳达峰，水泥行业更是要在2023年前率先实现碳达峰。本节将从水泥行业碳减排的必要性入手，判断水泥行业碳排放的来源及其构成，并深入分析其在双碳目标下的发展趋势。

水泥产量位居高水平，行业碳减排任务艰巨

我国是全球最大的水泥生产国家。21世纪以来，随着城镇化率的提升，水泥作为重要建材，需求愈发旺盛。我国水泥产量一路攀升，并于2014年达到24.92亿吨的最高峰。此后，水泥产量进入平台期，2020年国内总产量约为23.95亿吨，占全球水泥产量的53.84%[①]。我国水泥熟料产量近几年也现出上升的趋势，截至2020年底达15.79亿吨。

---

① 付立娟，杨勇，卢静华. 水泥工业碳达峰与碳中和前景分析［J］. 中国建材科技，2021，30（4）：5.

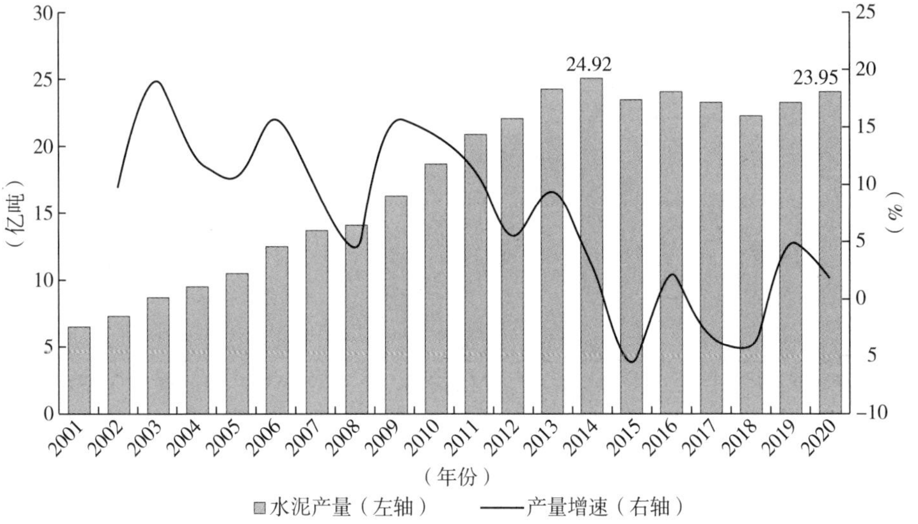

图2-63 2001-2020年我国水泥产量及增速

数据来源：国家统计局；中大咨询分析。

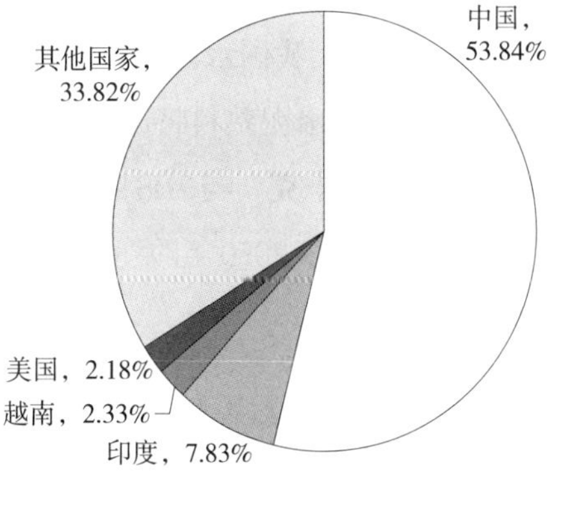

图2-64 2020年全球水泥产量各国占比

数据来源：CEADs；中大咨询分析。

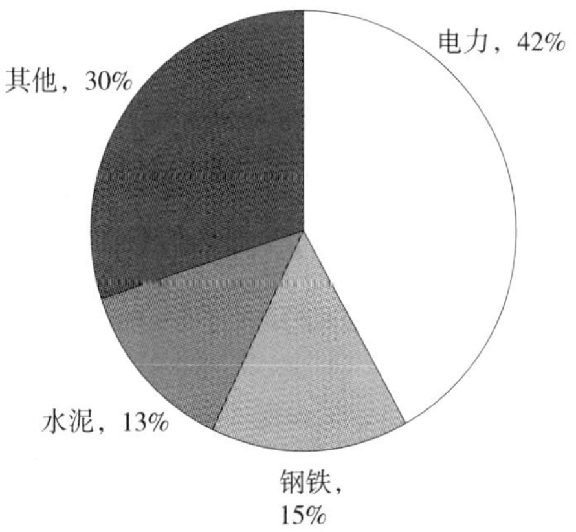

图2-65 2019年我国碳排放结构

数据来源：公开资料整理；中大咨询分析。

我国水泥产量长年来居高不下，行业整体碳排放也在逐年上升。水泥产量上涨导致水泥行业碳排放量持续走高，2020年达到历史最高值13.84亿吨。2019年，水泥行业碳排放约占全国总量的13%，是仅次于电力、钢铁行业的二氧化碳“排气筒”。控制水泥行业的碳排放成为我国实现双碳目标的重点工作。

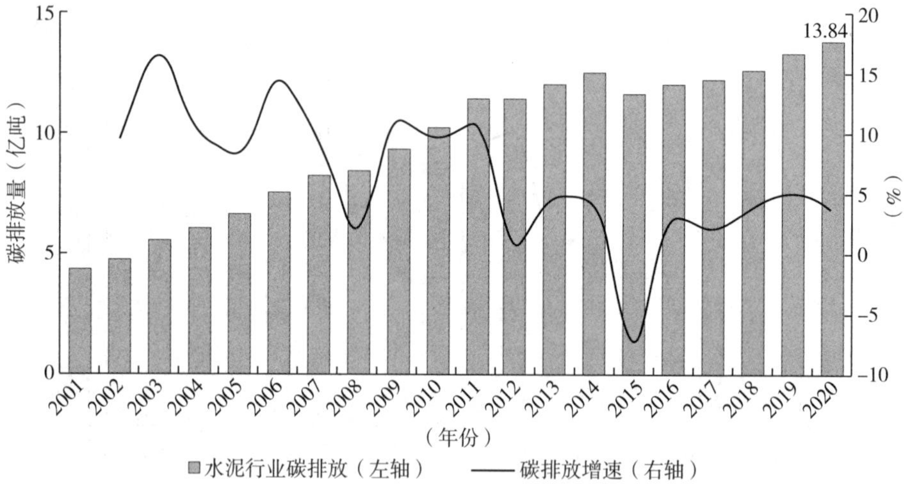

图2-66　2001—2020年水泥行业碳排放量及增速

注：根据石灰石分解碳排放占比推算行业总排放

数据来源：Our World in Data；中大咨询分析。

2015年《巴黎协定》的2摄氏度协议（2DS）约定，全球水泥业必须在2030年减碳40%，在2050年达到碳中和的目标。目前，我国水泥熟料碳排放系数（基于水泥熟料产量核算）约为0.86，即生产一吨水泥熟料将产生约860千克二氧化碳，折算后我国每吨水泥碳排放量约为597千克，与2DS协议要求（520～524千克）相比仍然偏高[①]。因此，要完成巴黎协议2050年的终极目标，我国水泥行业的减碳工作迫在眉睫。

水泥行业碳排放源头追溯

由于水泥生产的规模及其生产过程的特点，水泥工业是二氧化碳排放的主要来源之一，属于难减行业。

水泥的生产过程为“两磨一烧”，包括生料配料和研磨、窑内熟料煅烧和水泥熟料粉磨加工等环节，其中二氧化碳的直接排放包括原料煅烧的气体释放和熟料燃烧的能源消耗。

① 方正证券．碳中和——推动水泥行业高质量发展［R］.2021.

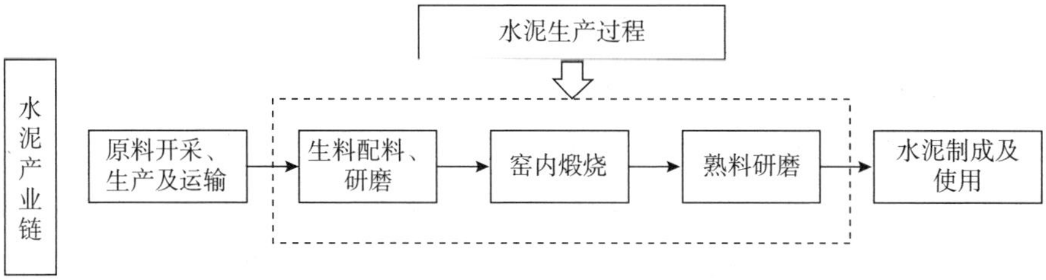

图2-67　水泥生产全流程

资料来源：公开资料整理；中大咨询分析。

水泥生产过程中的碳排放集中在熟料的生产程序中，主要来自石灰石的分解和化石燃料的燃烧，2020年分别占水泥碳排放总量的62%和29%左右。由于石灰石作为原料难以替代，水泥行业减碳难度比电力、钢铁行业大得多①。

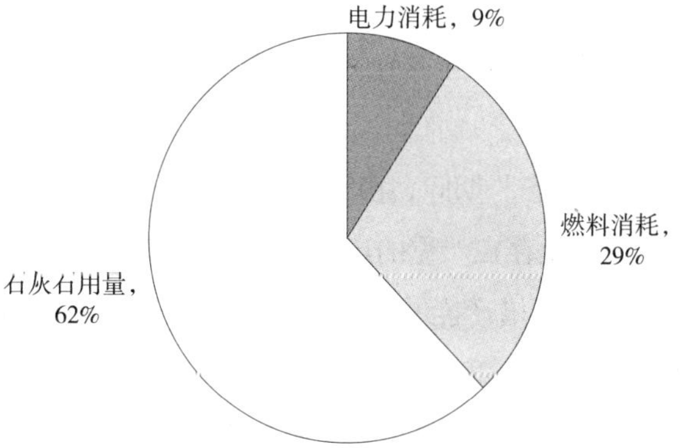

图2-68　2020年我国水泥碳排放结构

数据来源：水泥大数据研究院；中大咨询分析。

双碳背景下，水泥行业如何寻求高质量低碳发展

2021年10月，国家发改委等六部委发布《关于严格能效约束推动重点领域节能降碳的若干意见》，对水泥行业提出的节能降碳主要目标是，到2025年，通

① 李伟峰，马素花，沈晓冬．我国水泥工业减碳技术现实路径刍议［J］．新世纪水泥导报，2021，27（6）：7．

过实施节能降碳行动，行业达到标杆水平①（熟料单位产品综合能耗标杆水平为100千克标准煤/吨，基准水平为117千克标准煤/吨）的产能比例超过30%，行业整体能效水平明显提升，碳排放强度明显下降，绿色低碳发展能力显著增强。据水泥网统计，截至2020年，有熟料生产线的水泥企业数为1188，按30%计算为356个企业；根据工信部和国家市场监管总局公告的2020年水泥行业达到行业能效领先水平的“领跑者”企业名单，达到行业标杆水平的目前仅有28家企业，占比仅为2.4%，行业整体要完成2025年的节能降碳目标，任务十分艰巨。水泥行业碳中和面临减排量大、时间紧迫等困难，若要实现高质量低碳发展，需要在巩固去产能效果的前提下，运用减排技术减少水泥生产环节的碳排放。

行业层面，依靠市场与产业政策的结合，在控制产能的基础上逐步关注提升生产效率

控制产能产量并维持合理水平的产能利用率，是目前水泥行业最直接有效的减碳方式。

“十一五”和“十二五”期间，由于部分企业急于追求经济效益，盲目扩张生产线，我国水泥行业存在严重的产能过剩。自2016年实施供给侧改革起，国家明确严禁水泥行业新增产能并开始淘汰落后产能，去产能效果显著，供需趋向平衡。截至2018年，我国新增水泥熟料产能有明显下滑，生产线新增数量也显著下降，限产限增的政策取得了良好效果。

2021年12月发布的《“十四五”原材料工业发展规划》明确水泥产能只减不增，提出到2025年，产能利用率保持在合理水平，水泥产品单位熟料能耗水平降低3.7%，严格控制钢铁、建材等主要耗煤行业的燃料煤耗量。2021年，我国水泥熟料产能利用率能够基本维持在60%～80%之间，但水泥行业碳排放强度较高，其上市公司平均碳强度为11.9吨二氧化碳/万元，因此未来的工作重点在于，保持较为合理的产能利用率，并进一步提高生产效率，在保证下游需求得到满足的基础上，巩固供给侧改革去产能的成果，降低单位产品碳排放。

① 中国政府网．冶金、建材重点行业严格能效约束推动节能降碳行动方案（2021-2025年）[EB/OL].（2021-10-18）[2022-07-22]. http://www.gov.cn/zhengce/zhengceku/2021-10/22/content_5644224.htm.

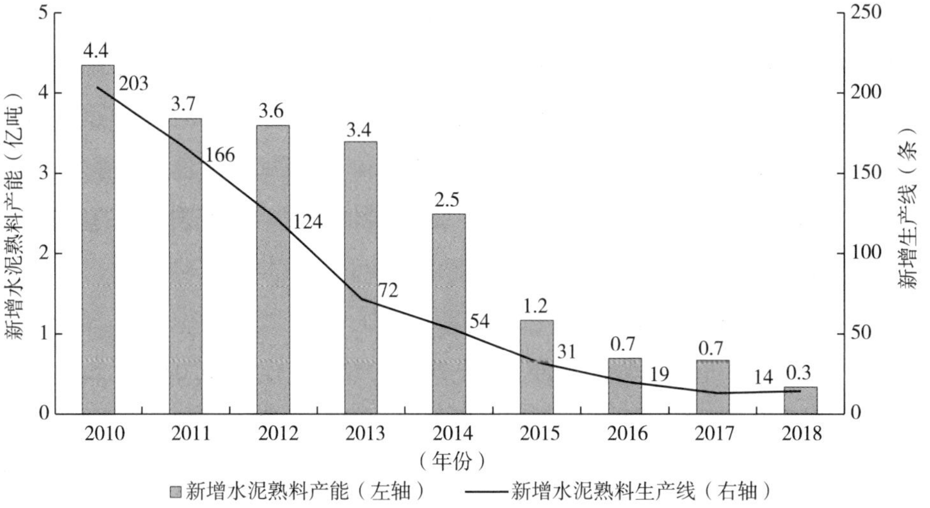

图2-69 2010-2018年我国新增产能状况

数据来源：Wind，数字水泥；中大咨询分析。

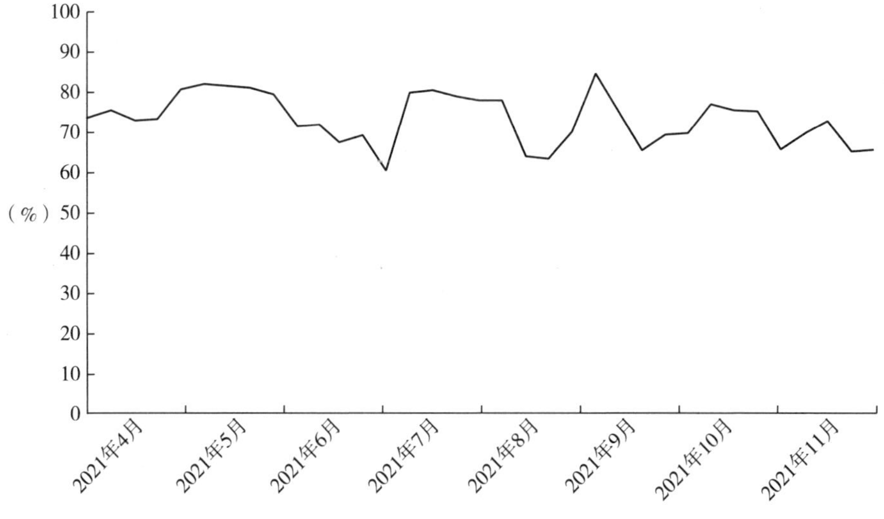

图2-70 2021年4～11月我国水泥熟料产能利用率

数据来源：Wind；中大咨询分析。

在双碳目标的要求下，水泥行业为了控制产能和提升效率，不仅要推进兼并重组，还要持续依靠产能减量置换、错峰生产等产业政策手段。

持续推进兼并重组

水泥行业集中度的提升有利于市场稳定，在化解产能过剩矛盾方面具有重要作用。截至2020年底，全国前十大企业集团的水泥熟料产能占全国总产能的比例由2010年的40%提高到57%。例如，中国建材控股子公司天山股份进行资产重组，合并收购中联水泥、中材水泥、南方水泥、西南水泥等多家公司。但从日本水泥协会数据来看，2017年日本前三家水泥公司行业集中度达到75%以上，而西方水泥行业的集中度目前约为80%[①]，我国水泥行业集中度在未来仍有提升空间。

严格实施产能减量置换

产业政策中一个较为有效的手段是产能的减量置换。2020年，水泥行业持续推进供给侧结构性改革，全年置换熟料产能7027.514万吨，创下历史新高，较2019年增幅为73.64%。从地区来看，广西置换821.5万吨熟料产能，排名第一，云南以800.7万吨排名第二，福建以759.5万吨排名第三。产能置换政策预计将保持采用并不断从严，以达到控制产能的效果。

保持常态化错峰生产

推动错峰生产也是控制水泥产能的重要手段。政策要求水泥熟料生产线都应错峰生产，各地工业和信息化主管部门要组织电石渣生产水泥熟料的生产线与当地非电石渣水泥熟料生产企业沟通协调，通过“错峰置换”参与错峰生产。

表2–9　水泥行业控制产能主要政策

部门	政策	相关内容
国务院办公厅	《关于促进建材工业稳增长调结构增效益的指导意见》(2016)	行业兼并重组：支持优势企业搭建产能整合平台，利用市场化手段推进联合重组，整合产权或经营权，优化产能布局，提高生产集中度，并结合联合重组、技术改造，优化生产要素配置，主动压减竞争乏力的过剩产能；在具备条件的地方开展试点，支持水泥行业通过联合重组等方式压减过剩产能、实现脱困发展
工信部	《水泥玻璃行业产能置换实施办法》(2021)	产能减量置换：位于国家规定的大气污染防治重点区域实施产能置换的水泥熟料建设项目，产能置换比例为2∶1；位于非大气污染防治重点区域的水泥熟料建设项目，产能置换比例为1.5∶1

① 数据来源：水泥网资讯中心

续表

部门	政策	相关内容
工信部、生态环境部	《关于进一步做好水泥常态化错峰生产的通知》(2020)	常态化错峰生产：所有水泥熟料生产线都应进行错峰生产。承担居民供暖任务的生产线，应当在非采暖季、非错峰生产期间补足错峰时间；有全年协同处置城市生活垃圾及有毒有害废弃物等任务的生产线可以不进行错峰生产，但要适当降低水泥生产负荷

资料来源：中国政府网，工信部，生态环境部，中国水泥协会信息研究中心；中大咨询分析。

技术层面，合理运用相关技术降低水泥生产环节的碳排放

目前我国水泥企业全部采用了新型干法生产技术，整体处于国际先进水平；未来趋向于加强对减碳技术的研究和开发，如利用燃料替代、熟料替代、CCUS技术等方式促进水泥生产过程的减碳。不过，水泥生产本身，从长期来看很难有可以大范围、高比例替代石灰石的原材料；再考虑到成本因素，依靠相关技术来实现碳减排的空间较为有限。

燃料替代：推进固体废弃物协同处置和生物质燃料替代，促进废旧资源循环利用

燃料替代主要执行“变废为宝”的重要理念，推进废弃物的协同处置，构建废弃物循环利用体系，减少水泥生产的碳排放，同时有利于加强绿色低碳循环经济的发展。

1.水泥窑协同处置技术

水泥窑协同处置是水泥工业中一种新的废弃物处置手段。将满足（或经过预处理后满足）入窑要求的固体废物投入水泥窑，在生产水泥熟料的同时对固体废物实施无害化处置，将废弃物作为煅烧环节的替代燃料，在降低生产能耗的同时减少了废弃物对环境的污染。

水泥窑协同处置技术在消纳固废、降低能耗等方面具有极大优势，未来在政策支持下，预计发展成为采用替代燃料以减少碳排放的成熟技术。该项技术利用现有工业设施，不增加土地，环境扰动小，建设投资相对较少；且水泥窑具有高温煅烧和强碱性气氛，能够有效抑制二噁英等二次污染物的产生，并实现固废危废减量和资源化，促使水泥行业向绿色环保方向发展。截

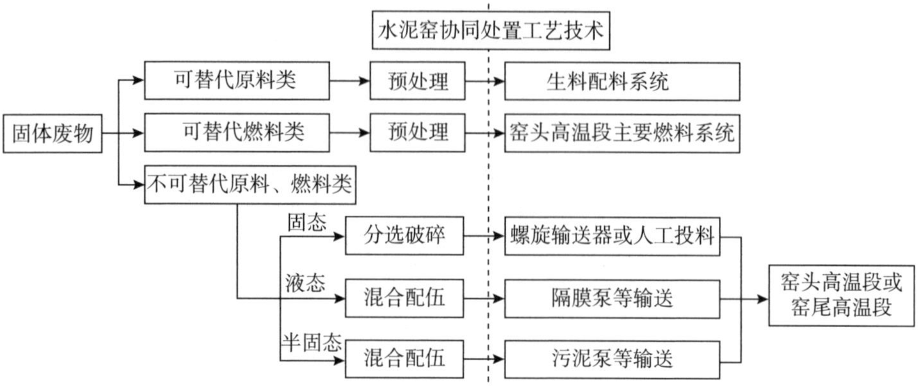

图2–71　水泥窑协同处置技术原理

资料来源：水泥网，前瞻产业研究院；中大咨询分析。

至2017年底，我国已建成水泥窑协同处置线约80条，全国利用水泥窑协同处置生活垃圾规模已达到每年500万吨，处置市政污泥能力近每年200万吨。今后水泥窑协同处置技术的覆盖率将大幅度提升，这种提升资源综合利用水平、替代原燃料的技术在行业内将愈发成熟。

在水泥窑协同处置固废技术领域，我国与德国等发达国家差距明显，未来将普及技术以提升替代率。欧美发达国家对这一技术推广应用已有40余年的发展历史，例如德国在焚烧垃圾时采用水泥窑协同处置技术，其水泥工业中的燃料替代率保持增长势头。许多发达国家以热值来认定替代率，发达国家的平均替代率为23%，德国甚至接近70%。我国水泥企业在替代燃料领域尚处起步阶段，替代燃料使用率仅约1.2%，与发达国家差距明显，但预计在政策利好环境支撑下，替代率也会逐渐提升。水泥窑协同处置技术必将成为我国双碳目标下水泥行业处理废弃物和降低碳排放的重要趋势。

2. 生物质燃料替代技术

替代燃料的另一个来源是农作物秸秆、稻壳等生物质燃料。巧用生物质燃料替代技术，能够起到显著的节能降碳效果。

水泥企业当前需要加强节能降耗并寻找替代能源，生物质替代燃料便是一种重要的节能降耗方式。水泥行业中的生物质替代燃料包括棉花、高粱等农作物秸秆以及林木、生活垃圾等，均为可再生燃料，缓解了水泥工业对煤炭的依赖性。

生物质替代燃料技术不仅能够在水泥工业中帮助水泥熟料规模化生产，节约能源，降低生产成本，还在一定程度上解决了秸秆的处理问题，实现秸秆无害化处置和循环利用，达到了节能减排的效果。以日产5000吨水泥熟料生产线、窑尾喷煤占70%计算，假如窑尾分解炉全部用秸秆代替燃煤，每年可减少碳排放37.3万吨。由此看来，我国水泥行业在生物质替代燃料的推广应用上仍存在巨大空间。

表2-10 秸秆替代燃煤减排效果推算

5000t/d产线	单位	数值
消耗秸秆	万亩/年	86.3
消耗秸秆	万吨/年	24.2
消耗秸秆	万立方米/年	161
秸秆热值	亿千卡/年	9660
折算标煤	万吨/年	13.8
碳减排量	万吨/年	37.3
减排价值	万元/年	1863

资料来源：水泥网，根据公开资料整理；中大咨询分析。

原料替代：利用工业固废替代水泥原料，发展低碳水泥品种

水泥熟料替代技术包括以工业固废替代原料、应用新型低碳水泥和胶凝性材料、发展硫铝酸盐水泥等。这些技术有助于减少生产过程碳排放，但同时也存在一定限制。

1.将工业固体废弃物作为替代原料

将含有同类化学元素且生产过程中不额外产生二氧化碳的物质作为替代原料，可以有效减少熟料生产过程中的碳排放，同时也减少了矿山的开采。水泥行业的主要原料为石灰石，而钢铁、火力发电等生产企业每年排放大量的钢渣、矿渣、电石渣、粉煤灰等工业固体废弃物，其有效化学成分与水泥熟料较为接近，具有作为水泥替代原料的可行性。我国每年产生约40亿吨此类固体废弃物，若将其作为水泥企业的替代原料，以年利用率20%计算，能够节省约8亿吨的天然矿产资源，具有极大的社会与经济价值。

2.大力发展硫铝酸盐水泥

硫铝酸盐水泥是我国自主发明的水泥品种，且具有显著的低碳特点。由于不含高钙矿物硅酸三钙（C3S），生料中石灰石等钙质原料配入量比硅酸盐水泥低约30%，烧成温度比硅酸盐水泥低100℃～150℃。因此，其熟料烧成过程中碳酸盐分解排放的二氧化碳要比硅酸盐水泥约低40%，燃料燃烧碳排放约低30%，相对普通硅酸盐水泥，能够降低碳排放约30%～40%①。硫铝酸盐水泥可以普遍应用于各种工程建设，是碳减排效果极为显著的低碳水泥品种。大力发展硫铝酸盐水泥，有助于水泥行业碳减排。

表2-11　　硫铝酸盐水泥与普通水泥碳排放量对比

水泥熟料	标准煤耗/（kg/t）	吨熟料碳排放量/kg
硅酸盐水泥	110～120	860
硫铝酸盐水泥	75～85	602

资料来源：水泥网，公开资料整理；中大咨询分析。

3. 开发新型低碳水泥，应用低碳胶凝性材料

开发新型低碳水泥生产技术。国际上出现的煅烧黏土复合石灰石替代熟料的新型低碳水泥，主要是为应对未来欧洲清洁能源技术实施后将出现的粉煤灰、矿渣类混合材短缺问题。根据研究结果，所制备的熟料系数0.50的石灰石煅烧黏土新型低碳水泥的28d抗压强度与参比纯硅酸盐水泥相当，而混凝土耐久性更优。

应用低碳胶凝性材料。在水泥制品中应用胶凝性或有潜在胶凝性的混合材，可以减少水泥中熟料占比，从而显著降低水泥生产过程中与熟料生产产生的碳排放。

但同时，替代原料发展存在一定的局限性。替代原料可能影响水泥质量，部分工业固废中含有一定比例的金属成分或者氯离子等对生产过程和水泥性能有害的成分，掺入比例有严格的限制，需要进行预处理以提高替代比例；替代原料的配套政策标准不够完善，市场接受程度不确定，且国家标准与替代原料所生产水泥的性质可能不匹配，目前较为缺乏配套的政策来进一步推动替代原料市场的发展。

① 吕宝玉，张海涛，赵绪礼．水泥行业碳达峰，碳中和之浅析［J］．中国水泥，2021，（9）：4.

CCUS技术：水泥行业减碳的关键技术

作为水泥熟料生产环节碳减排的“兜底”手段，未来CCUS技术将充当极具重要性的技术路径，为水泥行业碳中和作出巨大贡献。

国家发改委发布的《关于推动碳捕集、利用和封存试验示范的通知》提出要推动碳捕集、利用和封存（CCUS）试验示范，首次明确在火电、煤化工、水泥和钢铁行业中开展碳捕集试验项目。水泥工业减排难度大，其碳中和离不开水泥生产中的碳捕集和利用技术。据测算，未来至2050年，水泥行业二氧化碳减排潜力约50%依赖碳捕集利用技术①，CCUS是水泥等难以减排行业实现净零排放为数不多的可行性技术方案。

CCUS技术在水泥生产中的典型应用包括富氧助力水泥熟料煅烧和水泥窑烟气中二氧化碳的捕集利用等。其中，富氧燃烧采用高于普通空气的助燃气体，有利于入窑炉煤粉的充分燃烧，以富氧燃烧技术制取富氧代替一次风和窑炉送煤风，助力煤粉的燃烧，提高火焰的强度和窑内温度，有利于提高生产效率，节约能源消耗；其投资、运行成本是最经济的，但仍面临一次性投资高、碳捕集利用成本居高不下的问题。

CCUS作为解决碳排放的有利技术一直被广泛研究，我国已投运或建设中的CCUS示范项目约40个，年捕集能力300万吨。然而，由于碳捕集技术对二氧化碳浓度有较高要求，水泥生产过程中二氧化碳的浓度不超过30%，需要提纯至95%以上方可捕集，因此CCUS技术在水泥行业的运用存在成本较高的问题。

CCUS作为新兴技术，目前在石油、化工、电力等行业的应用也以小规模的捕集示范为主。对于水泥行业，在考虑成本因素的情况下大规模工业化应用，是今后长期的发展趋势。未来，将依靠技术进步提高捕集效率，提升经济效益。

水泥工业是我国建材行业中的支柱产业，也是制造业中的碳排放大户，是实现双碳目标的重要领域。水泥行业未来的低碳发展，仍然离不开控制产能产量、推进行业集中度提升等市场与产业政策结合的手段；从长期来看，在解决成本问题的前提下运用熟料替代、原料替代、CCUS等减碳技术也是实现碳中和愿景的重要途径，特别是要重视CCUS技术作为“兜底”手段在水泥行业的减碳作用。

---

① IEA. Technology Roadmap-Low-Carbon Transition in the Cement Industry[R]. 2018.

第五节
建筑行业：绿色低碳建筑的“自我修养”

2021年10月，中共中央、国务院印发的《关于推动城乡建设绿色发展的意见》中提出，要建设高品质绿色建筑，实施建筑领域碳达峰、碳中和行动。建筑本身作为一种高能耗主体，一直以来都是我国节能降碳工作关注的重点领域之一，建筑行业全产业链的节能降碳成效影响着实现双碳目标的进程。面对较大的碳减排压力，建筑领域需要从产业链的各环节寻求节能降耗方式，力求实现“建材生产–施工–运营”全过程的绿色低碳发展，助力双碳目标的实现。

城市化进程加速建筑全过程碳排放，行业脱碳任务紧迫

建筑领域是全球碳排放的主要来源之一，根据《2019年全球建筑和建筑业状况报告》，建筑业占全球能源和过程相关二氧化碳排放的近40%。2019年全球建筑全过程碳排放量占总量的38%，能源消耗占比35%。根据发达国家经验，建筑碳排放将逐渐超过工业、交通等跃居首位，建筑行业减碳任重而道远。

我国建筑全过程能耗较高，直接碳排放与间接碳排放（直接消耗化石燃料与外购电力、热力带来的碳排放）总计占比超过全国总量的一半。我国建筑总规模位居全球首位，现有城镇总建筑存量约为650亿平方米，预计每年新增建筑面积约20亿平方米[①]，碳排放呈现上涨趋势。2019年全国建筑全过程碳排放总

① 刘亮俊，李朋飞，秦志浩．碳中和背景下绿色装配式建筑发展前景展望［J］．绿色环保建材，2021，（6）：2.

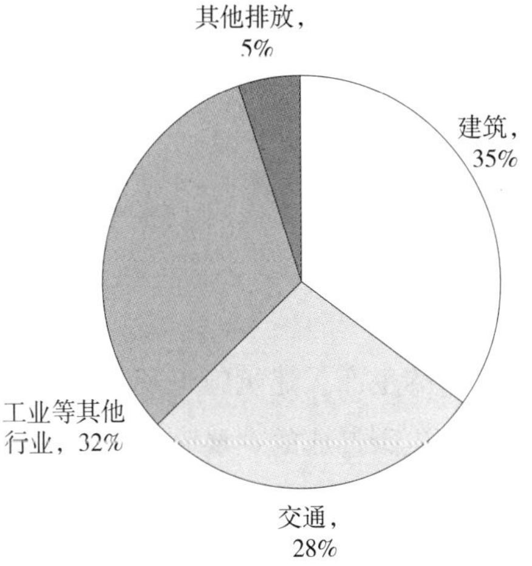

图2-72 2019年建筑全过程能耗占比

数据来源：IEA,《2020全球建筑现状报告》；中大咨询分析。

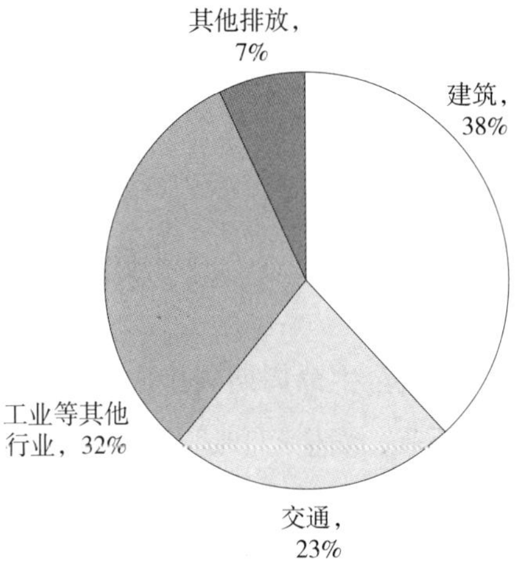

图2-73 2019建筑全过程碳排放量占比

数据来源：IEA,《2020全球建筑现状报告》；中大咨询分析。

量近50亿吨，占全国碳排放的比重为50.6%；能耗总量为22.33亿吨标准煤，占全国能源消费总量比重为46.5%。其中，“十二五”期间，由于城市化进程的加快和建筑规模的迅速增长，2011-2012年，较高的建材能耗导致了碳排放的大幅上升；2014、2015年碳排放出现下降，是国家和行业积极推进节能减排的成果，比如2013年《绿色建筑行动方案》的颁布加速了建筑领域的节能降碳进程。

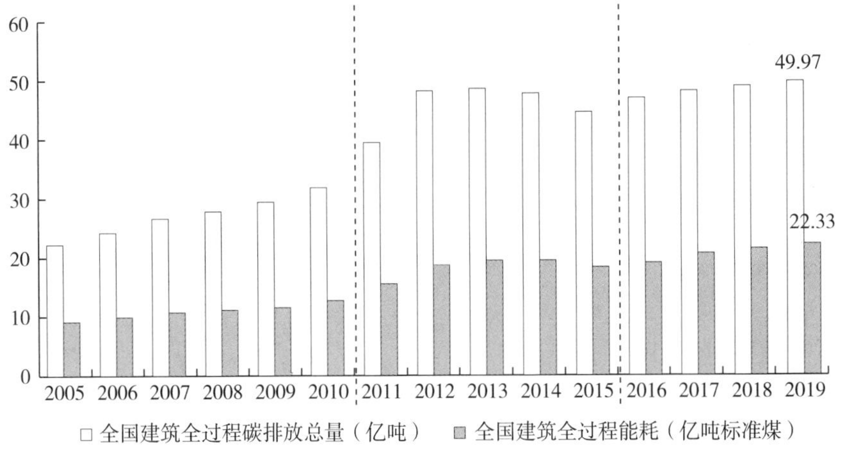

图2-74 2005-2019年全国建筑全过程能耗与碳排放总量

数据来源：《中国建筑能耗研究报告（2021）》；中大咨询分析。

总体而言，近年来城市化率的提升仍在加大建筑行业的降碳压力，因此建筑领域的减碳是我国双碳工作中的关键环节，对全方位迈向低碳社会具有重要意义。

建筑碳排放从何而来

建筑全生命周期碳排放具体包括建筑材料的生产、建筑施工及其内部运行等环节，而生产和运行阶段是消耗能源和产生碳排放的主要阶段。建筑材料生产过程中产生大量的碳排放，水泥、钢材、铝材等建材合计占比95%以上；建筑施工包括建筑的建造、改造和拆除等环节，其碳排放来源于新建筑建造、老旧建筑改造过程中施工机械设施的电力能源消耗和废旧建筑拆除过程中建筑垃圾的产生；建筑运行过程中，消耗电力、燃气、热力等能源和水资源的活动造成了巨大的碳排放。

从具体数据来看，我国建筑领域碳排放中，建材生产阶段占最大比例，约为55%，其次是建筑运行的碳排放，约占43%，施工过程仅占2%左右；能耗方面，也主要来自于生产和运行阶段，分别约占50%和46%。

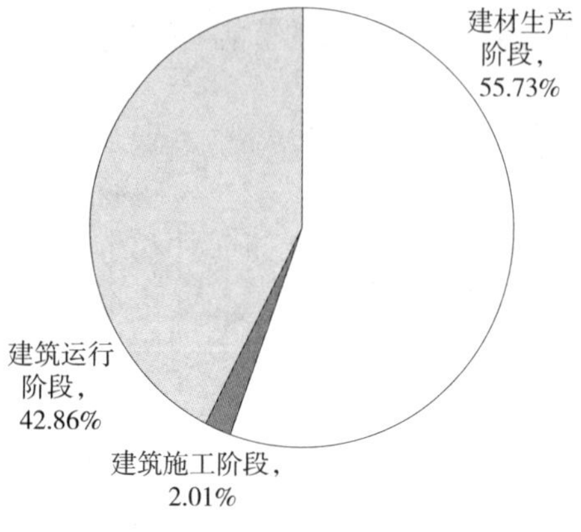

图2-75 2019年中国建筑全过程碳排放量阶段占比

数据来源：《中国建筑能耗研究报告（2021）》；中大咨询分析。

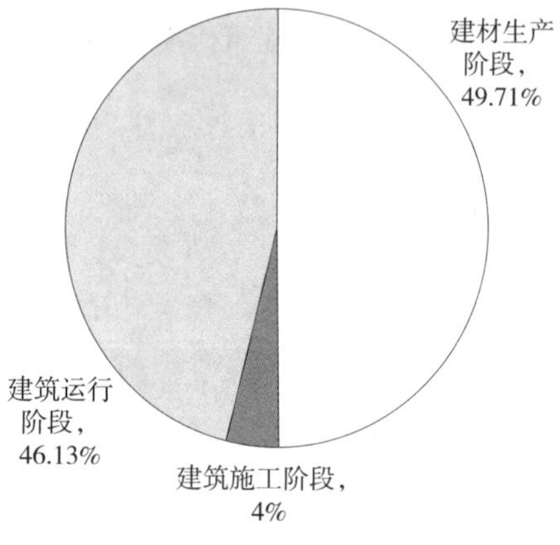

图2-76 2019年中国建筑全过程能耗阶段占比

数据来源：《中国建筑能耗研究报告（2021）》；中大咨询分析。

建筑生产过程中产生的大量碳排放主要来自工业碳排放大户——钢铁、水泥等建材，2018年碳排放量均超过了10亿吨，分别占比48%、41%；我国目前的新建建筑为钢筋混凝土结构，混凝土的主要成分有水泥、砂、石等，其中水泥的生产过程需要消耗大量的能源，并导致大量碳排放。

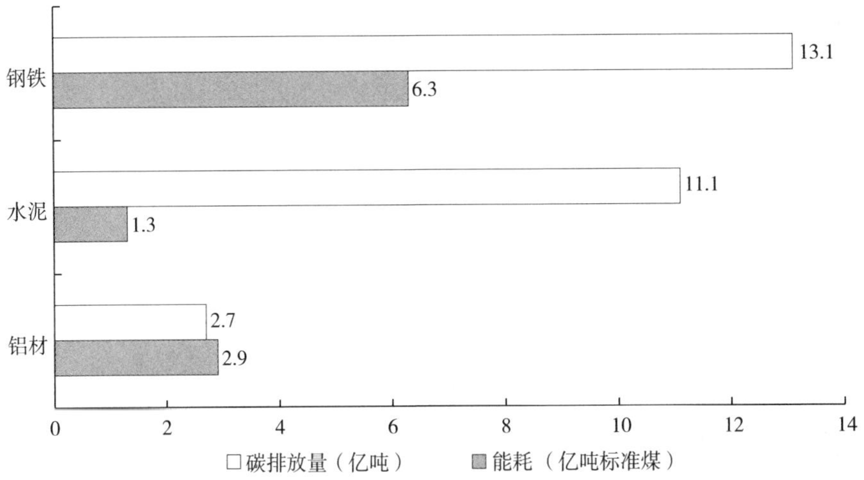

图2-77 2018年主要建材能耗与碳排放

数据来源：公开资料整理；中大咨询分析。

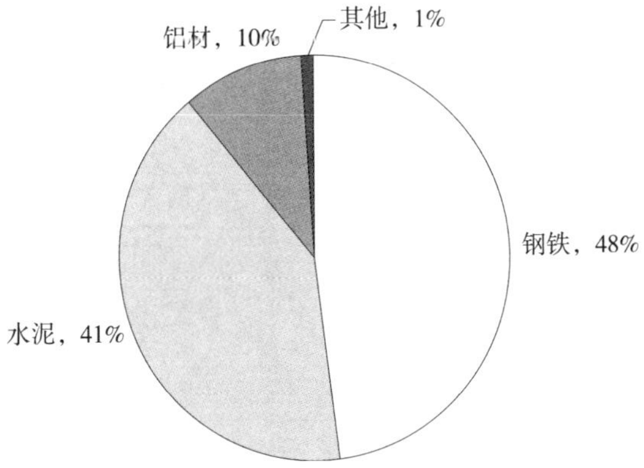

图2-78 2018年我国主要建材碳排放占比

数据来源：公开资料整理；中大咨询分析。

建筑施工阶段，碳排放总量仅占整个过程的2%，且趋于稳定。

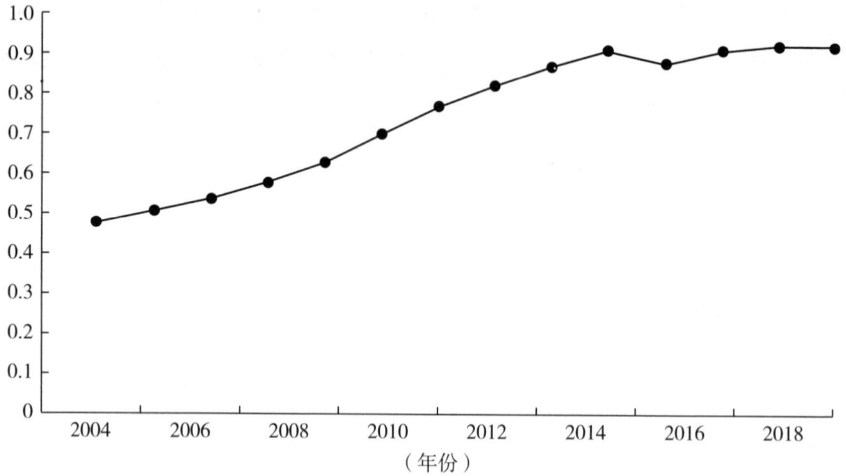

图 2-79　全国建筑施工碳排放总量（亿吨）

数据来源：公开资料整理；中大咨询分析。

建筑运行阶段，碳排放主要来源于用电消耗和供热系统中的煤炭燃烧。2018年，我国建筑运行阶段化石能源消耗相关的碳排放中，供暖、生活热水、炊事等环节的直接排放占比达到一半，间接排放中电力和热力相关的碳排放分别占42%和8%。从各阶段用能项目来看，公共建筑（不含北方供暖）和北方供暖[①]碳排放占比相对较高。

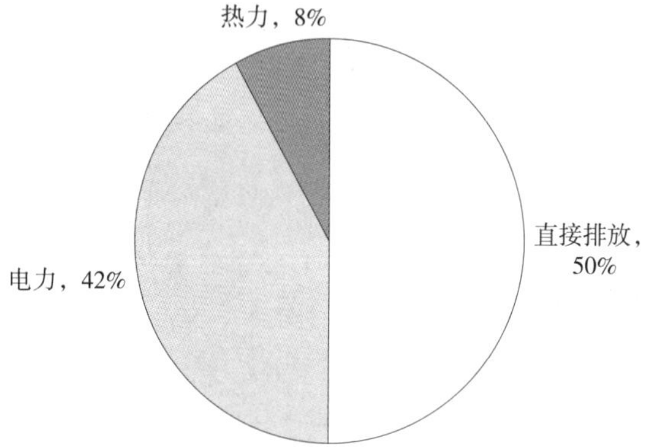

图 2-80　2018年我国建筑运行阶段碳排放分类占比

数据来源：东北证券，公开资料整理；中大咨询分析。

① 注：将北方城镇采暖单列出来，是因为这部分能耗所占比例巨大，是具有节能潜力的用能部分。

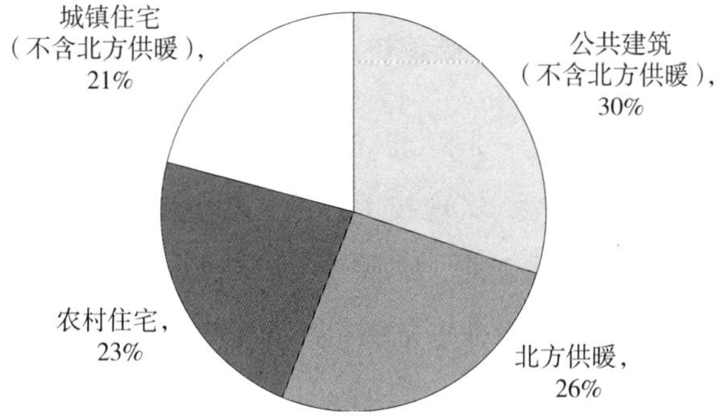

图 2-81　2018年我国建筑运行阶段各用能项目碳排放占比

数据来源：东北证券，公开资料整理；中大咨询分析。

绿色低碳发展方式助推建筑领域实现碳中和

基于上述背景，发展绿色低碳建筑对于我国现代化城乡建设而言具有必要性。建筑领域的碳中和需要贯彻绿色低碳的发展理念，从建筑全生命周期的各环节入手，采取节能降碳措施，实现建筑全过程减碳[①]。

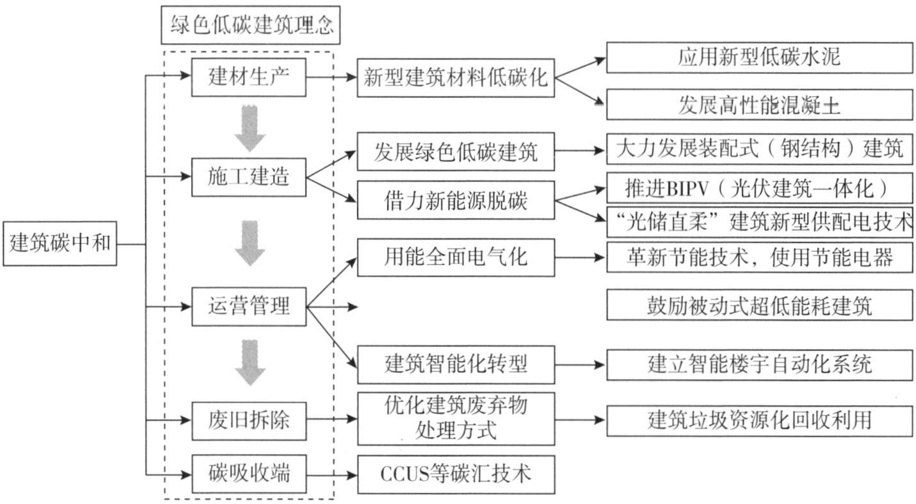

图 2-82　建筑全生命周期碳中和路径框架

资料来源：《中国碳中和通用指引》，亿欧智库；中大咨询分析。

---

① BCG. 中国碳中和通用指引［M］. 北京：中信出版社，2021.

建材生产：开发新型绿色低碳建材，助力生产过程减碳

建筑领域脱碳的路径之一是建筑材料低碳化，从生产阶段入手，开发更为绿色环保的新型低碳建材，实现技术升级。建材生产碳排放量巨大，加之建材工业是典型的高能耗重工业，需要持续开发低碳生产技术，从而推进生产过程低碳化。水泥是建材工业中的碳排放大户，2020年水泥碳排放约占全国总量的13%，占主要建材碳排放的41%，是建筑领域碳中和进程中的关键产业。水泥的生产过程减碳，除依靠原料替代技术之外，需要开发新型低碳水泥品种和应用低碳胶凝性材料。

高性能混凝土材料成为低碳发展新趋势，相较于传统建筑混凝土，具有降低水泥使用量、耐久性强、减少二氧化碳排放量等优势。例如，汉麻混凝土可以用生物纤维等绿色环保材料替代石灰石原料，降低水泥熟料系数；高延性混凝土（HDC）与超高性能混凝土（UHPC）可以通过加入不同新型材料提高混凝土硬度，提高耐久度。

表2–12 国内外高性能混凝土材料

产品	特性	应用
汉麻混凝土	良好的固碳和储碳能力，透气抗震；节能、隔音、隔热	屋顶、墙壁或板坯绝缘
高延性混凝土	降低钢筋需求；抗裂耐久	墙体
超高性能混凝土	超高耐久性和力学性能	屋顶、幕墙、保温墙体

资料来源：中国建筑节能协会，《中国建筑材料工业碳排放报告（2020年度）》，公开资料整理；中大咨询分析。

施工建造：发展绿色低碳建造方式，借力新能源脱碳

政策驱动装配式建筑发展，逐步提高钢结构比例

在绿色低碳建筑理念的引领下，大力支持和发展具有减碳优势和长期效益的装配式建筑。装配式建筑是把大量建筑构件和配件在预制工厂中生产完成，然后运输到施工现场，并采用可靠的安装方式将构件组装而成的建造方式，主要包括预制装配式混凝土结构、钢结构、现代木结构建筑，应用于住房、公共

建筑等。采用装配式建筑，可以提高生产效率，节能环保，符合绿色建筑的要求。相较于现场浇筑，装配式建筑具备减少材料使用、缩短工期和减少建筑废弃物等减碳优势，同时降低施工粉尘、大气污染等以减少碳排放。

表2-13　装配式建筑与现场浇筑方式对比

	装配式	现场浇筑	节约改善
工期	160～210天	250～300天	20%～45%
现场施工人数	40～50人	150～160人	60%～75%
水资源消耗	0.051～0.0677立方米/平方米	0.085～0.09立方米/平方米	20%～25%
建筑废物处置量	7.34～7.35千克/平方米	23.75～23.80千克/平方米	65%～70%

资料来源：东北证券，公开资料整理；中大咨询分析。

我国政策正逐步推动装配式建筑相关产业迅速发展，开工面积逐年上涨。2020年全国新开工装配式建筑共计6.3亿平方米；预计到2025年，装配式建筑相较于现浇建筑可减少碳排放2663万吨。

表2-14　装配式建筑发展支持政策

时间	政策	相关内容
2016.02	《关于进一步加强城市规划建设管理工作的若干意见》	力争用10年左右时间使装配式建筑占新建建筑的比例达到30%
2017.03	《"十三五"装配式建筑行动方案》 《装配式建筑示范城市管理方法》 《装配式建筑产业基地管理方法》	到2020年，全国装配式建筑占新建建筑的比例达到15%以上，重点推进地区达到20%以上，积极推进地区达到15%以上，鼓励推进地区达到10%以上
2022.02	《"十四五"建筑业发展规划》	大力发展装配式建筑，构建装配式建筑标准化设计和生产体系，推动生产和施工智能化升级，扩大标准化构件和部品部件使用规模，提高装配式建筑综合效益；完善适用不同建筑类型装配式混凝土建筑结构体系，加大高性能混凝土、高强钢筋和消能减震、预应力技术集成应用

资料来源：住建部，中国政府网，中国装配式建筑网；中大咨询分析。

装配式钢结构是可循环使用的绿色建筑，未来在政策推动下将逐渐提高钢结构装配式建筑比例。由于混凝土装配式的建造成本略低于钢结构装配式，目前我国装配式建筑中混凝土装配式建筑仍占比较大。混凝土装配式建筑的建造需要大量的湿作业以保证结构的整体性，在应用中还存在关键技术不完

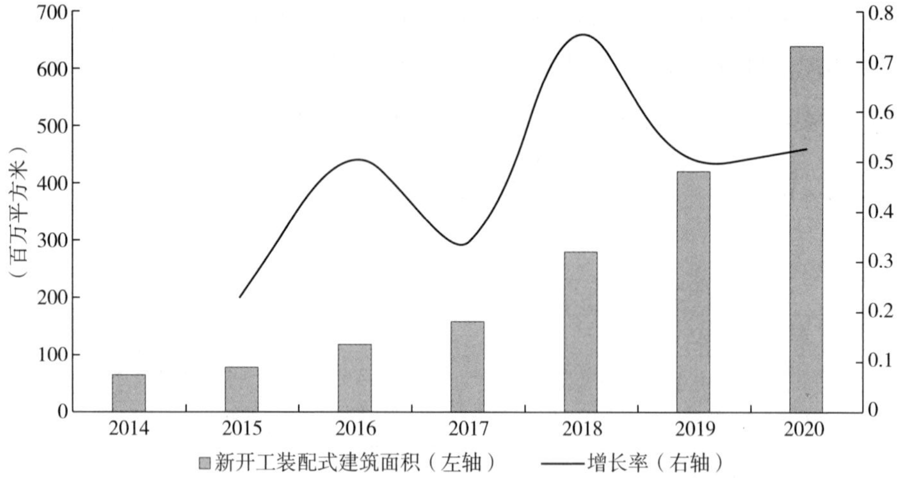

图 2-83 2014-2020 年全国装配式新开工建筑面积

数据来源：东北证券，公开资料整理；中大咨询分析。

备、不系统等问题，且混凝土结构资源消耗较多，在拆卸后最终仍会变成建筑垃圾，有违绿色低碳的建筑发展理念。相比之下，装配式钢结构建筑没有现场现浇节点，安装速度更快，施工质量更易得到保证。

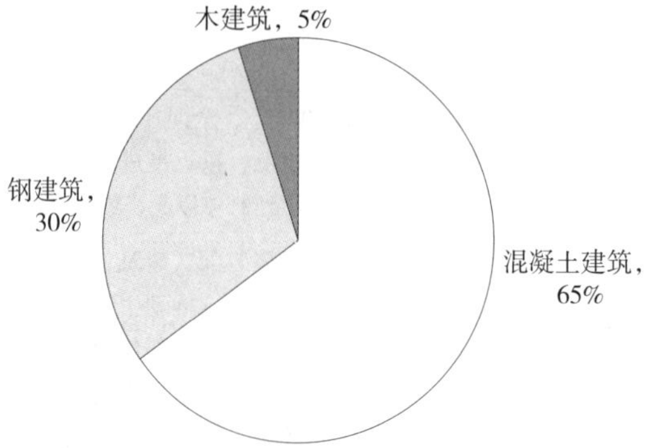

图 2-84 2020 年我国各类型装配式建筑结构

数据来源：公开资料整理；中大咨询分析。

钢结构装配式建筑是建筑行业节能降碳的重要手段，将成为日后发展的重点。从自身性质来看，钢结构作为延性材料，抗震性能更佳，重量仅为混凝土的50%～60%，基础造价更低，具有更好的经济性；同时，钢结构是可回收材料，在拆卸后可循环利用，更加绿色环保。从施工方面考虑，钢结构装配式建筑的方便程度超过混凝土建筑。相较于发达国家而言，目前我国钢结构在住宅领域的渗透率很低。《建筑业发展“十三五”规划》提出大力发展钢结构建筑，引导新建公共建筑优先采用钢结构，积极稳妥推广钢结构住宅。在国家政策的大力推动下，钢结构装配式建筑未来具有较大的发展潜力。

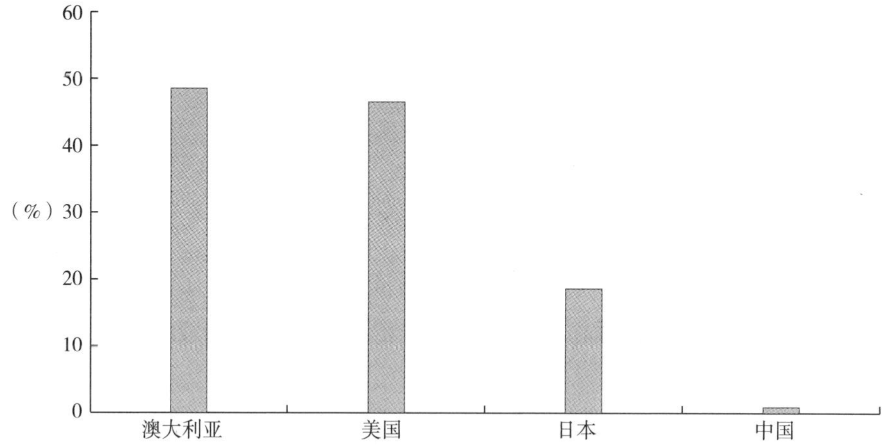

图 2-85　主要国家钢结构住宅渗透率

数据来源：东北证券；中人咨询分析。

推进光伏建筑一体化，提升建筑整体利用率

BIPV（光伏建筑一体化）在双碳要求下极具市场潜力，应用前景十分广阔。BIPV 与建筑物同时设计、同时施工和安装并与建筑物形成完美结合的太阳能光伏发电系统，作为建筑物外部结构的一部分，既具有发电功能，又具有建筑构件和建筑材料的功能，与建筑物形成完美的统一体。

BIPV 目前仍处于起步阶段，总装机量仅为全球光伏市场的 1% 左右。2019、2020 年全球 BIPV 总装机量分别达到 1.15 吉瓦和 2.3 吉瓦，每年总装机量约占全球光伏市场的 1%①。欧洲市场方面，预计未来几年 BIPV 将快速增长，2023 年新增量将达 0.5 吉瓦左右，而国内 2020 年装机容量已超过该水平。

① 东北证券 . BIPV——建筑节能，如日方升 [R]. 2021.

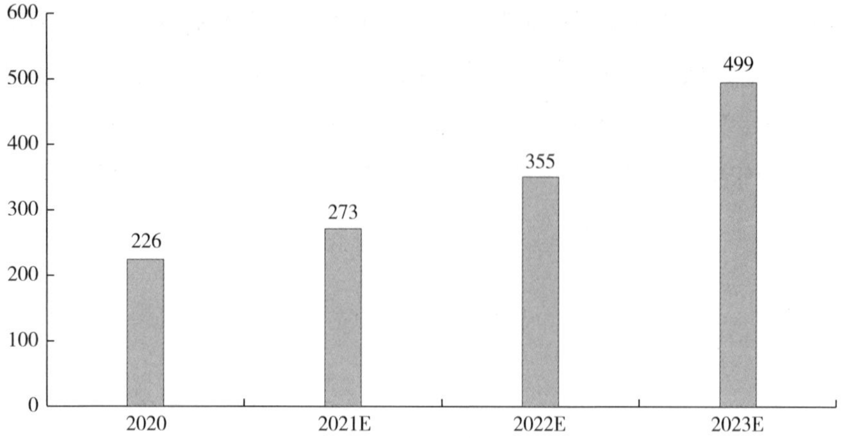

图2-86　欧洲BIPV市场预测：光伏发电（MV）

数据来源：光电建筑专委会，中国建筑设计研究院；中大咨询分析。

截至2021年底，我国既有建筑面积可安装光伏400吉瓦，每年竣工建筑面积可安装40吉瓦，潜在市场空间达千亿元，BIPV是我国双碳目标之下的大势所趋。

应用“光储直柔”建筑新型供配电，有效缓解“双高”难题

对于供给端而言，运用“光储直柔”建筑新型供配电技术，提高建筑终端电气化水平，可帮助解决建筑领域资源消耗大、排放高的问题。“光储直柔”指在建筑领域应用太阳能光伏、分布式储能、直流配电和柔性交互四项技术。《2030年前碳达峰行动方案》中提出，要建设集光伏发电、储能、直流配电、柔性用电于一体的“光储直柔”建筑；到2025年，城镇建筑可再生能源替代率达到8%，新建公共机构建筑、新建厂房屋顶光伏覆盖率力争达到50%。

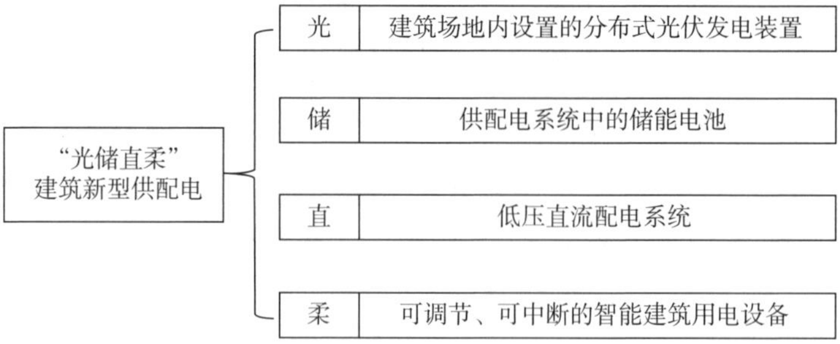

图2-87　“光储直柔”建筑新型供配电技术

资料来源：《建筑电气化及其驱动的城市能源转型路径报告摘要》，公开资料整理；中大咨询分析。

建筑新型供配电技术与建筑传统供配电系统相比优势突出。“光储直柔”建筑新型供配电系统，一方面是源、储、荷的布局从分离到融合，另一方面是终端建筑的用电需求也将从原来的刚性需求（用户用多少、电网供多少）转变为柔性需求（可中断、可调节）。与常规光伏建筑相比，光伏直流建筑具备电能利用率高、节能优势明显、设备投资少、投资回收期短等优势。建筑应用直流配电，也具有改善系统性能、提高电源品质和安全性等显著优势。

国内ICT行业领军企业华为公司已经开始运用“光储直柔”建筑新型供配电技术以推动绿色低碳发展。正在建设的“光储直柔”近零碳园区是华为探索低碳化的最新实践。此前华为已经在东莞华为南方工厂、华为各地研究所等屋顶广场，建造了总容量19.5兆瓦的分布式智能光伏电站，每年可发电1900万度，减少9000吨二氧化碳排放量。“光储直柔”将会是其自建及助力客户建设低碳园区时采用的主要技术路线。从华为的经验来看，“光储直柔”也是未来建筑领域借助新能源脱碳的重要方式之一。

运营管理：推动建筑运行电气化、智能化，打造超低能耗建筑

实行用能全面电气化，降低建筑运行碳排放

建筑全面电气化是双碳进程的关键环节，通过革新节能技术和使用节能电器，在热水、供暖、炊事等方面全面实行电力替代。从终端能源消费来看，“十三五”以来，我国建筑部门电气化发展水平迅速提升，截至2019年，建筑电气化率（电力消费占一次能源需求的百分数）达到44.1%，电气化发展潜力巨大。根据《中国建筑节能年度发展研究报告2020》，要实现我国建筑业的碳中和，建筑电气化对建筑业实现碳中和贡献占比达到30%，是建筑业实现碳中和必不可少的路径之一。

生活热水电能替代。目前全国制备生活热水大约造成全年二氧化碳排放0.8亿吨，用电热水器替代燃气热水器，是未来低碳发展的必然趋势。对于居住建筑和公共建筑的集中式生活热水系统，由于热损失大，采用分散式电热水器能够有效实现节能；对于公共建筑的生活热水系统，将其从蒸汽供热系统中独立出来，采用高效电热泵作为替代热源，具有显著的节能效益。

供暖电能替代。供暖方面趋向于推广空气能热泵，构建新型低碳供热体

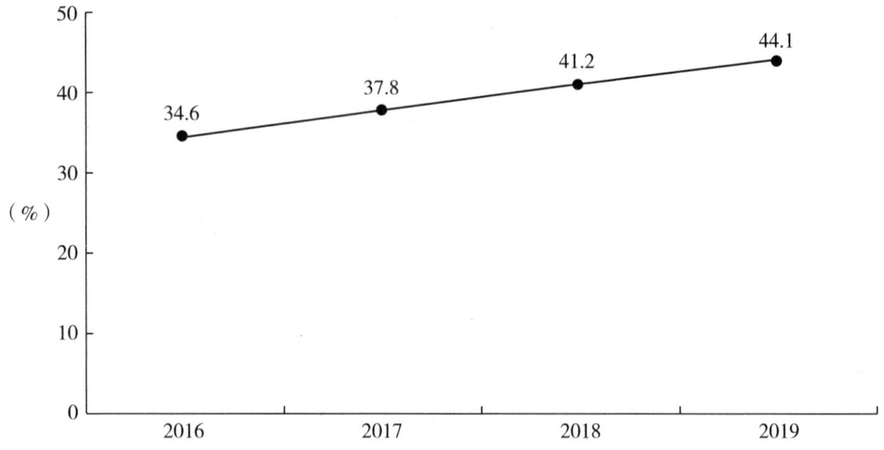

图2-88　2016-2019年建筑部门电气化率

数据来源：中国电力企业联合会，公开资料整理；中大咨询分析。

系。利用高效电热泵作为替代热源，采用空气能热水器实现节能和经济效益。空气源热泵供暖可以获得不低于燃气壁挂炉的室内舒适性，而运行费、初投资均不高于燃气系统。

炊事电能替代。目前我国由于炊事排放的二氧化碳约为每年2亿吨，约占全国二氧化碳排放总量的2%，实现炊事电气化是炊事实现零碳的可行途径，通过电炊具的不断创新和电气化，如推进智能变频电气灶等全电气化炉灶技术的创新以实现电能替代和减少碳排放。

发展被动式超低能耗建筑，采用高性能材料促进节能

鼓励被动式超低能耗建筑发展，通过优化建筑整体布局、采用高性能外窗和墙体以及提升建筑的整体气密性等性能化设计帮助建筑降低运行能耗。被动式超低能耗绿色建筑是集高舒适度、低能耗于一体的高效节能建筑，从源头降低建筑能耗，从而降低商业建筑全生命周期碳排放：通过优化建筑围护结构，最大限度提高建筑的保温、隔热和气密性能；通过新风系统的高效冷（热）量回收利用，显著降低商业建筑主动采暖、制冷需求；通过有效利用自然采光，降低对主动照明的需求。

被动式超低能耗建筑能大幅度降低对外界能源的需求，有明显的节能减排效益，各级政府对被动式低能耗建筑的认可度越来越高，截止到2020年8月已经颁布115项被动式建筑鼓励政策，同时政策的针对性及可实施性也逐年增强。被动式超低能耗建筑有效促进中国加速完成双碳目标，同时也带动了建材产业低碳升级。

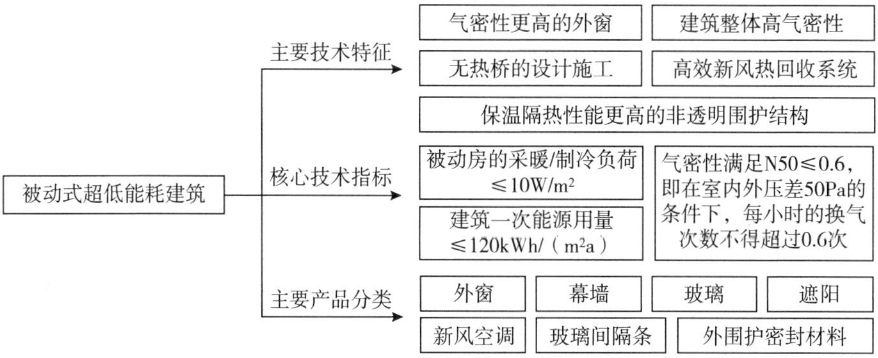

图2-89　被动式超低能耗建筑的主要技术

资料来源：亿欧智库；中大咨询分析。

推动建筑向智能化转型，以高效节能形式降碳

建筑的运营管理层面，建筑楼宇智能化转型是节能提效的重要手段，通过打造自动化的节能系统达到降碳效果。目前，美国与日本建筑智能化占新建建筑的比例已经分别超过70%和60%[①]，而中国建筑智能化市场起步较晚，现仍处于快速发展阶段。我国楼宇智能化行业市场规模几年来保持稳定的增长趋势，预计到2025年，我国智能楼宇市场容量将突破万亿规模。据测算，2020年建筑智能化在新建楼宇中的比例超过45%，有望在2030年达到70%[②]。在“十四五”规划期间，要求现有商业建筑节能标准不低于65%，建筑智能化是建筑节能改造过程中的关键环节。

建立楼宇自动化系统（BAS），打造智能型建筑楼宇。楼宇自动化系统分为五大系统，能够达到节能、舒适和高效的目标。楼宇自动化系统从仅仅指建筑物内暖通空调设备的自动化控制系统到已经涵盖建筑中的所有可控的机电设备，并成为智能化建筑不可或缺的基本环节。

① 亿欧智库.2021中国商业建筑碳中和实施路径研究报告［R］.2021.

② 前瞻产业研究院.2018-2023年中国楼宇智能化行业市场深度分析及投资战略研究报告［R］.2017.

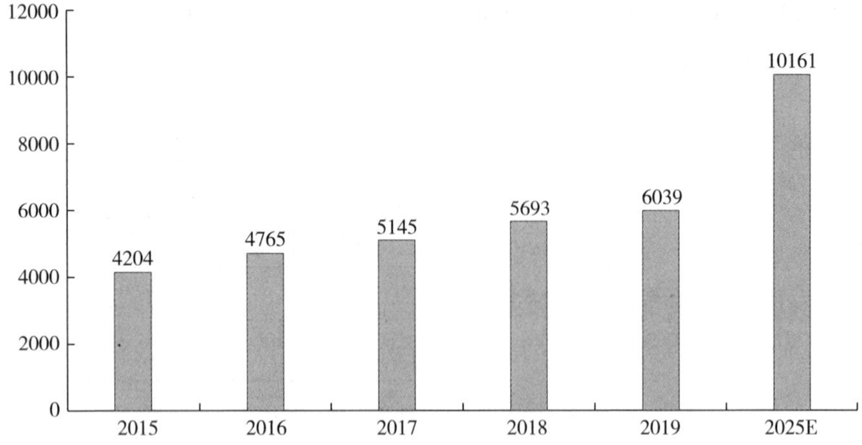

图2-90　2015-2019年我国楼宇智能化行业市场规模（亿元）

数据来源：前瞻产业研究院，公开资料整理；中大咨询分析。

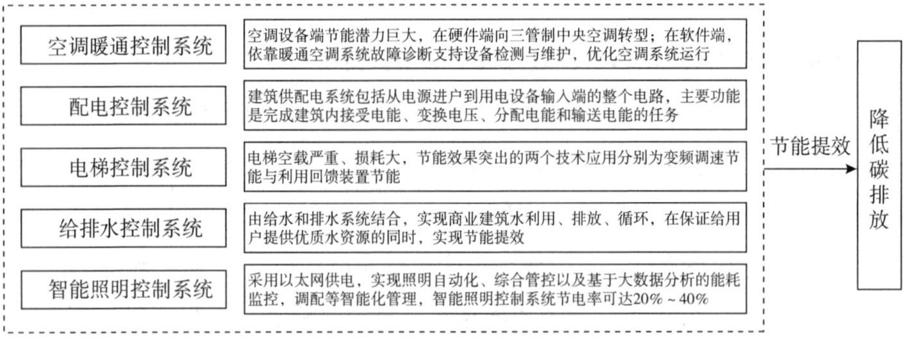

图2-91　建筑楼宇自动化五大系统

资料来源：亿欧智库，公开资料整理；中大咨询分析。

废旧拆除：采取资源化处理手段实现循环利用

建筑全生命周期的末端，需要对建筑废弃物进行资源化处理，力争资源节约和环境保护的双赢。资源化处理可以通过对再生材料的最大化应用减少额外需要的建材量，从而降低能源的消耗和碳排放，促进建筑领域碳中和。日本、美国和欧盟国家从20世纪90年代开始推动建筑垃圾回收利用的资源化处理，时至今日平均资源转化率已经高达90%。中国每年产生的建筑垃圾规模巨大，约为20亿吨，约占城市固废总量的40%，但目前仍以过程相对简单、成本低廉的填埋处理为主，资源化回收处理转化率较低。《“十四五”循环经济发展规划》要求，到2025年中国建筑垃圾的综合利用率需达到60%。中国的资源化回收处理能力亟待提升。

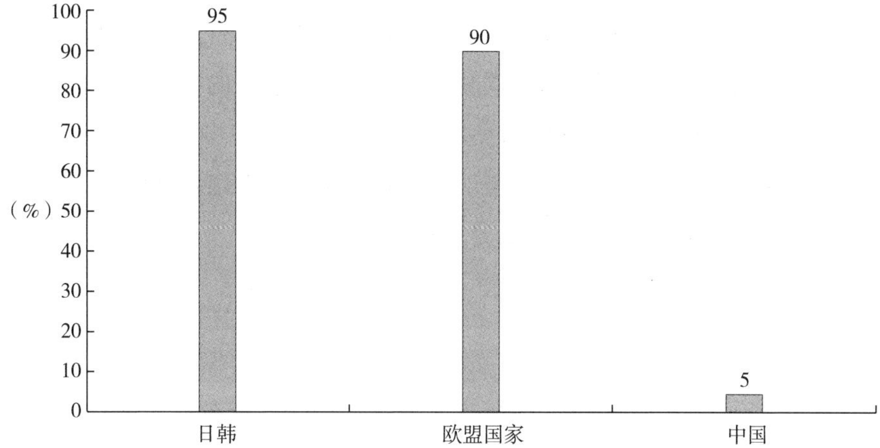

图2-92　世界各国垃圾资源转化率

数据来源：《2021中国商业建筑碳中和实施路径研究报告》；中大咨询分析。

中国建筑垃圾资源回收利用流程主要分为垃圾分类、回收处理、再生处理、资源化利用和产品应用等五个主要步骤。再生处理阶段将混凝土、砖和石等按照不同配比尺寸等做成再生骨料，后可制成再生砖、无机料等进行二次利用。

垃圾分类	渣土、碎石块、废砂浆、混凝土、沥青土、废金属料、木材
回收处理	将混凝土和水泥等废弃物进行破碎，筛分工作；将木材、钢筋和有机物质去除后，破碎砖渣类建筑垃圾并进行分拣、去除
再生处理	再生骨料：混凝土和砖等材料可按照颗粒大小分为再生粗骨料及细骨料；混凝土和砂浆可制备再生微粉
资源化利用	再生骨料可用于制作再生砖（地面砖，透水砖等）、再生砂浆、再生混凝土和路用无机料等
产品应用	应用场景：内墙装饰砖；植草混凝土；海绵城市构件

图2-93　建筑垃圾资源化回收处理流程

资料来源：亿欧智库，公开资料整理；中大咨询分析。

另外，对于上述措施未能完全消除的碳排放，需要通过碳捕集利用与封存（CCUS）技术和生态固碳等方式形成碳汇，推动建筑领域降碳。双碳目标下，大力发展CCUS技术是未来建筑领域减少碳排放、实现可持续发展的重要选择。例如，利用二氧化碳矿化养护混凝土，被永久固化到混凝土中的同时，缩短混凝土初凝时间、提高抗压强度以及减少水泥用量；在处置废弃物方面，也实现大幅度的碳减排以及固废的资源化利用。此外，打造立体绿化、开展绿化工程建设是建筑领域生态固碳和提升绿色发展水平的必经之路。力争实现“空闲位置皆有绿”，包括内部及外围绿化建设，进一步提升绿化率，增加建筑群绿化碳汇；考虑采用框架牵引式垂直绿化和水平绿化种植方式，达到改善空气质量、降低热岛、美化环境的效果。

第六节
园区：解码标杆园区绿色发展，探索园区碳中和公式

园区是产业发展的重要载体之一，也是城市发展的重要组成单元。园区作为一种涵盖了产业经营、建筑运营、生产生活的综合体，建设与运营过程也面临着控制能耗的巨大压力，是实现碳达峰碳中和目标关注的重点对象。下文分别选取生产制造型、物流仓储型、商务办公型的减碳标杆园区进行研究，分析不同类型园区的碳排放场景，总结园区绿色低碳发展的路径。

探索园区碳中和是双碳目标实现的必然要求

能源、工业、交通运输和建筑耗能是我国碳排放的主要来源。随着企业入园趋势的发展，这些行业内的企业愈发集中于园区，使园区成为经济活动的重要载体，承担着越来越密集的产业活动，园区碳排放呈现出持续增加的势头，园区绿色低碳发展并实现碳中和至关重要。我国自2013年启动低碳工业园区试点以来，持续出台文件推动园区绿色低碳发展，如《关于组织开展国家低碳工业园区试点工作的通知》《关于组织开展绿色产业示范基地建设的通知》《2030年前碳达峰行动方案》等，推动打造达到国际先进水平的节能低碳园区，以低碳示范园区为引领，发挥园区改革试验田作用，探索区域、城市实现双碳目标的路径。

园区的碳排放结构与全国碳排放结构类似，主要集中于能源、建筑、交通、生产等领域，因此，园区运营方需要从能源、建筑、交通、生产、碳管理体系等方面探索园区绿色低碳发展的路径。但是不同类型的园区碳排放主要来源不同，如生产制造型园区碳排放主要来源于能源与生产过程，物流仓

储型园区碳排放主要来源于建筑与交通，商务办公型园区碳排放主要来源于建筑、交通与运营，因此，三个类型的园区所采取的节能降碳举措存在区别。

多维度推进各类园区碳中和

生产制造型标杆园区碳中和主要途径

生产制造型园区以生产制造为主体，主要建筑多为车间、厂房等，是我国实施制造业强国战略、产业转型升级的主要空间载体。工业领域是我国双碳进程中的关键领域，工业制造也是我国碳排放的主要来源之一，公开数据显示，工业园区碳排放量占全国总排放量的约31%，其碳排放大多集中在能源消耗和生产制造环节。《关于完整准确全面贯彻新发展理念做好碳达峰碳中和工作的意见》明确提出，开展碳达峰试点园区建设，以提升资源产出率和循环利用率为目标，通过废物综合利用、能量梯级利用、水资源循环利用等措施，推动园区绿色低碳循环发展，有效降低碳排放强度。生产制造型园区通过低碳转型实现碳中和，既是园区高质量绿色发展的内在要求，又能在工业领域应对全球气候变化行动中发挥关键效能。

生产制造型园区重点碳排放场景

对于生产制造型园区而言，能源的消耗是最主要的碳排放来源，用能端主要包括生产过程、交通运输、建筑等高耗能领域。生产过程中的碳排放主要来自化石燃料燃烧和使用电力；交通运输领域的碳排放来自产品和原材料运输过程中汽油柴油等燃料的燃烧；建筑领域的碳排放主要包括园区内建筑因运行需要消耗能源而造成的碳排放。另外，在生产过程中，除上述提及的使用能源造成的碳排放，生产制造中的碳排放也来自工艺过程中发生的化学反应，如水泥生产过程中的石灰石分解、金属冶炼、合成气变换制氢等，此外还包含终端的废弃物排放。

典型案例：鄂尔多斯零碳产业园

在双碳目标的背景之下，中国北方资源型城市鄂尔多斯正在碳中和道路上“提速”前行。坐落在内蒙古自治区鄂尔多斯市伊金霍洛旗境内的零碳产业园为我国零碳工业转型提供了经验。

鄂尔多斯号称“塞外宝库”，拥有丰富的煤炭、风光、天然气、化工、建材等资源，是全国煤产量最大的地级市，为产业发展提供了基础。鄂尔多斯零碳产业园位于蒙苏经济开发区江苏产业园，以动力电池生产制造基地为核心，集成了可再生能源生产、动力电池与储能、电动重卡、电池材料、绿色制氢等上下游产业链，将风电、光伏、储能、碳管理、电力交易等软硬件结合，实现整个园区的零碳闭环，是生产制造产业园绿色高质量发展的样板。鄂尔多斯零碳产业园依靠丰富的可再生能源资源和智能电网系统加速能源转型，优化绿色能源供给，实现了高比例、低成本、充足的可再生能源生产与使用，将提高新能源装机总量、发展储能，实现新能源替代和碳排放管理作为碳中和实现路径。同时，以数字化基础设施为辅助推动零碳产业及电解铝、绿氢制钢、绿色化工等技术的发展和应用，构建以零碳能源为基础的零碳新工业体系。

1.充分利用可再生能源资源优势，优化绿色能源供给系统

保证绿色能源稳定供应是生产制造型园区实现低碳发展的先决条件。鄂尔多斯作为千万千瓦级大型风电基地之一，目前境内具有开发价值的风能资源总储量在5000万千瓦以上，光伏装机容量可达6000万千瓦以上，其资源禀赋为园区的工业生产提供先天优势，满足了园区用能巨大的需求。然而，由于可再生能源发电具有不稳定性，电力供应的波动性提高了园区的运营风险，需要通过智能电网“驯服”绿电，实现发电与负荷功率的实时动态平衡，以及全网资源分配的更优化与全网效益的更大化。

鄂尔多斯零碳产业园通过建立“风光储氢+智能电网”的绿色电力系统，构成了绿色、稳定、可靠的能源系统。产业园中80%的能源直接来自风电、光伏和储能等，另外20%的能源基于智能物联网的优化，将会通过“在电力生产过多时出售给电网，需要时从电网取回”的合作模式，实现100%的零碳能源供给，为生产制造提供有力基础。在智能电网的加持下，零碳产业园的生产用电将100%采用绿色电力，能够在保证电网安全的情况下最优化地促进可再生能源的消纳。

2.建立绿色工业制造体系，推进各产业协同脱碳

鄂尔多斯零碳产业园把可再生能源丰富的资源优势转化为产业优势，将

风光与动力电池、电动重卡、电动汽车结合，实现产业集约化发展，推动绿色工业革命，驱动产业园区工业制造向零碳转型。

动力电池作为园区的主要产业，可以应用于动力提供和储能。园区的动力电池制造基地规划总产能20吉瓦时，每年将为超过3万台电动重卡提供高安全性、高能量密度、高耐久性、高性价比的动力电池，还可为风光储应用提供超10吉瓦时储能电池，支持风光储氢等综合智慧能源示范项目。此外，在能耗总量较大的交通领域，零碳产业园引入了国内最大的电动重卡生产商一汽解放，联合创新“换电重卡”等多样化整体运输解决方案和新型服务模式，逐步告别柴油车运输，预计每年可减少3000万吨温室气体排放。

零碳产业园还带动了上下游产业的集聚，从动力电池、储能电池、电动重卡到上游的正负极材料、隔膜生产、电解液、储能、氢能等，汇集了较为完整的产业链，应对能碳双减的挑战。例如，园区发展绿电制氢产业，典型的应用是为煤化工脱碳，应用于绿氢制钢、绿氢煤化工、生物合成等下游产业，减少化工行业的煤炭消耗。

3.搭建“能碳双控”平台，实现零碳管理闭环

以数据可视化的方式进行能效分析，能更有效率地帮助产业园进行节能降碳管理。鄂尔多斯零碳产业园以“能碳双控”数字化平台为支撑，统一管理能源和碳排放相关数据，实现能耗和碳排放指标的可视化分析，对重要指标进行实时监测、及时预警和优化闭环。园区通过“能碳双控”管理平台获取和监控重点数据，结合能源的生产、使用和能效分析等，通过分析处理采集到的数据，加强企业能源信息化监控和设备节能精细化管理，提高能源系统化管理能力[①]。

物流仓储型标杆园区碳中和主要途径

物流仓储型园区包括了物流中心、配送中心、运输枢纽设施、运输组织及管理中心和物流信息中心，通过园区内各种功能中心链接起多种运输方式，将物流作业集中，被视为城市物流功能区。

① 全国信标委智慧城市标准工作组．零碳智慧园区2022白皮书［R］.2022.

物流仓储型园区碳排放主要来源

物流仓储型园区的碳排放主要来源于建筑与交通两方面。在建筑方面，物流仓储型园区以仓库、配送中心、办公楼为主，这些建筑运行时的制冷、制热、供电需求会带来大量的间接碳排放，同时供暖、制冷设备使用的制冷剂可能泄露成为温室气体。在交通方面，物流仓储型园区包含公路、铁路、水路、航空多种运输方式，其中公路的内燃机叉车与货车、水路的燃油船舶、铁路的内燃机车、航空的燃油飞机等方式在运输途中均会产生大量的碳排放，尤其是叉车与货车的使用范围涉及物流仓储的各个方面，成为物流仓储型园区交通碳排放的重要来源。

京东物流"亚洲一号"园区

京东物流于2017年发起"青流计划"，致力于实现旗下"亚洲一号"仓储物流园区的低碳环保、节能降耗发展，尤其是江苏宿迁和陕西西安的"亚洲一号"园区已经开始建设碳中和示范园区。"亚洲一号"园区主要从四个方面推动绿色发展，分别是使用低碳能源、建设零碳建筑、打造零碳交通、实现零碳运营。

1.发展新能源发电，保障园区绿色能源供应

"亚洲一号"物流园区的大部分电力结构均进行了调整，搭建分布式光伏发电系统、储能系统，并将可再生能源发电并网，实现发电充电一体化。"亚洲一号"的光伏发电系统已覆盖园区内包括仓内照明、自动分拣、自动打包、自动拣货等多场景作业的用电需求①。2020年，京东物流旗下所有的"亚洲一号"物流园区光伏发电量达253.8万千瓦时，减少碳排放约2000吨。2021年，京东物流园区的光伏发电装机总量将达到200兆瓦以上，年均发电量将超过1.6亿千瓦时。与此同时，"亚洲一号"还在建设分布式锂电池储能系统，解决用电高峰与发电高峰之间的错配问题，并形成"自发自用，余电上网"模式，将"亚洲一号"日间光伏发电的多余电量送至电网，夜间使用电网。

2.建设自动化仓库，助力园区建筑节能降碳

"亚洲一号"物流园区依靠数字化、物联网等创新技术建造自动化立体

① 京东.2018-2020年京东集团可持续发展报告[R].2021.

仓库，实现“黑灯”作业模式：借助京东智能控制平台，通过机器自动调货出货，并在传输任务完成后实现自动断电。全自动化转运在提升“亚洲一号”物流园区运输效率的同时节约了大量能源，实现了仓储物流园区建筑物的节能降碳。智能转运设备“黑灯”作业模式的降碳效率较高，平均1分钟能够帮助物流园区建筑省电2283度。大量的节能设计被用于“亚洲一号”园区中，实现了物流仓储园区的节能降碳[①]。

3. 更换新能源车辆并优化运输路线，打造园区零碳交通

在新能源运输工具方面，京东物流使用新能源车代替传统燃油车，使“亚洲一号”物流园区内部运输以及园区向外运输更加低碳，令园区交通走上“绿色之路”。目前，京东物流已总计布局使用新能源车约20000辆，相较于传统燃油车，使用新能源车每年可减少约40万吨二氧化碳排放[①]。为支持新能源车发展，京东物流建设及引入充电终端1600多个并引入了氢能源车，积极拓展新能源运输工具的使用，推动园区零碳交通的发展。

在优化运输路线方面，京东物流通过数字化技术采集园区内外部运输数据，对运输路径、仓储网络实时优化，减少在途车辆，提升返程车辆满载率，通过可视化导引降低园区内车辆排队等待时间。通过创新技术有效提升运配效率，降低能源损耗。

4. 采用绿色包装技术，促进园区运营降碳

包装环节是物流行业中的“高碳”环节，也是物流仓储园区碳排放的又一个来源。京东“亚洲一号”园区开发了简约包装、原发包装、B2B循环包装、无纸化作业、全链路智能包装系统等绿色包装技术，减少园区运营中的纸浆使用，实现“亚洲一号”物流仓储园区的节能降碳。

商务办公型标杆园区碳中和路径

商务办公型园区主要由中小企业及大型企业功能单元组成，园区形态以办公区、商务楼、商场、会展、文化中心等为主，目的是打造办公空间，提

---

① 京东物流．京东物流布局使用2万辆新能源车，年减碳量可达40万吨［EB/OL］.（2022-01-22）［2022-07-22］. https://www.jdl.cn/news/2016/content00553.

供商务办公类型的服务①。

商务办公型园区碳排放主要来源

商务办公型园区的碳排放同样主要来源于建筑、交通两方面。在建筑方面，商务办公型园区以办公楼、写字楼、商场、场馆为主，这些建筑运行中存在大量的制冷、制热、供电需求，要求商务办公型园区建造庞大的空调系统，消耗了大量的能源。在交通方面，商务办公型园区的碳排放基本来源于园区内的道路交通，人员通勤过程中的公交、出租车以及私家车用能用电产生了直接与间接的碳排放，货物收发同样带来了直接与间接的碳排放。

重庆AI CITY园区

重庆AI CITY园区内的企业涉及人工智能、工业互联网、新消费、金融等多个行业，但是园区内场景以办公为主，属于商务办公型园区。重庆AI CITY园区针对排放来源进行园区建设，主要通过低碳建筑、低碳交通、智慧运营等途径实现园区的节能降碳。

1.节能设计助力建筑全生命周期降碳

商务办公园区的建筑建设与建筑运营是其碳排放的主要来源。重庆AI CITY园区在园区建设之初就采用了节能设计，从建筑建设阶段到运营阶段均采用了节能手段以减少碳排放。在建设阶段，依靠数字技术对园区地貌的分析设计出了对园区地貌影响最小的建设方案，并使建设中的挖方填方保持平衡，减少建筑材料浪费，相比于常规建造减少了16.75%的碳排放。在建筑运营阶段，重庆AI CITY为了充分利用自然光，将建筑切割成为富有渗透性的结构，以此来改变建筑光热环境，通过提高综合受光率，降低照明、制热的需求，达到节能效果。同时，利用屋顶绿色植物、园区绿植对建筑进行绿化，减少园区制冷需求的同时增加碳汇，实现人文环境与自然环境的融合，减少了72.93%的建筑运营碳排放。

2.光伏发电支持新能源交通工具应用

重庆AI CITY园区部署了全园区的光伏发电系统。智慧杆塔、智能座椅、建筑屋顶等场景均铺设了光伏发电，充分利用园区闲置面积发展可再生能源

① 全国信标委智慧城市标准工作组．零碳智慧园区2022白皮书［R］.2022.

发电，构建起分布式光伏发电系统，实现园区电力自给。同时将充电桩与光伏发电系统进行并网，为园区内电动车的使用提供基础保障，支持员工选择电动车出行，降低园区内的交通碳排放。

3.智能系统推动园区运营低碳化

重庆AI CITY园区利用数字技术搭建了智慧化管理平台，对园区日常运营实施全面的实时监测与节能管理。园区应用楼控系统与智能传感器对暖通、空调、照明、通行与停车等进行整合，形成了可视化的实时数据，并利用数字技术生成智能判断、实时提醒、智能控制功能，降低了园区60%的能耗，实现园区低碳运营。同时，重庆AI CITY园区还对园区内企业进行能耗与碳排放监管，实时反馈能耗与碳排放情况，帮助企业实现碳排放管理，进而推动园区的低碳管理。

园区绿色低碳发展重点方向

低碳化供用能体系推动园区碳减排

供能与用能场景是园区碳排放的主要来源，也是当前零碳园区建设的重点。

在供能端，生产零碳电力与清洁能源是零碳园区建设的主要途径。在电力领域中，园区作为区域重点经济单元，需要因地制宜发展清洁能源替代，充分利用当地光伏、水力、风能等可再生能源，通过可再生能源发电、微电网、数字电网等技术，从“源网荷储”全链条提供零碳电力；在非电力能源中，各类园区未来可以建立天然气、氢能应用设施，利用天然气和氢能系统实现热电联产、区域电力调峰。可再生能源发电与清洁能源能够推进园区能源体系零碳化，从而助力园区碳中和。

在用能端，生产技术创新、节能设计与清洁能源替代技术三者并行，为零碳园区建设保驾护航。在生产领域，园区需要使企业引入工业能效提升技术、清洁生产技术、负碳技术，降低园区内企业生产过程的碳排放；在建筑领域，从建筑建设与运行两个流程推动零碳建设，利用低碳建筑材料、装配式建筑等技术降低建筑建设阶段碳排放，利用节能设计、电气化、智能控制系统等技术降低建筑运行阶段碳排放；在交通领域，园区可以优化交通运输结构，提高电动车、燃料电池车等新能源交通工具的渗透率以提高低碳运输工具比例，优化运输规划以提高园区运输效率。

数字化技术助力园区节能降碳

数字技术的发展使园区的管理更加精确，运营更有效率，能够优化园区能源、生产、交通、建筑、运营等各方面，实现园区的全环节节能降碳管理。在园区建设阶段，数字技术可以用来实现园区节能设计，如模拟区域地貌来设计园区节能建设方案、模拟并优化园区道路布局实现最优运输路线等举措。在园区的运行阶段，数字技术能够帮助园区运营者实现全流程的数字化管控，以监测设施为基础，以集成管理平台为核心，利用数据流将园区各方面的能耗、碳排放、产品产出数据汇总，以可视化的形式，输出园区各环节的工作效率、能耗强度、碳排放强度，形成相应的报告，使园区实现实时监测功能，帮助园区运营方分析园区运营问题，提升全流程运行效率。

第 三 章

降碳助手

碳汇、CCUS 与绿色金融

第一节
碳排放权交易市场：鉴他山之石，辨我国碳交易市场发展

2021年7月16日，备受关注的全国碳排放权交易市场正式开市，开辟了一个全新的要素市场，使“碳”成为有价值、可交易的资产类型。即便在开市之初就成为全球最大的碳市场，但我国碳市场的建设依然处于初期阶段，与发达国家之间仍存在一定差距，如欧盟碳交易体系自2005年就开始运行，近20年的运行经验使欧盟对掌握碳定价权具有极大的领先优势。碳市场作为当前我国最重要的市场化降碳方式，在双碳目标的实现过程中将扮演重要角色。未来我国需要借鉴发达国家碳市场建设经验，规避配额超发、交易机制不完善的问题，提升碳交易市场活跃程度，加速推进全国碳交易市场发展。

为什么要有碳交易

对于国家而言，节能降碳的推进需要大量的投融资，在一定程度上会给经济发展带来额外负担，使国家经济发展速度放缓，从而影响推动降碳的决心。与此同时，对于企业而言，应用降碳举措很有可能会使经营成本上升，导致企业缺乏节能降碳的动力。因此，我们需要应用某些工具来调动社会资源，推动节能降碳技术创新，提高降碳技术的应用。碳金融应运而生。

金融在经济社会中扮演着极为重要的角色，是国家核心竞争力的重要体现，在服务于实体经济的同时也能够对实体经济的发展起到引导作用。碳金融作为应对气候变化的重要金融工具之一，能够对限制温室气体排放

活动起到服务与引导的作用，是对环境规制等行政手段、财政补贴等经济调节手段的有效补充，能够促进社会可持续发展，是解决气候问题的重要抓手。

碳交易是什么

温室气体的过量排放导致温室效应加剧，各国因此对温室气体的排放加以控制，碳金融应运而生。碳金融是与限制温室气体排放活动相关的金融活动，其定义可以分为狭义与广义。狭义上的碳金融是指与碳排放权交易相关的金融活动，市场主要包括碳排放权交易以及由碳排放权衍生而来的碳金融衍生品交易和碳资管业务，主要部分是碳金融市场中的碳排放权交易市场。广义上的碳金融主要指绿色金融。①考虑到碳交易是碳金融最主要的组成部分，本文所探讨的碳金融为狭义碳金融，即碳交易。

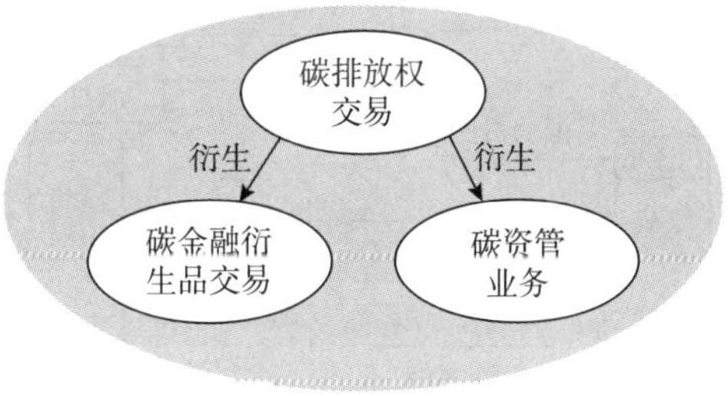

图 3-1　碳金融市场组成

资料来源：中大咨询分析。

碳排放控制下，二氧化碳排放权被确定为稀缺资源，可以视作产权的一种，具备使用价值和商品属性，能够在市场上开展交易。基于二氧化碳排放权稀缺、可交易、有价值的产权属性，碳排放权交易制度得到确立。在碳排放权交易中，交易标的为碳排放配额、碳抵消量及两者相关衍生品，各参与方在碳排放权交易市场上开展交易。

① 中大咨询．碳金融研究专题（一）| 碳金融内涵辨析与狭义碳金融市场发展现状［EB/OL］.（2021-10-08）［2022-07-22］. https://mp.weixin.qq.com/s/FUMdkH05AFJiOZ4wy4Vpyw.

碳究竟怎么交易

微观碳市场按照是否具有强制履约性，可分为自愿性减排市场和强制性减排市场。两者在总量控制与交易机制下互为补充，均服务于市场化碳减排机制。

强制性减排市场指碳排放权交易市场，交易标的为主管部门分配给控排企业的碳配额。该市场对企业碳排放量进行约束，鼓励减排企业利用富余碳配额获取收益，同时约束超排企业购买碳配额与CCER来达到碳排放总量管理。

自愿性减排市场主要指基于碳抵消项目的碳信用市场。项目开发公司通过开发、认证并备案符合方法学的碳抵消项目，获取碳减排量（CCER）以出售给超排企业，对强制性减排市场形成有效补充。

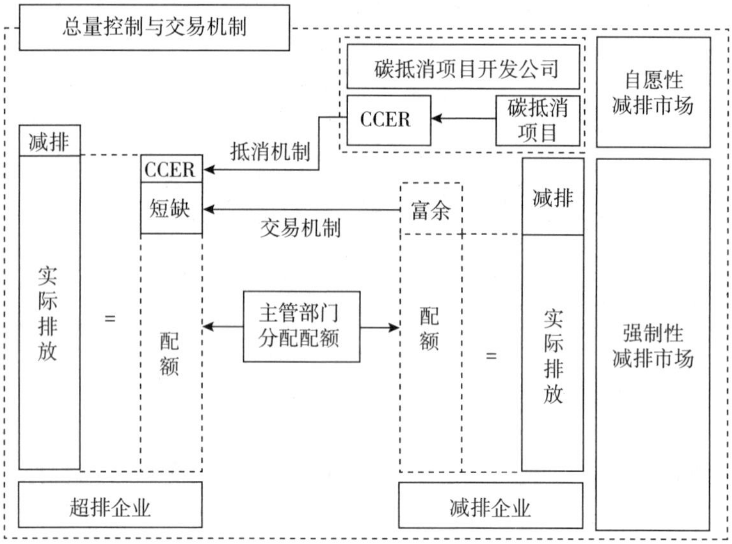

图3-2 碳交易基本逻辑

资料来源：《全国碳排放权交易管理办法（试行）》，国泰君安《碳交易市场的运行机制与推进节奏猜想》；中大咨询分析。

对强制性减排市场进一步分解，我国碳市场交易以三大系统为基础，由五大主体参与，形成具有六个子流程的交易体系。其中，五大参与主体分别为国家主管部门、省级主管部门、交易主体、交易所、核查机构。三大系统分别为注册登记系统、交易系统和核查系统，注册登记系统的运行主体为湖北碳排放权交易中心，负责全国碳排放权注册、登记与结算；交易系统的运行主体为上海环境能源交易所，负责规范全国碳排放权交易活动；核查系统的运行主体为省级生态环境主管部门，负责采集并审定碳排放核查报告。

依托于三大系统，企业在一个履约周期内通过注册登记→配额发放→配额交易→排放核查→配额再交易→履约结转注销等六个流程，形成一整个碳排放权交易周期。

第一步，注册登记：国家主管部门（生态环境部）制定碳交易及相关管理规则，根据各省提交的碳排放核查报告确定控排单位名单，之后要求名单上的控排企业按相关规定在注册登记系统中进行注册登记。

第二步，配额发放：国家主管部门根据各省核查情况，为各省发放碳排放配额。先将配额分配至各省主管部门（省生态环境厅），省主管部门再将配额分配至各企业账户。

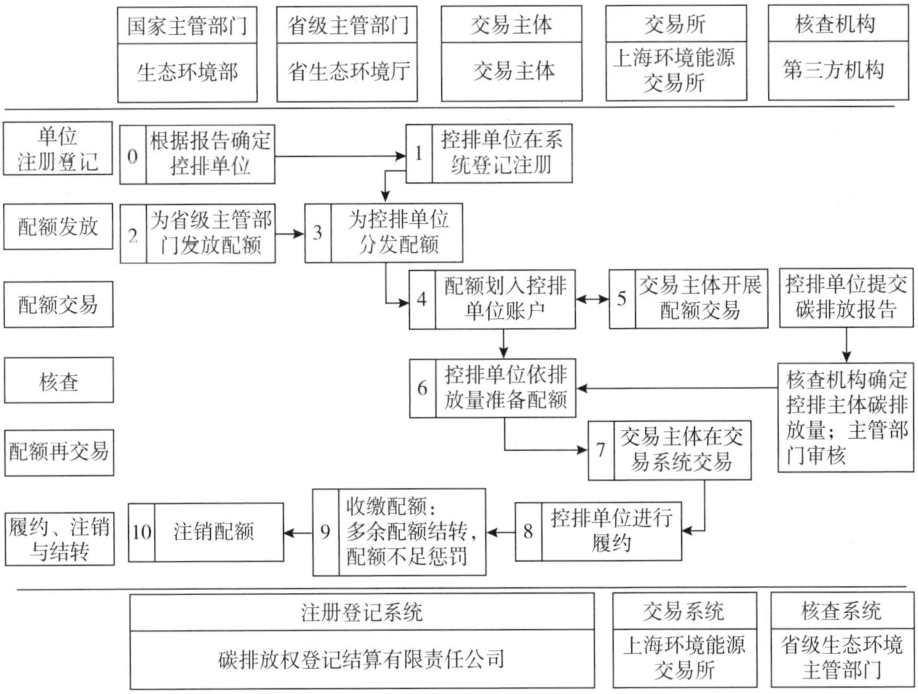

图3-3　全国碳市场交易流程

资料来源：《全国碳排放权交易管理办法（试行）》，天津碳排放权交易所：天津试点碳交易基本流程；中大咨询分析。

第三步，配额交易：控排单位获得配额后，可以将配额放到交易系统中买卖，同时交易至履约期末后需要提交碳排放报告。

第四步，核查：第三方核查机构在核查系统中核查控排单位提交的碳排放报告，确定控排单位的碳排放量，并将核查报告提交至主管部门审核，把结果反馈给控排单位，要求控排单位根据碳排放量准备碳排放配额。

第五步，配额再交易：控排单位根据核查结果在交易系统中再次交易，以获取满足履约要求的碳排放配额。

第六步，履约结转注销：控排单位根据核查报告在注册登记系统中履约，提交足额碳排放配额；省级主管部门收缴配额，结转多余配额，并对配额不足的企业进行惩罚，之后国家主管部门在系统中将配额统一注销。

碳交易如何实现减排

当环境问题越来越突出，利用碳排放权交易这一市场化机制解决碳排放的负外部性问题成为重要的碳减排机制。碳金融减排机制的理论基础包括外部性理论和产权理论。

根据外部性理论，公共环境资源具有非排他性、非竞争性、强制性以及不可分割性[①]。非排他性容易产生经济主体“搭便车”现象，获取了利益却避开为此付费，即经济主体产生额外碳排放却未承担相应的成本；非竞争性容易引发经济主体为了经济效益过度消耗公共环境资源，破坏公共环境，即经济主体倾向于为获取经济效益而产生大量碳排放；强制性与不可分割性指的是社会所有成员共同享有公共资源，并且共同承担任何影响公共环境行为的后果，即社会整体共同承担碳排放产生的气候变化。当经济主体为了经济效益最大化而产生大量的碳排放时，会导致气候变化，增加整个社会的成本，损害社会所有成员的利益。因此，碳排放具有负外部性。碳金融推动节能降碳，就是解决碳排放负外部性问题的过程。

① 郑杰峰．欧盟二氧化碳减排政策研究及其对我国的启示［D］．青岛：中国石油大学，2011．

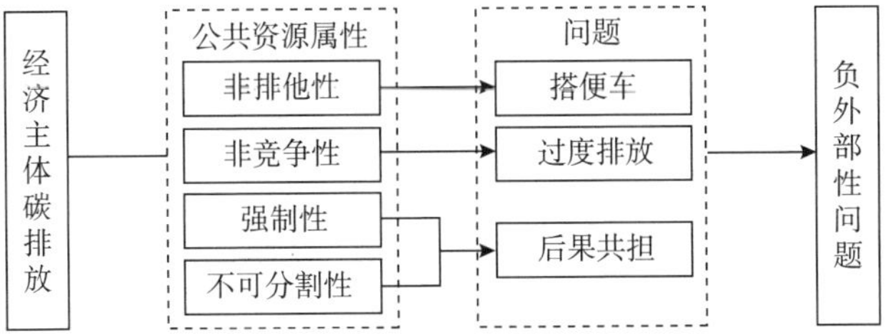

图3-4　碳排放的负外部性问题

资料来源：公开资料；中大咨询分析。

根据产权理论，所有权是经济活动的基础，交易并不仅仅是物质上的商品买卖交换，更深层次的是物品所有权的买卖交换，体现了所有权在经济个体之间的转移。由于一些公共环境资源是有限的，可以被视为稀缺资源，其使用权就具有被划分为产权的基础。在将环境公共资源产权私有化后，公共资源使用权就具有了可交易性，这样做能够将外部性成本内部化，是解决负外部性的重要途径。对碳排放而言，在1.5℃温升目标的要求以及公共环境容量有限的条件下，碳排放存在预算限额，政府对温室气体排放量实施限制，将碳排放权配额变成存在供给与需求的稀缺资源，开始交易碳排放权，并衍生出碳期货、碳期权等产品。在实际交易中，政府将设定的减排指标转化为碳排放配额分配给各级主体，各级主体能够根据自身碳排放情况，将碳排放配额在市场上进行流通交易，使经济主体碳排放产生的外部成本转移至碳排放主体内部，促使其采取措施减少碳排放。因此，碳排放权被视为一种特殊的产权，它能够在碳排放交易市场上进行交易，从而实现碳排放外部成本的内部化，解决其负外部性问题，最终达到碳减排的目的。

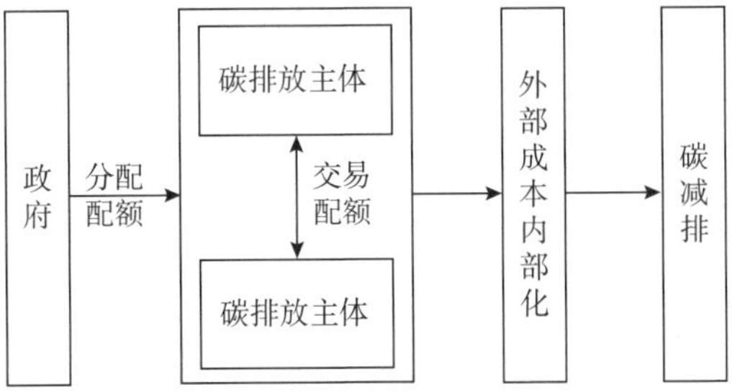

图3-5　碳金融减排机制

资料来源：公开资料；中大咨询分析。

碳交易的作用

（1）控制碳排放总量

碳排放权交易制度作为控碳机制被提出，形成了对碳排放总量的控制。政府主管部门依据碳排放核查结果来统计全省、全国碳排放总量，以自下而上的碳排放总量统计设定每个履约周期的碳排放总量上限，由此赋予碳排放权以稀缺性，使其成为产权，具备了交易流通的属性。主管部门将碳排放上限进行分解，给予每家控排单位相应的碳排放配额，实现自上而下的碳排放总量控制。

（2）市场化手段实现降碳

依托于碳排放权的产权属性，政府主管部门建立了碳排放交易市场，为碳排放配额交易流通提供场所，从而形成市场化交易的机制，让碳配额能够在不同类型的企业之间交易。对于碳排放较高、减排成本高的企业，碳排放配额可能存在短缺问题，就需要在市场上购入碳配额，使其成本增加，从而约束其尽快应用降碳技术；对于降碳成本低、配额富余的企业而言，多余的碳排放配额卖出后可以为企业带来额外利润，激励企业更进一步降碳。

全球碳交易市场概览

全球碳金融市场起源于《京都协议书》确立的三种碳交易减排机制——国际排放贸易（IET）、联合履约（JI）和清洁发展机制（CDM），自此碳排放权具有了可交易性，碳金融市场逐步建立。目前全球约有25个碳金融市场在运行，碳配额覆盖了全球约17%的碳排放，其中欧盟、美国和韩国的碳金融市场发展相对成熟，具有一定借鉴意义[①]。

欧盟碳排放交易体系

欧盟碳交易体系是目前最成熟的交易体系，其设立目的是利用市场化的手段推动企业碳减排，助力欧盟达成阶段性的减排目标。那么，欧盟碳交易

---

① ICAP. Emissions Trading Worldwide: Status Report 2022[R]. 2022.

体系到底发展到何种程度？其具体参与主体与交易场所是什么？

欧盟碳交易产品结构及发展历程

欧盟碳交易体系自2005年开始运行，发展至今，产品结构丰富，包含了现货与期货、期权等金融衍生品。具体而言，现货包括欧洲碳排放配额（European Union Allowances，EUAs）、欧洲航空碳排放配额（European Union Aviation Allowances，EUAAs）、核证减排量（Certified Emission Reductions，CERs）、减排单位（Emission Reduction Units，ERUs）。金融衍生品主要有基于EUA的欧洲碳排放配额期货、欧洲碳排放配额期权，基于EUAA的欧洲航空碳排放配额期货，基于CER的核证减排量期货。

欧盟碳排放交易体系（EU-ETS）是全球相对成熟与活跃的碳交易市场，自2005年开始交易至今，欧盟碳排放交易体系涵盖的范围减少了约43%的排放量[①]，目前覆盖了约39%的欧盟碳排放。欧盟碳排放交易体系经历了试验探索阶段（2005–2007年）、体系建设阶段（2008–2012年）、改革完善阶段（2013–2020年），目前已经进入常态发展阶段（2021–2030年）。

在丰富的碳排放交易产品中，EUA现货和EUA期货是最主要的交易产品，EUA现货作为基本履约单位是碳市场运行的基础，EUA期货作为金融衍生品具有重要的价格发现与风险对冲功能。两者的价格与成交量代表了欧盟碳交易市场的繁荣程度，其走势也是欧盟碳市场发展变化的重要体现。CER是碳排放配额的重要补充产品，与EUA不同，其依据碳抵消机制产生价值。在碳抵消机制下，一份CER等于1吨的碳减排量，被置于碳交易市场上进行交易。

接下来通过分析EUA和CER的走势，回顾EU-ETS十七年的发展历程。

1.从EUA变化看欧盟碳排放交易体系发展

欧盟EUA与EUA期货均从2005年4月开始交易，至2021年12月31日累积成交量已分别达到600亿吨和871亿吨二氧化碳当量，是欧盟碳交易市场中两个极为重要的交易品种。

① European Commission. Report on the functioning of the European carbon market[R]. 2021.

（1）第一交易期

EUA现货与期货的价格走势基本一致，交易量的变化存在一定区别。

在价格方面，EUA现货及期货的价格经历了先上升后下降的过山车变化，从最初的16.85欧元/吨上涨至40欧元/吨后，逐渐下降至将近0欧元，欧盟碳交易几近失效。其原因主要在于碳排放配额供给过剩与配额不能跨期转存。第一，由于欧盟将决定碳排放配额总量的权利赋予各成员国，各个成员国各自设置碳排放总量控制目标，欧盟无法形成有效的配额总量管理，导致早期碳排放配额超发，产生了供给过剩的局面，碳价一度跌至接近0欧元；第二，第一阶段的配额在交易期末无法结转至第二阶段使用，当控排企业持有的配额满足第一阶段的清缴工作后，其交易意愿将会下降，没有连续性的交易导致EUA及期货的价格大幅下跌。在这一交易期的结尾阶段，欧盟碳排放权交易这一市场化机制几近失效，过剩的配额无法对控排企业形成有效的限制，控排企业采取措施参与碳减排的内生动力不足。

在交易量方面，第一交易期前半程中，EUA现货与期货的交易量变化基本保持一致，在2006年4月20日前后产生了一定幅度的上涨，原因主要是欧盟每年的4月30日为配额清缴日，市场交易者有较高的交易需求。之后EUA现货与期货的交易量变化产生了较大的区别，由于碳排放配额供给过剩与配额不能跨期转存，EUA现货的交易量一直处于低谷；同时碳市场的完善和稳定运行提高了交易者对后续交易期的交易意愿，因此EUA期货的交易量持续上涨。

（2）第二交易期

到了第二交易期，欧盟对碳交易的规则进行了一定的调整，包括提升配额拍卖比例至10%、排放范围扩展至欧盟以外的国家、严格限制成员国碳排放总量、提高超额排放成本、允许配额结转至第三交易期使用。这些举措对提高碳价、促进碳排放权交易起到了积极作用，但是仍存在配额超发的问题，而且CER等碳减排抵消产品的使用使控排企业的减排压力进一步减小。在两方面因素的叠加作用下，欧盟EUA现货与期货的价格仍较低，但是较第一阶段已经开始逐步改善，市场化的减排机制发挥了一定作用。

这一交易期内的两次大幅下跌，原因分别是2008年的全球经济危机，以及2011年的《能效计划》和欧债危机。金融危机与欧债危机导致市场整体受到影响，EUA现货期货同时下跌；《能效计划》则导致控排企业纷纷采取节能减排措施，在碳排放减少的预期下，控排企业对碳配额的需求减少，导致EUA现货期货的价格与交易量同时下降。

（3）第三交易期

考虑到前两阶段产生的问题，欧盟委员会在第三阶段对碳排放交易体系进行了深度改革，改善了配额供给过剩的情况，使欧盟碳价平稳发展并在后半段不断提升。在总量设定方面，欧盟委员会建立了统一的配额总量限制制度来代替“国家分配计划”，将配额设定的权力进行集中以便于欧盟管理，同时规定每年的配额总量减少1.74%，更重要的是设立了市场稳定储备机制（MSR）来应对配额供给过剩的问题。在配额分配方面，欧盟扩大了拍卖分配的比例，要求逐渐以拍卖的形式来取代免费分配，逐步提高企业成本以推动控排企业采取减排措施。在抵消机制方面，欧盟修改了相应的条件，要求用于碳抵消的项目来源于极度不发达国家。多重措施从碳交易的各方面共同发力解决欧盟碳排放配额过剩的问题，并在第三交易期的后半段开始取得一定

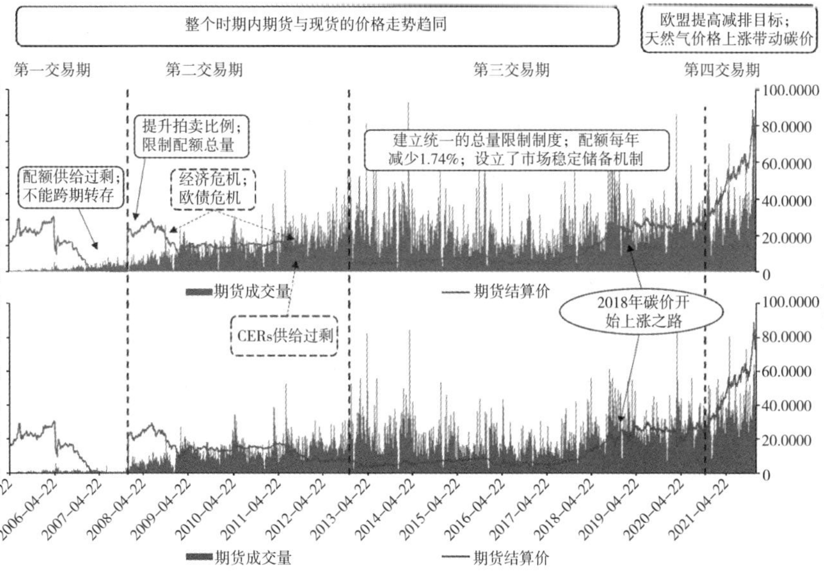

图3-6　2005年4月至2021年EUA现货与期货成交量与结算价

数据来源：Wind；中大咨询分析。

的成效。EUA现货与期货价格在第三交易期前半段维持在10欧元左右，后半段开始走高，控排企业的碳排放成本逐步提高，交易量也逐步攀升，市场化机制的减排作用愈发明显。

（4）第四交易期

进入第四交易期后，欧盟实施了更加严格的碳排放控制，要求每年配额总量减少2.2%，且不能再使用CDM下的减排信用进行碳抵消。在愈发严峻的碳排放管制与新冠疫情肆虐的双重影响下，EUA现货与期货的价格持续提高，交易量也有一定提升，导致控排企业的减排成本不断上升。

2.从CER期货变化看欧盟碳抵消机制发展

欧盟碳排放交易体系在建立之初未采用抵消信用的衍生品，在后续交易中才进行了相应的补充，允许与CERs和ERUs挂钩的碳金融衍生品上市交易，碳抵消产品的交易结构逐步完善，碳抵消机制也愈发成熟。

（1）第二交易期

欧盟在第二交易期出台了碳抵消机制，欧盟控排企业能够使用CDM与JI机制产生的国际信用额度抵消碳排放，但是对不同的控排主体规定了有区别的上限，如在第二阶段就被纳入至碳交易中的企业抵消上限为11%，新进入的企业抵消上限为4.5%，以此来提高新纳入企业的减排速度，推动欧盟实现碳减排目标。在实际交易中，为了保证碳抵消机制平稳执行，欧盟要求符合规定的CER和ERU必须转化成EUA才可以进行碳抵消。

第二交易期内CER期货的价格波动与EUA期货相似。这一时期内，国际碳减排项目开始立项申请，并且签发的项目量呈增长趋势，控排企业开始大量购买碳减排项目以抵消自身的碳配额，促使CER期货的价格在2008年上半年持续上涨。之后由于全球经济危机的影响，欧盟碳价大幅下跌，CER期货价格也随之走低；随着欧盟经济的缓慢复苏，碳价又产生了一定的上涨，并在一定范围内浮动。直到2011年欧盟颁布了新能效计划，强制要求企业采取节能减排措施，企业对碳配额的需求下降，降低了市场对碳价的预期，碳价随之下降，CER的需求也随之降低，价格呈现出下降趋势。

（2）第三交易期

由于市场上国际减排项目大幅增加导致CER供给过多，市场对CER期货价格的预期开始降低。欧盟还对CER抵消额度、CER项目类型进行了严格的限制，导致CER的需求进一步降低。欧盟CER市场就此一蹶不振，后期几乎停止交易。

（3）第四交易期

欧盟委员会进一步完善了碳抵消机制，以此强化欧盟自身碳减排项目的建设，加速推进碳减排。欧盟委员会要求使用巴黎协定下的新国际减排机制进行碳抵消，并停止使用CDM与JI机制产生的国际信用额度，不再使用CER等现有的国际减排信用来进行欧盟碳排放交易体系的碳抵消，导致CER市场交易陷入停滞状态[①]。

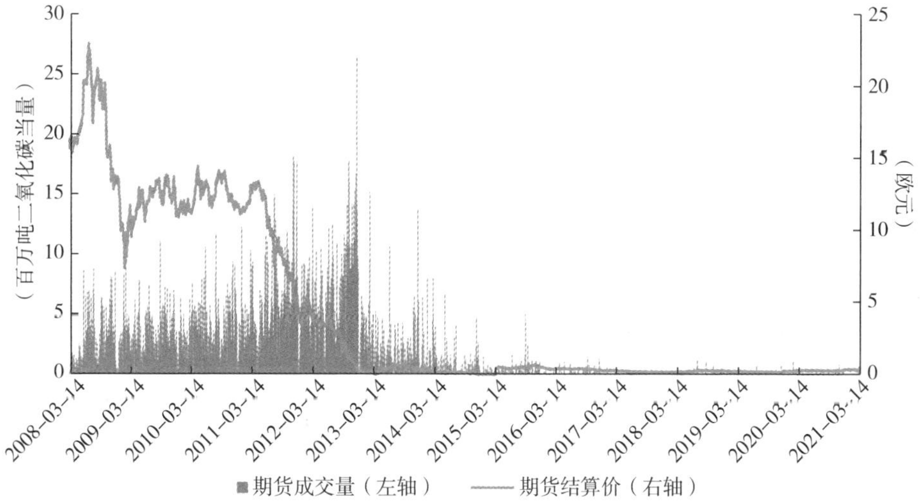

图3-7　2008年至2021年3月22日CER期货成交量与结算价

数据来源：Wind；中大咨询分析。

欧盟碳排放交易体系在试错中不断完善，目前分配方式以配额拍卖为主，余下的按基线法设定免费分配额度，还拓展了行业范围，使欧盟碳金融市场更好地发挥碳减排作用。在起初的试验探索与体系建设阶段，欧盟的配额确定机制、分配方式、交易机制均不够完善，在实际运行中产生了配额超发、

① European Commission. Use of international credits[EB/OL]. [2022-07-22]. https://ec.europa.eu/clima/eu-action/eu-emissions-trading-system-eu-ets/use-international-credits_en.

成员国认定标准不统一的问题，导致欧盟碳排放权交易市场运行不畅，难以发挥其应有的碳减排作用。随后欧盟开始对碳排放权交易体系实施改革，第一，以国家履行措施替代国家碳排放配额分配计划，取消“自下而上”提交审核的过程，由欧盟将排放配额分配至成员国政府，再由成员国政府向辖区内履约企业分配配额，增强欧盟对整体碳排放配额的控制；第二，逐步提高配额拍卖分配比例，降低免费分配比例，使碳排放交易更加市场化；第三，对免费分配的模式从“祖父法”改为“基线法”。与此同时，欧盟碳排放交易体系不断将新的行业纳入监控交易范围，例如2012年将航空业纳入交易范围，还将涵盖的温室气体范围拓展，使N_2O和PFC的排放受到监管。欧盟碳排放交易体系的发展呈现出监管趋严、行业拓宽、温室气体种类扩展、设定年度减排比例的特征，给我国碳排放交易体系的发展提供了借鉴。

	发展情况	经验启示
第一阶段：实验探索 2005–2007	➢ 由成员国自下而上提出碳排放控制目标 ➢ 涵盖电厂、炼油、钢铁、水泥等行业 ➢ 启动碳期货与期权交易 ➢ 惩罚措施为每吨40欧元	➢ 确定碳排放的权力在成员国手中，欧盟无法严控碳配额供给，导致配额超发
第二阶段：体系建设 2008–2012	➢ 引入拍卖机制（配额的10%）、增加核查流程，允许配额结转，设立市场稳定基金 ➢ 增加N_2O ➢ 新增航空业 ➢ 惩罚措施为每吨100欧元	➢ 拍卖机制逐步引导价格更加合理 ➢ 核查流程引导配额分配更加合理 ➢ 回购或抛售行为引导市场理性交易 ➢ 扩展碳排放核算范围
第三阶段：改革完善 2013–2020	➢ 制定统一排放上限，每年减少1.74% ➢ 以拍卖取代免费分配，且将免费分配的方式更改为“基线法” ➢ 增加PCF	➢ 改革后的配额分配方式更加合理，减轻配额供给超标的问题，同时推进节能减排与提高生产效率结合
第四阶段：常态发展 2021–2030	➢ 排放上限每年减少2.2% ➢ 引入市场稳定储备机制	➢ 加大减排力度，加速推进企业减排 ➢ 利用市场机制对碳金融市场的稳定性进行调控

图3–8　欧盟碳排放交易体系发展历程

资料来源：公开资料；中大咨询分析。

欧盟碳交易体系的四个参与主体

碳排放交易体系的参与主体按照职能可以划分为管理机构、核查机构、服务机构、交易者[①]。管理机构主要指各国政府下负责碳交易的部门，负责

① 程炜博. 碳金融市场参与主体和交易客体及其影响因素分析［D］. 吉林：吉林大学，2015.

制定交易法规、设计流程、组织交易活动；核查机构主要为碳排放核查机构；服务机构主要有中介机构、咨询机构、金融机构，为其他参与主体提供技术支持、评估、资金支持等服务；交易者主要为配额出让方（配额盈余企业或投资者）与配额受让方（配额缺乏企业或投资者）。其中，企业能够深度参与的主要角色为服务机构与交易者。欧盟碳排放交易体系作为目前最成熟的市场，管理机构、核查机构、服务机构、交易者在市场上均表现活跃。

（1）管理机构

欧盟碳排放交易体系的管理机构主要有欧盟委员会、各成员国政府、洲际交易所、欧洲能源交易所。欧盟委员会负责制定碳交易相关的法律法规，为碳交易体系提供底层法规支持，系统设计碳交易流程。各成员国政府负责对成员国内的碳排放进行核算，制定控排企业名单，参与配额分配等。洲际交易所和欧洲环境交易所负责碳交易市场的交易，包括一级市场和二级市场的搭建、为交易主体提供交易服务等。

（2）核查机构

欧盟碳交易体系中的核查机构有很多，相关的管理体系也较为完善。SG集团、法国国际检验集团、德国莱茵TUV集团就是其中几例，这些公司在碳交易体系中主要负责对温室气体排放、温室气体减排项目提供审核查证服务。

（3）服务机构

欧盟碳交易体系中的服务机构包括清算服务机构、技术服务机构、金融服务机构。主要清算机构有洲际交易所、欧洲环境交易所，负责对现货交易和期货交易进行清算，交割买卖双方的EUA。技术服务机构为参与碳交易的企业提供减碳技术咨询、交易咨询、战略咨询、管理咨询等服务。金融服务机构主要是提供碳金融服务，包括绿色贷款、碳交易咨询等。

（4）交易者

在欧盟碳排放交易体系的运行过程里，企业作为交易者主要参与配额分配（配额拍卖形成的一级市场）和配额交易（EUA、CER及相关金融衍生品形成的二级市场）两个环节，欧盟委员会对不同环节参与者的要求有所区别。对于一级市场，参与者有控排企业、经授权的投资公司与信贷机构、成员国内控制控排企业的公共机构或国有企业；对于二级市场，欧盟委员会规定有两者可以参与交易，其一为欧盟内人员，其二为符合规定的其他国家人员，意味着欧盟碳交易体系的二级市场允许控排企业、金融机构、非控排企业以及个人参加碳排放交易。欧盟相对宽松的市场参与条件极大地丰富了市场交易主体，使碳排放交易的活跃程度不断提高。在EUA及其金融衍生品表现出金融属性的背景下，成熟金融机构的参与使EUA及衍生品的定价更加合理，碳交易市场的有效性得到提升。

表3-1　欧盟碳排放交易体系一级与二级市场交易主体类型

	一级市场	二级市场
交易者类型	控排企业；投资公司；信贷机构；公共机构或国有企业	欧盟内人员； 符合规定的其他国家人员
交易者活动	参与拍卖	参与EUA及相关金融衍生品的交易

资料来源：公开资料；中大咨询分析。

欧盟碳交易体系的两个交易场所

目前欧盟碳交易体系的交易场所主要是洲际交易所（ICE）和欧洲能源交易所（EEX），两个交易所的功能基本一致。早期欧洲碳交易场所主要有欧洲能源交易所、欧洲气候交易所（ECX）、BlueNext交易所、北欧电力交易所（Nord Pool），经历多年发展后，欧洲气候交易所、欧洲环境交易所由于各种原因已经不再进行EUA等碳配额的交易，最后形成了洲际交易所和欧洲能源交易所并行的格局。

（1）ICE

ICE在2010年将ECX的业务并入自身，形成了欧洲最大的能源期货交易所。其服务范围包括衍生品交易、场外交易、清算服务、数据服务，目前在碳交易方面的产品主要包括一级市场的碳排放配额拍卖，二级市场的EUA、EUAA期货等相关金融衍生品。此外，ICE还提供北美洲地区的碳交易服务，如加州碳配额、美国区域减排计划碳配额以及碳配额相关的金融衍生品。

（2）EEX

EEX成立于2002年，由莱比锡能源交易所和法兰克福欧洲能源交易所合并而成，目前是欧洲核心能源交易所之一。其服务范围与ICE类似，但是较ICE多了现货交易，因此EEX的交易产品包括一级市场的碳排放配额拍卖，二级市场的EUA和EUAA现货、EUA和EUAA期货等金融衍生品，其中现货交易为主。此外，EEX还与北京绿色交易所、广州碳排放权交易所、上海环境能源交易所达成了战略合作伙伴关系，标志着欧盟与我国共同探索碳排放权交易市场的建设。

在交易流程方面，两个交易所均为开立账户、产品交易、交易清算。两个交易所均实行会员制，要求参与碳交易的主体开立账户，并每年提交会员费。一些大型企业，如BP、壳牌等企业很早就取得了交易所的会员资格；一些体量相对较小、企业内部碳管理制度不完善的企业为了降低成本，通过银行和经纪人以“订单传递”的方式参与到碳交易中，自己不作为会员来参与交易，避免了提交会员费。在交易清算中，ICE和ECC（EEX的清算机构）将作为中央清算机构进行服务，一方面将卖方的配额划转至自身账户，另一方面将等量配额划转至买方账户，降低了交易主体面临的风险。

虽然两个交易所的产品结构和交易流程较为一致，但还是存在一定区别。在一级市场上，ICE主要对英国碳配额进行拍卖，EEX对欧盟碳排放配额、德国碳排放配额、波兰碳排放配额进行拍卖。在二级市场上，ICE主要开展EUA期货等金融衍生品的交易，EEX则是EUA现货、期货均有交易，但是以现货为主。

美国碳排放交易体系

美国目前并未形成全国性的碳排放交易市场，主要由各州市政府牵头组成了区域性的碳交易市场，其中较为重要的是芝加哥气候交易所（Chicago Climate Exchange，CCX）、加州碳市场（California’s Cap-and-Trade Program，CCTP）、区域温室气体倡议（Regional Greenhouse Gas Initiative，RGGI）。美国各个碳交易市场既有共性也存在区别，它们共同构成了美国的碳排放交易体系。

芝加哥气候交易所

芝加哥气候交易所于2003年开始正式交易，将CO_2、CH_4、N_2O、HFC_S、PFC_S、SF_6等六项温室气体纳入涵盖范围，是全球第一家允许会员自愿参与温室气体减排交易的碳交易市场，其减排的实现依靠企业自愿参与碳减排的行为和交易所对企业减排目标的强制约束性。同时，芝加哥气候交易所也是全球第一家具有期货性质的碳交易平台。芝加哥气候交易所在2011年停止了交易活动，但是它为美国乃至全球碳排放交易市场的建设提供了借鉴经验，奠定了基础。

在交易过程方面，芝加哥气候交易所要求企业在交易所注册成为会员，并根据企业自身情况提交具体的减排计划，做出自愿的减排承诺，同时交易所赋予该承诺以强制约束力。如果公司实际减排量高于减排计划，那么可以在市场上卖出获利或进行结转；若公司实际减排量低于减排计划，就需要在市场上购买碳金融工具合约（Carbon Financial Instrument，CFI，芝加哥气候交易所的商品形式）来实现其减排承诺。

在交易方式设计中，主要分为配额交易与补偿交易[①]。配额交易指的是芝加哥气候交易所确定好会员企业的减排目标后，会员企业可以视自身碳减排情况来进行碳排放额度的交易，从而满足其减排承诺。具体而言，芝加哥气候交易所通过基线法制定会员企业2003–2006年（每年减排1%）、2007–2010年两阶段（老会员减排0.25%，新会员减排1.5%）的减排计划，设定了每年的减排额度，当企业产生超额碳减排时就能够将多余的碳排放配额卖出，若企业碳减排量低于规定的碳减排量就需要从市场上购买碳排放配额。补偿交易指的是会员企业可以通过参与具有公益性质的碳补偿计划获取额外的碳减排量，但是首先要在交易所进行登记，并提供合规证明文件，之后就可以到市场上交易。芝加哥交易所虽然已停止了CFI的交易，但是仍保留了补偿交易带来的排放抵消项目，从2003年起已经产生了超8000万吨碳排放抵消信用额。

在实际运行中，芝加哥气候交易所共执行了两个碳减排阶段，取得了一定的减排效果，但也暴露出自愿参与交易的模式容易导致减排效果不理想、交易参与度低的缺陷。芝加哥气候交易所刚开始创立时有包括美国电力公司、杜邦、福特、摩托罗拉等在内的13家公司作为创始会员。其将会员企

---

① 刘晓凤. 美国区域性碳市场：发展、运行与启示［J］. 江苏师范大学学报（哲学社会科学版），2017，43（3）：137–143.

业在1998年至2001年间的平均年碳排放量作为基准线，要求第一个承诺期（2003–2006年）内企业较基准线每年减排1%以上，并且到2006年较基准线减排4%以上，还要求第二个承诺期（2007–2010年）内老会员企业每年至少减排0.25%，新会员企业每年至少减排1.5%，从而达到所有会员企业2010年的碳排放量较基准线减排6%以上。两阶段的减排工作共产生了7亿吨的碳减排量，取得了一定成就。但是自愿参与减排的模式导致市场参与主体少、交易不活跃、供需不平衡，碳价大幅波动，导致芝加哥气候交易所难以与其他碳交易市场对接，市场主体参与交易的积极性被进一步打击，形成恶性循环。

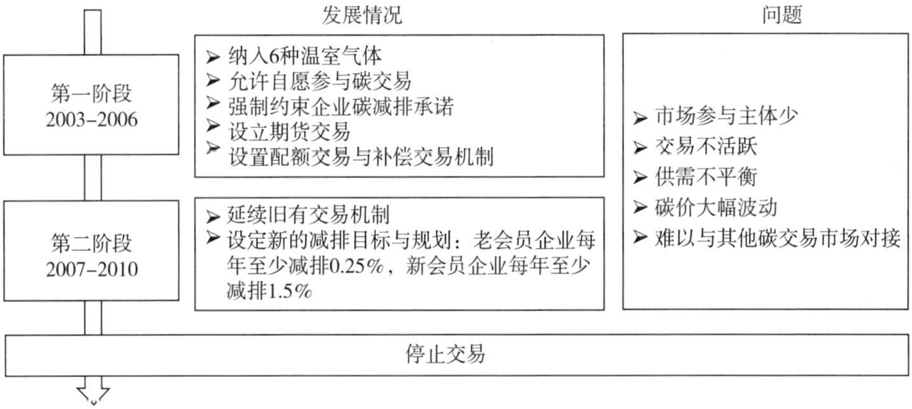

图3–9　芝加哥气候交易所发展历程

资料来源：公开资料；中大咨询分析。

加州碳市场

美国部分州政府积极推动应对气候变化相关立法，加利福尼亚州在2006年通过了《2006年加州全球变暖解决方案法案》（Assembly Bill No. 32，AB32），提出要建立市场机制来推动全州范围的减排[①]。随后在2007年，加州与亚利桑那州等五个州共同签订了西部气候倡议，以帮助各州制定和协作实施温室气体排放交易计划。在此背景下，加州碳市场应运而生。

① California Legislature. AB-32 Air pollution: greenhouse gases: California Global Warming Solutions Act of 2006[Z]. 2006.

加州对环保极为重视，其碳市场设立之后取得了一定的成效，未来在相关碳减排法案的推动下，碳市场将进一步趋严，并驱动加州达成碳中和。加州首先于2012年在西部气候倡议的框架下制定了总量控制与交易体系，命名为加利福尼亚州总量控制与交易计划，加州碳市场于2013年开始正式实施交易。自2012年起，加利福尼亚州的碳排放由4.51亿吨二氧化碳下降到4.18亿吨二氧化碳，降幅约为7.3%，已经达到了AB32中关于加州碳排放于2020年前降低至1990年水平的要求。按照各项法案要求，加州将于2030年前将碳排放在1990年水平的基础上降低40%（2016年的Senate Bill 32对温室气体减排提出的新要求），并于2045年实现碳中和（2018年行政命令B–55–18做出的新要求）。面对着越发严格的碳减排趋势，加州碳市场的总量控制也越发严格，在各个履约期内表现出碳配额加速减少的趋势，从第一阶段的1.9%到第二阶段的3.1%，再到第三阶段的3.3%，第四阶段更是要求实现每年4%的减少速率。

加州碳市场的配额分配方式与欧盟碳交易体系的现行分配方式类似，均通过免费分配与配额拍卖来分配碳排放配额。在碳排放配额免费发放模式中，加州碳市场对不同行业做出有针对性的安排，结合市场发展情况灵活调整，以帮助碳减排成本高、绿色转型困难的行业实现平稳过渡。例如，针对存在碳泄漏风险的工业设施、公共服务设施、垃圾转化能源设施等，加州碳市场提供碳减排过渡援助，分阶段减少碳排放配额的免费发放比例，但是对于其他行业则按照规定采取免费拍卖配额逐年减少的机制。加州碳市场全部配额中约有58%的配额通过拍卖来发放，在配额拍卖模式中，较为特殊的是其双重拍卖机制。具体而言，加州碳市场为所有的公用事业分配免费配额，但是这些配额不能用于履约，只能用于在拍卖市场中销售，24个月后仍未出售的配额将被纳入储备中，用于之后出售以调整碳价。这种灵活的配额分配方式帮助加州碳市场维持碳价稳定，保障市场参与者活跃，最终达成碳减排的目的。

加州碳市场进入第四阶段之后，不断完善碳抵消机制，对碳抵消机制做出了新的要求。在2021–2025年使用碳抵消项目抵消碳排放配额的最高比例上限从8%下降为4%，在2026年之后提高至6%，还要求无法对加州产生直接碳减排效果的碳抵消项目只能使项目一半的减排量用于配额抵消。同时，对碳抵消项目的类型做出规定，要求碳抵消项目为以下几种：美国森林项目、城市森林项目、牲畜项目（甲烷管理）、消耗臭氧物质项目、矿井甲烷捕获项目、水稻种植项目。此外，还确立了买方责任原则，若抵消项目存在重复计算、超额发行或监管不符合规定的情况，会被认定为不符合抵消协议，该项目将失效。使用失效抵消项目的企业，需要使用有效的抵消项目来代替之前的项目。

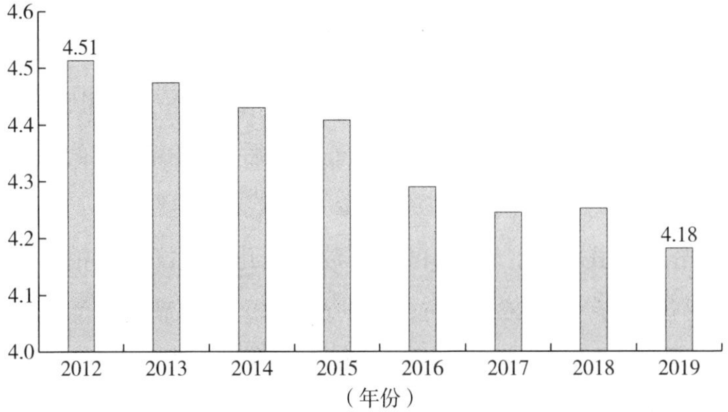

图3-10 2012-2019年加州碳排放（单位：亿吨二氧化碳）

数据来源：California Air Resources Board；中大咨询分析。

<table>
<tr><th></th><th colspan="4">发展概况</th></tr>
<tr><th></th><th>期初配额（亿吨CO_2e）</th><th>配额减少速率</th><th>行业范围</th><th>配额分配方式</th></tr>
<tr><td>第一阶段 2013-2014</td><td>162.8</td><td>1.9%</td><td>➢电力、工业、电力进口、化石燃料燃烧固定装置、其他超过阈值的排放源</td><td rowspan="4">➢免费分配+拍卖</td></tr>
<tr><td>第二阶段 2015-2017</td><td>394.5</td><td>3.1%</td><td>➢较上一阶段增加天然气、汽油、柴油、液化石油气供应商（超过一定阈值），全部电力进口商</td></tr>
<tr><td>第三阶段 2018-2020</td><td>358.3</td><td>3.3%</td><td rowspan="2">无变化</td></tr>
<tr><td>第四阶段 2021-2023</td><td>321.1</td><td>4%</td></tr>
</table>

图3-11 加州碳市场发展历程

资料来源：公开资料，ICAP；中大咨询分析。

区域温室气体倡议

美国区域温室气体倡议（Regional Greenhouse Gas Initiative，RGGI）由纽约州、康涅狄格州和缅因州等九个州①共同签订，是美国第一个强制性的碳排放交易体系，于2009年开始运行，目前已有十一个州参与。RGGI不同于加州碳市场，其目前仅将电力行业纳入交易范围，覆盖了装机容量在25兆瓦以上、化石燃料消耗占比在50%以上的电厂，这使RGGI的全部配额能够覆盖各州约10%的碳排放（2017年）。

RGGI至2022年已经经历了四个交易周期，目前正处于第五个交易周期。各阶段的配额上限逐年递减，产生了一定的碳减排效果，在2015–2018年期间，RGGI配额总量每年下降2.5%，在进入第五阶段后，RGGI要求配额总量每年下降3%②，以此来实现2030年比2020年减少30%碳排放的目标。

在配额分配方式方面，RGGI的碳排放配额几乎全部依靠拍卖来分配。拍卖每季度进行一次，且RGGI为了丰富市场主体、提高碳交易活跃度，规定企业、个人、机构均可以参与配额竞拍，但是单一主体最高可以购买四分之一的单次拍卖配额总量。以拍卖为主的分配方式提高了RGGI下企业的减排积极性，有助于提高电力行业碳减排效果，还可以增加政府的财政收入。与此同时，RGGI规定拍卖所得将返回各州政府，并要求将拍卖所得收入用于投资碳减排项目，如提高能效、开发利用可再生能源、直接能源援助以及其他温室气体减排项目，帮助各州推动实现碳减排。

RGGI还设立了储备机制，以调控市场碳价，维护碳交易市场的有效性。RGGI在实际交易中设立了成本控制机制（Cost Containment Reserve，CCR）和排放控制机制（Emissions Containment Reserve，ECR），以两种机制来调节碳价，保证碳交易市场有效运转并持续发挥碳减排功能。具体而言，CCR机制下，RGGI将会在碳排放配额价格超过预定水平（2021年设定为13美元，此后每年

---

① 九个州分别为康涅狄格州、特拉华州、缅因州、马萨诸塞州、新罕布什尔州、新泽西州、纽约州、罗得岛州和佛蒙特州，马里兰州于2007年加入后，共十个州于2009年参与第一个履约期。新泽西州2012年退出RGGI，于2020年重新参与。弗吉尼亚州2021年加入RGGI，宾夕法尼亚州将在2022年加入。

② 上海环境能源交易所．全国碳市场每年成交数据20210716–20211231［EB/OL］.（2021–12–31）［2022–07–22］. https://www.cneeex.com/c/2021-12-31/491811.shtml.

将上涨7%）后，把储存的配额放到二级市场上进行流通交易，以此降低控排企业的成本；ECR机制下，RGGI将会在碳排放配额价格低于预定水平（2021年设定为6美元，此后每年将上涨7%）后，在市场上收购配额进行储存。两者均设置了碳排放配额总量10%的上限，以避免政府操纵过多导致市场失效。

	发展概况			
	期初配额（亿吨CO_2e）	行业范围	参与州	配额分配方式
第一阶段 2009–2011	1.71	电力行业	康涅狄格州、特拉华州、缅因州、马萨诸塞州、马里兰州、新罕布什尔州、新泽西州、纽约州、罗得岛州和佛蒙特州（10个）	配额拍卖为主
第二阶段 2012–2014	1.50		在2012–2019年较上一期少了新泽西州，但是新泽西州在2020年重新加入RGGI	
第三阶段 2015–2017	0.80（2015） 0.78（2016） 0.77（2017）			
第四阶段 2018–2020	0.75（2018） 0.73（2019） 0.87（2020）			
第五阶段 2021–2023	1.09（2021）		相比上一期，将弗吉尼亚州（2021）和宾夕法尼亚州（2022）也纳入RGGI中	

图3–12　美国区域温室气体倡议发展历程

资料来源：公开资料，ICAP；中大咨询分析。

韩国碳排放交易体系

韩国于2009年12月29日通过了《低碳绿色增长框架法》，并于2010年4月颁布了对应的执行法令，强调政府要支持建立碳交易市场。随后，韩国于2011年出台了碳排放交易的设计方案，2012年出台碳交易相关立法，2015年韩国碳排放交易体系（K–ETS）开始正式交易。韩国碳交易体系能够覆盖全国约74%的碳排放，运行六年后在控制碳排放方面已经取得了一定的成就。2020年韩国的碳排放为5.70亿吨二氧化碳，相比2015年降低了0.11亿吨二氧化碳，降幅约2%。在2020年韩国政府承诺于2050年前实现净零排放的背景下，韩国碳排放交易体系被视为碳减排的重要途径，其在两个交易期内市场交易机制愈发完善，减排速度也逐步提升。

在配额总量控制方面，韩国碳交易体系根据实际情况灵活安排，设立配额储备机制以备分配新加入企业与稳定碳价，且在市场相对成熟后使配额总量逐年递减。在第一个交易期内，碳排放配额总量为17亿吨二氧化碳，其中包括1.02亿吨二氧化碳的预留储备配额，作为市场稳定储备、前期行动奖励以及新进入交易者的储备配额。由于第一期内韩国碳排放仍处于上涨阶段，其配额逐年递增，为企业适应碳交易、平稳过渡到碳减排阶段提供了帮助。在第二交易期内，由于将覆盖产业进行了扩充（2017年11月，符合条件的韩国航空公司被纳入碳市场①），碳排放配额总量较第一交易期更高，但是2018–2020年的年度碳排放配额逐年递减，推动了韩国的碳减排。目前韩国碳排放交易体系已经进入第三个交易期，行业由62个扩展至69个，监管企业也从589个扩展到685个，相应地，配额总量提升至30.82亿吨二氧化碳，同时保留有0.34亿吨二氧化碳的预留储备配额。

在配额分配方式方面，韩国碳交易体系呈现出拍卖占比逐渐提高的趋势。第一个交易期内，配额全部免费分配给企业。到了第二个交易期后，开始加入拍卖的方式分配配额，免费配额的比例降低至97%。具体而言，向碳泄漏风险高的行业免费发放配额，而对其他行业施行拍卖加免费分配的方式。第三个交易期内，拍卖获取配额的比例升高至10%，相应地免费配额的比例降低至90%。

在灵活履约方面，韩国碳交易体系设置了韩国碳抵消信用（KOCs），并且在第二个交易期与国际接轨，允许使用国际抵消信用来履约。在第一个交易期内，灵活履约机制仅允许使用符合国内与国际规定的KOCs和国内CDM信用（CERs），抵消上限为合规义务碳排放量的10%。在第二个交易期内，允许使用KOCs以及由韩国公司运营的国际CDM信用，抵消上限仍为10%，但是国际CDM信用最多抵消上限的5%。第三个交易期与第二个交易期类似，但是为了推动企业利用技术升级、应用新能源等方式实现碳减排，将抵消上限降低至5%。在实际抵消信用时，韩国碳市场与欧盟类似，需要先将碳抵消信用兑换为韩国核证减排量（KCUs）再履约。

---

① 潘晓滨．韩国碳排放交易制度实践综述［J］．资源节约与环保，2018，（6）：130-131．

	发展概况		
	期初配额（亿吨CO_2e）	行业范围	配额分配方式
第一期 2015–2017	5.40（2015） 5.61（2016） 5.86（2017）	➢电力、工业（钢铁、水泥、造纸等）、建筑、废弃物处理和交通等23个行业	➢免费分配
第二期 2018–2020	6.01（2019） 5.88（2019） 5.45（2020）	➢热力与电力、工业、建筑、交通、废弃物处理与公共行业下分出的62个子行业	➢免费分配+拍卖
第三期 2021–2025	30.82 （总量：配额+储备）	➢热力与电力、工业、建筑、交通、废弃物处理与公共行业下分出的69个子行业	

图3–13 韩国碳排放交易体系发展历程

资料来源：公开资料，ICAP；中大咨询分析。

国外碳交易市场的作用

碳金融市场作为实现碳中和的重要市场化机制，其有效运行对国家碳排放降低起到了推动作用。欧盟、美国以及韩国推行碳交易市场后，在能源结构优化、碳排放降低方面取得了一定的成效。欧盟碳排放交易体系自2005年开始运行，目前欧盟碳排放已从39.21亿吨二氧化碳降低至26.99亿吨二氧化碳，降幅约31.16%；2003年芝加哥气候交易所开始运行，之后RGGI和加州碳市场陆续开始交易，目前美国碳排放为42.86亿吨二氧化碳，较2003年减少了13.25亿吨二氧化碳，降幅约23.61%；韩国碳交易体系在2015年正式开始运行，运行期间2019年与2020年两年碳排放连续下降，取得了一定的碳减排效果。

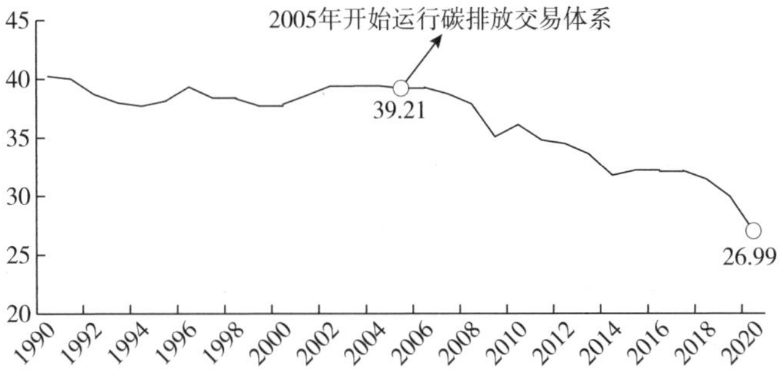

图3–14 1990–2020年欧盟碳排放量（亿吨二氧化碳）

数据来源：IEA；中大咨询分析。

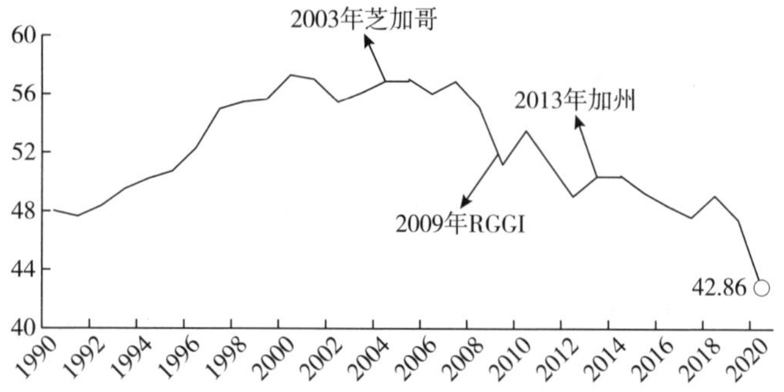

图3-15 1990—2020年美国碳排放量（亿吨二氧化碳）

数据来源：IEA；中大咨询分析。

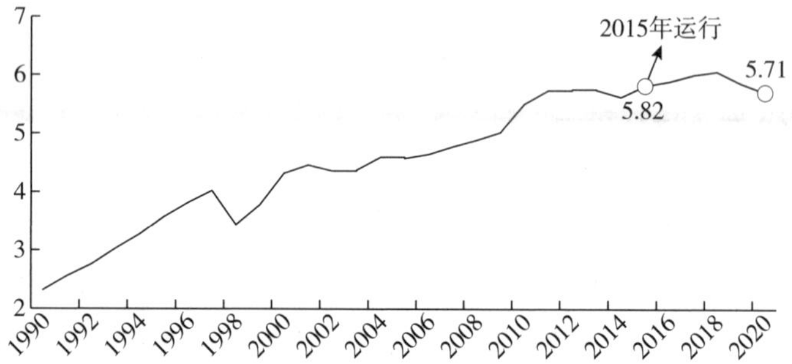

图3-16 1990—2020年韩国碳排放量（亿吨二氧化碳）

数据来源：IEA；中大咨询分析。

我国碳市场发展历程与未来趋势

我国碳市场发展历程与现状

我国碳市场发展历程

自“十二五”规划提出“逐步建立碳排放交易市场”后，我国陆续颁布了一系列政策来指导全国碳排放交易市场的发展。根据不同时期的特点，可以分为四个发展阶段：地方试点启动期、全国市场准备期、全国市场完善期、全国市场运行期。

1.地方试点启动期：2011—2013年

2011年10月，《关于开展碳排放权交易试点工作的通知》确立了七个省市碳排放权交易试点，深圳、北京、上海、广东、天津、湖北、重庆等七省市开始筹备建设试点碳排放权交易市场。2012年6月，《温室气体自愿减排交易管理暂行办法》鼓励基于项目的温室气体自愿减排交易，开始推动国内的自愿减排量交易市场，对碳排放权形成了有效补充，从吸收端推进降碳项目的开发。2013年开始，深圳、北京、上海、广东、天津陆续开市，地方试点碳交易市场正式启动。

2.全国市场准备期

2014年湖北与重庆两个试点碳市场正式启动交易，七个试点市场完全启动，为全国碳市场积累经验。同年12月，《碳排放权交易管理暂行办法》首次从国家层面明确了全国统一碳市场的总体框架。2016年1月，《关于切实做好全国碳排放权交易市场启动重点工作的通知》表示抓紧推进全国碳排放权交易市场建设。2017年12月，《全国碳排放权交易市场建设方案（发电行业）》发布，全国碳交易市场正式拉开帷幕。

3.全国市场完善期

在《全国碳排放权交易市场建设方案（发电行业）》发布后，全国碳市场开始筹备建设。2021年1月，《碳排放权交易管理办法（试行）》发布，用以指引全国碳排放权交易市场运行。

4.全国市场运行期

2021年7月，全国碳排放权交易市场上线交易正式启动，将发电行业纳入全国碳市场，开始正式交易。截至全国碳排放权交易市场第一个履约周期顺利结束，按履约量计，履约完成率为99.5%，取得了良好的控排效果。

我国碳市场发展现状

从2013年试点碳交易开始后，碳交易量与交易额均保持快速增长趋势，特别是在全国碳排放权交易所成立并开始交易后，我国碳交易市场规模逐步扩张。截至2022年3月31日，8个试点碳排放交易所累计成交量约为3.9亿吨，成交额约为93亿元。全国碳排放交易所累计成交量约为1.9亿吨，成交额约为82亿元。

从成交量与成交额来看，广东占比最高，在试点碳市场中居于首位，交易活动最为活跃，是各试点碳市场里相对成熟的试点；全国碳市场自开市以

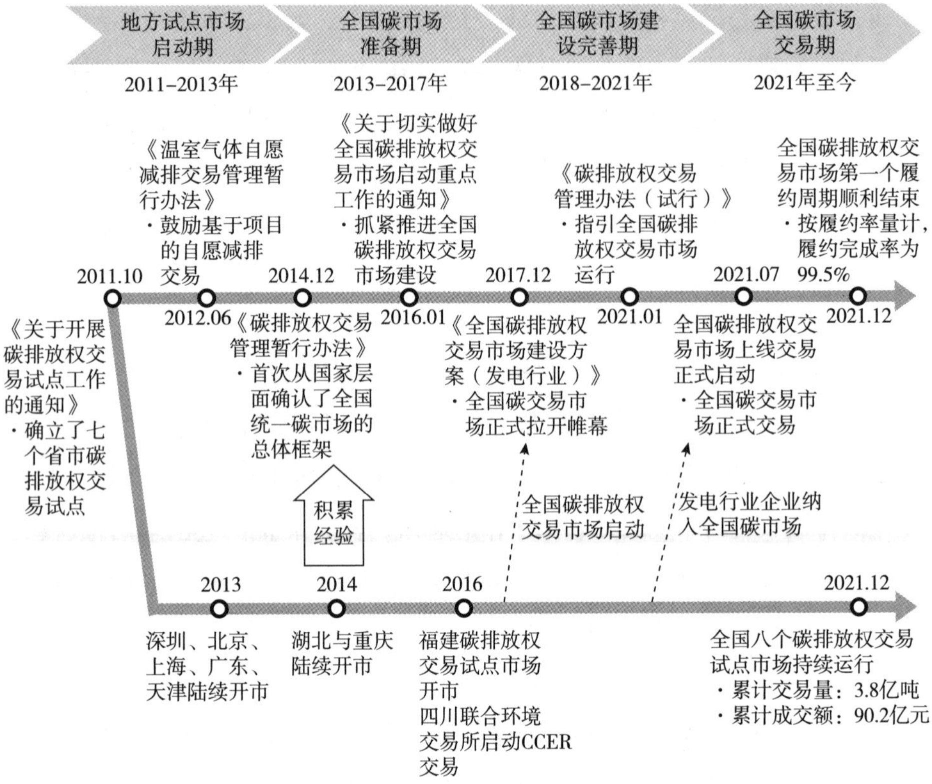

图 3–17　我国碳市场发展历程

资料来源：公开资料；中大咨询分析。

来已超越各试点碳市场。从成交均价来看，各试点碳市场相差较小，其中北京成交均价最高，市场内控排主体历史履约成本较高；全国碳市场均价约为43元/吨，高于大部分试点市场碳价的历史水平。

表3–2　截至2022年3月31日全国及试点碳市场累计交易情况

市场	成交量（亿吨）	成交额（亿元）	均价（元/吨）
全国碳市场	1.9	82.1	43
广东试点市场	1.8	38.9	22
湖北试点市场	0.8	18.6	24
深圳试点市场	0.5	12.0	24
北京试点市场	0.2	10.5	63

续表

市场	成交量（亿吨）	成交额（亿元）	均价（元/吨）
上海试点市场	0.2	5.6	31
天津试点市场	0.2	4.1	22
福建试点市场	0.1	2.5	31
重庆试点市场	0.1	0.8	8

数据来源：Wind；中大咨询分析。

虽然我国碳交易市场规模不断扩大，已取得了一定的建设成效，但是相较于欧盟、美国和韩国等更为成熟的碳交易市场，我国碳交易市场在交易制度、涵盖行业范围、交易产品类型等方面仍存在较大的改善空间。与此同时，在国际碳交易蓬勃发展的背景下，我国需要有序建立国际接轨机制，更要采取措施应对未来发达经济体推行碳边境调节机制。

我国碳市场未来发展趋势

形成全国市场为主的发展格局

国际上趋严的环境政策将会影响国际贸易，给进出口企业带来成本上升等问题，形成全国碳交易市场为主、试点碳交易市场为辅的发展格局有利于提升我国碳定价能力，还能够帮助企业提升碳减排能力，适应国际上日趋严格的环境规制。

目前全球已有100多个国家与地区以各种形式承诺或探讨自己的碳中和目标，有14个国家已通过立法的手段做出碳中和承诺。面对严峻的气候变化问题，世界各主要经济体的环境规制趋严。欧盟的欧洲气候协议不仅制定了欧盟的碳中和路线，还提出要借助多边机制推动其他主要排放国做出二氧化碳减排承诺，并且针对化石燃料进行了限制（如终止补贴、停止新建燃煤电厂）；更重要的是，欧盟在2021年3月投票通过了碳边境调节机制（Carbon Border Adjustment Mechanism，CBAM）的决议，同年7月公布了相关草案细则，未来将对存在较高碳泄漏风险的行业征收碳边境税；2022年6月22日，欧洲议会表决通过了CBAM法案的修正案，较之前的法案更为激进，不仅要求扩大涵盖的行业范围，还缩短了免费碳配额的提供年限，呈现出愈发严格的政策趋势。具体执行中，进口企业需要在欧盟进行登记并汇报进口产品的数量与隐含碳排放量，同时提交对应数量的CBAM证书，来覆盖进口产品的碳排放成本，CBAM证书的价格与欧盟碳交易体系中碳配额的周均碳价相同；若企业能够证明进口商品已经在生产运输过程中支付过相应的碳排放成本，则可以用已支付的碳排放成本来抵消支付CBAM证书成本。

建设完善我国碳排放交易市场的重要性不言而喻。CBAM机制的运行建立在欧盟碳排放交易体系上，CBAM涵盖的行业范围、证书的价格均与欧盟碳市场对标。欧盟碳交易体系历经十几年的发展已经相对成熟，市场规模大、涵盖范围广、交易主体多、交易品种丰富的特点使其定价机制较我国更为完善，对碳排放定价拥有更多的话语权。更重要的是，欧盟碳交易体系依托于欧盟整体，实施了欧盟范围内的碳排放管理，覆盖了绝大部分欧洲国家、大部分行业、大量的碳排放，以相对更成熟的运行机制取得了碳定价优势，能够通过碳排放交易影响其他国家。

我国虽然于2013年开展了试点碳排放交易，但覆盖范围较小，直到2021年7月16日才开始正式运行全国碳交易市场，虽然在体量方面超过了其他经济体的碳交易体系，但纳入的行业范围较窄，还未充分释放国内碳市场潜力。未来全国碳排放权交易市场将把全国符合规定的企业纳入交易范围内，一方面能够帮助企业完善内部碳排放管理体系，逐步适应碳排放交易，发展碳减排技术，推动绿色低碳转型，从而为企业将来面对碳边境调节机制做好准备；另一方面能够持续扩大全国碳市场规模，提升市场影响力，并提高我国碳市场的碳定价能力，以更好地应对国际环境规制趋严造成的竞争加剧问题。

高耗能行业分批进入交易范围

建立碳排放权交易市场的目的即为形成市场化机制推动碳减排、实现碳中和，但仅将某一行业纳入交易范围对实现全社会的碳减排力有不逮。目前全国碳排放权交易市场仅将碳排放占比最高的电力行业纳入交易范围，虽然已经覆盖了我国约40%的碳排放，但是钢铁、石化等高耗能高碳排放行业仍未被纳入市场交易范围。目前欧盟碳交易体系、美国加州碳市场以及韩国碳交易体系均将一些碳排放较高的行业纳入交易范围，如炼油、钢铁、水泥、航空等。未来石化、化工、建材、钢铁、有色、造纸、航空行业将“成熟一个、纳入一个”，这些行业被纳入交易后，全国碳排放权交易覆盖的碳排放量将进一步扩大，我国碳排放权交易市场的规模将进一步提升。

自全国碳排放权交易所2021年7月16日开市以来，CEA累计成交量约1.79亿吨、成交额约76.61亿元（截至2021年12月31日）[①]，同时期欧盟碳交易体系的EUA现货成交量约0.07亿吨、成交额约4.11亿欧元（约30亿元），远低于我国碳配额的成交量与成交额，表明我国碳排放权交易现货市场在规模上已经赶上欧盟碳交易体系。未来随着其他重点行业被纳入交易范围，按照全国碳排放数据计算，全国碳排放权交易市场的覆盖范围预计会达到约80亿吨二氧化碳当量（二倍于当前40亿吨的覆盖量）[②]。按照2021年平均碳价（42.85元/吨）计算，市场交易量和交易额约为3.58亿吨和153.22亿元左右，将进一步提升CEA的交易量与交易额，扩展全国碳现货市场。

不断完善碳交易市场交易机制

完善的市场机制是碳交易市场蓬勃发展的保障，全国碳交易市场刚刚建立，在配额分配、配额储备、配额抵消等方面存在进一步改善的空间。

在配额分配方面，全国碳排放权交易市场采取免费发放模式，向符合条件的2000多家电力行业企业发放配额，以此减轻控排企业负担。但是，过多的免费配额将会削弱碳排放权交易的减排效用，因此未来需要引入拍卖机制以逐步降低配额免费发放的比例。配额拍卖机制有以下三种收效。第一，可以有序提高企业获取配额的成本，适度刺激企业减排，提高碳交易的减排效果，同时也需要在引入新的行业后，根据行业特性设定不同的免费分配比例与比例变化机制，如对碳泄漏风险高的行业可以提高免费配额比例，尽可能地推动企业有效碳减排；第二，可以利用一级配额拍卖市场引导碳价，保持市场活跃度；第三，可以帮助政府财政获取资金，并将拍卖获取的资金再用

① 上海环境能源交易所．全国碳市场每年成交数据20210716-20211231［EB/OL］．（2021-12-31）［2022-07-22］．https://www.cneeex.com/c/2021-12-31/491811.shtml.

② 郭伟，陈志斌，郑喜鹏．全国碳市场面临的新挑战及相关建议［EB/OL］．（2021-2-20）［2022-07-22］．http://www.tanpaifang.com/tanjiaoyi/2021/0220/76781.html.

于新能源等节能降碳技术的投资，持续推动碳减排。

在配额储备方面，全国碳排放权交易市场还未设立配额储备机制，难以应对碳价异常波动导致的减排作用弱化问题。未来全国碳排放权交易市场需要引入配额储备机制，第一，在配额分配阶段预留一部分的政府预留配额和新增预留配额，用于市场调控、应对企业新增产能与产量变化；第二，在碳排放权交易阶段设立配额储备机制，当碳排放配额价格高于（或低于）某个阈值时，利用配额储备机制卖出（或买入）碳排放配额，以维持市场价格稳定，保持市场交易活跃，维护碳排放交易的减排有效性。

在配额抵消方面，全国碳排放权交易市场设立了抵消机制，重点排放单位每年可以使用国家核证自愿减排量（China Certified Emission Reduction，CCER）抵消碳排放配额的清缴，并设定了5%的抵消上限，为碳排放配额抵消机制打下了基础。配额抵消机制在产品类型与抵消产品交易两方面有待进一步发展完善，第一，用于配额抵消的产品仅有国家核证自愿减排量，在国际竞争加剧、环境规制趋严的背景下，我国碳排放权交易市场必须提前适应国际交易规则，因此需要考虑分批逐步将CDM机制产生的核证减排量（CERs）适量纳入配额抵消产品中，在丰富我国碳排放交易市场的同时推动减排机制与国际进一步接轨；第二，将配额抵消产品纳入全国碳交易体系中，或设立单独的全国性交易市场交易CCER，以此规范CCER申请审核机制，完善全国碳交易体系，扩大碳交易体系影响力。

推动碳交易产品结构持续丰富

目前我国全国碳交易市场上的交易产品仅为电力行业的碳排放配额（CEA）现货，还未将其他行业纳入交易，也未将国家核证减排量（CCER）现货纳入全国市场交易，而且未设计出CEA期货等碳金融衍生品的产品结构。这表明我国碳现货市场涵盖行业还不够完善，碳金融衍生品市场有待建立。

在现货市场上，全国碳排放权交易市场需要探索建设全国CCER交易市场。我国作为发展中国家，在绿色低碳技术方面与欧盟这一发达经济体存在一定差距，自愿减排项目产生的CCER是促进我国企业形成绿色发展理念、降低碳减排成本、持续推动自身节能降碳的有效手段。欧盟在碳交易体系建立的早期也曾大量使用CER项目进行碳抵消，帮助企业度过早期的减排困难期。

我国更要吸取欧盟的教训，建立全国CCER交易市场时，要注意制定严格的自愿减排项目标准、规范的交易流程，以此推进我国完善碳抵消机制，丰富全国碳现货市场产品结构。

以碳排放权为基础的碳金融衍生产品是市场的重要组成部分，能够发挥价格发现、风险对冲、提高市场流动性的重要功能。在碳金融衍生品市场上，我国存在仅在试点碳市场开展交易、衍生品种类少的现象，未来我国需要发展与碳排放权和CCER挂钩的期货等衍生品交易体系。以欧盟为例，其陆续推出了与EUA挂钩的碳期货、碳期权，以及与CER挂钩的期货衍生品，发展至今，衍生品的交易量已经超出碳排放权现货的交易量，欧盟碳交易体系在实际交易中以衍生品交易为主①。蓬勃发展的衍生品交易使欧盟碳交易更加活跃，碳定价更符合市场。

在试点碳交易市场交易的碳金融衍生品主要有碳远期、碳回购、场外碳期权、场外碳掉期、碳抵押等，如上海环境能源交易所开展了碳远期交易、配额质押、借碳交易、卖出回购等碳金融衍生产品业务，广州碳排放权交易所开展了碳排放配额回购交易业务。虽然这些试点交易品种存在交易量少、标准化程度低、交易参与者少的不足，导致碳金融衍生品交易不够活跃，但是为我国将来建设全国性的碳金融衍生品市场做出了有益探索。衍生品产品结构方面，我国缺少了重要的碳期货和碳期权，随着碳市场金融属性的进一步凸显，碳期货的价格发现功能与风险管理功能对打造完整碳市场愈发重要。在我国碳市场规模不断提升的进程下，尽快设计碳期货、碳期权，丰富碳金融衍生品市场产品结构，有助于完善全国碳排放权交易市场，有助于提高我国碳定价能力，加速追赶欧盟碳排放交易体系，提升碳交易市场的国际竞争能力。

碳排放权交易市场在不断发展的过程中，金融属性逐渐凸显。在此背景下，合理利用衍生品能够吸引金融机构入市交易以提高市场活跃度，加强信息交换以实现碳定价合理化，帮助企业进行价格风险对冲。因此，将与CEA挂钩的碳期货等衍生品纳入交易范围，是我国碳市场发展的必经之路。按照欧盟碳排放交易体系的发展趋势来看，未来我国开通全国碳金融衍生品市

① 中金研究院．碳中和经济学［M］．北京：中信出版社．2021．

场后，碳期货将会成为最主要的碳金融衍生品，被控排企业作为对冲价格风险的工具而持有。若假设期货交易规模为现货交易的10～30倍，将高碳排放行业纳入交易范围后，预计碳金融衍生品市场的规模将达到1532亿至4596亿元。

推进碳市场交易主体持续扩充

全国碳市场需要逐步明确交易规则，将机构与个人纳入交易，从而多元化拓展交易主体，提高碳配额流动性，使碳市场更为活跃，保证碳市场有效运行。

丰富的交易主体有助于提升市场交易活跃度，使市场化机制更好地发挥效果。目前美国区域温室气体倡议在配额拍卖中引入了机构与个人，提高了一级市场的活跃度；韩国碳排放交易市场允许银行等金融机构参与碳交易，以此来丰富市场交易主体，使二级市场价格更合理，提高交易积极性。全国碳交易市场在《碳排放权交易管理办法（试行）》中提到，交易主体为“重点排放单位以及符合国家有关交易规则的机构和个人”，但是在实际交易中，全国碳市场启动初期“只在发电行业重点排放单位之间开展配额现货交易”，未对其他类型的主体放开交易。虽然临近履约期后，市场交易活跃度持续提升，但是在2021年7月16日开市后至履约前的几个月，市场交易活跃度相比履约月份（12月）而言较低，容易导致市场定价机制失效，给控排企业带来价格风险。

目前试点碳市场对交易主体进行了规定，阐明了其他组织与个人参与试点碳市场交易的条件，将机构投资者纳入交易范围。如上海能源交易所的碳现货交易中，投资机构交易量占比由15%左右（2014年）上升到了超过80%（2018年），多元化的交易主体使上海试点碳市场实现了外部资本引入，促进了市场的活跃与发展[①]。欧盟碳排放交易体系很早就允许符合规定的组织、机构与个人参加碳交易，以此来提高欧盟碳市场的活跃度与流动性。我国全国碳市场在2021年运行期间，碳交易呈现出履约期前后成交量激增的状况，

① 陆冰清．上海碳排放交易试点实践经验及启示［EB/OL］．（2019-08-23）［2022-07-22］．https://www.cneeex.com/c/2019-08-23/490340.shtml.

CEA在12月的总成交量为1.36亿吨，占全年比例约75.82%，而其他月份的碳市场不够活跃，碳配额流动性差，导致市场周期性波动较大，不利于市场的平稳运行。因此，多元拓展交易主体，允许机构投资者参与碳市场，提高实际活跃的市场参与主体的配额量总体占比，有利于提升全国碳市场活跃度。

持续建设完善碳市场交易场所

目前全国碳排放权交易市场依托于上海环境能源交易所开展交易，已经在全国碳现货交易中形成了相对成熟的流程，但仍主要沿用试点碳市场的交易规则与流程。在未来地方碳排放权交易市场逐步纳入全国碳排放权交易市场的趋势下，地方试点形成的交易流程与规则不一定适用于全国范围的交易主体，需要进一步完善，为全国碳市场的运行提供更有力的保障。

在交易流程方面，《碳排放权交易管理规则（试行）》对上海环境能源交易所作出了全面的规定，但是上海环境能源交易所并未给出全国碳排放权交易市场的完整交易流程。对比欧盟碳排放交易体系，上海环境能源交易所在清算阶段的程序中并未充当中央清算机构，未作为买方卖方的交易对手。因此未来需要完善全国碳交易所的整体交易流程，降低交易主体的交易风险，保障碳交易市场平稳运行。

此外，在全国碳市场扩容后，交易场所（交易机构）需要针对不同的产品类型、交易主体类型进行详细的设置，保证碳市场有序运行。

碳排放权交易是一种市场化控碳降碳机制，是支撑双碳工作有序推进的有效手段。发达国家的碳交易市场已经取得了长足的发展，引领着国际碳排放定价权。目前我国碳交易市场与发达国家仍存在一定差距，未来我国需要完善碳排放权交易制度，扩张涵盖范围，拓展交易主体，丰富产品结构，依托于我国广阔的碳排放市场，用市场化机制释放我国降碳潜力，提高我国在国际碳定价权上的影响力。

第二节
碳汇与碳捕获、利用与封存：碳中和道路上的最强辅助？
揭开“碳汇”的神秘面纱

碳中和旨在实现碳排放和吸收的正负抵消，在双碳目标的引领下，许多行业已经在排放端形成了清晰的减排路径。而在碳的吸收端，减碳主体在采取节能降碳手段后仍无法完全消除的剩余碳排放，则需要通过生态固碳、CCUS技术等碳汇工具吸收，进而完成碳中和。本节对碳汇手段进行分类研究，分别探讨生态和技术两种固碳方式对于我国实现双碳目标的作用。

固碳方式：不仅仅局限于植树造林

生态固碳：多样化的碳汇形式

“汇”有聚集、汇合的意思，顾名思义，碳汇就是把二氧化碳固定在某处，从而减少大气中的含碳量。根据《联合国气候变化框架公约》，碳汇是指通过植树造林、森林管理、植被恢复等措施，利用植物光合作用吸收大气中的二氧化碳，并将其固定在植被和土壤中，从而减少温室气体在大气中浓度的过程、活动或机制。

生态固碳包括森林、草原、海洋等多种碳汇形式，依靠多个生态系统实现碳吸收，加强生态保护和修复。据统计，全球陆地生态系统和海洋生态系统年均固碳35亿吨和26亿吨，分别抵消了30%和23%的人为碳排放。我国生态碳汇能力也在逐步提升，陆地生态系统碳贮量为792亿吨，年均固碳2.01亿吨，可抵消同期化石燃料碳排放的14.1%，其中森林的贡献约为80%。可见生态碳汇在碳中和愿景中扮演重要角色，碳汇项目将助力我国碳中和工作。

图3-18　生态固碳过程

资料来源：中大咨询分析。

人工固碳：碳捕集、利用与封存技术

CCUS（二氧化碳捕集、利用与封存）技术是常见的人工固碳技术手段，由CCS发展而来。CCS（二氧化碳捕集与封存）来源于20世纪70年代在美国兴起的利用二氧化碳驱油以提高石油采收率的技术，我国结合本国实际提出

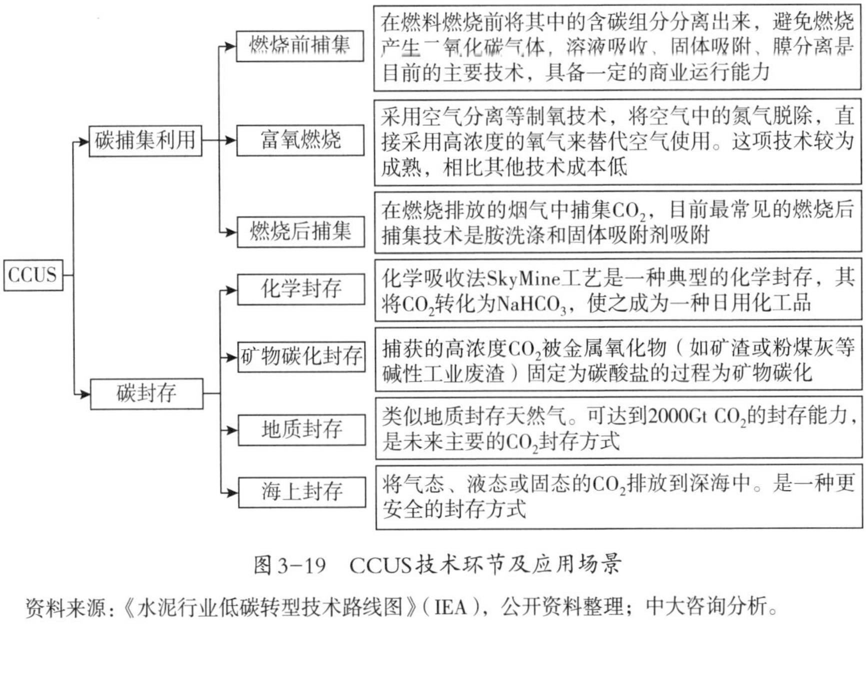

图3-19　CCUS技术环节及应用场景

资料来源：《水泥行业低碳转型技术路线图》（IEA），公开资料整理；中大咨询分析。

了CCUS的概念，在CCS基础上增加了“利用”环节，即通过工程技术手段将捕集的二氧化碳实现资源化利用，包括地质、化工和生物利用。CCUS是将二氧化碳从工业过程、能源利用或大气中分离出来，直接加以利用或注入地层以实现永久碳减排的技术。CCUS与CCS理念基本一致，都是为了减少碳排放总量，目前CCUS的概念已经获得了世界范围内的普遍认同。

CCER项目：生态碳汇转化为碳交易产品

生态碳汇除了能在吸收二氧化碳方面起重要作用之外，还能转化为可交易的产品，在碳市场上交易。CER（核证减排量）是《京都协议书》规定的一种碳交易标的，与碳排放配额一样都是碳交易市场的基础产品，碳配额不足的企业可以通过购买CER来抵减碳排放。我国的CER则称为CCER，仅用于国内市场。

CCER简介

根据《碳排放权交易管理办法（试行）》，国家核证自愿减排量（Chinese Certified Emission Reduction，简称CCER），是指对我国境内可再生能源、林业碳汇、甲烷利用等项目的温室气体减排效果进行量化核证，并在国家温室气体自愿减排交易注册登记系统中登记的温室气体减排量。也就是说，除林业等生态碳汇外，可再生能源、甲烷利用也是CCER项目的重要组成部分。国家发展改革委员会作为温室气体自愿减排交易的国家主管部门，负责项目和减排量的备案和登记工作。CCER可用于全国和试点碳市场重点排放单位履约，用来抵扣配额或直接参与碳交易，也可用于企业自身的碳中和，或作为金融资产，开展CCER质押、碳信托等碳金融活动。

全国碳市场允许使用的CCER包括可再生能源、林业碳汇和甲烷利用三种类型。

①可再生能源包括风能、太阳能、水能、生物质能、地热能、海洋能等供电或/和供热项目。

②林业碳汇是根据植物碳汇功能开发的CCER项目，早在2003年，国际

社会就已达成了一致意见，将造林、再造林等林业活动纳入碳汇项目，并且制定了新的运作规则，为启动造林、再造林碳汇项目创造了有利条件。林业碳汇项目极有可能成为CCER开发的热点。现存与林业相关的CCER方法学有5个，其中使用最多的是AR-CM-001碳汇造林项目方法学，超过总使用次数的60%。

③甲烷利用从广义来看，包括煤层气与瓦斯利用、垃圾填埋气利用、工业废水与生活污水处理、养殖粪便处理与垃圾堆肥、农村户用沼气等项目。

CCER发展历程

2012年之前，我国企业主要通过CDM（清洁发展机制）参与国际碳市场，但随着CER价格不断下跌，CDM项目发展受阻。2012年，中国建立了温室气体自愿减排交易机制，以CCER为碳信用标的。2015年自愿减排交易信息平台上线，CCER进入交易阶段。2017年，CCER项目备案暂缓至今，存量CCER仍在各大试点交易，全国碳市场第一个履约周期可用的CCER均为2017年3月前产生的减排量减排项目。2013-2017年国家发改委公示的CCER审定项目共2871个，备案项目861个，减排量备案项目254个（共5000多万吨）。截至2021年9月，CCER累计成交量超过3.34亿吨二氧化碳当量，成交额近30亿元。全国八个碳排放交易权试点地区中，上海位列成交量榜首，广东紧随其后。CCER的价格在20～30元/吨波动。

就CCER未来市场规模而言，以电力行业年度排放量大约为40亿吨的体量、5%的清缴比例计算，全国碳市场可使用的CCER规模年度上限将达2亿吨。若出现供不应求的情况，CCER市场极有可能在未来重启，重启时间和相关政策要求尚不确定。

CCER核心机制

1.备案流程

CCER项目备案由项目识别、项目审定、项目备案与登记、减排量备案、上市交易及最终注销六个阶段构成。同一个CCER项目，备案只需发生一次，而减排量备案则会因为所产生CCER的时段不同的多次发生。

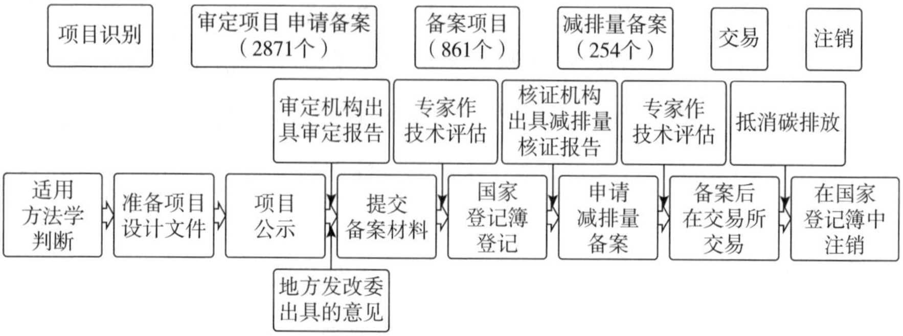

图3-20　CCER项目备案流程

资料来源：天津碳排放权交易所，中国自愿减排交易信息平台，招商证券[①]；中大咨询分析。

2.方法学与减排量计算

国家主管部门一共批准了200个方法学，涵盖了可再生能源发电、甲烷回收利用、造林碳汇等领域，对于项目减排量的计算也作出了明确规定。不同项目适用的方法学不同，例如，对于提高能效项目来说，计算基准线需要测量现有设备的性能；对于可再生能源项目来说，基准线计算可以参照项目所处地区最有可能实施的替代项目的排放量。

CCER项目减排量采用基准线法计算，基本思路为，用基准线减排量（假设没有该CCER项目，为了提供同样的服务，最可能建设的其他项目所带来的温室气体排放），减去该CCER项目的温室气体排放量和泄漏量，基本公式为项目减排量 = 基准线减排量 - 温室气体排放量 - 泄漏量；此外，碳汇减排量的计算公式为项目减排量 = 项目碳汇量 - 基线碳汇量 - 泄漏量[②]（其中，项目碳汇量指在项目情景下，项目边界内碳库中碳储量的变化量；基线碳汇量指在基线情景下，项目边界内碳库中碳储量变化量减去温室气体排放的增加量；泄漏量是由该造林项目活动导致的、发生在项目边界之外的碳排放量）。

基准线研究和核准是CCER项目实施的关键环节。对每个项目而言，计算基准线所采用的方法学必须得到国家发改委的批准，且基准线需得到指定经营实体的核实。

---

① 招商证券．碳中和碳达峰带来的投资机会系列（三）：CCER，核心机制与收入测算［R］.2021.
② 安信证券．碳中和专题研究报告：CCER，从方法学上把握碳交易市场机会［R］.2021.

3. 项目计入期

计入期是指项目可以产生减排量的最长时间期限，项目参与者可选择其中之一：固定计入期（10年）和可更新的计入期（3×7年）；林业碳汇项目的计入期为20～60年，项目备案成功后，可以持续获得10～60年的碳资产收益。

4. 抵消机制

不同试点碳交易所抵消机制有所区别。最新发布的《碳排放权交易管理办法（试行）》规定，纳入全国碳市场的重点排放单位每年可以使用国家核证自愿减排量抵消碳排放配额的清缴，抵消比例不得超过应清缴碳排放配额的5%，但在地方试点中比例不尽相同，比如广东、天津等为10%，重庆8%等。

CCER应用案例

1. 中节能乌鲁木齐达坂城20万千瓦风电项目

风电是CCER项目中占比最高的类型，CCER有望为风电运营企业带来发电效益和可观收益。该项目安装了80台单机容量为2.5兆瓦的风力发电机组，总装机容量200兆瓦，属于大规模风电项目。项目选择的方法学为CM-001-V02可再生能源并网发电方法学（第二版），通过测算基准排放量和项目排放量，得出项目从2015年12月27日至2022年12月26日计入期内预计总减排量为259万吨二氧化碳，在监测期（2015年12月27日至2017年1月31日）内所产生温室气体减排量为13万吨二氧化碳。通过计算行业平均度电碳减排量，得出风电项目度电碳减排量约为857.5克/千瓦时。以中节能风电为例，计算得到公司2020年度风力发电量为68.2亿千瓦时，以857.5克/千瓦时的平均度电碳减排量进行计算，公司2020年风电碳减排量为584.8万吨。

2020年，在我国率先实行碳交易试点的地区，CCER价格约30元/吨，在不考虑CCER申请过程中相关成本的情况下，假设节能风电2020年风电发电量全部申请CCER，公司预计通过CCER获得1.75亿元的额外收入。

2. 大埔县碳汇造林项目

碳汇造林项目通过开展植树造林工作，增加森林碳汇量，减少二氧化碳含量，同时为企业带来收益。自2012年起，该项目每年造林约1850公顷，共计7400公顷。项目选择AR-CM-001-V01碳汇造林项目方法学，通过测算基准排放量和项目排放量，根据公式得出大埔县碳汇造林项目从2012年4月1日至2016年12月31日共减排3.8万吨二氧化碳。CCER价格约30元/吨，碳汇造林项目每年平均可带来114万元的收益。若未来CCER项目审批重启，碳汇造林项目有望为企业带来额外收益。

2022年3月，生态环境部印发了《关于做好2022年企业温室气体排放报告管理相关重点工作的通知》，全国碳市场第二履约周期相关工作启动。由于在第一履约周期中市场存量CCER已基本消耗殆尽，第二履约周期的抵扣机制如何实施、CCER机制何时重启等问题再度引发关注。

综上所述，CCER项目发展可能存在以下难点。其一，我国CCER重启时间不明，增加了项目投资和减排效益的不确定性；其二，通过CCER项目可以抵消的碳减排量较为有限，欧盟碳市场曾出现因CER抵消比例过高而让市场价格低迷的情况，随着价格持续下跌，欧盟在第四阶段（2021–2030年）中取消了减排量抵消机制，因此结合我国实际来看，CCER可能也只是阶段性手段，并不能作为碳中和进程中的长久之计。

CCUS技术：极有可能是碳中和后期的“大功臣”

CCUS对碳中和贡献几何?

碳中和目标的实现要求我国建立以非化石能源为主的零碳能源系统，CCUS作为必不可少的技术路径，减碳潜力巨大，工业利用前景广阔。研究数据表明，2030年，CCUS在不同情景中的全球减排量为1亿～16.7亿吨/年，平均为4.9亿吨/年；2050年为27.9亿～76亿吨/年，平均为46.6亿吨/年。在碳中和进程中合理运用CCUS技术，对于推进化石能源利用清洁化、生产过程低碳化具有重大意义。

CCUS是实现化石能源低碳化利用的唯一技术选择[①]。CCUS在促进煤清洁利用方面起重要作用，能够推进油气、燃煤发电、煤化工等行业的发展优化。2019年我国能源消耗结构中煤炭占比高达58%，化石能源仍将在我国能源体

① 蔡博峰，李琦，张贤，等．中国二氧化碳捕集利用与封存（CCUS）年度报告（2021）——中国CCUS路径研究［R］. 2021.

系中长期扮演重要角色。在能源结构转型过程中，利用CCUS技术实现化石能源的低碳化利用是保障近零排放的主要技术手段。

CCUS是钢铁、水泥等难减排行业实现碳中和的兜底技术保障。根据IEA发布的2020年钢铁行业技术路线图和水泥低碳转型技术路线图，未来至2050年，钢铁行业在采取改进工艺方式、提升生产效率等减排手段后，仍剩余34%的碳排放量，而水泥行业碳减排潜力中，约50%依赖碳捕集利用技术；加之此类行业具有特殊的技术特点，无法完全依靠能源结构的调整实现碳中和，因此CCUS是让难以减排行业实现净零排放的极少数可行的技术方案之一。

CCUS技术全球发展概况

《全球碳捕集与封存现状2020》报告指出，对于脱碳难度较大的行业，采用CCUS技术可有效助力节能减排。截至2020年底，全球共部署CCUS项目65项，其中26项正在运行，每年可捕集和永久封存约4000万吨二氧化碳。CCUS技术部分设施自1980年起投入运行，在部分工业领域应用已久，例如20世纪美国得克萨斯州Val Verde地区的天然气加工厂就已经开始向当地石油生产商供应二氧化碳以提高石油采收率。

随着各国政府和企业纷纷制定净零排放目标，CCUS技术增长势头不断加强。IEA预测，至2030年，CCUS的捕碳能力需增至每年16亿吨，才能与2050年实现净零排放的目标保持一致。要实现全球气温升幅控制在2℃以内的目标，9%的碳减排需要依靠CCUS；要实现1.5℃以内的目标，32%的碳减排任务需要依靠CCUS。预计至2050年，CCUS将贡献约14%的二氧化碳减排量。然而，由于成本较高等因素的制约，CCUS至今尚未实现大规模商用。

中国CCUS技术发展现状

我国CCUS技术项目逐渐趋向规模化、产业化

我国目前已投运或建设中的CCUS示范项目达40个，年捕集能力300万吨。中国CCUS技术项目遍布全国19个省份，但多以石油、煤化工、电力行业小规模的捕集驱油示范为主，缺乏大规模的、多种技术组合的全流程工业化示范。《中国CCUS年度报告（2021）》指出，碳中和目标下我国2030年

CCUS减排需求为0.2亿～4.08亿吨，市场规模将突破千亿。

中国已经具备大规模碳捕集、利用与封存的工程能力，正积极筹备全流程CCUS产业集群。例如，国家能源集团鄂尔多斯CCS示范项目已成功开展了10万吨/年规模的CCS全流程示范；中石油吉林油田EOR项目是亚洲最大的EOR项目，累计已注入超过200万吨二氧化碳；中石化于2021年7月正式启动建设我国首个百万吨级CCUS项目（齐鲁石化-胜利油田CCUS项目）。

中国的CCUS各技术环节均取得了显著进展，部分技术已经具备商业化应用潜力。就捕集技术而言，燃烧后捕集技术是目前最为成熟的捕集技术，可用于大部分火电厂的脱碳改造，国华锦界电厂开展的15万吨碳捕集与封存示范项目正在建设，是目前中国规模最大的燃煤电厂燃烧后碳捕集与封存全流程示范项目。富氧燃烧技术是最具潜力的燃煤电厂大规模碳捕集技术之一，产生的二氧化碳浓度较高（约90%～95%），更易于捕获；该技术发展迅速，可用于新建燃煤电厂和部分改造后的火电厂。

典型案例：中国石化建成我国首个百万吨级CCUS项目

今年年初，我国首个百万吨级CCUS（二氧化碳捕集、利用与封存）项目——齐鲁石化-胜利油田CCUS项目建成中交，该项目是中国石化建设的国内第一个百万吨级CCUS项目，涵盖碳捕集、利用和封存等环节。

项目投产后每年可减排二氧化碳100万吨，相当于植树近900万棵，或近60万辆经济型轿车停开一年；预计未来15年可实现增产原油296.5万吨。这是目前国内最大的CCUS全产业链示范基地和标杆工程，对我国CCUS规模化发展具有重大示范效应，对提升我国碳减排能力具有重要意义。

该项目于2021年7月启动建设，由齐鲁石化二氧化碳捕集、胜利油田二

图3-21　齐鲁石化-胜利油田CCUS项目技术路线图

资料来源：《流程工业》杂志；中大咨询分析。

氧化碳驱油与封存两部分组成。齐鲁石化捕集的二氧化碳采用绿色运输方式，送至胜利油田进行驱油封存，实现了二氧化碳捕集、驱油与封存一体化应用，把二氧化碳封在地下，把油驱出来，做到“变废为宝”。

在碳捕集环节，齐鲁石化新建100万吨/年液态二氧化碳回收利用装置，回收煤制氢装置尾气中的二氧化碳，提纯后纯度可达99%以上；在碳利用与封存环节，已建成10座无人值守注气站，向附近73口井注入二氧化碳，增加原油流动性，大幅提高原油采收率，同时油气集输系统全部采用密闭管输，进一步提高二氧化碳封存率。

CCUS技术面临成本、技术和政策挑战

CCUS作为新兴的固碳技术，可依附于既有技术路径实现产业化，且相较于传统CCS技术有更为可观的经济效益。然而，较高的研发资源投入使许多企业望而却步，未来CCUS的广泛应用需要解决成本的制约，同时也离不开针对性政策的支持。

CCUS项目的投资、运营成本较高，且受到地质条件和应用场景的约束。《中国二氧化碳捕集利用与封存（CCUS）年度报告（2021）》预计，至2030年，二氧化碳捕集成本为90～390元/吨，2060年为20～130元/吨；2030年二氧化碳封存成本为40～50元/吨，2060年封存成本为20～25元/吨。在美国和欧洲等地，CCUS得益于税收和财政政策支持，发展较快；但目前在我国难以做到大规模普及和商业化。

目前，我国CCUS全流程项目规模和范围较小，并且受现有CCUS技术水平的制约，在部署时将使一次能耗增加10%～20%甚至更多，效率损失很大，严重阻碍了CCUS技术的推广和应用[①]。此外，CCUS尚未享受国家层面的财税支持，企业开展CCUS示范项目的积极性普遍不高[②]。

CCUS当前仍处于技术和经验储备以及商业模式探索阶段，今后在技术成熟、解决成本问题的前提下会形成大规模工业化的应用，是我国在碳中和末段工作中极为重要的技术手段，趋向于依靠技术进步提高捕集效率，提升经济效益。

---

① 刘强，田川．我国碳捕集、利用和封存的现状评估和发展建议［J］．气候战略研究简报，2017，24（24）：1-14.

② 米剑锋，马晓芳．中国CCUS技术发展趋势分析［J］．中国电机工程学报，2019，（9）：8.

第三节
绿色金融：碳中和的资本支持工具

双碳目标的提出已经对各行各业产生了巨大影响，实现碳中和的过程需要巨量资金弥补企业日常经营的成本上升和长期转型中持续投入的资金缺口。根据清华大学气候变化与可持续发展研究院测算，至2050年，我国若要实现《巴黎协定》提出的NDC目标，需要70.51万亿元的投入；若要实现2℃的控温目标，需要127.24万亿元的投入；若要实现1.5℃的控温目标，需要高达174.38万亿元的投入[①]。绿色金融作为具有特定用途的金融产品，是为低碳转型领域提供大规模资金补充的重要金融工具。

什么是绿色金融

绿色金融的定义

国际上，“绿色金融”的概念出现于20世纪末，由于涵盖内容宽泛，且经常与气候金融、可持续金融、环境金融等概念交叉使用，因此一直以来缺乏明确定义。归结各类机构提出的概念，可以认为绿色金融是指为适应气候变化、保护环境和自然资源、鼓励经济可持续发展而开展的金融活动。

我国绿色金融起源于2015年，在国务院印发的《生态文明体制改革总体方案》中，首次提出了“建立绿色金融体系”，表明将通过绿色金融支持生态文明建设。2016年，中国人民银行、财政部、发改委等七部委在《关于构建

① 清华大学气候变化与可持续发展研究院．中国长期低碳发展战略与转型路径研究综合报告［R］．清华大学．2021．

绿色金融体系的指导意见》中首次给出了绿色金融的定义：绿色金融是指为支持环境改善、应对气候变化和资源节约高效利用而开展的经济活动，即面向环保、节能、清洁能源、绿色交通、绿色建筑等领域的项目投融资、项目运营、风险管理等所提供的金融服务。从定义上看，绿色金融的支持范围涵盖了碳中和工作的主要方面。随着碳中和政策体系不断完善，各类政策也将绿色金融的发展纳入到实现碳中和的长期规划中。

表3–3　绿色金融体系发展历程

时间	政策出处	主要内容
2015年9月	中共中央、国务院《生态文明体制改革总体方案》	作为我国生态文明领域改革的顶层设计，首次明确提出要建立绿色金融体系
2016年3月	国民经济和社会发展第十三个五年规划纲要	明确提出了建立绿色金融体系的目标，大力发展绿色信贷、绿色债券，鼓励设立绿色发展基金等
2016年8月	中国人民银行、财政部等七部委发布《关于构建绿色金融体系的指导意见》	对十三五规划有关建立绿色金融体系要求的细化，从绿色信贷、绿色保险、绿色发展基金、证券市场支持绿色投资等方面提出了支持和鼓励绿色投融资的一系列激励措施
2017年6月14日	国务院常务会议	决定在广东、江西、贵州、浙江、新疆5省（区）选择部分地方，建设各有侧重、各具特色的绿色金融改革创新试验区，在体制机制上探索可复制可推广的经验
2019年5月	央行发布《关于支持绿色金融改革创新试验区发行绿色债券融资工具的通知》	鼓励和支持试验区发行绿色债券
2019年11月	央行等六部委印发《甘肃兰州新区建设绿色金融改革创新试验区总体方案》	新增批复兰州新区建设绿色金融改革创新实验区，逐步扩大试点范围
2021年10月	《关于完整准确全面贯彻新发展理念做好碳达峰碳中和工作的意见》	提出积极发展绿色金融，有序推进绿色低碳金融产品和服务开发，引导各类金融机构为绿色低碳项目提供资金，鼓励企业使用绿色金融产品

资料来源：公开资料；中大咨询分析。

绿色金融发展现状

经过几年的实践与积累，我国绿色金融快速发展，主要产品的累计余额快速上升，对我国的节能降碳工作起到了重要的推动作用。以发展最为成熟两类绿色金融产品绿色信贷、绿色债券为例，绿色贷款余额在2021年底已经达到了16万亿元，并依然保持着较快的增长速度。根据银保监会估算，以2020年为例，绿色信贷每年可支持节约标准煤超过3.2亿吨，减排二氧化碳当量超过7.3亿吨①。绿色债券同样走在快速的发展通道上，2021年底我国绿色债券累计发行余额达到1.16万亿元，在全球位居前列，年均增速达到38%，每年能够带来5000万吨标准煤、1亿吨二氧化碳的减排效应②。同时，绿色保险、

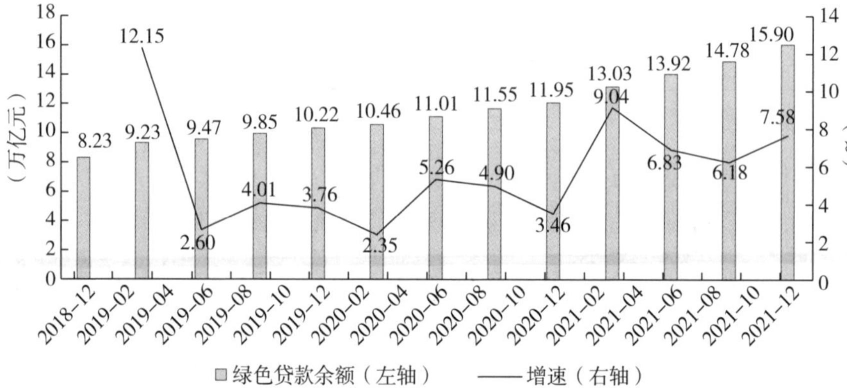

图3-22 2018-2021年绿色贷款余额与增速

数据来源：Wind；中大咨询分析。

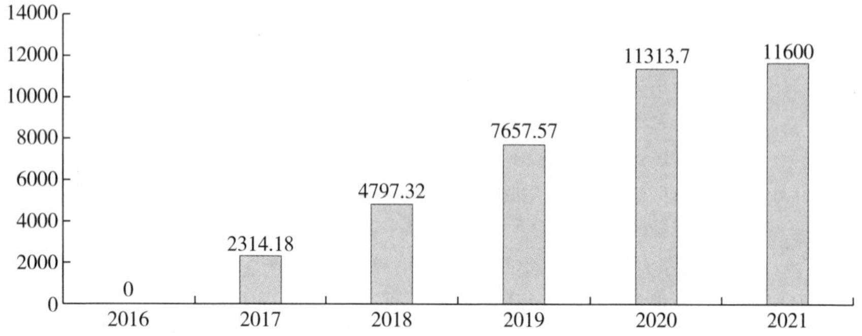

图3-23 2016-2021年我国绿色债券余额（亿元）

数据来源：Wind；中大咨询分析。

---

① 中国政府网．我国正式对绿色贷款、绿色债券等开展综合评价并纳入机构评级——金融机构需将双碳目标嵌入业务全流程［EB/OL］.（2021-07-20）［2022-07-22］. http://www.gov.cn/xinwen/2021-07/20/content_5626044.htm.

② 碳排放交易网．中国每年绿色债券募集资金投向的项目可节约标准煤5000万吨左右，相当于减排二氧化碳1亿吨以上［EB/OL］.（2021-02-09）［2022-07-22］. http://www.tanpaifang.com/tanzhaiquan/202102/0976631.html.

绿色信托、绿色基金等绿色金融产品也在不断涌现。

与此同时，为支持绿色金融发展，从2017年起，我国陆续设立了浙江、江西、广东、贵州、甘肃、新疆六省（区）九地绿色金融改革创新试验区。据人民银行披露的数据显示，2020年末，六省（区）九地试验区绿色贷款余额达2368.3亿元，占全部贷款余额比重15.1%；绿色债券余额1350亿元，同比增长66%[①]。与此同时，各个地区都涌现出了丰富的绿色金融使用实例。

绿色金融对碳中和的作用

从供给端来说，绿色金融是推动双碳目标实现的重要支撑工具。一方面，绿色金融能够发挥传统金融产品的作用，向实体经济的低碳转型需求提供合适的融资服务，但与传统金融更加关注融资对象的信用等级、还款能力等传统指标不同，绿色金融则更加关注环境与气候风险的评估，要求资金流向能够提升环境效益的领域；另一方面，绿色金融也发挥着引导金融资源配置的作用，绿色金融可以通过分辨提高碳排放与降低碳排放的投资活动选择提供或不提供金融产品，或是提供不同利率的金融产品，进而改变高碳与低碳经济活动的相对生产成本，通过引导金融资源的配置推动碳中和[②]。

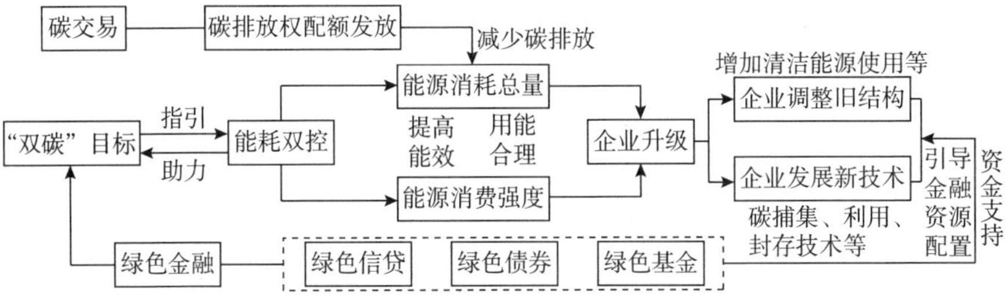

图3-24　绿色金融的作用机制

资料来源：中金研究院；中大咨询分析。

① 中国人民银行．中国区域金融运行报告（2021）[R].2021.

② 中金研究院．碳中和经济学——新约束下的宏观与行业趋势[M].北京：中信出版社，2021.

从需求端来说，企业利用绿色金融工具推动自身的降碳工作同样具有独特优势。一是部分地区为使用绿色金融工具的企业提供了政策补贴，如深圳市对发行绿色债券成功的企业，按照发行规模的2%，给予单个项目单个企业最高50万元的补贴；广州市对企业在交易所市场、银行间市场新发行绿色债券，按照发行费用的10%给予最高不超过100万元的一次性补贴；在区域性股权市场发行绿色债券，按照发行费用的20%给予最高不超过100万元的一次性补贴等。二是绿色金融对企业来说是更加便捷的融资渠道，发改委、证监会、银行间市场交易商协会都为绿色金融工具的发行和使用提供了绿色通道，提升了企业的融资效率。三是使用绿色金融是企业建设低碳品牌的良好机会，发行绿色金融工具需要经过券商、银行、第三方机构等的专业审查，获得绿色项目或者绿色主体的资质，因此使用绿色金融产品是企业或项目"绿色"属性的有力证明，是企业打造低碳品牌的一种途径；同时，随着ESG理念的逐渐兴起，发行绿色债券也有助于企业识别具有低碳倾向的投资者，有助于企业与投资者之间的良性互动。

绿色金融工具在实体企业中的应用实例

企业是最主要的碳排放主体，是实现双碳目标过程中需要付出最多努力、做出最大改变的主体。对于企业来说，积极利用合适的绿色金融产品补充低碳转型资金，降低低碳转型成本，是为实现碳中和目标减少阻碍的重要工具。

碳中和业务判断标准

一项业务是否属于碳中和业务、能否使用绿色金融产品，具有一定的评判标准。从国内已出台的标准来看，《绿色产业指导目录（2019年版）》《绿色债券支持目录（2021年版）》是界定绿色项目的主要参考文件，所涉及的产业和项目范围基本涵盖了碳中和工作的核心领域，是企业需要重点参考的标准。根据两份指导目录的总结，符合要求的碳中和业务可分为以下四个类别。

第一，清洁能源建设与运营。包括清洁能源基础设施的建设与运营，如风力发电、太阳能、生物质能、大型水力发电、核电站等；传统能源清洁高效利用，如清洁燃油生产、煤炭清洁利用、煤炭清洁生产等；能源系统高效运作，包括多能互补工程、高效储能设施、智能电网建设、燃煤发电机组调峰灵活性改造等。

第二，绿色基础设施建设与运营。包括绿色交通基础设施建设与运营，如智能交通体系建设和运营，城乡公共交通系统建设和运营，充电、换电、加氢和加气设施建设和运营等；绿色建筑，包括超低能耗建筑、绿色建筑、建筑可再生能源应用、装配式建筑、既有建筑节能及绿色化改造、物流绿色仓储等。

第三，工业制造业低碳改造。主要集中在节能环保与清洁生产改造领域，涵盖了产业园区绿色升级、无毒无害原料替代使用与危险废物治理、生产过程废气处理处置及资源化综合利用等。

第四，低碳创新类业务。主要包括与低碳相关的战略性新型产业领域，如低碳装备制造、CCUS技术研发、低碳服务业等。

主流绿色金融产品应用案例

在将碳中和业务盘点清晰后，企业需要明确当前主流绿色金融产品的使用条件，以评估产品与自身碳中和业务的匹配程度。目前，主流的绿色金融产品可以分为绿色信贷、绿色企业债、绿色公司债、绿色资产支持证券（绿色ABS）、绿色债务融资工具、绿色基金等几种类型。

绿色信贷

绿色信贷是适用范围最广、规模最大的绿色金融产品，是企业使用绿色金融工具的首选。绿色信贷的一大特点是除贷款去向外几乎没有其他和“绿色”相关的要求，银行对绿色贷款用途的考察一般针对单个项目而不对贷款企业的业务范围设置要求，其余标准主要根据银行对企业项目评估情况而定。同时，绿色信贷得到了监管机构的大力推行：央行于2021年11月推出碳减排支持工具，为全国性金融机构提供碳减排贷款本金，再由金融机构将资金投入清洁能源、节能环保、碳减排技术三个领域，并将绿色信贷、绿色债券等金融业务正式纳入了央行对21家政策性银行和头部商业银行的考核业务覆盖范围，评价结果将纳入央行金融机构评级等政策和审慎管理工具。

◎案例：云南能投借助绿色信贷获得低成本资金用于建设风电场

云南省提出在“十四五”期间建成国家清洁能源基地。工作重点为优先布局绿色能源开发，以绿色电源建设为重点，加快金沙江、澜沧江等国家水电基地建设；建设“风光水储一体化”国家示范基地；统筹协调风能、太阳能等新能源开发利用；到2025年，全省电力装机达到1.3亿千瓦左右，绿色电源装机比重达到86%以上。

云南能投作为云南国资建设绿色能源的主要抓手，需要围绕清洁载能产业发展，聚焦电力供应保障，争取实施一批风电、光伏新能源项目，助力建设“水风光储”一体化多能互补基地，进一步提升自主可控开发能源资源占比。以云南能投的马龙通泉风电场为例，云南能投在开始建设前共取得了包括中国建设银行云南省分行（牵头行）提供的18亿元、兴业银行昆明分行提供的5亿元在内的绿色贷款，同时获得了中国进出口银行云南省分行4亿元的碳减排支持工具贷款，贷款利率不超过同期5年期LPR下降65个基点，资金专项用于通泉风电场项目建设。

绿色企业债

绿色企业债受国家发改委监管，是一种发行条件、资金使用、信息披露方面的要求都相对宽松的绿色金融品种①。与一般企业债相比，绿色企业债提供更加快速的审核通道，允许用于补充企业运营资金的比例更大，允许的增信手段更多，并且没有要求企业对融资项目的环境气候信息进行披露，因此对于当前低碳业务占比较低、未开展绿色认证工作的企业来说，是一种合适的绿色金融融资工具。

① 中国政府网．绿色债券发行指引［EB/OL］.（2015-12-31）［2022-07-22］. https://www.ndrc.gov.cn/xxgk/zcfb/tz/201601/t20160108_963561.html?code=&state=123.

	绿色企业债*	一般企业债
发行效率	√比照"加快和简化审核类"债券审核程序	√视项目类型而定
补流比例	√不超过债券募集金额的50%	√一般不超过40%
募集资金所占项目总投资比例	√债券募集资金占项目总投资比例放宽至80%（相关规定对资本金最低限制另有要求除外）	√不超过募投项目总额的70%
品种创新	√项目回收期较长的，支持发行可续期或超长期债券	√视项目类型而定
增信方式	√允许差额担保 √鼓励地方设立绿色担保基金 √鼓励探索采用碳排放权、排污权、用能权等收益权方式进行增信	√不可撤销连带担保责任、第三方担保、抵质押担保；是否担保和担保方式视评级情况和主体需求而定

图3-25 绿色企业债与一般企业债发行条件对比

资料来源：发改委；中大咨询分析。

◎案例：西安轨道交通集团发行绿色企业债降低融资成本，助力西安市低碳出行

西安轨道交通集团是西安市地铁建设的投融资主体，2018-2019年期间，由于集团城建项目逐渐增加，集团负债总额从342亿元快速上升到700亿元，负债率上升了10%，随着未来西安城市轨道交通建设需求的继续增加，预计集团的债务规模仍将持续增长，为集团带来了一定的负债压力；同时，由于地铁建设投资规模大、建设周期长、运营资金回收缓慢，且西安地铁仍有大量项目处于投资建设阶段，相关支出较多，因此营运资金容易出现紧张情况。为降低融资成本，同时满足城市低碳需求，集团在2019年发行了45亿元的绿色债券，其中22.5亿元用于建设地铁8号线、地铁15号线一期工程，22.5亿元用于补充营运资金，票面利率为3.65%，创下陕西省同期限企业债券利率历史新低，也是2021年以来陕西省同期限信用债券发行的最低票面利率。集团通过绿色债券降低融资成本，同时满足城市低碳出行需求，助力西安市的降碳工作。

绿色公司债、碳中和债和绿色ABS

绿色公司债由证监会监管，相比绿色企业债，绿色公司债在资金去向方面要求更加严格，所募集资金必须有70%用于绿色项目建设、运营、收购或偿还绿色项目贷款（高于绿色企业债的50%）；同时绿色公司债要求发行人必须在募集说明书中披露拟投资的绿色项目情况，包括但不限于绿色项目类别、项目认定依据或标准和环境效益目标等内容，同时需要主承销商核查、发表核查意见。

◎案例：河钢集团发行全国首单绿色可续期债券用于节能技改

河钢集团多年来致力于推动集团的绿色转型，并在2021年发布了双碳的低碳冶金路线图，表明将在2022年实现碳达峰，2050年实现碳中和。传统工业企业的转型需要长期、大规模的资金投入，河钢选择发行绿色可续期债券为集团的系列绿色项目筹集长期稳定的资金，作为权益工具也降低了公司的资产负债率。河钢集团共发行了2期共35亿元的可续期债券用于投资清洁生产改造，主要用于除尘防尘工程（高效除尘升级改造、除尘系统治理升级改造项目）、1号烧结机新建烟气脱硫项目、河钢邯钢中水及浓盐水深度处理项目、70兆瓦煤气资源综合利用发电项目，募集资金用于节能技改和补充营运资金，为集团的绿色转型提供了资金，同时改善了项目建设与负债周期长短错配的情况。

2021年，沪深交易所同步修订发行指引，在原有绿色债券基础上引入了碳中和公司债这一创新债券品种作为绿色公司债的补充，更具针对性地为碳中和工作提供融资渠道。相比于普通绿色公司债，碳中和债允许发行人在申报或发行阶段在债券全称中使用“碳中和绿色公司债券”标识，并将募资项目范围规定在清洁能源类项目、清洁交通类项目、可持续建筑类项目、工业低碳改造类项目几个大类中。同时，要求发行人按照“可计算、可核查、可检验”的原则，重点披露环境效益测算方法、参考依据，并对项目能源节约量（以标准煤计）、碳减排等环境效益进行定量测算[①][②]。

针对能够产生稳定现金流的绿色资产或绿色主体，沪深交易所也推出了绿色资产支持证券（ABS），为企业提供了盘活绿色资产的途径，同时拓宽其融资渠道。绿色ABS的认定条件可以概括为“三绿”，一是“资产绿”，即现金流主要来源于绿色资产，而绿色资产占全部入池基础资产的比例不低于70%；二是“投向绿”，即转让基础资产所取得的资金用于绿色产业领域，比例不低于资金总额的70%；三是“主体绿”，即原始权益人主营业务属于绿色产业领域，且占比较高（50%）；三个条件满足其一即可。目前绿色ABS的发行条件相对宽松，对企业的绿色认证可以从多方面进行界定，对于拥有绿色项目、主体评级相对不高、即将发展绿色产业的企业来说都是一种适合的融资渠道。

绿色债务融资工具

银行间市场交易商协会也在2017年推出了绿色债务融资工具，发行条件、资金用途、信息披露的要求最为严格，适用于已具备一定低碳业务基础、开展过绿色项目认证的企业。绿色债务融资工具要求募集资金全部用于绿色项目，不得用于补流；同时要求企业应于每年4月30日前披露上一年度募集资金使用和绿色项目进展情况；每年8月31日前，披露本年度上半年募集资金使用和绿色项目进展情况。

中国银行间市场交易商协会同样推出了碳中和债，更具针对性地为碳减排项目提供资金。相比于常规的绿色债务融资工具，碳中和债建议发行人聘请第三方专业机构出具评估认证报告，以提升项目减排效果的可信度；同时明确要求发行人在募集说明书、评估认证报告（如有）中详细披露项目环境效益的测算方法、参考依据等；在募集说明书重要提示和募集资金运用章节显著表示本次募投项目预期达到的碳减排效果[③]。

① 上海证券交易所．上海证券交易所公司债券发行上市审核规则适用指引第2号——特定品种公司债券［EB/OL］.（2020-11-27）［2022-07-22］. http://www.sse.com.cn/lawandrules/sserules/main/issue/c/c_20201127_5268003.shtml.

② 深圳证券交易所．深圳证券交易所公司债券创新品种业务指引第1号——绿色公司债券［EB/OL］.（2021-07-13）［2022-07-22］. http://www.szse.cn/disclosure/notice/t20210713_586944.html.

③ 中国银行间市场交易商协会．关于明确碳中和债相关机制的通知［EB/OL］.（2021-03-18）［2022-07-22］. http://www.nafmii.org.cn/preview/nafmii/ggtz/tz/202103/t20210318_84911.html.

◎案例：珠海华发利用碳中和债为绿色建筑募集资金，达到了支持碳减排和降低资金成本的双重目标

珠海华发建设的珠海国际会展中心（二期）是符合《绿色建筑评价标准》二星级标准的绿色建筑，并且经过了第三方联合赤道的评定。珠海华发以此为基础，发行了3+2年期的碳中和债，用于偿还该项目的存量项目贷款5.6亿元中的本金3亿元。原贷款利率为5.4%，碳中和贷款利率为4.17%，珠海华发成功实现了高成本债务的置换。同时，联合赤道也对会展中心的减排效应做出了复核，珠海华发也在碳中和债发行之后以季度为单位披露了碳中和债券的资金使用情况和项目减排情况。

对标沪深交易所的绿色ABS，银行间市场交易商协会也鼓励发行以绿色项目和碳减排项目现金流为支持的绿色资产支持票据（ABN），但目前尚未出台具体的操作指引。

绿色基金

绿色基金是指专门针对节能减排战略、低碳经济发展、环境优化改造项目而建立的专项投资基金，旨在通过资本投入促进节能、低碳等事业的发展。与绿色信贷、绿色债券相比，绿色基金尚无成熟的使用标准，当前的存在形式主要是以“绿色”为投资主题的产业基金，企业可以选择组建绿色基金进行低碳业务的布局。

表3–4　部分绿色资金名称及规模

基金名称	GP	规模	类型
国家绿色发展基金	国家绿色发展基金	885亿	绿色发展
厦门市绿色低碳发展基金	金圆集团	30亿	绿色发展
碳中和技术基金	红杉中国	100亿	碳中和
中金协鑫碳中和产业投资基金	中金资本	100亿	碳中和
国雄资本碳中和产业基金	国雄资本	5亿	碳中和
新余智科碳中和股权投资合伙企业（有限合伙）	高瓴资本	1.5亿	碳中和
高瓴碳中和专项投资基金	高瓴资本	/	碳中和

续表

基金名称	GP	规模	类型
宝武碳中和股权投资基金	中国宝武	500亿	碳中和
碳中和产业股权投资基金	青松基金	100亿	碳中和
中石化碳中和母基金	中国石化资本	50亿	碳中和
远景红杉碳中和基金	红杉中国	50亿	碳中和
武汉碳达峰基金	诺安资本	100亿	碳达峰

资料来源：公开资料；中大咨询分析。

绿色金融的发展建议

尽管我国绿色金融已经走上了发展的快车道，为我国的降碳工作做出了显著贡献，但由于发展时间较短，未来仍有长足的进步空间。

完善绿色金融发展顶层设计。我国目前与绿色金融相关的政策主要由金融监管部门主导制定，未来需要层次更高、覆盖面更广、更加具体化的绿色金融政策体系，调动金融机构参加绿色金融市场的积极性。同时出台针对绿色项目的财政补贴、税收减免等政策，提升企业使用绿色金融产品的积极性。

推动绿色金融产品创新。现阶段我国绿色金融产品较为单一，尽管绿色保险、绿色信托、绿色资产证券化等产品同样受到监管机构的鼓励和政策的支持，但目前依然只有绿色信贷和绿色债券实现了相对大规模的应用，且提供的服务功能基本以融资为主。未来各类金融机构需要围绕企业低碳转型的多样化需求，不断推出功能更加全面、使用更加灵活的绿色金融产品。

完善绿色金融标准制定。首先，我国各类绿色金融产品的使用标准尚未完善，包括绿色ABN、绿色基金在内的产品缺少具体的判定依据和使用标准，使有意愿的使用者缺乏权威参考依据。其次，我国国内的绿色金融标准和国际存在差异，阻碍了我国绿色金融与国际接轨。因此需要尽快健全绿色金融的基础性标准，出台各类工具的使用细则，推进绿色金融的国际合作。

提升信息披露质量。当前主流绿色金融产品已经要求发行人公开披露募资项目的环境影响、气候影响等信息，但披露信息内容缺少统一标准，公布频率较低，不利于投资者、监管机构、资金提供方了解项目产生的具体环境效益，这种信息不对称进而影响投资者的投资意愿和融资方的融资难度。因此需要提升环境信息披露质量，完善企业环境信息披露制度，通过消除信息不对称来推动绿色金融市场发展。

第四章

微观研究
标杆企业降碳工作面面观

企业的执行是推进双碳进程的关键。作为社会经济的微观个体，企业是双碳政策实施的直接作用对象，也是双碳目标推进的责任主体。

如何布局低碳发展来推进双碳进程？企业需要以低碳发展战略为指引，以打造低碳业务、创新绿色业务、优化运营管理、共建低碳产业、打造循环经济为主要途径，以组织架构、管理体系的优化为支撑，来规划企业低碳发展布局，推动企业节能降碳。同时，不同行业的企业特征存在区别，也令降碳措施各具特色。

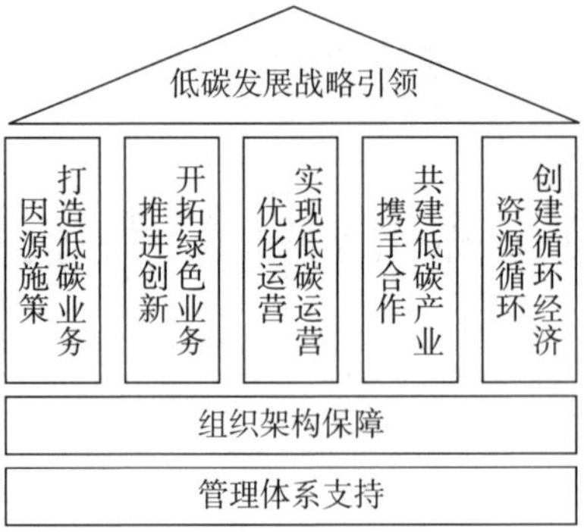

图 4-1　企业低碳布局基本框架

资料来源：中大咨询分析。

战略引领：低碳发展战略推动“降碳”与“发展”并进

随着经济发展转入高质量发展阶段，在双碳目标下，企业需要将低碳发展作为核心理念之一并融入企业战略之中，做好“降碳”与“发展”的平衡。比如欧洲电力巨头意昂集团，以“成为欧洲能源低碳转型的可持续平台”为发展理念，制定了“可持续发展”的战略目标，通过布局能源网络与能源服务方案，形成能源供应清洁化与能源解决方案智能化的战略发展方向，从战略上引领了自身的节能降碳，并且帮助价值链脱碳。

主要途径：多措并举打造企业低碳发展体系

企业向低碳发展转变的过程由各方面协同推进，包括业务体系的低碳化转型、运营环节的优化、低碳产业生态的共建、循环经济体系的搭建等。企业第一步应盘查自身及价值链上的碳排放，识别碳排放来源，从而因源施策制定现有业务降碳举措；第二步应结合低碳发展战略，抓住低碳发展带来的新机遇，完善绿色化业务体系；第三步应优化自身运营，提高企业运营效率，降低运营各环节碳排放，充分释放企业降碳潜力；第四步应依托企业在供应链上的优势地位，与上下游企业携手共建低碳产业生态，促进供应链降碳；第五步应创建循环经济体系，提高碳利用效率，推进自身与价值链共同降碳。

保障支撑：完善组织架构与管理体系，有效支撑企业降碳

组织架构与管理体系是企业贯彻低碳发展理念、落实低碳发展战略、执行低碳发展举措的重要保障。企业需要完善组织架构，建立相应的双碳管理组织架构，划清明确的职责权限、任务分工，组建专业的团队提升组织推进降碳的能力，并辅以有效的考核激励手段来推进各层级组织执行降碳举措。与此同时，企业为推进自身及价值链碳中和，需要提升相应的管理能力，如可持续管理体系、气候风险管理体系、供应链绿色管理体系，以可持续管理和风险管理推进自身降碳的同时，以供应链绿色管理体系兼顾上下游企业协同降碳。

企业以低碳战略引领，应用降碳举措，持续完善组织与管理保障体系，稳步推进节能降碳。本章承接上一章，以案例的形式从企业视角出发，对能源、钢铁、交通运输、建材、建筑、数字通信行业内企业的低碳发展路径进行分析，将各行业企业的降碳案例从低碳战略引领、应用降碳举措、完善支撑保障体系等方面进行分解，为企业实现碳达峰碳中和路线提供经验借鉴，辨明企业节能降碳基本路径，推进企业降低自身及价值链碳排放。

第一节
助力电力脱碳：意昂战略转型下的低碳发展

经济社会的快速发展导致耗电量节节攀升，放大了电力行业的高耗能高排放特性，使电力行业成为最主要的碳排放源。德国意昂集团2021年在世界500强中排名第130位，是全球电力行业龙头企业之一，其秉持着“打造欧洲碳中和的可持续平台”的理念持续推进自身的低碳发展，并且定下了2040年实现自身碳中和、2050年实现供应链碳中和的目标。

意昂很早就随着欧盟的政策开始推进低碳发展，从敏捷的战略转型、因源施策推动业务低碳转型、利用绿色金融工具、应用碳抵消策略、打造可持续管理体系等五方面推进自身乃至产业链低碳发展，使直接碳排放降低至0.08亿吨，间接碳排放降低至1亿吨。意昂领先的低碳发展举措对我国发电端以及输电端的企业均有借鉴意义，有助于我国电力企业从战略调整、业务转型、金融工具、管理架构等方面推进低碳布局。

欧洲碳中和，意昂推进低碳发展

电力行业碳排放在欧盟与德国的占比分别达30.8%及37.1%，是主要的碳排放源，成为欧盟与德国的降碳政策重点关注对象。两者均颁布了一系列的政策法规，以能源清洁转型助力实现碳减排为最重要的政策主线，对欧洲电力行业提出了低碳发展的要求。意昂2021年能源网络里程达126.4万公里，输配的电力与天然气分别占欧洲全年生产量的7.1%和4.3%，是欧洲能源行业中的领军企业。

在逐步变化的行业发展模式与日益趋严的环境和能源政策法规驱使下，意昂开始向综合能源服务商转型，不断调整业务组合，形成了全新的低碳发展模式。意昂的碳排放持续下降，自2019年第二次战略转型后，直接碳排放从880万吨降低至761万吨，间接碳排放从1.2亿吨降低至1亿吨，取得了良好的降碳成效。

多措并举推进绿色低碳发展

欧洲能源政策驱使的战略转型

意昂既有业务范围涵盖了传统能源的生产、运输与销售。在欧盟与德国推动新能源发电后，意昂为了满足政策要求以及获取新的利润增长点，开始进军新能源领域。2007年意昂将拓展新能源组作为发展战略的重点，为此成立了气候和可再生能源部门，重点发展水力风力发电，为欧洲提供更具可持续性的能源服务。截至2010年底，意昂可再生能源装机容量达9077兆瓦。此时，意昂的业务结构包含传统能源与新能源的生产、运输、销售，处于重资产运营阶段。

2011年日本爆发福岛核事故使德国开始弃核，意昂的核能发电资产成为集团进一步发展的阻碍。与此同时，德国电力市场改革的推进以及德国对可再生能源支持力度的提高，导致传统煤电业务经营成本上涨，成为意昂的负担。因此，意昂的发展战略变为向综合能源服务商转型，并分两步具体推进：第一步，在2015年成立新公司Uniper负责传统能源业务与部分风电业务，并在2016年卖出持有的Uniper股权，彻底退出传统能源业务；第二步，意昂在2018年与莱茵集团达成协议互换资产，意昂以可再生能源发电业务来交换莱茵集团的子公司innogy的电网与售电业务，并在2020年完成对innogy电网与售电业务的整合，退出发电业务。

至此，意昂专注于能源网络、能源综合服务业务，并且定下了“成为欧洲能源低碳转型的可持续平台”的战略目标，围绕持续增长、可持续发展、数字化的战略重点，通过布局能源网络与能源服务方案，形成能源供应清洁化与能源解决方案智能化的战略发展方向。意昂通过并网更多的可再生能源发电、利用数字化优化能源服务来提供可持续能源服务，帮助客户脱碳，并且实现意昂集团的气候中和目标。

因源施策的业务转型路径

意昂集团有着明确的碳排放统计制度，对不同来源的碳排放进行统计。依托能源网络和综合能源解决方案，意昂对不同的碳排放来源开展相应的节能降碳行动，不仅推动了范围一、范围二业务自身的碳减排，更通过能源网络消纳更多可再生能源、采用智能能源解决方案推进节能降碳等方式助力能源价值链加速碳中和。

大规模业务转型降低直接排放

意昂的业务在2015–2019年间发生了重大调整，将传统能源业务、发电业务进行剥离，退出煤炭石油开采销售与火电业务，专注于能源互联网与能源解决方案，使意昂范围一内的直接碳排放从2015年的8000万吨大幅降低至2020年的400万吨。

在整个业务转型过程中，意昂针对自身直接碳排放源开展了一系列有针对性的降碳行动。对于范围一内来源于发电与发热、逸散排放、自有车辆排放、燃料燃烧的碳排放，意昂主要采用了投资绿色能源、提高可再生能源发电份额、余热回收利用、升级能源运输网络、采购电动汽车、提高能效等措施，降低其排放。对于范围二，意昂的碳排放主要来源于配电损耗与购买电力，因此选择通过提高可再生能源并网比例、创新输配电技术、规划电网结构来减少配电损耗，通过使用绿电与清洁燃料、提高能效来减少外购电力碳排放。

综合能源服务降低价值链碳排放

意昂业务转型后的综合能源服务体系由能源网络业务、能源解决方案业务构成，两者协同作用下能够有效降低价值链碳排放。

具体而言，对于能源网络业务，意昂可以借助其实现新能源电力的消纳，解决新能源发电存在电力供应与电力需求之间的不匹配问题。能源网络业务作为电力能源输送的途径，能够通过储能系统与并网技术有效平衡新能源电力的供给端与需求端，匹配新能源电力，实现供需对接。同时，还可以接入大量分布式可再生能源，推动分布式发电布局，助力价值链节能降碳。

对于能源解决方案业务，意昂利用数字技术优化用能端的能源结构，供给更加清洁低碳的能源、提供智慧能源管控服务与能源使用智能优化服务、制定更高能效的能源使用方案，持续推进价值链的节能降碳。

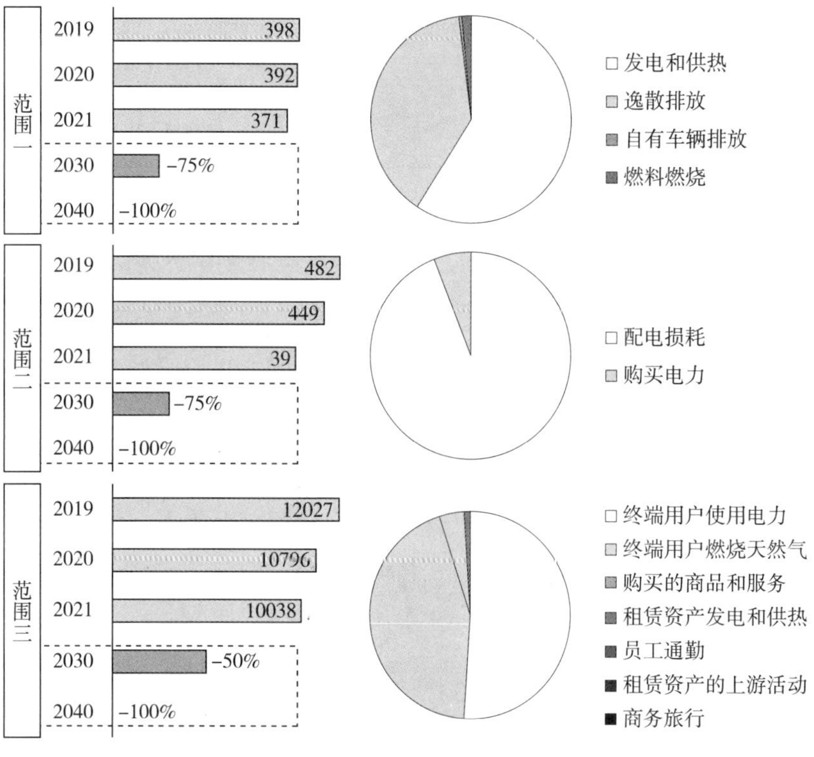

图4-2　意昂碳排放现状与目标

注：碳排放单位为万吨CO_2e，意昂碳减排目标的下降以2019年碳排放为基准。

数据来源：意昂可持续发展报告；中大咨询分析。

善用绿色金融推进节能降碳

在可持续投资框架方面，意昂确定了电网、可再生能源、能源效率和清洁交通四个重点投资方向，并设定了相应的投资标准与对应的经济活动，来保证绿色投资项目碳减排。其中以电网投资额最高，达到166.75亿欧元。在实际成效方面，意昂在电网方面的投资产生的碳减排效果最好，且单位减排成本约为281.58欧元/吨，在四类投资中单位减排成本最低。

表4-1　　意昂绿色投资框架

绿色行动	投资标准	经济活动
电网	电网配电基础设施要求： 满足100gCO_2/(kW·h)排放阈值的新增发电设施的占比需高于67% 电网的平均排放系数低于100gCO_2/(kW·h)	电力传输与分配活动： 可再生能源发电并网 安装智能电网组件
可再生能源	可再生能源： 风能、太阳能 生物质能源 氢能	可再生能源生产与存储： 风力发电、太阳能光伏、生物质能源发电 氢气生产、储存与运输基础设施
能源效率	集成能源与城市能源解决方案： 集中供热 余热利用 热电联产	城市能源服务： 供电供热替代解决方案
清洁交通	交通电气化基础设施建设	充电站及配套交通电气化基础设施的建设与运营

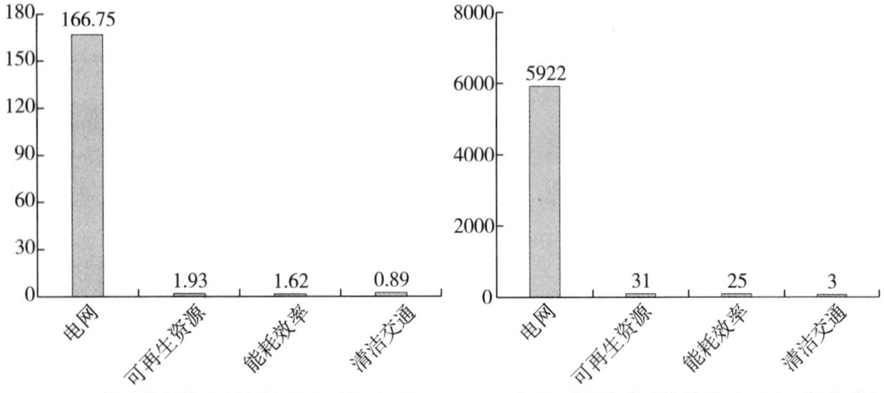

（a）符合条件资产的投资总和（亿欧元）　（b）对应的碳减排效果（万吨二氧化碳）

图4-3　意昂绿色投资额与相应碳减排效果

数据来源：意昂可持续金融框架报告；中大咨询分析。

应用碳抵消策略从吸收端降碳

意昂制定了2040年自身碳中和与2050年上下游碳中和的目标，需要稳步减少自身业务和价值链的排放。但是作为一家综合能源服务商，通过能源网络为客户传输能源，在这一过程里，不可避免地会产生电力损耗、天然气逸散，导致意昂无法完全消除碳排放。因此，为了达成其制定的碳中和目标，意昂采取了碳抵消的方式来增加集团碳吸收，以期从吸收端助力意昂实现碳中和。具体而言，意昂为客户提供碳抵消服务、购买碳抵消项目来中和商务旅行和商业活动产生的碳排放。意昂拥有一项刚果（金）维龙加山脉水电项目，达到了国际核证碳标准（VCS），能够为客户提供每年14.8吨的碳减排量。此外，意昂与LEAF联盟建立合作，通过修复热带雨林来提高碳吸收。

可持续管理架构与实践

意昂2013年成立了可持续发展委员会，在2017年设立了首席可持续发展官，使可持续管理架构逐步完善，形成了常态化的可持续管理机制。

意昂可持续管理架构从董事层、集团层、分公司层入手搭建。在董事会层面，意昂单独设立首席可持续发展官（CSO）负责把控集团可持续发展。在集团层面，意昂设立了可持续发展委员会和健康、安全与环境委员会，两者协同指导集团可持续发展。在分公司层面，意昂分公司确定一个核心职能部门来落实可持续发展行动，为可持续发展委员会提供信息、交流可持续发展实践、提交报告，负责具体实施意昂的气候行动计划。

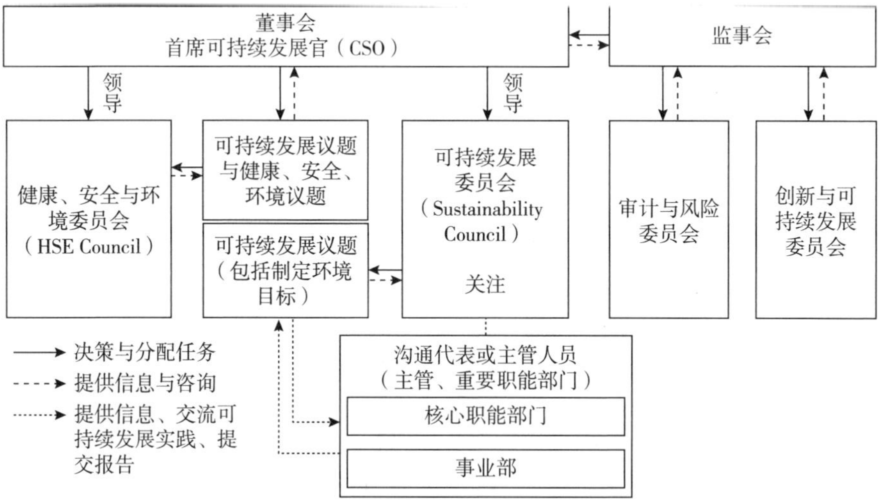

图4-4　意昂可持续管理架构

资料来源：意昂可持续发展报告；中大咨询分析。

在可持续管理架构下，意昂采取可持续管理实践，将高管薪酬与可持续发展挂钩，将气候行动方面的KPI与长期绩效关联，使气候行动占长期绩效的6.25%，以此推动高管采取强力措施实现减排目标。此外，意昂鼓励员工使用电动汽车，为员工提供优惠的电动汽车租赁合同，不仅降低员工自身经济活动的碳排放，还助力减少意昂集团范围三的碳排放。

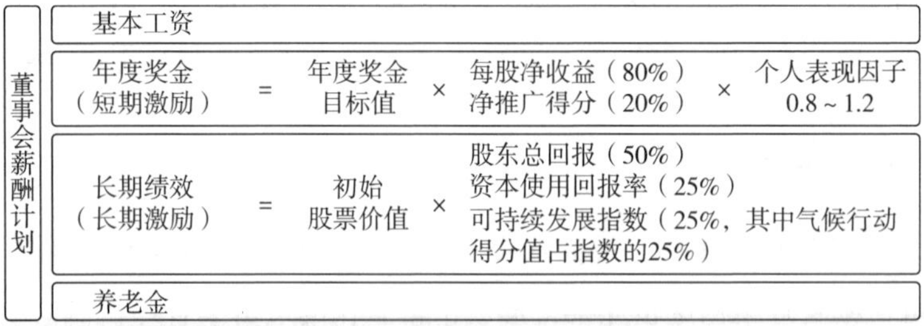

图 4-5　意昂董事会薪酬结构

资料来源：意昂可持续发展报告；中大咨询分析。

节能降碳成效显著

意昂持续推进集团的碳减排，其行动在不同时期均取得了良好的效果，还使其经营情况持续改善。意昂经历了两次业务结构的大幅变化，在每一阶段中均坚持推动碳减排，保持着碳排放在各个阶段内持续降低的趋势。

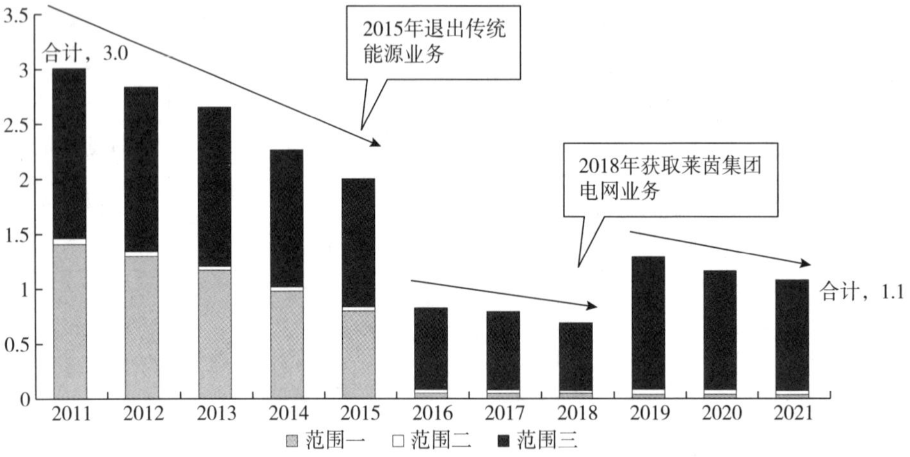

图 4-6　2011-2021 年意昂碳排放情况（亿吨二氧化碳）

数据来源：意昂可持续发展报告；中大咨询分析。

2011–2015年，意昂拓展可再生能源业务，业务结构不断丰富，减排措施的应用使意昂碳排放量不断降低；但是2013年开始，受德国弃核政策、能源政策与电力市场改革的三重影响，欧洲电价大幅波动与核电站的处理使意昂承担了大量损失，意昂开始着手拆分传统能源业务。2016–2018年，意昂完成了传统能源业务的剥离，范围一的碳排放大幅减少。2019–2021年，意昂完成将自身的可再生能源发电业务与莱茵集团的能源网络业务互换整合，扩展了能源网络与能源解决方案业务，导致2019年范围三的碳排放陡增，其后两年在碳减排行动下，意昂碳排放持续降低。

绿色低碳发展的启示

重视可再生能源相关业务的开拓与创新

随着我国碳达峰碳中和“1+N”政策体系陆续出台，电力绿色低碳转型的需求愈发紧迫，能源结构高质量调整迫在眉睫。因此，对发电端企业而言，需要制定清洁电力供应战略。一方面通过大量部署水力、风力与光伏集中式与分布式发电设施来提高可再生能源发电占比；另一方面推动火电低碳转型，通过淘汰落后产能煤电、建设低碳排放气电推动降低自身火力发电活动的碳排放。此外，发电端企业还可以开发应用CCUS技术，对火力发电机组进行改造，从吸收端减少发电产生的碳排放。对输电端企业而言，未来需要推进业务向能源网络清洁化、能源解决方案智能化转型。在能源网络方面，利用大规模可再生能源并网技术与电网级储能技术提高清洁能源消纳能力；在能源解决方案方面，将电力技术与数字技术相结合，利用智慧能源管理服务助力电力产业链节能降碳。

“因源施策”推进节能降碳

意昂通过分解碳排放来源结构，对每项排放源制定了有针对性的碳减排目标与路径，引领了整个集团业务的碳减排，对如何实现降碳目标做出了详细的安排。我国电力行业企业需要深入分析集团能耗与碳排放结构，制定针对各项碳排放来源的降碳设计方案：对发电企业，需要重点推进发电端的节能降碳，通过投资绿色能源、加强余热余电回收利用打造清洁化低碳化的能源供应体系；对于电网企业，需重点投资高能效电网，消纳大量可再生能源电力，推动降低输电与用电碳排放。

善用绿色金融工具支持业务布局优化

绿色金融能够为企业提供更低成本的融资，可以帮助企业增加节能降碳方面的投资，意昂大量利用绿色金融，投资于可再生能源、电网改造、余热利用等技术，帮助意昂以较低的成本推进节能降碳技术应用。因此，在资金需求端，我国电力企业需要充分利用绿色金融资源，通过绿色信贷、绿色债券等金融工具以更低成本的方式来推进绿色低碳战略布局、推进业务转型。在资金供给端，我国电力企业需要探索绿色金融投资模式，利用供应链金融、产业投资的方式有力支持产业链上的绿色低碳发展，助力产业链碳中和。

完善碳管理架构支撑企业低碳发展

完善组织架构是对集团战略执行、业务优化调整的保障，意昂很早就设立了可持续发展委员会和健康、安全与环境委员会，搭建了完善的管理架构，为其节能降碳工作的发展提供支撑，为可持续发展提供制度保障。我国电力行业企业仍需完善碳管理架构，可以选择在董事层设立首席可持续发展官、在集团层设立碳中和管理委员会或碳中和管理部、在子公司层设立碳中和工作小组或子公司核心职能部门，整体推进集团的碳排放管理，开展有针对性的碳管理实践。

第二节
推动钢铁脱碳：中国宝武打造低碳钢铁航母

钢铁行业在社会经济发展中处于极重要的地位，也产生了大量的碳排放，是我国第二大碳排放行业。作为钢铁行业的领军企业，中国宝武钢铁集团在2021年排名世界500强的第72位，并提出了2023年实现碳达峰、2050年实现碳中和。为实现其目标，宝武从技术创新、业务低碳化、碳资产管理、绿色文化等角度入手，加速推进自身的低碳发展。宝武的低碳发展使其综合能耗与碳排放强度不断降低，引领我国钢铁行业低碳发展。

中国宝武布局低碳发展

为推进钢铁行业绿色发展，2022年我国发布了《关于促进钢铁工业高质量发展的指导意见》和《高耗能行业重点领域节能降碳改造升级实施指南（2022年版）》，要求钢铁工业坚持总量控制与绿色低碳发展，推进节能降碳改造升级。在碳达峰碳中和目标的压力下，钢铁行业未来需要加速推进绿色发展，助力高质量实现碳达峰，推进碳中和。

2021年，中国宝武粗钢产量达1.2亿吨，占全国粗钢产量的11.61%，全球粗钢产量的6.14%[①]，同时以6737亿元营收位列世界500强第72位，是全球最大的钢铁企业。宝武碳减排对我国乃至全球钢铁行业实现碳中和都具有重

① 世界钢铁协会. 2022年世界钢铁统计数据［EB/OL］.（2022-06-07）［2022-07-22］. https://worldsteel.org/wp-content/uploads/WSIF_2022_CN.pdf.

要意义，宝武需要承担起推动中国钢铁行业高质量发展、实现碳中和的责任。目前宝武的低碳发展已取得了相应的成效，吨钢综合能耗下降至583千克标准煤，万元产值综合耗能也降低至1.44吨标准煤，碳强度也在逐步降低。

宝武多维度推进低碳发展

绿色钢铁技术路线图

宝武作为钢铁行业企业，其碳排放最主要来源于钢铁的生产，因此，宝武在2021年发布的《中国宝武碳中和行动方案》要求以技术创新为核心推动力，引领钢铁绿色升级，布局绿色产业，从而助推宝武绿色低碳转型。在《方案》规划的时间线里，宝武将在2023年实现碳达峰，在2035年实现碳排放较2020年降低30%，最终在2050年实现碳中和。在《方案》规划的行动里，宝武将极致能效、冶金资源循环、近终形制造、富氢碳循环高炉、氢基竖炉和碳回收及利用等6项技术作为节能降碳的主要技术研发与应用方向，来推进钢铁绿色制造，同时打造绿色产品、布局绿色产业，以此推进宝武碳中和。

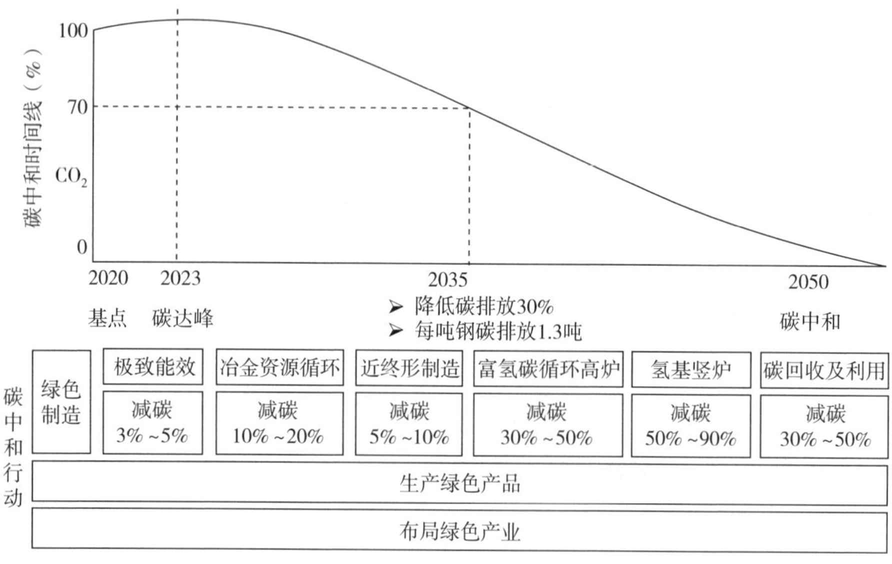

图4-7 中国宝武碳中和整体路线图

数据来源：中国宝武；中大咨询分析。

宝武整份《方案》以技术创新为核心，通过创新低碳技术推动钢铁制造以及品质绿色升级。宝武的技术路线图由六项基础技术相互融合而成，涵盖了钢铁生产的整个生命周期，从原料使用、能源使用、生产加工、碳排放利用、产品使用等阶段入手，利用高炉—转炉工艺和氢冶金工艺技术升级推动减少碳排放。

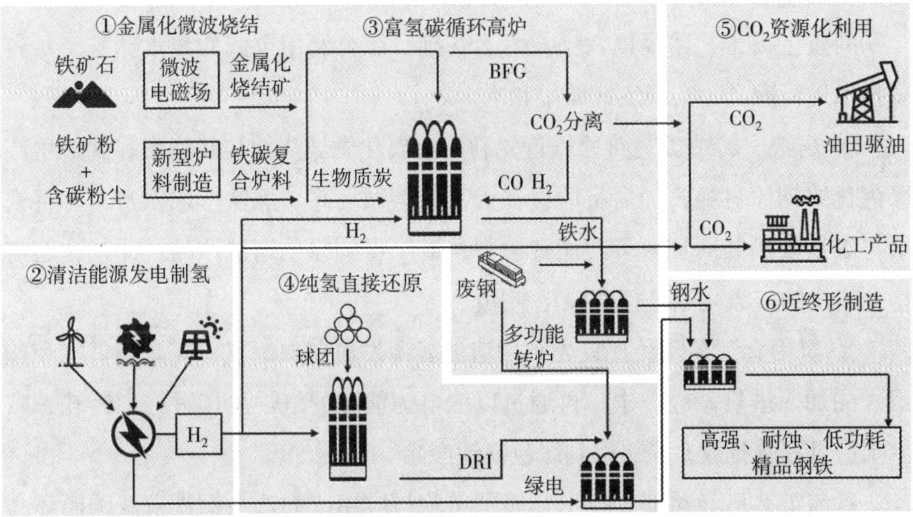

图4-8　中国宝武碳中和冶金技术路线图

资料来源：中国宝武官网；中大咨询分析。

业务体系低碳化

研发冶金技术，助力制造过程低碳化

宝武综合自身技术发展，确定了六大技术研发方向，并以两条主要工艺路径推进技术融合，实现钢铁制造过程绿色化。其中，六大技术突破方向为：

①极致能效。通过余温余热利用、能效提升技术的创新，对现有制造流程进行升级改造，平衡集团发展与碳减排。

②富氢碳循环高炉工艺。宝武应用富氢碳循环高炉技术提升碳循环利用率，同时辅以绿电与原料绿色化深挖高炉炼钢减碳潜力。

③氢基竖炉。通过清洁能源制取绿氢，并使用绿氢还原氧化铁，产生金属铁与水蒸气，助力钢铁走向碳中和。

④近终形制造。从钢水浇铸开始就贴近成品尺寸，以此压缩钢铁制造工序、缩短制造流程，实现节约能源、减少碳排放。

⑤冶金资源循环利用。加强内外部循环，充分利用厂内与厂外的含铁含碳固废、钢铁材料、生物质等资源。

⑥二氧化碳回收及利用。钢铁制造难以完全避免产生二氧化碳，需要充分利用碳捕集与利用技术，提高碳化学能的循环利用。

两条主要工艺路径以六项技术为基础，综合利用宝武的技术储备，对各项技术进行融合，实现宝武碳中和冶金。

① 高炉—转炉工艺路径。首先利用金属化微波烧结与新型炉料制造生产绿色化炼钢原材料，随后将原料送入富氢碳循环高炉炼铁形成铁水，再将铁水与废铁废钢共同加入多功能转炉中，最终得到绿色钢铁产品。此外，还需将分离出的二氧化碳进行资源化利用。

② 氢冶金工艺路径。首先利用清洁能源发电制取绿氢，随后将氢气和球团一同加入进氢基竖炉中，再通过以绿电为能源的电炉连接近终形铸轧，减少制造过程碳排放，最终得到绿色钢铁产品。

目前宝武已经对部分技术开展了实验与应用，如八一钢铁富氢碳循环高炉、湛江钢铁氢基竖炉—电炉短流程零碳工厂、新疆巴州钢铁绿色短流程项目[①]，期望以此形成碳中和冶金示范，助力宝武完善碳中和技术路线，实现钢铁制造过程绿色化，降低企业直接碳排放。

抓住绿色机遇，生产绿色产品

钢铁行业是基础性原材料行业，宝武生产的汽车板、硅钢等材料为能源、交通等高碳排放领域提供了建设原料，因此宝武提升产品质量、减少产品生命周期碳排放同样有助于能源、交通等行业的碳中和。宝武沿着高强度、高耐蚀、高效能三条路径打造高品质绿色钢铁，为下游行业碳减排提供绿色钢铁解决方案，助力中国宝武抓住绿色发展新机遇。

---

① 中国宝武．专题解读|碳中和冶金路线图和零碳工厂［EB/OL］.（2021-12-02）［2022-07-22］. http://www.baowugroup.com/media_center/topic_detail/2468/224360.

利用绿色金融，推动低碳转型与产业布局

当前政策对绿色金融的支持力度持续增大，中国宝武借绿色金融政策推动绿色融资、成立产业基金、升级公司产业金融业板块，持续推进绿色低碳转型。第一，充分利用绿色信贷、绿色债券等融资工具，通过债务置换、申请绿色信贷等方式为各个项目提供低成本资金，同时选择合适的绿色融资工具锁定长期成本。第二，宝武成立了绿色低碳冶金创新基金、碳中和基金，并计划未来通过产业投资基金的方式投资内外部优质项目，利用金融杠杆推动绿色材料、绿色资源、绿色智慧服务等产业发展，丰富宝武绿色产业。

智慧服务体系低碳化

智慧服务业是中国宝武六大业务规划之一，同时也是宝武自身数字化的重要支撑体系。宝武不仅利用智慧服务推进自身低碳发展，更抓住发展机遇将宝武绿色智慧服务体系进行推广，开拓绿色智慧服务新业务。对企业内部，智慧服务贯穿了宝武各项活动，以数智化管控手段支持低碳技术落实，形成支撑业务的智慧服务体系。对企业外部，宝武打造绿色智慧服务业务平台，为其他企业提供绿色数智化解决方案，助推钢铁行业绿色低碳转型。

具体而言，宝武形成了四条路径来助力碳中和行动，分别是提供智慧低碳冶金技术方案、全流程智慧制造解决方案、绿色供应链解决方案、核心设备智能运维综合解决方案。此外，宝武利用数字技术进行了主要产品碳足迹核算、企业碳核算和绿色低碳认证等活动，助力宝武实现碳中和。

加强碳资产管理

随着碳交易体系的不断完善，碳资产已成为钢铁行业重要的资产之一，中国宝武面对着国内国际不断加强的碳政策，开始着手加强政策及市场研究，提升宝武碳资产管理能力，积极参与全国与各试点碳市场的建设及运作，把控宝武碳配额履约成本，推进宝武的绿色低碳发展。

截至2020年，中国宝武有20家下属企业参与各省（市）的碳交易，全年实际履约的碳排放总量超过1亿吨，并100%完成了碳配额的清缴工作，共支出了超9000万元。在2021年7月全国碳排放权交易市场开市后，宝武有三家自备电厂被纳入碳交易中，碳中和办公室随之开展碳排放核算、碳减排路径分析、减碳绩效评价体系研究等工作，提升了宝武的碳资产管理能力。

推行绿色核心价值观

中国宝武在2022年对企业文化进行了迭代升级，在价值观中用“绿色”替代了“协同”一词，以企业文化引领宝武碳中和行动，持续推进宝武绿色低碳转型。在绿色发展成为全人类共识的背景下，中国宝武将绿色作为企业核心价值追求，用“绿色”牵引技术创新，推动宝武低碳发展，提升宝武在钢铁产业圈中的竞争力和影响力。

综合能耗与碳排放强度逐步降低

中国宝武的发展过程中，持续对我国钢铁企业进行并购重组，虽然营业收入、钢铁产量产生了大幅变化，但是随着绿色发展的持续推进，宝武的综合能耗仍在不断下降。宝武的吨钢综合能耗从2016年的602千克标准煤下降至583千克标准煤，同时万元产值综合能耗下降至1.44吨标准煤。尤其是宝武最主要子公司宝钢股份的碳排放强度快速下降，2018年的碳排放强度较2014年下降了10%，宝武的绿色低碳发展取得了一定成效。

但是从绝对值来看，产量约占集团总量40%的宝钢股份在2019年产生了9397万吨碳排放，未来仍需要持续加大碳减排力度，才能如期实现碳中和。

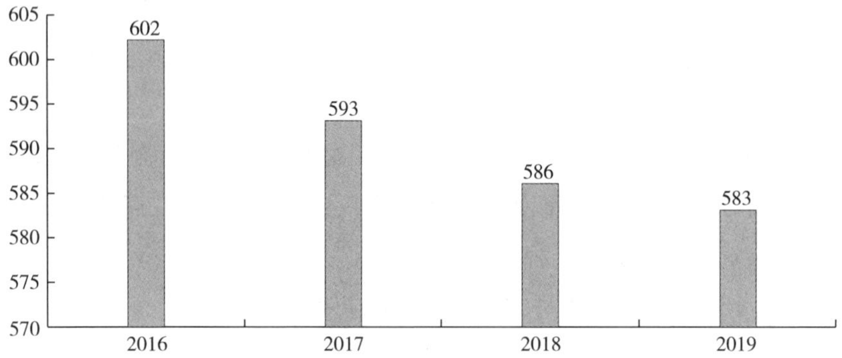

图4-9　2016—2019年宝武吨钢综合能耗（千克标准煤）

数据来源：中国宝武社会责任报告；中大咨询分析。

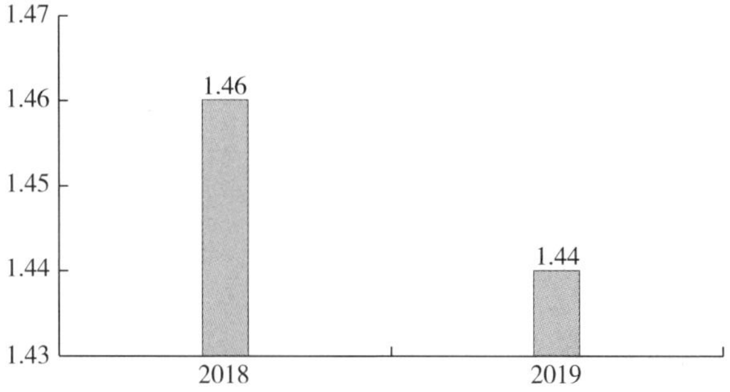

图 4-10　2018-2019 年宝武万元产值综合耗能（吨标准煤）

数据来源：中国宝武社会责任报告；中大咨询分析。

宝武低碳布局启示

在碳达峰碳中和目标的要求下，钢铁行业绿色低碳发展势在必行，各钢铁企业也更加重视低碳发展，纷纷采取相应措施探索低碳发展路径。中国宝武 2021 年绘制了清晰的低碳冶金路线图，从技术研发、产业布局、碳资产管理、绿色核心价值观等方面采取措施，加速推进实现宝武碳中和。

加强低碳技术研发与应用

钢铁企业高能源消耗的生产特性导致其实现节能降碳的任务艰巨，需要强化顶层设计、绘制绿色低碳发展路线图，以低碳技术创新引领节能降碳。宝武清晰地描绘了降碳技术研发方向，并制定了碳中和冶金技术路线图，推进制造过程绿色化、钢铁产品绿色化。目前我国其他几大钢企同样着手制定技术路线，推进钢铁产品及制造流程绿色低碳化，但是我国钢铁生产仍是以长流程粗钢为主，未来需要持续推进低碳技术的研发与应用，实现钢铁企业的低碳发展。

充分利用绿色金融资源

钢铁行业达到碳中和目标存在大量的资金缺口，利用绿色金融是助力碳达峰碳中和实现过程中不可或缺的一环。在绿色金融政策不断推进下，宝武充分利用绿色金融资源，降低融资成本、成立碳中和产业基金，推进宝武厂内低碳技术应用、设备升级改造、布局新材料与原料循环产业。但是目前我国其他钢铁企业对绿色金融的应用不足，如河钢集团在2022年1月才发行了首单碳中和绿色公司债券。因此，钢铁企业需要积极参与绿色金融创新实践，调动资源助力企业低碳发展。

建立碳资产管理制度

碳交易市场开市之后，钢铁企业就被纳入交易以推进碳减排，导致钢铁企业经营成本持续增加，由此产生了加强企业碳资产管理的需求。宝武下属20家企业被纳入碳交易市场中，其着手建立集团统一的碳资产管理平台，以集团规模优势推进各子公司协同降碳，助力降低碳配额履约成本、碳资产运营效率、规避碳价波动风险。目前，河钢集团成立了碳资产管理公司，负责开展公司内外部的碳排放管理业务。然而其他钢铁企业在碳资产管理方面并未展开相应的举措，在钢铁纳入全国碳交易市场的预期下，我国钢铁企业需要更加重视碳资产管理，规避碳市场风险。

创建绿色文化内核

企业文化是公司发展的精神内核，在绿色低碳发展的趋势下，钢铁企业绿色转型不可逆转，需要对自身进行重新审视与定位，将“绿色”作为钢铁企业发展的底色是钢铁企业坚定绿色发展的有效手段。宝武在对企业文化进行迭代升级后，以“绿色”为核心价值观之一，推进宝武履行双碳承诺，走绿色发展之路，践行绿色工作生活。我国钢铁企业很少将“绿色”作为企业文化内核，对绿色发展的认识仍不到位。因此，我国钢铁企业未来需要推动企业文化向绿色低碳转变，以“绿色”价值观推进企业低碳发展。

第三节
打造零碳走廊：敦豪建设绿色低碳物流体系

交通运输行业是我国第三大碳排放来源，其低碳发展是推进碳中和至关重要的一环，但行业以化石能源消耗为主的特性提高了降碳难度，使行业在短时间内难以快速降碳。然而严格的降碳政策要求行业内企业不断低碳发展，交通运输企业亟须绿色转型。

德国邮政敦豪集团（DHL）是全球领先的交通运输企业，设定了2050碳中和的目标，形成了以顶层规划指引、以绿色零碳物流为基础、以企业绿色治理为保障的碳中和之路，使自身碳强度下降至92克二氧化碳/欧元，在推动节能降碳以承担社会责任方面做出积极贡献，为交通运输企业推进碳中和提供了借鉴。

敦豪践行绿色低碳发展

敦豪在2021年以761亿美元的营收位列全球500强第113位，是全球顶尖的运输物流企业。然而其2021年共产生3936万吨碳排放，较2020年增加了17%，碳排放总量仍在上涨。面对欧盟严格推进的碳中和政策，敦豪在行业零碳发展的趋势下主动提出了“2030年碳排放量降低至2900万吨以下，2050年实现碳中和”的远期目标，未来将加速推进降碳，履行降碳责任，助力全球打造“绿色零碳走廊”。

与此同时，在交通运输行业绿色零碳转型过程中，新能源交通工具、可持续燃料等各类碳减排技术快速兴起，产生了大量的投资机会。敦豪已经逐步开展了相关技术的研发与应用，拓展自身的绿色服务，如敦豪研发可用于交通工具的可持续燃料，不仅能推动自身空运及航运降碳，还能进行绿色技术与产品输出，满足消费者对绿色低碳的需求，更能推动供应链上下游共同降碳。

低碳发展路线

敦豪历来重视可持续发展，进入21世纪以来更坚定可持续发展。2001年成立政策与环境部门，2003年发布了第一份环境报告，2008年启动全球气候保护计划，2013年启动“无碳交付”计划，2017年承诺到2050年实现碳中和，2021年提出了加速脱碳路线图。这些举措帮助敦豪在绿色发展趋势下取得相对领先的优势，帮助公司脱碳。

顶层规划引领绿色发展方向

敦豪在2021年制定了ESG发展路线图，从开展保护气候的清洁作业（E）、打造适合所有人的伟大公司（S）、成为被高度信任的公司（G）等三方面推动敦豪在2021年至2030年可持续发展[①]。

图4-11　敦豪可持续发展路线图

资料来源：敦豪；中大咨询分析。

在环境方面，敦豪以开展保护气候的清洁作业为总路线，关注降低物流相关温室气体排放。同时，敦豪给出了四方面的绿色发展举措，分别是使用可持续燃料、推动用车电气化、打造碳中和建筑、构建绿色产品组合，以减少敦豪空运、航运、陆运及建筑等四方面的碳排放。路线图中还设置碳减排量为环境方面的KPI指标，用以把控发展效果。此外，在ESG发展路线图下，敦豪还为每项举措设定了阶段性目标，要求2025年前配送车队拥有至少

① 敦豪．ESG［EB/OL］．［2022-07-22］．https://www.dpdhl.com/en/investors/esg.html.

37000辆电动车，建立280个碳中和配送基地；2030年前可持续燃料的占比至少达到30%，配送车辆电动化率高于60%。

绿色零碳物流体系

敦豪碳排放来源于其生产运营，可以分为空运、陆运、航运和建筑四方面，其中空运和陆运是碳排放最多的板块，占比高达70%和22%，航空业早已被纳入欧盟碳交易体系，航运未来也将被纳入，敦豪面临着高额的碳排放成本[①]。在可持续发展理念的引领下，敦豪开始针对生产运行过程中的高耗能、高碳排环节开展有针对性的节能降碳举措，其中最重要的举措是节约能源、使用清洁能源推动耗能业务减排，同时搭建绿色产品体系来推动业务绿色发展。

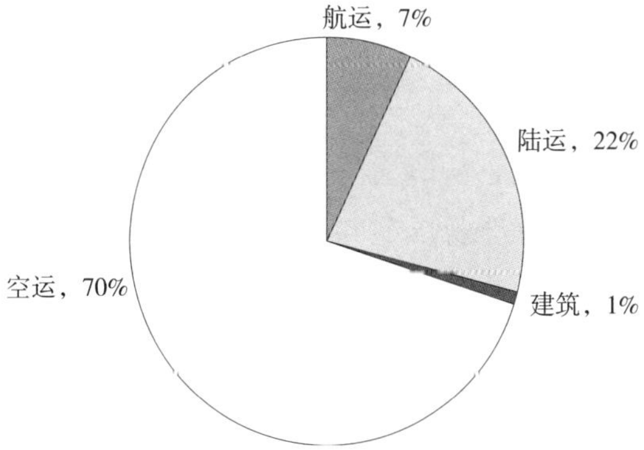

图4-12　2021年敦豪碳排放结构

数据来源：敦豪；中大咨询分析。

采用低碳燃料、提升能源效率来降低航空运输碳排放

航空运输是敦豪最大的碳排放来源，占比高达70%，降低其碳排放是提高敦豪碳效率、降低碳强度、实现碳排放降低的最有效手段。敦豪降低航空运输业务碳排放的思路主要是，从能源消耗角度入手推动空运燃料清洁化、高效化，从而实现航空运输业务节能降碳。其中重要的举措包括应用可持续

---

① 敦豪.ESG Statbook [EB/OL]. [2022-07-22]. https://www.dpdhl.com/en/investors/ir-download-center.html.

燃料促进能源消耗清洁化、更换新型飞机降低运输能耗、增加单次载重并利用数字技术优化运输路线以提高能源使用效率，多重举措并行，推动敦豪航空运输业务节能降碳。截至2021年，敦豪空运可持续燃料消耗从300万千瓦时增长至1.75亿千瓦时，占比增长至0.8%。按照敦豪可持续发展规划，到2030年，空运可持续燃料消耗占比将增加至高于30%。

利用低碳交通工具逐步推动公路运输零碳

陆地交通运输业务在2021年消耗了46.4亿千瓦时的能源，产生了约876万吨的碳排放，是敦豪除空运业务外最主要的碳排放来源。为此，敦豪采取了与降低空运碳排放相似的举措，逐步提高新能源在陆地运输中的渗透率，通过应用可持续燃料、引进新能源运输工具、使用碳排放标准较高的工具、逐步提高零排放车辆占比，从能源替代端促进陆运绿色发展。与此同时，敦豪利用数字化技术构建智慧运输网络、规划运输路线，以此提高运输效率，优化运输程序，从节能端推进陆运降碳。

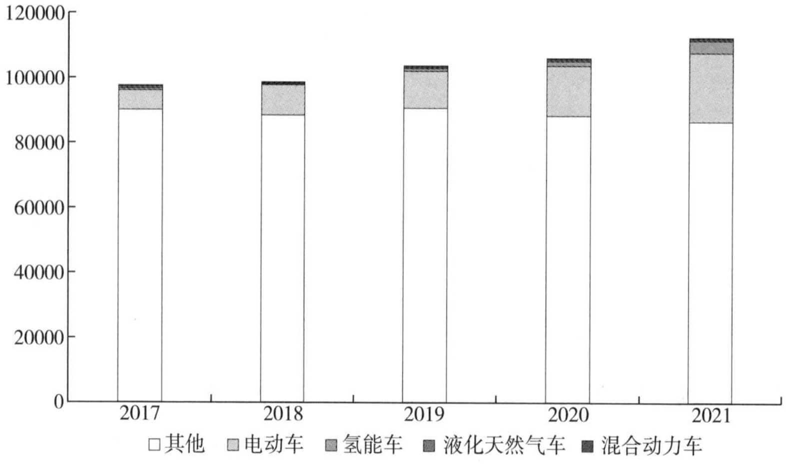

图4-13　2017-2021年敦豪陆运工具按动力系统统计（单位：辆）

数据来源：敦豪；中大咨询分析。

建设碳中和建筑实现自有建筑节能降碳

虽然建筑碳排放占敦豪整体碳排放的比例仅1%，但其绝对碳排放也达到了39万吨二氧化碳当量。敦豪通过碳中和设计、节约能源、清洁能源替代的方法解决建筑碳排放问题。对于新建建筑，敦豪采取碳中和设计模式；对于现有建筑，敦豪正在持续性地改建，其重点举措包括提高可再生能源电力占比，使用可持续性的供暖能源，建设区域可再生能源资源利用装置，使用数字化与智能楼宇管理系统降低能耗。

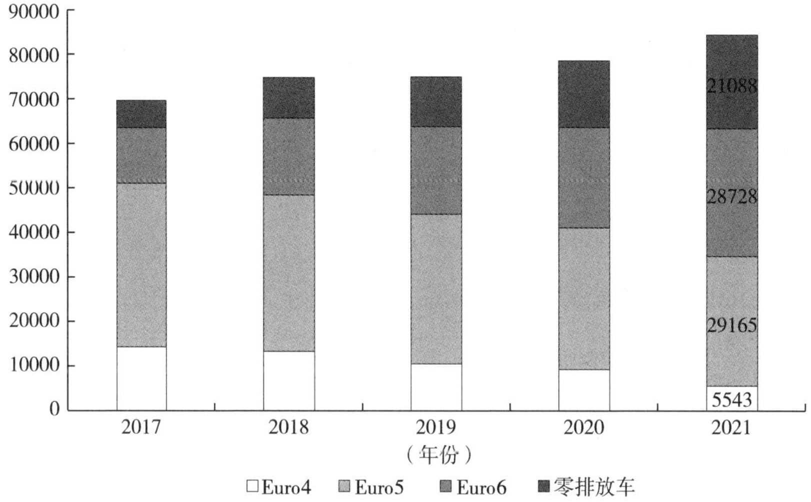

图 4-14　2017-2021 年敦豪陆运工具按排放统计（单位：辆）

注：Euro4、Euro5、Euro6 代表欧洲不同等级的陆地交通工具排放标准，Euro6 为当前最严格的排放标准。

数据来源：敦豪；中大咨询分析。

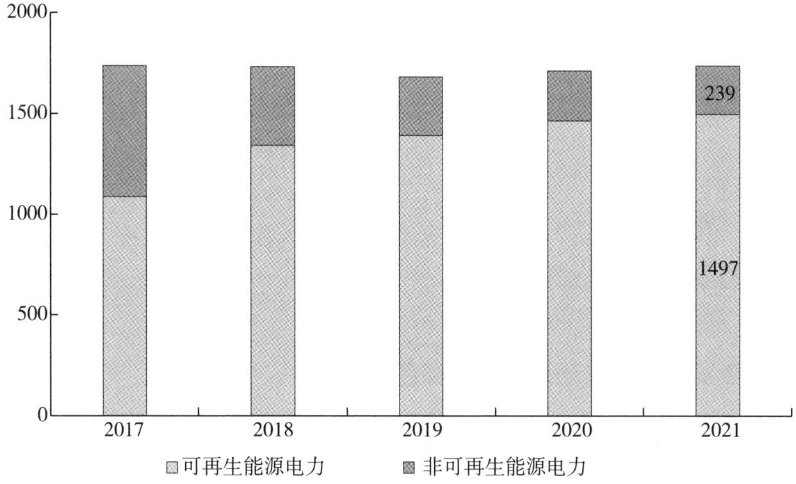

图 4-15　2017-2021 年敦豪建筑电力结构（单位：千瓦时）

数据来源：敦豪；中大咨询分析。

打造绿色产品助力敦豪抓住发展新机遇

敦豪不仅致力于自身业务的碳减排，还注重提供更绿色化的产品服务，在应对气候变化的同时借助产业链上的优势地位升级并拓展公司业务范围。在敦豪绿色产品体系中，主要有碳报告、碳中和产品、绿色优化、资源循环等四项产品服务。

四项服务相辅相成，碳报告为客户揭示碳排放情况，帮助客户分析碳排放来源，同时为其他三项产品提供数据支撑；碳中和产品依据碳报告数据为客户提供精确的碳抵消项目服务，供客户选择以中和运输和物流相关的温室气体排放；绿色优化服务帮助客户优化供应链，从设计、运输、仓储等环节开展定制化服务，保障客户环境效益；资源循环服务帮助客户开发逆向物流和废物管理的解决方案，满足生产者环境责任相关要求，实现资源循环利用。

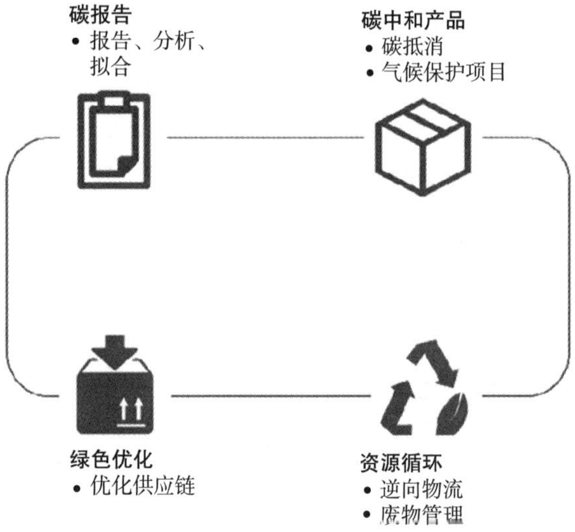

图 4-16　敦豪绿色产品体系

资料来源：敦豪；中大咨询分析。

可持续发展理念推动公司全面绿色治理

可持续管理架构落实敦豪低碳理念

敦豪搭建了可持续发展管理架构，由董事会对CEO、财务中心和人力资源中心进行授权。CEO主要对集团日常经营活动进行可持续管理，其下设可持续发展委员会、运营委员会、GoGreen委员会，分别负责指导集团可持续发展、监控集团运营情况、指导集团运营中的环境问题。财务中心下设财务委员会，对敦豪进行风险管理、监督内部变化。人力资源中心下设人力资源委员会，负责指导人力资源问题。此外，敦豪还与其他外部机构相联系，设立了可持续发展咨询委员会，为敦豪提供先进的外部经验与理念。

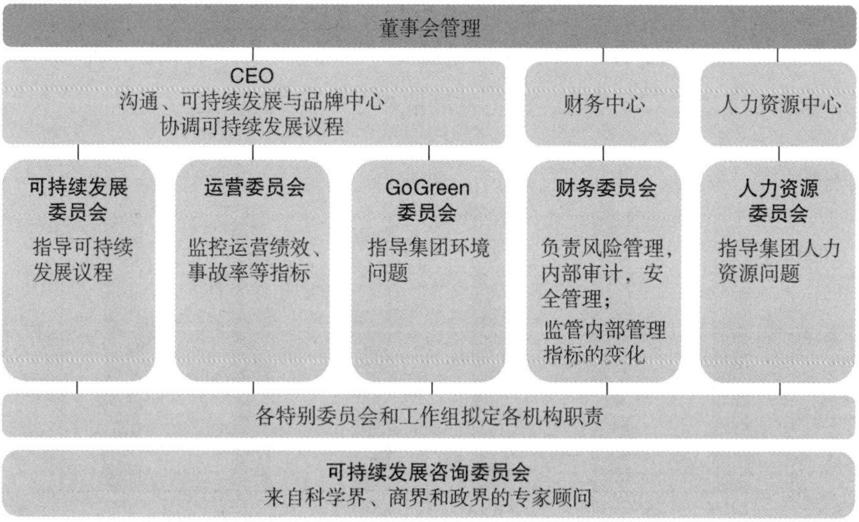

图4-17　敦豪的可持续管理框架

资料来源：敦豪可持续发展报告；中大咨询分析。

高管薪酬挂钩碳减排成效

敦豪通过薪酬的举措推动集团员工形成可持续发展理念，从生活工作各方面践行低碳。敦豪设置了可量化的环境KPI指标——碳减排成效，用以代替碳效率指数，用可量化的绝对值指标进行每年的碳减排成效的分析，更重要的是将KPI指标与董事会10%的绩效奖金相挂钩，保障管理层有足够的动力推动碳减排。

敦豪践行低碳管理来培养低碳工作理念

在日常办公中，敦豪要求使用经过认证的再生纸；在员工培训中，敦豪设置了单独的环保培训模块，并开展GoGreen认证活动，以此提高员工对环境保护的基本理论理解，让员工能够支持集团环境目标。此外，敦豪与国际组织（或当地政府、组织）开展公益合作，积极鼓励员工参与植树造林活动，自2018年起，敦豪员工与合作伙伴每年造林超100万棵树木。

敦豪减碳效果逐渐凸显

从碳排放绝对值来看，敦豪除2019年受市场疲软影响、2020年受疫情影响导致碳排放低于2018年，其余时期受业务量增长的影响均呈稳定增长趋势，到2021年产生了3936万吨的碳排放。但是敦豪节能降碳措施还是产生了良好的效果：从相对值来看，敦豪碳强度稳步下降至92克二氧化碳/欧元，2021年实际碳减排量达72.8万吨，绿色发展取得了一定成效。

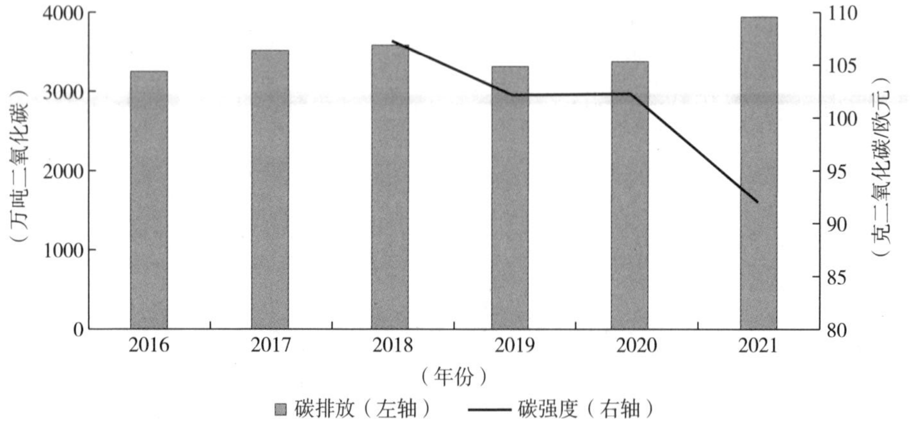

图4-18　2016—2021年敦豪碳排放量与碳强度

数据来源：敦豪；中大咨询分析。

三步助力交通运输企业绿色低碳发展

在双碳目标的要求下，交通运输行业将加速向绿色发展转型，行业内企业需要紧跟绿色发展趋势，推动自身低碳发展。从敦豪的绿色发展经验来看，物流运输企业能够以零碳规划为引领、以物流绿色转型为基础、以公司全面绿色治理为推动力，从三方面入手实现公司的绿色低碳发展。

制定可持续发展顶层规划

物流企业需要制定可持续发展路线图引领企业可持续发展，同时设定环境减排绩效指标把控企业绿色发展进程。敦豪新制定的ESG发展路线图规划了未来十年的重点发展方向，同时设定实际碳减排量作为可量化的KPI指标，对敦豪的绿色发展进行把控。虽然我国部分物流运输企业设定了绿色发展规划，如中国邮政发布《绿色邮政建设行动三年规划大纲（2018–2020年）》，顺丰发布《碳目标白皮书》，对碳减排路线进行了规划，但是受限于企业技术实力、碳减排成本等问题，未提出明确的绝对值KPI指标。而且大部分体量相对较小的物流运输企业未做出明确的规划。因此，未来物流运输企业需要更重视绿色发展规划的制定，设定合理的阶段发展指标，逐步推动企业实现绿色发展。

打造绿色零碳物流模式

物流运输产品与服务会消耗大量的能源，并带来大量碳排放，打造公司绿色物流体系是公司业务绿色化的根本途径。我国物流运输公司与敦豪类似，已经开始展开清洁能源替代、应用新能源交通工具、利用数字化技术提升运营效率、提供绿色产品服务，但是进展相对缓慢。如敦豪大力推进可持续燃料的应用，并与相关生产商共同推进技术研发，然而我国物流运输企业却未深入探索可持续燃料。更重要的是在绿色产品服务方面，受限于数字技术与碳抵消项目储备的不足，我国物流运输企业的绿色产品服务体系还未得到大范围推广。因此，我国物流企业需要持续深入打造绿色物流体系，推动业务全面节能降碳。

优化管理架构贯彻低碳管理

在管理架构方面，只有部分物流运输企业设立了可持续发展管理架构，如顺丰由董事会办公室担任可持续发展领导小组（负责统筹顺丰可持续发展工作）与可持续发展工作小组（负责落实可持续发展日常工作），但是未能形成专门的可持续发展委员会，无法有效形成可持续发展的常规管理框架。在日常管理方面，我国物流运输企业不仅未将公司环境绩效与管理层关联，还未在员工层面形成低碳生活工作理念。因此，物流运输企业需要持续优化管理架构，践行低碳管理，从而形成常态化绿色治理模式。

第四节
智造低碳水泥：海螺水泥专注布局低碳发展

水泥行业碳排放结构以直接排放为主，生产制造过程会产生大量的碳排放，存在降碳难度大的问题。海螺水泥是我国水泥行业龙头企业，又具有国有企业身份，其勇于承担推进节能降碳的社会责任，从调整用能结构、创新降碳技术、搭建循环经济、推行低碳管理等方面布局低碳发展，在保持业务增长的同时实现了碳排放强度降低、污染物减排的成效。海螺水泥的低碳发展布局不仅能够为水泥企业的绿色转型提供借鉴，更为降碳难的其他行业生产型企业解决低碳发展痛点、高质量推进碳中和提供经验。

海螺水泥低碳布局的必要性

水泥行业具有高耗能高排放的特性，是我国推进碳达峰碳中和目标实现的重点关注领域。2020年，我国水泥行业的碳排放约14亿吨，占全国碳排放的比例达13%，是仅次于电力、钢铁行业的二氧化碳“排气筒”。2021年11月我国出台了《“十四五”工业绿色发展规划》，对水泥行业低碳发展的目标与举措进行了规划，持续推进水泥行业的节能降碳，水泥行业面临着越来越严格的节能降碳政策。然而，水泥“两磨一烧”的生产过程，产生的碳排放以原料分解、燃料消耗产生的直接碳排放为主，难以在较短时间内消除。因此水泥行业存在减碳难度大的问题。

海螺水泥2021年熟料产能位于我国水泥行业中的第二位，是我国水泥行业的头部企业。基于行业转向低碳发展的背景，海螺水泥需要承担推进节能降碳的社会责任，面临低碳发展的外部要求。海螺水泥自身碳排放以范围一下的直接碳排放为主（占比达94%），降低直接碳排放是节能减碳的主要抓手。因此，海螺水泥制定了碳达峰碳中和行动方案和路线图，推进节能环保技术、降碳技术的研发与应用，全面加速海螺水泥的低碳循环发展。

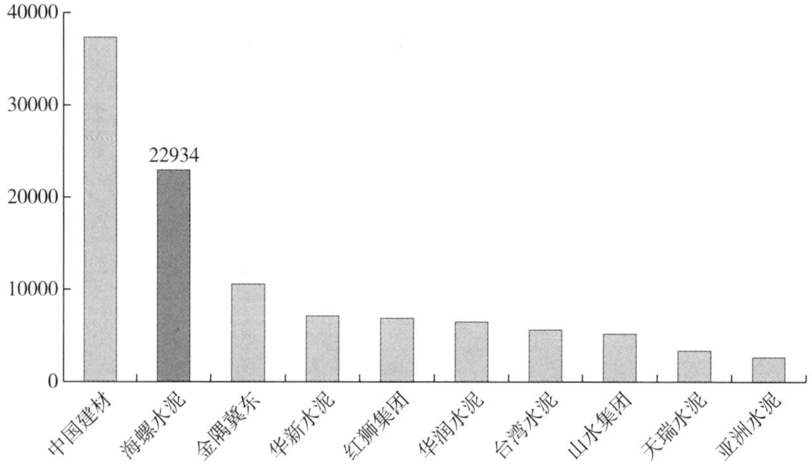

图4-19　2021年我国水泥行业熟料产能（万吨）

数据来源：中国水泥协会；中大咨询分析。

海螺水泥低碳发展布局

面对愈发严格的节能降碳政策，海螺水泥以调整能源结构、发展低碳循环、应用降碳技术、推进低碳管理等四种途径实现公司的低碳发展布局。

调整用能结构

水泥生产需要消耗大量的电力。传统水泥厂的用电来自煤炭发电，煤电的使用排放了大量的温室气体。因此，海螺水泥一方面大量投资可再生能源发电，持续提高可再生能源发电对化石能源的替代，如2022年初制定了年投资额达50亿元的新能源投资计划，重点推动水泥厂光伏发电、风力发电改造；另一方面，海螺水泥应用替代燃料以减少煤炭等化石能源的消耗，在2020年建成了国内水泥行业首条生物质替代燃料系统，实现生物质燃料替代燃煤率

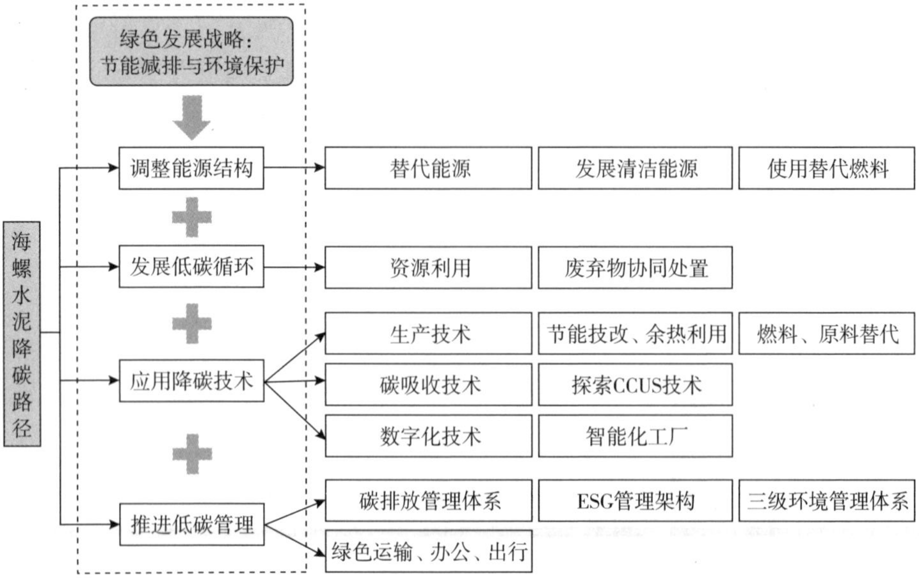

图4-20 海螺水泥低碳发展布局

资料来源：海螺水泥社会责任报告；中大咨询分析。

超40%，同时通过阶梯炉、热盘炉等技术的集成应用，将协同处置进行升级改造，使垃圾衍生燃料入窑，进一步提高资源利用率。

海螺水泥在2021年使用了128万千瓦时风电、1.64亿千瓦时光电、2.2万吨生物质燃料，分别实现降碳量741吨、9.53万吨、2.4万吨，新能源替代帮助海螺水泥取得了良好的降碳成效。

构建低碳循环经济体系

海螺水泥以“无害化、减量化、资源化”原则开展废弃物回收再利用与协同处置，减少环境污染的同时节约石灰石资源，推动生产与垃圾处理碳排放降低。在无害化方面，海螺水泥遵循《中华人民共和国固体废物污染环境防治法》的要求，设置危废暂存库，按照危废管理要求定期委托有资质单位规范处置，并做好相应储存、进出库管理，实现水泥生产无害化处理。在减量化与资源化方面，海螺水泥开发水泥窑协同处置城市生活垃圾系统、应用水泥窑利用工业废料技术，实现了水泥窑消化煤矸石、火山灰、脱硫石膏等工业废渣与城市垃圾的功能。

依托废弃物协同处置与资源再利用技术，海螺水泥实现自身废弃物全部合规处理与再利用，同时还在2021年累计消纳了4366.1万吨一般工业固体废物，处理生活垃圾93.09万吨，处理危险废物53.02万吨等。海螺水泥在解决工业垃圾消解问题的同时，减少了污染物排放，节约了石灰石资源，降低了石灰石分解产生的碳排放。

改进降碳技术

利用降碳技术降低生产排放

海螺水泥通过节能技改、余热发电、原料替代等方式，大幅降低水泥生产过程中直接产生的碳排放。

在节能技改方面，海螺水泥通过改造篦冷机、分解炉扩容、使用高效变频风机、使用节能生料辊压机、利用高效低阻旋风筒、使用新型隔热纳米材料等举措，解决电力损耗高、热力利用效率低的问题。2021年底，海螺水泥完成了10条生产线改造，能够使生产线吨熟料标准煤耗在98千克以内，吨熟料综合电耗在48千瓦时以内，实现节能降碳。

在余热发电方面，海螺水泥面临热力资源大量浪费的痛点，因此对每个水泥厂添加配套余热发电系统，利用排出的废气余热发电，并将产生的电能用于企业生产，减少外购电力。在2021年，集团整体余热发电量达79亿度，减排二氧化碳约459万吨。

在原料替代方面，石灰石的主要成分碳酸盐分解过程中产生的二氧化碳约占总排放量的63%，是水泥生产中最主要的碳排放来源，因此，海螺水泥存在石灰石分解产生碳排放的痛点。海螺水泥一方面采用黄磷渣配料，降低煅烧温度，减少热力消耗，另一方面选择粉煤灰、硫酸渣、脱硫石膏等工业废料替代部分原料，从而减少碳酸盐分解产生的二氧化碳。截至2021年，海螺水泥实现吨熟料煤耗下降1.5千克，同时利用工业废料替代原料减少了石灰石分解直接产生的二氧化碳。

创新碳捕集技术提高碳吸收

海螺水泥开展碳捕集利用示范项目，将水泥生产排放的二氧化碳进行资源化利用，既实现碳减排又提高经济效益。海螺水泥在白马山水泥厂建设了全球水泥行业首个水泥窑碳捕集纯化示范项目，实现了对水泥窑尾气中二氧化碳的捕集与资源化利用。

整个系统共分为捕集与利用两步。第一步中，首先捕集提浓，使水泥窑尾气通过脱硫水洗塔、吸收塔、换热器、解吸塔等设备，实现二氧化碳捕集与提纯；然后压缩分水，将捕集后提纯的二氧化碳经过冷却机、压缩机、脱硫床、干燥床，冷却压缩，并分离气体中的水分，再次纯化；最后纯化液化与精馏，将脱水后的高浓度气态二氧化碳通过吸附床、液化系统进行纯化液化，随后通过精馏塔精馏，形成工业级与食品级二氧化碳。第二步是二氧化碳的利用，将制成的二氧化碳封存并运输，之后通过保护焊接、碳酸饮料添加、食品保鲜、干冰生产、电子医药应用等方式进行资源化利用。

目前海螺水泥白马山厂碳捕集项目每年可生产3万吨食品级和2万吨工业级二氧化碳，为从吸收端降低水泥生产中排放的二氧化碳量进行了有益的探索。

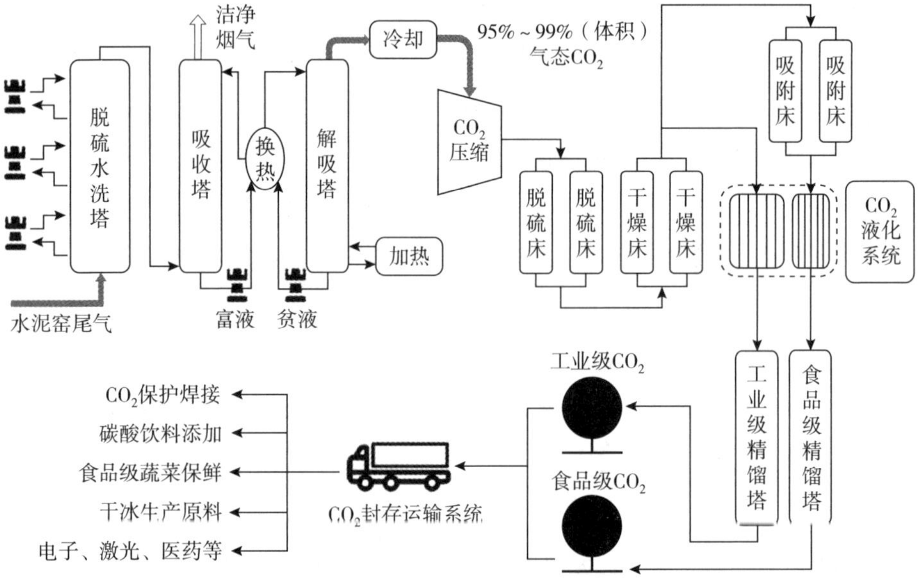

图4-21 海螺水泥白马山碳捕集项目技术流程

资料来源：海螺水泥集团；中大咨询分析。

应用数字化技术优化能源管理

对于矿山开采，海螺水泥搭建了数字化矿山系统来推进节能降碳。海螺水泥已投入2亿元推进数字化建设，目前建设了24家数字化矿山。数字化矿山系统依托于数字采矿平台、生产执行平台、三维可视化平台，搭建了矿山采掘各单元的智能调度与监控系统，实时监控矿山资源与开采环境，实现矿山勘探、原料开采、矿物运输的集中管理，利用智能化分析优化矿山开采过程，提高采矿效率，降低采矿能耗，减少采矿碳排放。

对于工厂生产，海螺水泥搭建智能生产平台、运维管理平台、智慧管理平台等，开展工厂生产全流程智能管理，依托平台形成了以智能生产为核心、以运行维护做保障、以智慧管理促经营的智能生产模式，打造智能工厂。基于智能化工厂，海螺水泥推进全流程能耗管控，探索高耗能、高排放环节，利用智能分析工具持续优化水泥生产煤电能耗情况，从而减少生产中的碳排放。

践行低碳管理

构建三级环境管理体系

海螺水泥为推进低碳发展战略的落实，建立了自上而下的环保管理体系，以总部—区域—子公司三级环境管理架构推进节能环保工作。总部级别的环境管理部门负责统筹集团的节能降碳目标，制定节能降碳工作计划，组织节能减排专业培训，并对子公司进行监督排查。区域级环境管理部门负责落实总部制定的节能减排中长期发展战略，统筹管理各区域的节能减碳工作，负责把控区域节能减排情况，并向总部汇报。子公司环境管理部门需要按照总部要求来实施环保管理措施，推进节能减碳目标的实现。

表4–2 海螺水泥三级环境管理体系

总部	统筹集团	· 设立环境管理目标与年度计划（包括碳减排） · 检查监督子公司环保与节能管理工作 · 开展环保与节能减排政策宣贯 · 组织环保与节能减排管理专业培训
	监督排查	· 对子公司开展大规模环保检查 · 全面排查存在的环保问题与风险 · 完善集团环保与节能减排管理措施
区域	落实贯穿	· 贯彻落实节能减排与环境保护的中长期发展战略 · 将节能减排贯穿生产的每一个环节
	统筹区域	· 统筹管理各区域的环境管理工作 · 向总部汇报环境现状
子公司	实施措施	· 按照总部制定的环境管理计划目标，来实施总部下发的各项环保管理措施

资料来源：海螺水泥社会责任报告；中大咨询分析。

建设低碳文化

海螺水泥针对不同的降碳场景采取相应的举措来推进员工参与减碳。首先，海螺水泥通过低碳文化宣传帮助员工树立低碳意识，利用集团内网、微信群、海报等宣传方式，持续加大低碳环保理念宣传力度。其次，通过无纸化办公、应用节能灯具和定制空调等措施培养员工在工作中的低碳办公习惯，降低集团商务楼宇办公产生的碳排放。最后，鼓励员工低碳出行，海螺水泥要求员工合理安排商务活动，减少不必要的出行，鼓励日常商务出行优先选择乘坐公共交通，同时提高视频或者电话会议开展商务洽谈的比例。

低碳发展成效明显

海螺水泥业务增长与碳排放逐步脱钩，且碳强度、单位熟料碳排放、污染物排放持续下降，低碳发展取得良好成效。在碳排放方面，海螺水泥虽然碳排放仍在增长，但是营业收入在5年间复合增长率达17%，而碳排放增长率仅为1.6%，营业收入的增长已与碳排放逐步脱钩，而且降碳技术的应用使单位熟料碳排放、碳强度逐年下降，海螺水泥的低碳发展取得了良好的效果。在污染物排放方面，除2018年氮氧化物略有上升之外，海螺水泥的氮氧化物、二氧化硫、主要排放口颗粒物排放量逐年下降，水泥生产造成的环境污染水平逐年降低。

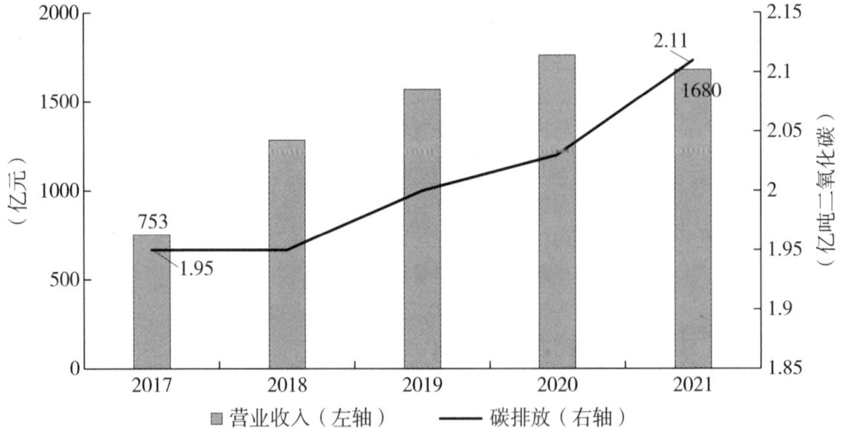

图4-22　2017-2021年海螺水泥营业收入与碳排放

数据来源：海螺水泥年报与社会责任报告；中大咨询分析。

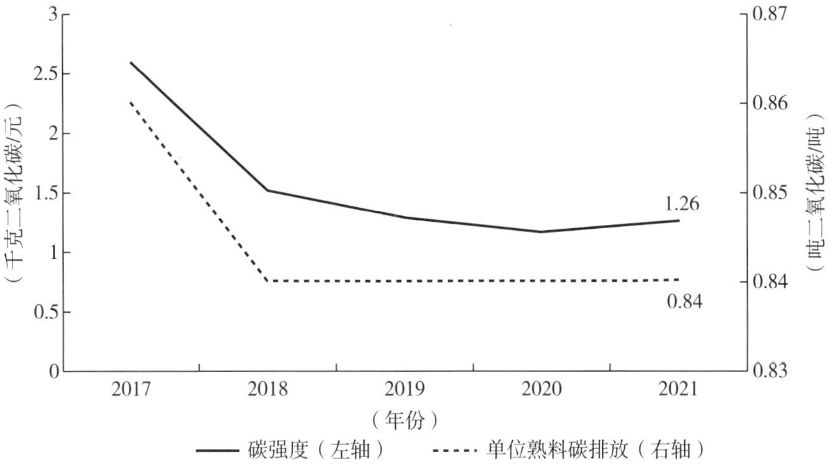

图 4-23　2017-2021 年海螺水泥碳强度与单位熟料碳排放

数据来源：海螺水泥年报与社会责任报告；中大咨询分析。

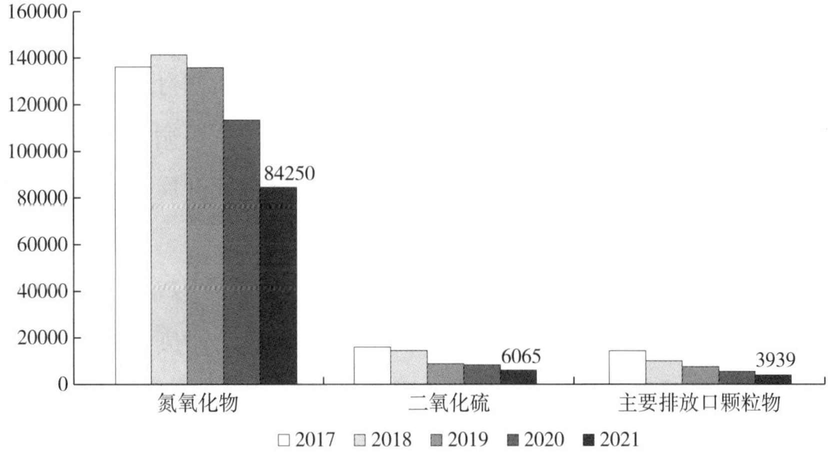

图 4-24　2017-2021 年海螺水泥污染物排放（吨）

数据来源：海螺水泥社会责任报告；中大咨询分析。

海螺水泥低碳布局启示

海螺水泥重点从用能结构、低碳循环、技术创新、低碳管理等途径推进公司的节能降碳，力图解决水泥行业降碳难度大的问题。海螺水泥的举措为降碳难的其他行业生产型企业解决低碳发展痛点提供了经验借鉴，从调整能源结构、加强技术创新、完善管理体系等方面推进节能减碳，完成低碳发展布局。

调整能源使用结构

水泥等高碳排放产品在生产过程中消耗了大量的化石能源与电力能源来供热供电，产生了大量碳排放。因此高排放的生产型企业可以在工厂内建设光伏发电、风力发电站，充分利用可再生资源，提高可再生能源在能源消耗中的使用比例。同时，搭建智能储能系统，对可再生能源发电进行调峰，还能将多余的电力并网卖出，实现节能降碳并提高收益。此外，还可以建设生物质能源燃料替代系统，提高碳利用效率，推进生产过程中的节能降碳。

推动减碳技术创新

以直接排放为主的水泥等产品，碳排放主要来自生产过程中的化学反应以及煤炭发电，因此高排放的生产型企业需要从搭建资源循环体系、推动生产节能技改、应用数字化技术、研发碳吸收技术等方面开展技术创新，推进企业低碳发展。

在资源循环体系创新方面，依托于生产技术改进，生产型企业需要在保证产品质量的基础上实现对工业垃圾等废弃物的消纳，对废弃物资源循环利用的同时减少产品原料的使用，降低产品生产过程中的直接碳排放。

在生产技术创新方面，应用节能技改、余热发电、原料替代、燃料替代等技术，提高能源与原材料的利用效率，降低碳强度与单位产品碳排放，实现企业的节能降碳。

在碳吸收技术创新方面，高排放的生产型企业可以联合科研院所、行业领先企业建立联合实验室，推进碳捕集封存及利用技术的创新，提高二氧化碳吸收与利用的能力，为实现企业碳中和奠定技术基础。

在数字化技术创新方面，依托数字化平台搭建原料开采、产品生产智能管控系统，实现智能化矿山与智能化工厂，对企业能耗进行控制，制定企业能耗优化方法，推进节能降碳。

完善低碳管理体系

完善的环境治理体系是降碳技术有效推进的保障。高排放的生产型企业可以搭建ESG治理架构，形成ESG治理机制；同时在ESG治理下的环境管理方面依托ISO140001环境管理体系认证，建立多级环境管理体系，持续推进节能降碳工作。

低碳文化的构建能帮助员工养成节能降碳的习惯，不仅帮助企业降低成本、贯彻节能理念，更能帮助企业降低范围三内的碳排放。因此，水泥企业可以通过理念宣贯、员工培训的方式来培养员工的习惯，形成企业整体的绿色低碳文化。

第五节
迈向零碳建筑：万喜多措并举推进建筑降碳

法国万喜集团自2000年重组后，成为集建设与运营一体的建筑集团，2021年在全球500强中排名第214位，其低碳发展对全球建筑行业具有表率作用。万喜以“打造可持续发展的世界”为理念，推动生活环境、基础设施的生态转型，其以业务转型促进降碳、以循环经济体系提高碳效率、以完善管理体系提供支撑，实现碳排放总量与强度逐步降低，为我国建筑集团实现低碳发展提供了良好的思路。

万喜低碳发展的必要性

2020年全球建筑全过程碳排放量占总量的37%，全球主要经济体纷纷出台相应措施推进建筑低碳发展。法国万喜集团是全球领先的建筑企业，目前已形成特许经营、能源、建筑、房地产的业务布局，具备“设计+建造+运营”的一体化业务能力。在建筑行业持续推进节能降碳、发展绿色建筑的背景下，万喜作为行业领军企业有责任有能力推进节能降碳。因此，万喜设定了阶段性集团整体降碳目标，要求2030年直接碳排放较2018年降低40%，间接碳排放较2019年降低20%，到2050年直接碳排放降低100%，并且已经将碳排放降低了7%，取得了良好的降碳效果。

万喜低碳发展布局

万喜形成了“一源一策”推进降碳、打造循环经济、完善管理体系三方面的低碳布局，全方位协同推进建材生产、建筑施工与建筑运行三阶段节能降碳。

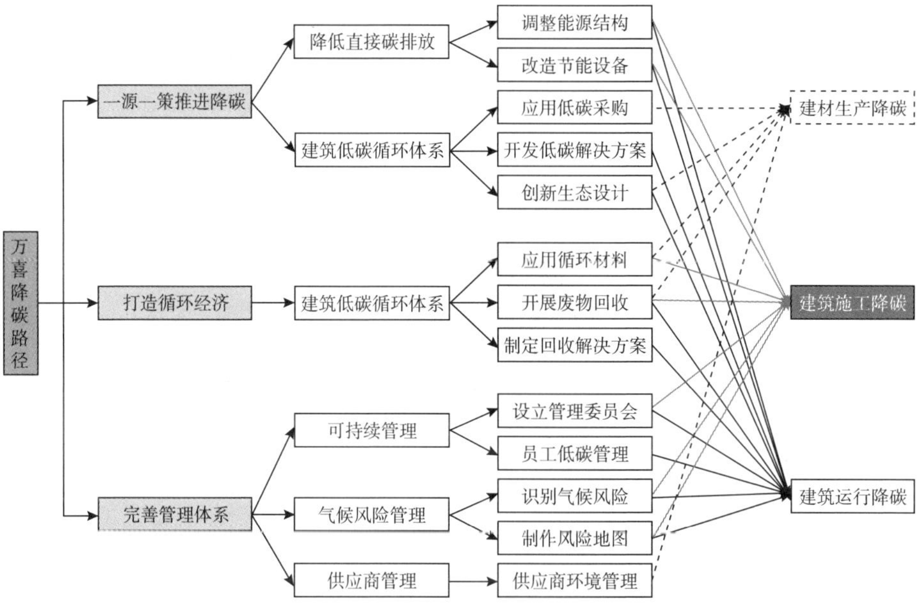

图 4-25　万喜节能降碳推进路线

资料来源：中大咨询分析。

“一源一策”推进降碳

降低直接碳排放

万喜范围一和范围二的碳排放主要来源于工业活动（44%）、施工器械和重型车辆（22%）、其他车辆（22%）、自有建筑（12%）等四方面，均具有高能耗特点，因此万喜有针对性地根据各项碳排放来源制定对应的节能降碳行动计划。

优化工业活动能源结构：开发 Edrice 数字化能耗检测工具实时监测工业设施能源消耗与二氧化碳排放，通过电动化改造设备、使用天然气替代燃油、使用低碳原材料等途径降低碳排放。

施工设备与自有车辆节能改造：开发 Linaster 和 e-Track 工具采集施工机器和车辆能耗数据，通过更换低排放设备与车辆、培训员工低碳驾驶习惯的途径来优化设备与车辆的能源消耗。

调整建筑能耗结构：使用 Eleneo 工具监测建筑物的电表与燃气表，通过安装光伏发电装置利用可再生能源来优化能源来源，并对高耗能建筑采用安装LED照明设备、更新制冷供暖设备等举措加以改造。

部署可再生能源：万喜一方面大量部署光伏发电设施，为自身与客户提供可再生能源电力，另一方面与能源公司签署可再生电力购电协议，保证电力100%来源于可再生能源发电。

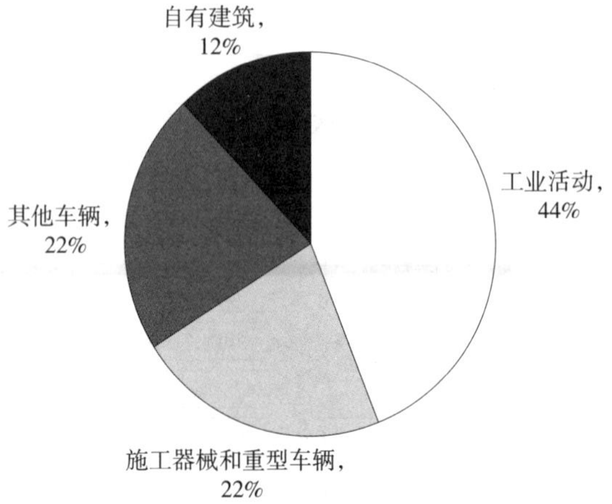

图4-26　2021年万喜直接碳排放结构

数据来源：万喜2021年年报；中大咨询分析。

降低间接碳排放

与直接碳排放类似，万喜同样对间接碳排放的结构进行溯源，并“因源施策”，针对相应的碳排放来源开展节能降碳举措。

1.减少原料采购产生的上游碳排放

对于上游碳排放，万喜根据原料与采购碳排放占比最高的特点，推动减少原料直接碳排放与采购流程碳排放。在原材料降碳中，一是在建筑过程中选择低碳混凝土、低碳沥青等低碳原料，并与供应商合作开发低碳材料，以此减少原材料碳排放；二是优化施工过程，将节能环保理念融入建筑设计施工中，通过减少原材料的使用、回收原材料等方式降低原料消耗。

在采购过程降碳中，一是通过应用低碳运输工具、优化运输距离、确保满载运输、在生产地点之间建立双向货运流、改造原材料和工程程序等方式推动降低原料运输碳排放；二是使用绿色包装、循环包装，减少原料交付碳排放。

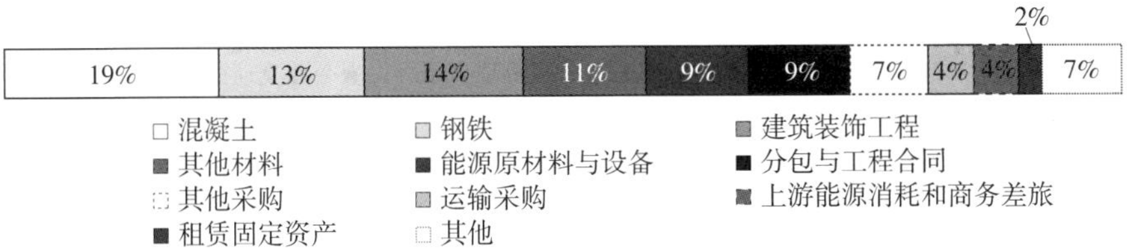

图4-27　2021年万喜上游间接碳排放结构

数据来源：万喜2021年年报；中大咨询分析。

2.减少业务活动产生的下游碳排放

对于下游碳排放，万喜依托于产业链地位，从提供节能降碳解决方案、建设低碳基础设施、拓展降碳业务等角度推进交通、建筑、能源的节能降碳。

打造低碳交通。万喜重点采用了四项举措，一是在交通服务区内设立充电站、加气站、可持续航空燃料加注站，来推广低碳能源交通工具；二是在高速公路上建设拼车停车设施，以拼车和多式联运的方式来提供低碳出行解决方案；三是基于飞机起飞着陆周期的二氧化碳排放，对着陆费设置折扣或附加收费，以差异化服务费倒逼航空公司采购低碳排放飞机；四是利用数字技术优化公路运输路线，提高货运客运效率，发展运输优化服务。

打造低碳建筑。第一，万喜依托于与法国政府的合作关系，对几项典型建筑项目开展全生命周期的能耗与碳排放监测及预测，制定了E+C-低碳建筑标签，推动建筑减少碳排放。第二，推动建设更生态环保的城市布局，将工业基地进行修复，并改造为符合可持续发展标准的城市生态区。第三，提供现有建筑物的节能改造服务，通过节能设计与改造降低现有建筑能耗水平，并对建筑回收改造，转换建筑用途，提高建筑生命周期利用率。

打造低碳能源。一是提供优化公共照明、监测建筑能耗、监测工业活动能效、设计并安装智能电网等服务，提供能源优化解决方案。二是建设低碳能源基础设施，如可再生能源设施、储能系统设施、生物质能生产设施、自然资源利用系统。三是在废弃的高速公路、矿场、工地等地点建设光伏电厂，为附近工厂与电网提供可再生电力，以此提供低碳能源生产业务。目前万喜风能与太阳能总装机容量达12GW。

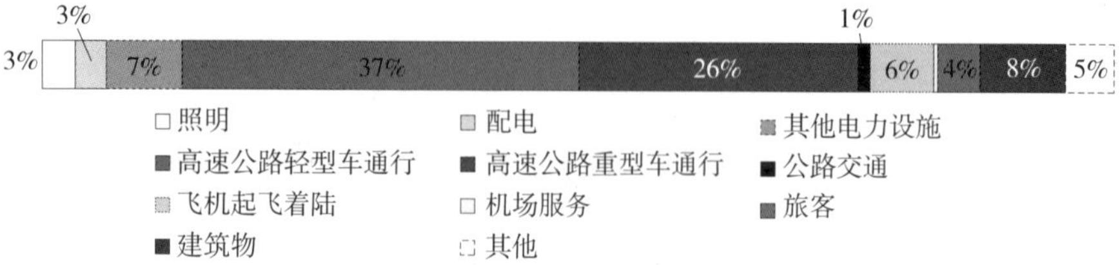

图 4-28　2021 年万喜下游间接碳排放结构

数据来源：万喜 2021 年年报；中大咨询分析。

打造循环经济体系

万喜通过使用低碳材料、推动废物回收、开发循环解决方案的措施打造完整的循环经济体系，提高万喜资源利用率，推进集团节能降碳。在使用低碳循环材料方面，万喜主要采用生态设计、低碳采购、材料再利用等方式，以此发展特许经营、能源、建筑等条线的循环经济。在推动废物回收利用方面，万喜对废物进行分类回收，寻找合适的废物回收设施，实现废物无害化

	使用低碳循环材料	推动废物回收利用	开发循环解决方案
特许经营	> **生态设计：**在新项目设计中要求使用可循环利用材料 > **低碳采购：**在采购中，审查供应商的环境政策，并要求其提供可循环物料 > **循环材料：**回收道路工业材料，利用回收的沥青材料进行道路施工，循环利用原材料	> **废物分类回收：**在各项业务条线中配备垃圾分类箱，鼓励员工与用户对垃圾进行分类，要求供应商、服务提供商和当地组织回收废弃物，并与当地合作进行垃圾无害化、资源化处理。此外，在能源公司与建筑公司中，万喜会回收二手设备，将其进行拆解、翻新与节能改造，提高设备利用率 > **废物再利用：**对分类回收的废物进行循环利用，将生物废物转化为生物质能，将包装和液体无害化处理后循环利用	> **开发可回收材料：**将使用可回收材料纳入项目施工规范，在公共工程、土方工程、建筑材料、沥青混合料、工业废物、铁路工程、疏浚沉积物及熟料生产八类工业活动中开发并应用可回收材料；此外，万喜还开发了土壤和沉积物废物管理技术，通过就地生物修复方法提高资源循环利用率 > **开发土地回收业务：**通过土壤修复、资源保护和避免土壤封闭等领域的举措来推动城市更新；同时，在废弃的土地上开发房地产，提高土地资源利用率
能源	> **循环材料：**在能源基础设施建设中应用材料再利用技术，如高比例回收废旧道路、循环利用道路、电力道路技术		
建筑	> **生态设计：**革新建筑施工设计，减少材料使用量，提高低碳材料（包括使用木制品替代水泥制品）使用量 > **低碳采购：**在项目当地采购以形成封闭的材料循环系统 > **循环材料：**在项目建设中重复利用原材料，如将废弃混凝土进行填埋，开展重复利用		

图 4-29　万喜循环经济体系

资料来源：万喜年报；中大咨询分析。

处理，同时开展废物再利用，推动废物资源化。在开发循环解决方案方面，一是开发可回收材料，将使用可回收材料纳入项目施工规范，在工业活动中开发并应用可回收材料；二是通过土壤修复、资源保护和避免土壤封闭等领域的举措来推动城市更新，建设城市生态区，并且在废弃的土地上开发房地产来提高土地资源利用率。

完善管理体系

完善可持续管理体系

万喜通过设立社会责任委员会搭建了完善的管理架构，并将节能降碳工作纳入日常管理，同时培养员工低碳意识，促进低碳实践。在管理架构方面，万喜于2017年设立了战略与社会责任委员会，将社会责任融入企业战略中，提高了社会责任、可持续发展的战略优先级。

	风险识别	应对举措
主要风险一 政府监管风险	> 参与业务所在地的碳排放权交易市场，导致集团财务绩效受影响 > 产品需符合能源效率与碳排放标准，增加公司成本 > 碳排放政策法规颁布，未来面临更加严格的管理	> 采取节能降碳措施（发展新能源、应用节能技术、开展碳低效等）
主要风险二 紧急物理风险	> 设施与设备的损坏，造成业务受影响、施工进度拖慢 > 员工健康、人身安全条件恶化 > 修复设施与设备造成财务损失 > 集团业务质量不达标、项目延期，导致集团财务绩效与声誉受损	> 对受灾区域进行预警，利用技术措施（围堰、水泵、蓄水池、冷却设备等）缓解极端天气 > 为某些特许经营业务（如机场）建立业务连续性计划 > 与地方政府合作采用应急程序，应对极端天气事件 > 与保险公司合作处理紧急事件带来的损失
主要风险三 资源短缺风险	> 自然资源日益稀缺，如化石能源、水资源 > 某些原材料费用持续上涨造成生产成本增加，影响集团财务绩效 > 集团业务质量不达标、项目延期，导致集团财务绩效与声誉受损	> 采用生态设计方案，提高资源循环利用率，减少原料使用，使用替代原料，建筑物循环使用 > 改变施工方式，使其更节约资源 > 减少水的消耗，开发水循环解决方案
主要风险四 环境质量风险	> 修复被污染的工地增加施工费用，修复土地造成施工延误，影响集团财务绩效 > 员工工作生活的健康与安全条件恶化 > 集团业务质量不达标、项目延期，导致集团财务绩效与声誉受损	> 识别需修复的环境，并预估环境修复费用 > 与保险公司合作处理风险事件带来的损失 > 保护员工健康与安全 > 实施环境净化和污染物处理技术

图 4-30　万喜气候风险地图

资料来源：万喜年报；中大咨询分析。

在管理实践方面，万喜一是完善激励机制，通过设立万喜环境日、举办团体“环境奖”竞赛的方式为员工搭建交流平台，并选取优秀节能降碳案例进行奖励。二是完善培训机制，在现有培训系统内加入环境保护模块的学习，以提高员工对环境问题的认识，同时针对各项业务条线展开对应的节能降碳技能培训。三是完善文化培养机制，利用气候相关的装饰品来教育员工了解气候变化的原因和后果，并与供应商、环保机构共同举办外部气候保护研讨会，对各类环境保护问题进行探讨，培养员工的环保意识。

完善风险管理体系

万喜识别气候变化带来的各项风险，并绘制了相应的风险地图，针对气候变化带来的政府监管风险、紧急物理损失风险、资源短缺风险、环境质量风险，给出了相应的应对举措，帮助集团规避损失，并且更好地推进节能降碳工作。

完善供应商管理体系

万喜以责任采购管理架构为基础，制定了供应商环境标准体系，以可持续性评估结果为依据开展采购活动，推动万喜降低碳排放。在管理架构方面，万喜形成了自上而下的采购管理架构。在集团层面设立采购代理委员会，负责监督集团内部的全球采购路线图，并设立跨业务线采购委员会负责制定运营决策，发挥集团业务线间的协同作用。在子公司层面设立了集团采购协调

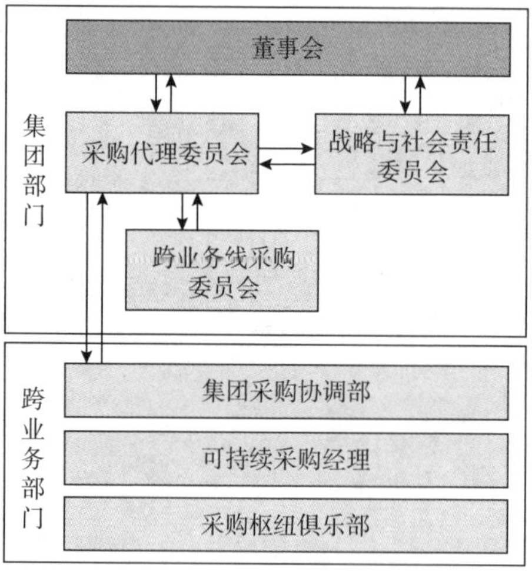

图 4-31　万喜采购管理架构

资料来源：万喜年报；中大咨询分析。

部、可持续采购经理、采购枢纽俱乐部三个跨业务部门或职位，负责协调沟通客户网络、业务运营团队、非财务（环境）团队，发挥采购协同作用。

在供应商管理实践方面，万喜一是开展供应商环境绩效评估，在集团层面与子公司层面上，将环境标准纳入采购规范和相关框架协议中，并在投标阶段或供应商合同中设定环境评价标准，通过可持续发展问卷的方式获取供应商环境绩效。二是开展采购环境风险评估，对各项业务条线中的采购项目进行分类，识别各项环境气候风险，并绘制相应的风险地图，与供应商开展合作采取措施防范气候风险。三是采购团队培训，一方面更新线上培训课程，帮助采购人员理解采购指南的内容，并提高采购人员对相关气候问题的认识，另一方面提供相应的环境绩效工具包，帮助采购人员在采购过程中考虑环境气候问题。

万喜低碳发展成效明显

万喜碳排放与碳强度呈下降趋势，低碳发展布局取得了良好效果。从碳排放总量来看，万喜从2018年的242万吨降低至2021年的225万吨，直接碳排放降低约17万吨，较2018年下降7%。同时，万喜营业收入除2020年受疫情影响产生下滑，整体呈逐年增长趋势，在碳排放总量呈下降趋势下，碳排放与业务增长脱钩，低碳发展取得一定效果。从碳排放强度来看，到2021年已经降低至0.46万吨/亿元，表明万喜通过低碳发展举措取得了良好的节能降碳效果。

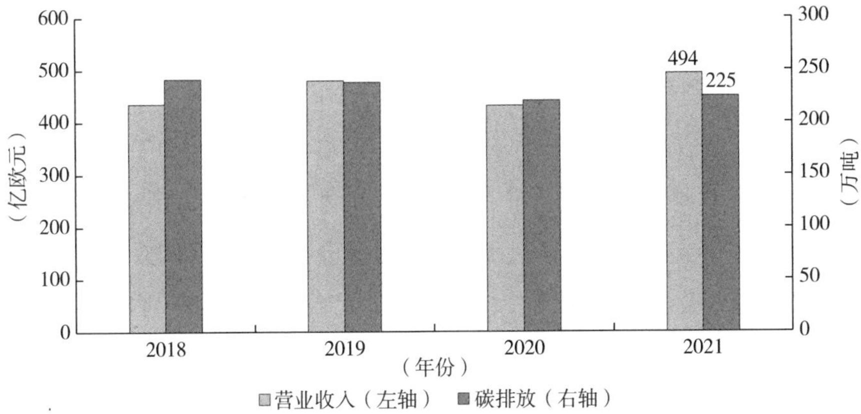

图4-32　万喜营业收入与碳排放走势

数据来源：万喜年报；中大咨询分析。

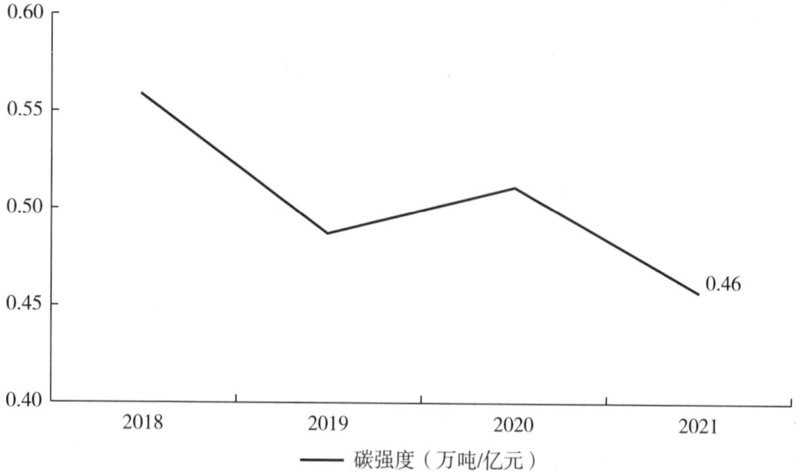

图 4-33　2018-2021 年万喜碳强度

数据来源：万喜年报；中大咨询分析。

万喜低碳发展启示

万喜的低碳发展主要集中于业务、管理与循环经济三方面，为建筑企业因源施策降低业务直接与间接碳排放、构建完善的管理体系、打造循环经济体系提供了借鉴。

因源施策制定业务低碳发展策略

摸查家底，因源施策。对于直接碳排放，建筑企业需要对内部用能主体进行摸查，把握建筑施工运营过程中的能耗与碳排放情况，可以通过开发数字化工具实施监测工业设施、车辆、建筑物的能耗情况，为制定业务低碳发展策略提供数据支撑。对于间接碳排放，建筑企业需要重点识别上游生产材料的采购排放、下游产品服务主体排放，如上游混凝土与沥青的生产运输、下游建筑运营中的供电供热均会带来大量的碳排放，建筑企业可以采用优化采购程序、应用低碳原材料、推进低碳建筑、提供建筑节能改造服务等措施来针对间接碳排放源降碳。

打造完整的循环经济体系

采用低碳循环材料。在建筑企业的“设计—建造—运营”全阶段业务流程中，需要将低碳循环材料的理念融入其中，利用生态设计来实现材料减量化、低碳化、循环化使用，在采购中提高低碳循环材料与本地材料的采购占比，在建筑建造与运行中实现材料再利用。

拓展废物回收管理。建筑公司在建造与运营阶段会产生大量的废物，实现废物的无害化、资源化处理是推动节能降碳的又一重点举措，因此建筑企业需要推动废物分类回收，建设废物处理站或与相关服务商合作将废物处理为可利用的资源，实现循环经济的重要一环。

开发循环解决方案。开发建设与更新城市是建筑企业的一大重要功能，建筑企业需要与供应商合作开发可回收材料，并将其应用在建筑活动中。同时，开发土地回收业务，通过土壤修复、资源保护和避免土壤封闭等领域的举措来推动城市更新，并提高土地资源利用率。

完善供应商管理降低间接碳排放

制定标准，低碳采购。鉴于范围三的间接碳排放远高于范围一范围二下的直接碳排放，更严格地实施供应商管理是建筑企业降低直接与间接碳排放的重要途径。建筑企业需要以供应商管理架构为基础，对采购人员进行培训，并开展供应商环境绩效评估、环境风险评估，从而发挥建筑企业在产业链上的优势，以环境采购理念来优化供应商管理，推动产业链协同节能降碳。

第六节

石油企业降碳：英国石油公司低碳转型之路

英国石油公司（BP）是全球能源行业领军企业，石油、天然气开采量位居世界前列，较大的业务规模也为BP带来了大量的碳排放。在欧盟与英国严格的环境政策要求下，BP很早就开始采取措施促进自身的低碳发展，通过制定低碳发展战略、优化业务结构、完善管理体系、创新数字技术、开发碳汇项目等途径实现了自身与产业链的协同节能降碳，为我国能源企业提供了经验借鉴。

BP低碳转型的背景

全球公司累计产生了大量的碳排放。其中，前20家能源类公司的占比达到35%，是全球二氧化碳排放的主要来源。BP公司在2021年财富500强榜单上位列第18位，原油产量以1.1亿吨/年位居全球第二，天然气产量以941亿立方米/年位居全球第三，原油和天然气储量分别位居全球第二和第三，较同行有比较明显的资源优势，是全球油气行业的引领者①，产品服务产生的累计碳排放占全球的2.45%②。实现BP公司自身与产业链的节能降碳，是推进碳中

① 中金公司研究部．以英国BP为样本，看能源巨头的低碳未来［EB/OL］.（2021-06-09）［2022-07-22］. https://mp.weixin.qq.com/s?__biz=MzI3MDMzMjg0MA==&mid=2247538140&idx=4&sn=ca2d153d39c67b2bb5997c33f1907691&chksm=ead0b31bdda73a0d1c5250691a3f6d6c88124e31971deb0a4cd047f7dcdfd46b9d25f00d1f3&scene=0&xtrack=1.

② CAI. Update of Carbon Majors 1965-2018[EB/OL].(2020-12-09)[2022-07-22]. https://www.climateaccountability.org/pdf/CAI%20PressRelease%20Dec20.pdf.

和的重要抓手。

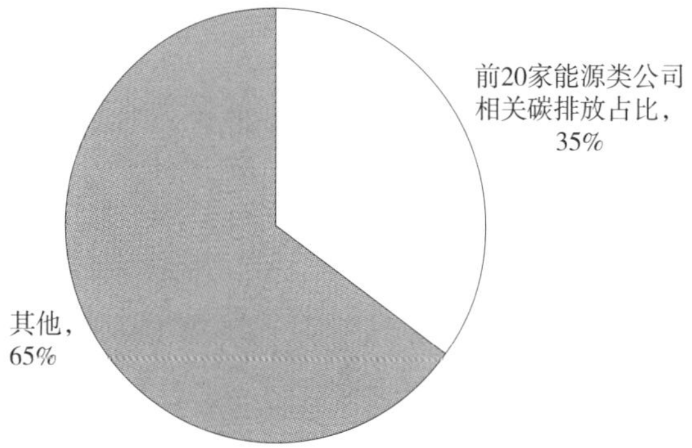

图4-34 1965-2018年全球公司累计碳排放占比

数据来源：公开资料；中大咨询分析。

在石化行业低碳发展趋势与各经济体严格的政策要求下，能源行业在逐步转型，传统化石能源的增长将会逐步放缓，新能源将会持续快速发展。BP作为全球石化行业巨头，在这种背景下有着较高的低碳转型需求，以引领未来绿色低碳发展趋势，拓展新的产业投资。与此同时，就企业自身的绿色低碳转型需求而言，欧盟与英国强力推行环保降碳政策，均通过行政要求、征收碳税、碳交易等方式推动企业低碳转型，BP公司承担着较大的政策压力。目前BP的碳排放已经处于下降阶段，直接碳排放降低至0.36亿吨，间接碳排放降低至3.04亿吨，节能降碳举措稳步推进。

BP低碳转型路径

在20世纪后期，全球开始重视环境问题，BP公司所属的油气行业开始将环保理念融入生产经营中。到了2000年，BP公司开始在低碳发展道路上加速前行，并逐渐形成相对成熟的可持续发展框架。BP以实现净零排放、提升人类生活水平、关爱地球为公司使命与价值，并设置了20个子目标以推动实现公司使命与价值。

与BP公司低碳转型、应对气候变化相关的有10个子目标，通过业务净零排放、石油与天然气净零排放、碳强度减半、减少甲烷排放、加大新能源投资规模等5个目标来推动BP自身低碳发展、实现公司的净零排放；通过倡导净零政策、激励员工、行业协作、制定标准、帮助城市与企业脱碳等5个目标推动全球实现净零排放[①]。

BP为实现相关目标、推动低碳转型，在战略、业务、管理和数字化等四个方面采取了相应的措施，通过战略调整引领方向、业务转型落实目标、低碳管理支撑发展、数字技术加持转型，形成BP公司低碳发展的途径。

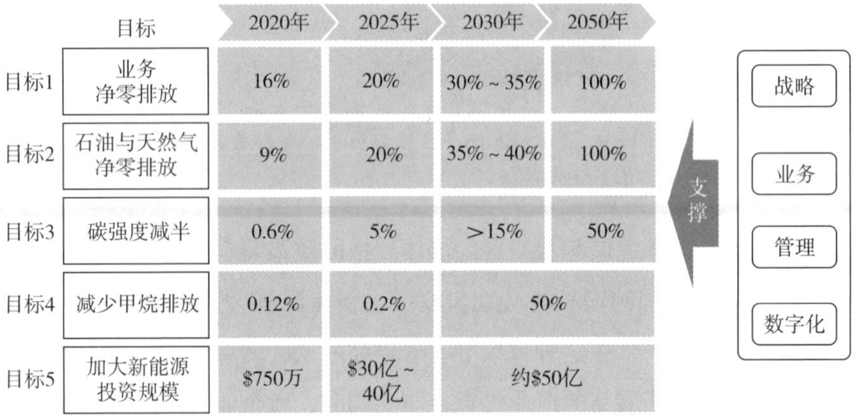

图4-35 推动BP公司自身低碳发展的目标与举措

数据来源：BP可持续发展报告；中大咨询分析。

制定低碳发展战略

BP公司多年来一直在引导公司转型，为此其设立了两个层次的目标，并设定了一个包含三个重点领域与三个战略行动的战略体系。

第一层目标关注BP能够为世界做的贡献，分别是为人类和地球重新构想能源、帮助世界实现净零、改善人们的生活，帮助BP实现社会价值。在第一层目标的指引下，BP的第二层目标关注自身的低碳转型，分别是从国际石油公司转型为综合能源公司、2050年实现净零排放。

根据目标的指引，BP确定了公司未来重点关注的业务领域——低碳电

① BP. Our aims[EB/OL]. [2022-07-22]https://www.BP.com/en/global/corporate/who-we-are/our-ambition/our-aims.html.

力与低碳能源、零售和移动出行、具韧性的油气业务，以及三个重要战略行动——集成能源系统，与国家、城市和行业结成伙伴关系，数字化和创新。

低碳电力与低碳能源要求扩大低碳电力与低碳能源业务规模，从能源类型方面推动能源低碳发展，为全世界提供更加清洁的低碳能源，包括扩大海上风能和太阳能在内的可再生能源产品组合，建设低碳电力业务，扩大天然气业务，发展生物质能源，研发氢气与CCUS项目。便利零售和移动出行指以客户需求为目的，不断开发创新产品，提供差异化燃料、电气化服务等产品帮助市场实现低碳转型，研发电气化、可持续燃料和氢气为主的移动出行解决方案。具韧性的油气业务指的是在以安全生产为第一位的基础上，保持高效运营，生产更高效率的产品来减少碳排放，并通过投资与分级来保持弹性投资组合，帮助公司低碳转型。

集成能源系统指的是整合BP现有业务，为客户提供综合化的解决方案，满足客户在能源方面的需求。与国家城市和行业结成伙伴关系指建立新的伙伴关系，帮助城市和行业减少碳排放，同时挖掘新的商机。推动数字化和创新要求BP以数字化为重点进行创新，以提高运营效率，提高员工水平，部署新技术，创造与客户互动的新方式机制。

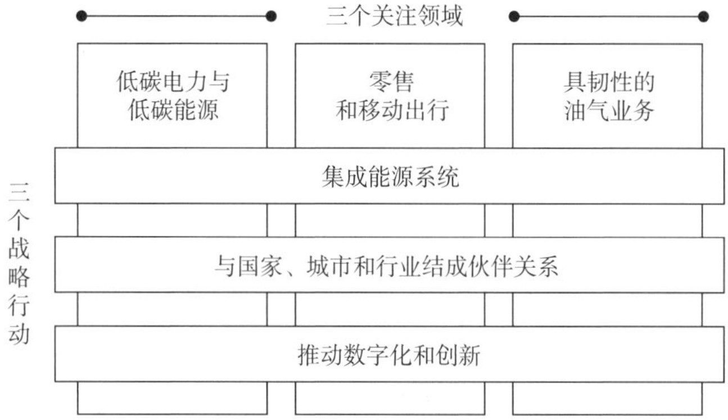

图4-36 BP公司战略框架

资料来源：BP官网；中大咨询分析。

优化油气业务，发展低碳能源业务

随着战略的调整，BP公司逐步开展业务转型，有序退出高碳排放业务，并拓展低碳排放业务，助力公司业务低碳转型。

目前BP公司的传统石油相关业务属于市场占有率相对较高，但业务增长率较低的现金牛业务，具有稳定的需求，能够带来相对平稳的现金流；低碳能源相关业务则是属于业务增长率较高的明星业务，具有市场快速发展、有技术支撑、政策支持、低碳排放的特点。在全球低碳发展的大趋势下，各国政府、企业均提出了低碳转型的需求，高排放高污染的石油业务将会受到限制，这要求BP公司逐步剥离低效益的传统石油相关业务，并加速发展自身的低碳能源业务。

剥离低效益的传统能源业务

BP公司贯彻“具韧性的油气业务”战略，通过资本运作剥离传统能源业务，使原油产品营收占比不断下降，优化油气业务结构。

天然气的标煤折二氧化碳系数约为1.6千克二氧化碳/千克标准煤，低于原油的2.1千克二氧化碳/千克标准煤，是石油相关产品的有效替代品，因此现有政策同样在推动天然气对石油与煤炭的替代，推动天然气行业快速发展。由于需求量的增加，天然气价格整体呈上涨趋势，为公司天然气业务带来大幅增长，且未来天然气的需求在低碳发展的要求下会进一步提高，将会成为BP公司相对优质的油气业务板块。与此同时，石油价格虽然在逐步回升，但是其高碳排放的特性会增加BP公司的碳排放成本。因此需要持续优化公司的油气业务，剥离低效益的石油资产，新增天然气业务投资。

BP近两年通过资产转让、权益转让、叫停业务的方式来剥离低效益传统石油业务，如将马格纳斯油田出售给EnQuest公司，将阿拉斯加的所有石油资产出售给Hilcorp Alaska公司，出售阿曼区块20%的权益，从美国二叠纪盆地撤出钻机，从而减少油气业务支出。同时，BP通过联合投资、内部项目的方式拓展优质天然气项目，如投资93亿美元建设Ghazeer天然气项目。

经过几年的优化，BP的油气业务结构逐步改变，原油与石油产品的营收占比已经降至78%，天然气生产的平均收益也突破了30美元/桶油当量。BP优化油气业务的举措已经取得了一定的效果，从业务端助力公司、行业碳减排。

投资低碳能源业务

BP公司推行“低碳电力与低碳能源”战略，通过资本运作投资低碳能源相关项目，扩大低碳电力与低碳能源的投入，并取得了一定的成效。BP近年来发展生物燃料、氢能、海上风电、光能发电、CCUS技术、充电桩、碳交易、碳汇等低碳业务，目前可再生能源装机容量已达1.7吉瓦，关联公司可再生能源装机容量达26.9吉瓦，可再生能源的装机容量不断增加。

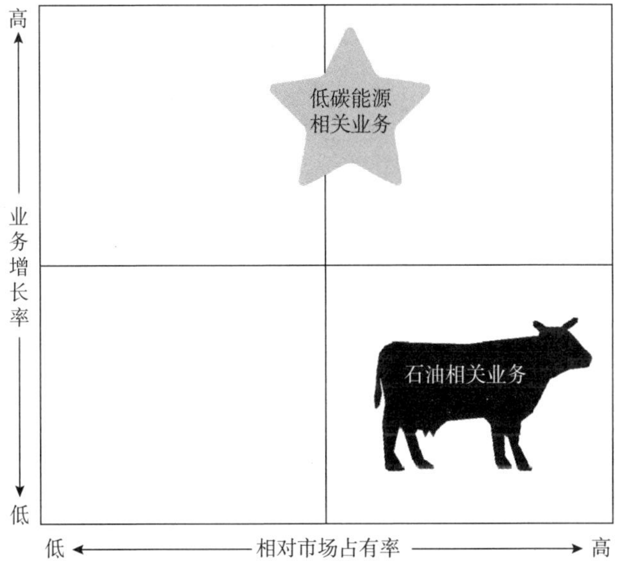

图4-37　BP公司业务波士顿矩阵分析

资料来源：中大咨询分析。

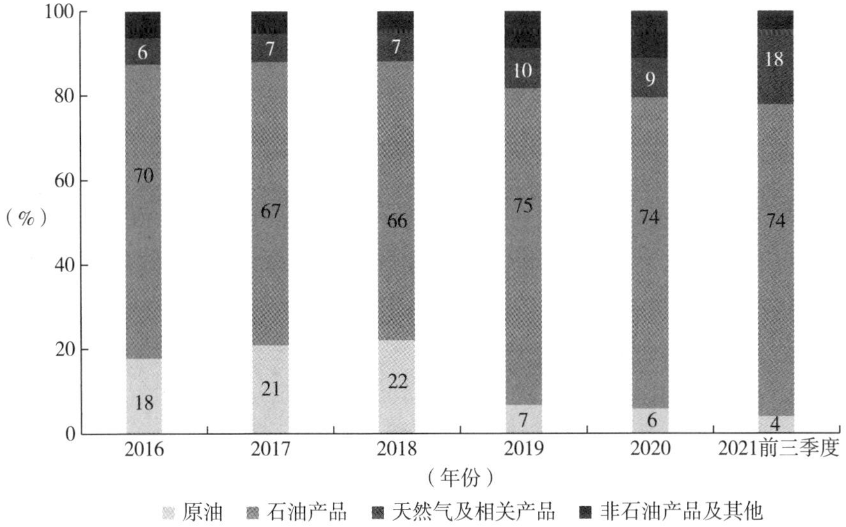

图4-38　BP公司2016-2021年前三季度营收结构

数据来源：BP；中大咨询分析。

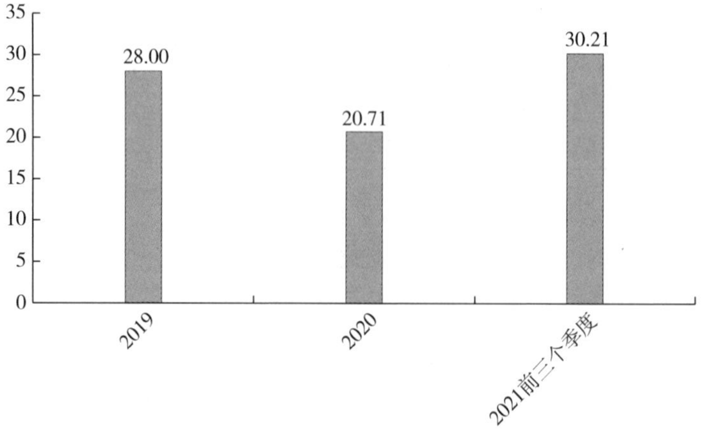

图 4-39 BP公司天然气生产平均收益（美元/桶油当量）

数据来源：BP；中大咨询分析。

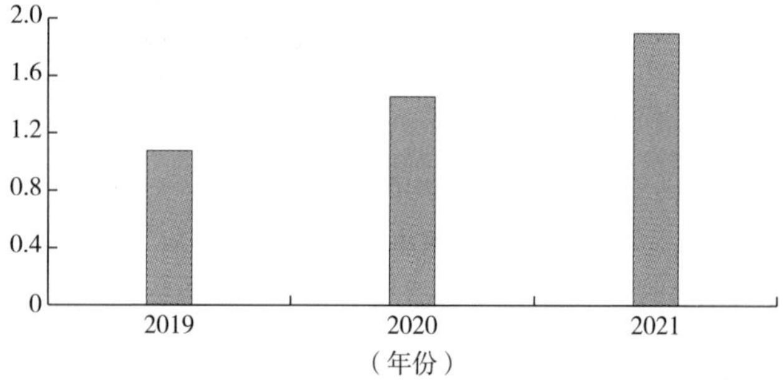

图 4-40 BP公司可再生能源装机容量（GW）

数据来源：BP；中大咨询分析。

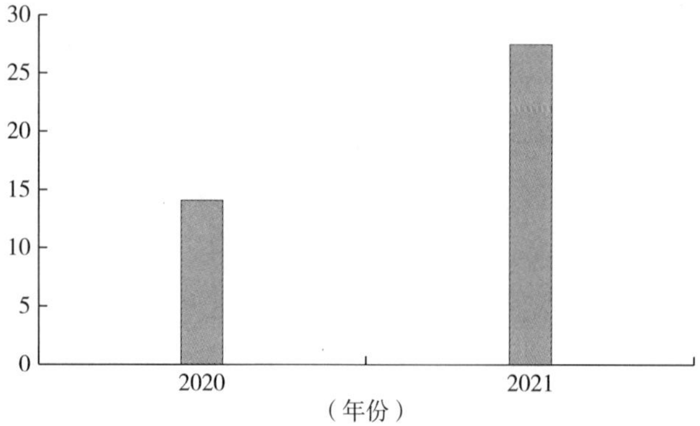

图 4-41 BP公司股权关联公司可再生能源装机容量（GW）

数据来源：BP；中大咨询分析。

优化管理架构，变革组织结构

BP为了保障低碳转型的有效推进，践行低碳管理理念，从管理架构、管理实践、业务组织结构三个方面对公司内部进行低碳管理，将可持续发展理念贯穿于公司的整体运营。

搭建集团整体的可持续管理架构

BP公司董事层包括董事会、安全与可持续发展委员会、审计委员会、薪酬委员会、人事与治理委员会，这些部门相互合作，从战略、绩效、人事和治理等方面对BP的可持续发展进行相应安排。特别是安全与可持续发展委员会的职权在2020年扩大，负责监督BP的可持续发展。

执行副总裁层包括领导团队、集团可持续发展委员会、议题与宣传专项会议、公司报告指导小组、集团运营风险委员会。集团可持续发展委员会对董事层的安全与可持续发展委员会负责，监管集团的发展是否符合可持续发展框架、是否达到公司发展目标，规定了每季度召开一次会议，及时反馈公司安全、运营与可持续发展风险。

高级副总裁层包括可持续发展讨论会、生产经营碳排放管理机构。可持续发展讨论会由以往管理架构中的碳指导部门、宣传部门、人权机构等独立

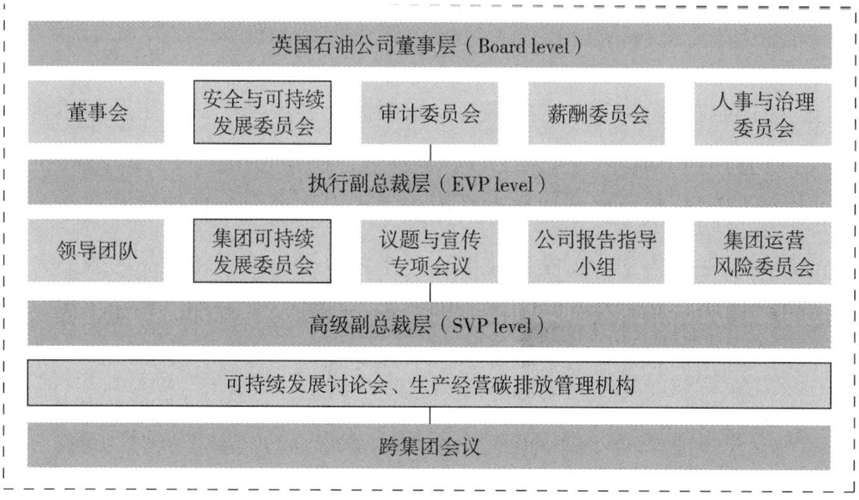

图4-42　BP可持续管理架构

资料来源：BP；中大咨询分析。

部门组合而成，聚焦于可持续发展计划与进展。生产经营碳排放管理机构由HSE & Carbon（健康、安全、环境与碳排放）、P&O（生产与经营）两个部门负责，聚焦于制定BP低碳生产经营计划，并以达成目标1和4（业务净零排放和减少甲烷排放）为目的。

跨集团会议则是集团沟通交流、相互整合资源的渠道，以帮助BP通过集团内跨部门交流可持续发展经验、整合低碳发展相关技术，推动BP集团整体低碳发展。

变革组织架构

BP针对传统的上下游业务结构进行变革，设立了四个业务板块，新的组织结构使BP能够不断发展公司新战略，共同推动公司实现低碳转型。

自2010年墨西哥湾漏油事件以来，BP公司主要进行了三次组织变革。第一次是2011年，强化了BP公司上游业务的一体化，使BP从区域性业务组织模式转变为全球性业务组织模式，加强了风险管控①。第二次变革发生在2017年，将替代能源从下游业务部门独立出来，提高了替代能源的战略重要性，让替代能源部门负责风电、光伏发电、生物燃料等能源业务。第三次变革发生在2020年，BP根据新战略对公司组织架构进行了大幅度的调整，改变了传统的上游、下游类型的业务模式，转而设立了3+1的业务部门体系②。一步步的组织架构变革凸显出BP优化油气业务、发展新能源等低碳能源业务的决心。

变革后的业务结构中，天然气与低碳能源、客户与产品、生产与运营等三个部门分别对应BP战略中所关注的三个领域，创新与工程对应BP战略框架中的重点行动。天然气与低碳能源部门聚焦于扩大天然气与低碳能源业务，客户与产品部门以客户为中心创新商业模式与平台以提供差异化产品与服务，生产与运营部门致力于整合公司核心的石油业务，创新与工程部门专注于提高数字

---

① 司进，张运东，刘朝辉，等.BP公司战略与组织变革及其启示［J］.国际石油经济，2021，29（9）：1-7.

② BP. BP Annual Report and Form 20-F 2020[EB/OL].(2021-03-22)[2022-07-22]. https://www.bp.com/en/global/corporate/news-and- insights/press-releases/bp-files-annual-report-on-form-20-f-for-2020.html.

化和创新能力。业务部门结构的调整为BP实现业务低碳转型做出了准备。

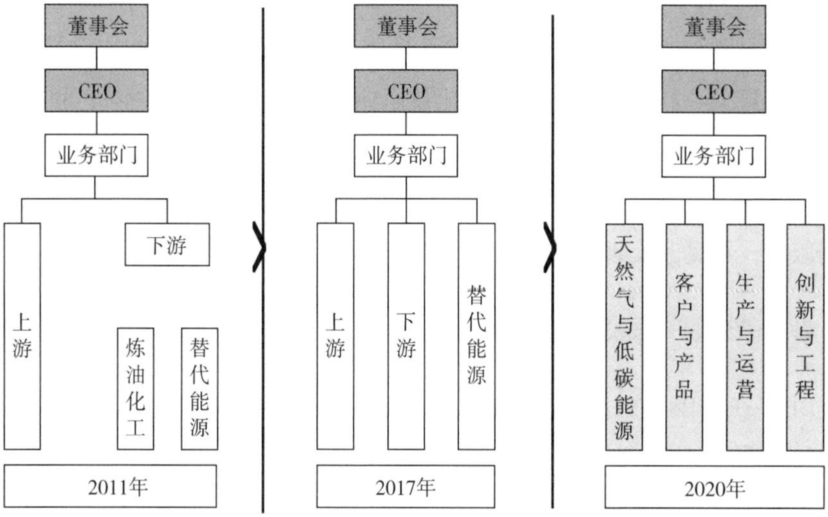

图4-43　BP公司组织架构变革

资料来源：BP；中大咨询分析。

可持续管理实践

BP公司搭建可持续管理架构与变革组织架构后，展开了一系列的管理实践。第一，在全公司层面搭建数字化平台，形成生产经营的碳排放足迹，帮助BP分析碳排放来源。第二，在员工层面通过薪资、奖金、宣传鼓励等方式推动员工践行低碳办公、低碳生活。例如将高管、员工的薪酬奖金与可持续减排（SERs）挂钩，对实践减排的员工行为进行奖励，实行碳补偿计划，以此覆盖员工旅行与家庭消耗能源产生的排放，鼓励员工少乘坐飞机，践行低碳出行。

数字技术

数字技术能够帮助企业检测业务运行情况，通过计算能源消耗、业务生产量等数据来检测企业的碳排放，并进行相应的数据分析。BP将数字化技术应用至低碳转型中，利用数字化技术对生产运营碳排放进行检测，为城市、企业与家庭进行碳减排规划，从而助力公司与世界净零排放目标的实现。

BP利用数字化技术一方面改善自身的生产运营，通过提高生产运营效率、搭建碳足迹平台检测公司生产运营燃料消耗、对碳排放溯源、提高公司以及上下游生产运营的透明度等举措来实现公司碳减排，从而助力公司以及上下游净零排放。例如，BP搭建了云计算模型、建设检测设施，以此对工业火炬的能源消耗量、能源燃烧效率进行统计，计算公司二氧化碳与甲烷的排放量。

另一方面，将公司自身的数字化技术应用经验进行拓展，转化为BP的相关业务，进一步建立公司数字化能力的同时助力全球碳中和。例如，BP利用数字化技术制定碳减排规划，为城市、企业和家庭提供能源规划以及碳减排规划服务，帮助其实现净零排放。

参与碳交易并投资碳汇项目

BP早在1998年就建立了公司内部的碳交易体系（BP-ETS），同时设定了2010年前实现公司碳排放量较1990年减少10%的目标[①]。通过内部碳交易的推动、公司碳减排措施的应用，BP提前实现了碳减排目标。在2002年英国碳排放交易体系成立后，BP进入英国碳市场进行碳交易，在2005年英国碳排放交易体系并入欧盟碳排放交易体系后，BP开始在全球范围的碳排放市场进行交易。

目前BP搭建了相对成熟的碳管理制度，设立了综合供应和交易部门对BP集团的碳资产进行集中管理，规避或减少碳价波动给BP带来的风险。综合供应和交易部门的一条职责就是设立BP全球碳排放交易机构，负责BP的碳交易活动，以此降低BP在全球各大碳排放交易市场上的履约成本。

此外，BP还通过碳汇的方式积极参与全球碳市场。2020年12月，BP购买了碳汇公司——Finite Carbon公司的大部分股权。该公司以搭建气候解决方案管理平台为目标，主要从事碳汇项目的开发运营，客户主要有企业、土地信托和非营利组织、森林拥有者、REITs基金与个人，为客户提供碳抵消服务与森林管理服务等。BP收购Finite Carbon公司股权后已经拥有了50个碳汇项目，总面积达1.2万平方公里，可产生7000万吨的碳减排量，搭建起了一个全球气候管理融资平台。

---

① 孙燕一，张晓萱，马莉．英国碳市场建设及英国石油公司碳资产管理启示［J］．世界石油工业，2021，28（6）：29-32，65.

BP低碳转型成绩显著

根据世界资源研究所制定的温室气体核算体系（greenhouse gas protocol，GHG protocol），企业温室气体排放根据来源不同可以分为范围一、范围二、范围三。在BP持续推进低碳发展时，其范围一的碳排放从2016年的5140万吨二氧化碳降低至2020年的4170万吨二氧化碳，范围二的碳排放从2016年的620万吨二氧化碳降低至2020年的380万吨二氧化碳，范围三的碳排放从2019年的361亿吨二氧化碳降低至2020年的328亿吨二氧化碳。BP公司的碳排放呈现出持续降低趋势，低碳转型已经取得了一定的成效。

表4-3　GHG protocol碳排放分类

排放范围	定义	经济活动	
范围1	直接温室气体排放 –企业生产活动直接产生的排放	· 化工生产 · 自有车辆	
范围2	间接温室气体排放 –企业购入电力、热力、制冷产生的排放	· 外购电力 · 外购热力	
范围3	间接温室气体排放 –除范围1、2，由企业运营间接造成的温室气体排放，包括上下游排放	· 外购商品、服务 · 上游运输 · 商务旅行	· 运营产生废弃物 · 下游运输 · ……

资料来源：WRI；中大咨询分析。

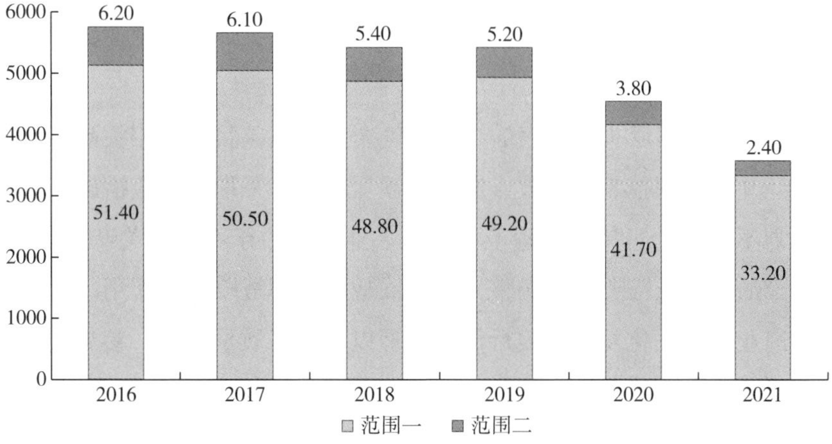

图4-44　2016-2020年范围1和2碳排放（万吨二氧化碳）

数据来源：BP；中大咨询分析。

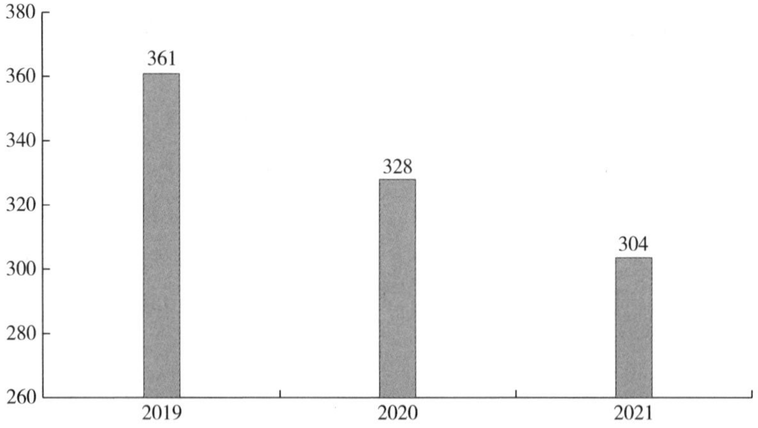

图4-45　2019-2020年范围3碳排放

数据来源：BP；中大咨询分析。

转型启示

油气行业作为六大高耗能行业之一，其低碳发展、碳减排是双碳目标实现的重要抓手。油气行业的低碳发展取决于行业内企业的低碳转型，BP的低碳转型为油气企业的低碳转型提供了宝贵的经验。从BP的转型路径来看，通过战略调整引领转型、业务转换驱动转型、低碳管理支持转型、数字技术加持转型、碳交易辅助转型，是企业推动绿色低碳转型、实现企业碳中和的重要途径。

当前我国以三巨头为代表的综合油气企业在双碳目标及相关政策的引导下，已经开始重视控制碳排放、应对气候变化，并采取了相应措施，但是仍存在规划不清晰、可持续管理不够深入、业务集中于石油相关产品等问题。未来我国油气企业需要逐步调整低碳发展战略发挥战略引领作用，发展低碳能源促进业务多元化发展，践行低碳管理以实现高质量发展，参与碳汇交易并实施碳抵消策略。

制定低碳战略

低碳发展战略的引领是企业绿色发展的基本因素，油气企业需要将绿色低碳发展理念更深地融入公司战略中，才能实现公司的低碳转型。我国油气企业需在制定战略时将低碳发展战略与其他战略相结合，引导公司低碳发展，实现净零排放。例如，中国石油、中国石化制定了低碳战略，中国石化制定了绿色洁净战略。虽然三大油气企业均在战略层面重视低碳发展，推动化石能源清洁化、节能减排，但是只有中国石油制定了相对明确的发展路径与阶段性目标：以“清洁替代、战略接替、绿色转型”为路径推动公司向“油、气、热、电、氢”综合性能源公司转型，并且达成2025年左右实现“碳达峰”、2035年外供绿色零碳能源超过自身消耗的化石能源、2050年左右实现“近零”排放的目标，而中国石化、中国海油却未形成长期的明确规划与目标。我国油气企业在战略方面未能形成明确清晰的路径与规划，将会导致低碳发展动力缺乏，难以形成有效的低碳战略引领作用。因此，油气企业在未来需要提高对低碳战略的重视、明确低碳发展战略的路径、确定低碳发展的阶段性目标，以此引领企业低碳发展。

优化业务结构

在双碳目标的指引下，高碳排放石油业务的发展将会受到限制，低碳能源会得到大力支持，未来油气企业需要优化自身油气业务，大力发展低碳能源业务，以真正实现公司业务低碳转型。全球范围内各个国家与地区均在促进低碳发展，我国也提出了相应的政策，特别要求“严格控制化石能源消费”“石油消费‘十五五’时期进入峰值平台期”“加快推进页岩气、煤层气、致密油气等非常规油气资源规模化开发”，油气业务将会受到较大的影响。

目前中国石油、中国石化、中国海油的业务均集中于油气的开采勘探、加工炼化、油产品销售等，对低碳能源的开发利用较少。以中国石油为例，其2020年的营业收入基本全部来源于石油与天然气相关产品，化石能源产品是公司业务的支柱，且中国石油的油气业务中石油及相关产品占比约77%，天然气占比约20%。这表明油气企业的油气业务结构以石油为主，低碳能源业务发展的程度极低，然而在全球升温1.5℃目标以及双碳目标的要求下，油气企业将面临高额碳价，石油相关项目的盈亏平衡价格点提高，使油气企业的效益下降。因此，油气企业需要逐步调整自身的油气业务结构，提高高经济效益与高环境效益项目的占比，同时发展氢能、生物质能、与CCUS技术项目等低碳能源和低碳技术相关业务，引领未来能源结构的调整。

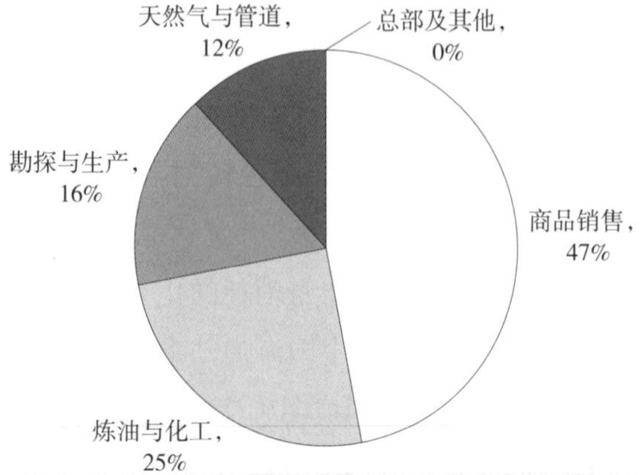

图4-46　2020年中国石油营收结构

数据来源：中国石油年报；中大咨询分析。

调整组织结构

组织结构的调整是公司贯彻可持续发展、实现低碳转型的重要保障。从管理架构来看，目前中国石油、中国石化均在董事会下设立了社会责任管理委员会，与其他部门协同推进公司的可持续发展，为公司低碳发展做出了一定的努力。单一的高层委员会管理能够从全局的角度对公司低碳发展、应对气候变化进行把控，但是容易产生可持续发展理念难以被中基层员工认同的问题，也未直接设立碳指导委员会对公司整体的碳排放进行管理。从业务组织结构来看，由于油气企业的业务集中于石油与天然气相关产品，其他低碳能源业务量较小，当前的业务结构多是分为勘探与生产、炼油与化工、销售、天然气与管道等部门，少有单独设置低碳能源部门，使低碳能源的发展速度较慢。从管理实践来看，油气企业大多将碳排放强度、任务措施落实情况、试点示范进展等作为重要内容，以指标为导向进行低碳管理，手段相对单一且与员工自身碳减排理念的关联度较低。因此，油气企业需要从管理架构、业务组织结构、管理实践三方面推进内部低碳管理，将可持续发展架构与碳管理架构贯穿整体公司治理架构，提高低碳能源在业务组织结构中的地位，创新管理实践。

参与碳交易

碳交易的参与、碳抵消的应用是油气企业实现碳中和的必经之路。在碳交易方面，随着全国碳交易市场的不断发展，未来油气（石化）行业将会被纳入碳交易中，目前部分油气企业已经有下属企业参加碳交易，如中国石化截至2020年末共有14家企业参与碳试点交易，全年碳交易量189万吨，交易额4885万元[①]。油气企业下属的每家履约企业均制定了合理的履约方案和交易计划，积累了一定的碳交易经验，但是却未在集团层面设立碳交易管理机构，单独下属企业的碳交易管理难以对未来碳价变化、管理碳交易风险进行深入的把握。因此，未来油气企业需要成立专门的部门对碳交易进行研究，降低集团的整体履约成本。在碳抵消方面，我国油气企业已经开始布局碳抵消，每年新建或改造绿地以提升企业绿化覆盖率、义务植树以增加生物碳汇，但是碳汇量较低，如中国石化在2020年的义务植树量为170.3万株，每年仅能固碳1.7万吨，未形成规模效应。因此，油气企业未来可以提高碳汇项目的开发力度，提升公司碳抵消量，助力公司碳减排。

① 中国石化.2020中国石化可持续发展报告［R］.2021.

第七节
数字通信降碳：华为全面推进绿色低碳发展

在数字与通信技术飞速发展的今天，ICT（信息与通信）行业同样背负着节能降碳的重任。相较于传统高耗能行业，ICT行业虽然不是单点耗能和排放最高的行业，但因产品特性复杂、使用范围广泛、时间较长等特点，总体能耗较大。ICT相关技术对于促进千行百业节能减排具有重要贡献，先进的监测和智能设备能够应用到其他产业从而间接减少碳排放[①]，而ICT行业自身如何实现绿色低碳发展也是值得探讨的课题。

作为全球领先的ICT基础设施和智能终端提供商，华为坚持绿色低碳发展战略，积极践行社会责任，持续不断地对绿色产品和技术进行创新，致力于降低ICT整体产业碳排放。华为主要从制定低碳发展战略、推动业务低碳化、推进绿色运营、建立绿色产业生态等方面入手，多措并举推进自身节能降碳，并推动ICT行业持续降碳。目前华为碳排放总量增长速度放缓，已进入平台期，碳强度保持持续下降趋势，取得了一定的降碳效果，为ICT企业推进节能降碳提供经验借鉴。

华为以绿色环保理念为指引的绿色低碳发展道路

ICT行业的碳排放虽然在总量上占比不大，但由于其先进网络设备等能耗巨大，未来碳减排问题不容小觑。互联网应用和数据的传输正在造成大量的

① 王雷，刘桂玲，王欣，等. 碳足迹视角下ICT产业碳排放对环境的影响［J］. 西北农林科技大学学报（社会科学版），2013，13（6）：73-77.

碳排放和能源消耗，2020年全球ICT行业碳排放占全球碳排放的2.3%，耗电占全球4%左右。向数字化时代迈进的同时，5G、IDC及各类新兴业务将在未来十年加速ICT产业能源消耗，预计2030年占全球能源消耗的20.9%①，而ICT行业的温室气体排放量占比将会从2007年的不到2%，增长到2040年的14%以上，未来ICT行业将成为降低能耗、减少碳排放的重点领域之一。

ICT行业能耗排名前三位的分别是数据中心、网络设施和终端设备。数据中心方面，2018年中国数据中心总用电量占全社会用电量2.35%，储存海量数据的大型数据中心能耗较高，急需散热。国家对于数据中心的减碳要求已经出台了相关政策，《关于加强绿色数据中心建设的指导意见》要求到2022年，新建大型、超大型数据中心的PUE值要达到1.4以下。网络设施方面，未来6G可能会成为新的“能耗大户”，6G技术的应用和网络的覆盖会带来巨大的能耗增长。终端设备包括手机、电视、电脑等，随着互联网人数的增多，人们使用智能手机的时间增加，手机能耗最高。

表4–4　数据中心相关减碳政策

发文单位	文件名称	主要内容
发改委、能源局等四部委	《关于加快构建全国一体化大数据中心协同创新体系的指导意见》	探索建立电力网和数据网联动建设、协同运行机制，进一步降低数据中心用电成本；引导清洁能源开发使用，加快推广应用先进节能技术；推动绿色数据中心建设，加快数据中心节能和绿色化改造等
发改委、工信部等六部门	《关于组织开展国家绿色数据中心（2020年）推荐工作的通知》	组织开展2020年度国家绿色数据中心推荐工作，其中能源资源使用情况占据评价指标分值最高的权重，高达67%
工信部、能源局等三部门	《关于加强绿色数据中心建设的指导意见》	到2022年，新建大型、超大型数据中心的PUE值要达到1.4以下；节能减排，降低数据中心的能耗，进一步限制PUE值

资料来源：中国政府网，公开资料整理；中大咨询分析。

华为作为全球ICT行业的领军企业，将绿色低碳发展理念融入公司愿景，致力于推进节能减碳工作，并针对碳排放强度制定减碳目标。华为创立于1987年，是全球领先的ICT基础设施和智能终端提供商。目前华为约有19.7

① 张基恒，王晓晴，黄实，等.ICT产业助力“碳达峰，碳中和”[J].中国电信业，2021，(8)：4.

万名员工，业务遍及170多个国家和地区，服务全球30多亿人口。在经营业务方面，华为聚焦ICT基础设施领域，提供ICT产品和解决方案，帮助企业提升通信、办公和生产系统的效率。在运营商业务领域，4G设备在全球被广泛部署；在企业业务领域，引领企业IT向云架构和企业网络向SDN转型；在消费者业务领域，得益于中高端产品、海外高端市场和荣耀模式的长足发展。

华为设立了自身的低碳发展愿景，与全球产业伙伴共同努力，通过技术创新，推进绿色低碳和节能环保，实现联合国可持续发展目标，把数字世界带入每个人、每个家庭、每个组织，构建万物互联的智能世界。2016年，华为曾制定温室气体减排目标：到2020年单位销售收入碳排放量下降30%（基准年2012年，碳排放强度为3.83吨/百万元），并已超额完成承诺。

华为温室气体排放大多来自于能源间接排放中的电力消耗。因整体业务增长等原因，华为温室气体排放总量从2012年起逐年升高，至2020年排放量达到2285458吨，较2019年增加约32.5%，预计未来还会持续增长。

表4-5　　　　华为2020年范畴一与范畴二排放量

温室气体	范畴一	范畴二	总量
2020排放量（吨）	41736	2243722	2285458
占总排放量比例	1.83%	98.17%	100%
范畴一：固定燃烧排放、移动燃烧排放和逸散排放；范畴二：能源间接排放			

数据来源：2020年华为可持续发展报告。

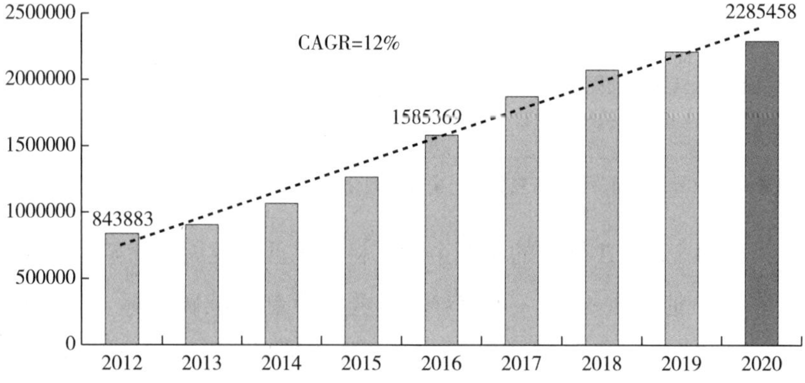

图4-47　2012-2020年华为温室气体排放总量（吨）

数据来源：2012-2020年华为可持续发展报告；中大咨询分析。

华为温室气体排放结构中，范畴二比例极高且仍在上升，2020年达到98.17%；能源消耗中，电力的消耗最大，并呈上升趋势，2020年华为中国区电力消耗达346714万度。

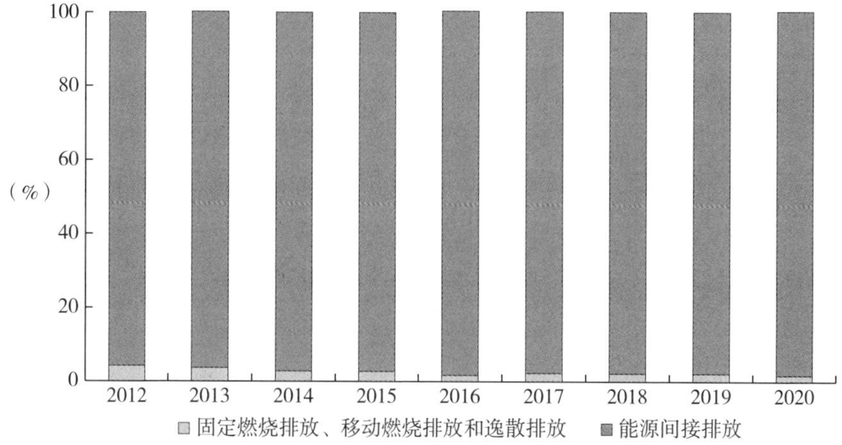

图4-48　2012-2020年华为温室气体排放结构

数据来源：2012-2020年华为可持续发展报告；中大咨询分析。

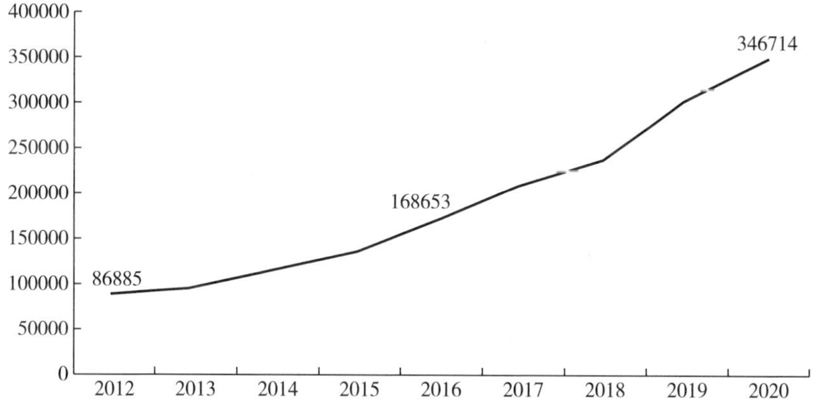

图4-49　2012-2020年华为中国区电力消耗量（万度）

数据来源：2012-2020年华为可持续发展报告；中大咨询分析。

华为绿色低碳发展实施方案

针对温室气体排放量持续上升的现状，华为制定了绿色低碳发展的具体路径方案。

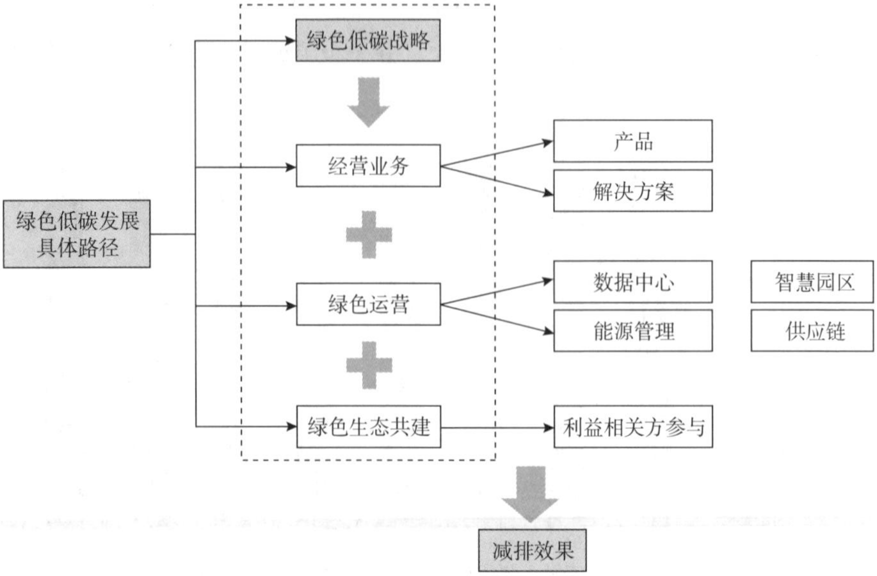

图 4-50　华为绿色低碳发展路径框架

资料来源：2015-2020年华为可持续发展报告；中大咨询分析。

绿色低碳发展战略

在战略层面，华为将“绿色环保”作为可持续发展战略框架的重要组成部分，构建绿色低碳发展体系，从业务、运营、生态共建等层面推进减碳目标实施。

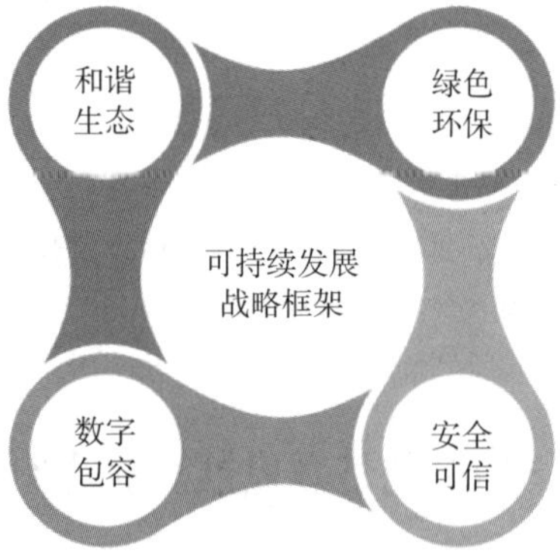

图 4-51　华为可持续发展战略图

资料来源：2020年华为可持续发展报告；中大咨询分析。

华为通过构建清洁高效、低碳循环的绿色发展体系来推进方案的实施，分别从以下三大方面入手。一是减少碳排放，从管理和技术层面进行节能减排的创新和实践，减少自身产品碳足迹；联合上下游合作减排，全方位构建绿色供应链；利用创新ICT技术助力相关企业减排。二是加大可再生能源使用，通过ICT技术与光伏的融合，推动能源结构低碳化转型，提升可再生能源使用效率，为智能世界提供绿色源动力。三是促进循环经济，从源头出发，优选环境友好型材料，提升产品耐用性，完善回收体系，以更少的资源代价为人类谋取更多的福祉。在此基础之上，华为制定了2025绿色低碳发展目标：到2025年，单位销售收入碳排放量相对于2019年下降16%，主力产品平均能效相比2019年提升2.7倍。

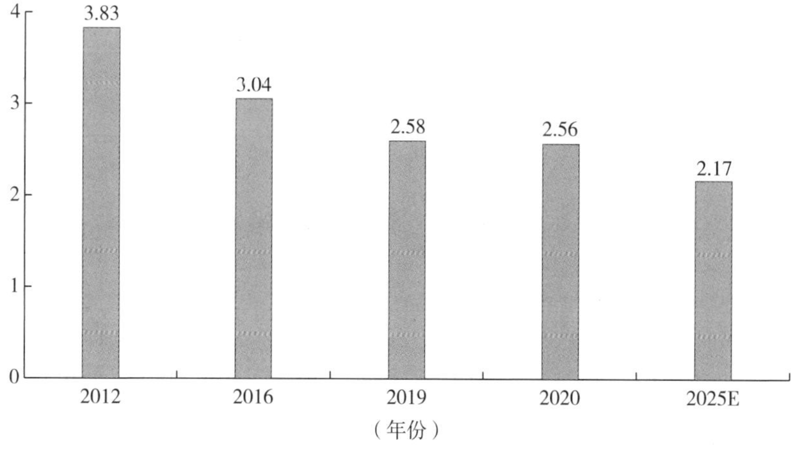

图4-52　华为历年单位销售收入碳排放量（吨/百万元）

数据来源：2016-2020年华为可持续发展报告；中大咨询分析。

经营业务

绿色产品：进行全生命周期碳足迹评估，确保从源头到终端的低碳减排

华为多年来致力于通过节能技术创新不断改进产品能效，并借助ICT产品使千行百业节能减排，共建绿色世界。华为的产品涉及智能终端、无线接入、固定接入、数据通信、光传输、智能计算等各个产业。基于产品全生命周期环境影响（LCA）方法，对自产设备进行系统评估，精心计算每一个阶段的碳排放量，从多个维度不断降低产品能耗，发现网络设备及用户侧设备因使用期间设备耗电引起的碳足迹占比最大。因此，华为从源头出发，降低ICT产品能耗，并加大使用可再生能源以大幅减少产品碳足迹。

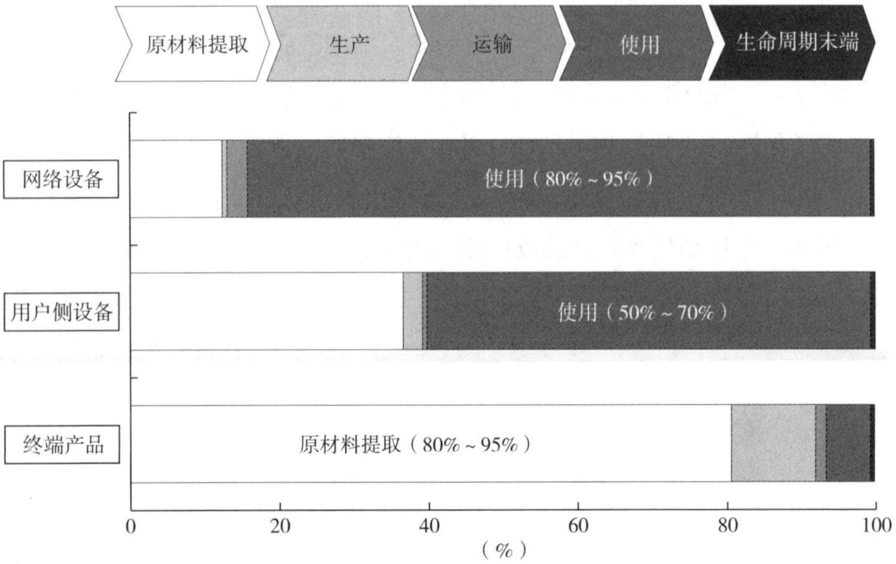

图4-53　华为各类产品生命周期碳足迹

数据来源：《华为2020年可持续发展报告》，华为官网；中大咨询分析。

具体而言，华为从产品的材料、包装等方面入手，采用生物基塑料、落实绿色包装策略以减少碳排放和保护环境，同时不断提升旗舰手机能效，并建立废弃物回收体系，缓解废弃填埋对环境的压力。

采用生物基塑料等环保材料，保护不可再生资源。华为从2013年开始，逐渐在终端产品中采用在环保方面较传统塑料更具优势的生物基塑料，如P系列、Mate系列手机和华为手表等，可减少约62.6%的二氧化碳排放量。截至2020年底，一共使用了1223吨生物基材料，相当于减少二氧化碳排放约6238吨。

践行绿色包装理念，为旗舰手机（华为P40）包装减重降塑。在绿色包装方面，华为长期贯彻“6R1D”策略[①]。2020年，通过归一化包装设计，使

① 以适度包装（RightPackaging）为核心的合理设计（Right）、预先减量化（Reduce）、可循环周转（Returnable）、重复使用（Reuse）、材料循环再生（Recycle）、资源回收利用（Recovery）和可降解处置（Degradable）

Mate40系列旗舰机的包装实装率相比Mate7系列提升了68%，每部手机包装重量减少55克，每千万台手机可以减少纸张使用约550吨，相当于种植9350棵树。华为还把P40系列的塑料包装改为纤维材质，让包装材料更容易被“消化”；包装材料塑料含量相比上一代降低17%。

推进智能产品更新换代，打造低能耗设备。华为Mate30手机芯片能效比上一代提升20%以上；对TOP应用针对不同场景进行优化，以大幅降低产品功耗。联合“绿色软件联盟”推广应用低功耗设计实践，提升产品续航时间，例如Mate30系列手机的应用续航时间相比Mate20系列提升10%以上。

图4-54　华为Mate系列手机节能降耗功能变迁

数据来源：2017-2020年华为可持续发展报告，《2020年全球电子废弃物监测》，公开资料；中大咨询分析。

变废为宝，加强终端电子废弃物回收利用。2020年，华为与TÜV莱茵合作，推动某供应商工厂建立固体废弃物零填埋管理体系，减少填埋对环境造成的压力。半年内累计减少废弃物填埋量1400余吨，成为全球首家通过TÜV莱茵废弃物零填埋管理体系认证的工厂。为加大电子废弃物的回收力度，华为持续建设终端产品全球回收系统，并不断扩大以旧换新计划的适用范围。2020年，华为通过自有渠道收集并处理的终端电子废弃物超过4500吨。华为也通过与业界知名环保回收机构深度合作，对废弃物进行分类处理，大多数经过无害化处理后可成为原材料或热能进入再利用通道。2020年，华为ICT业务共处置了13184吨废弃物，填埋率仅为0.79%。

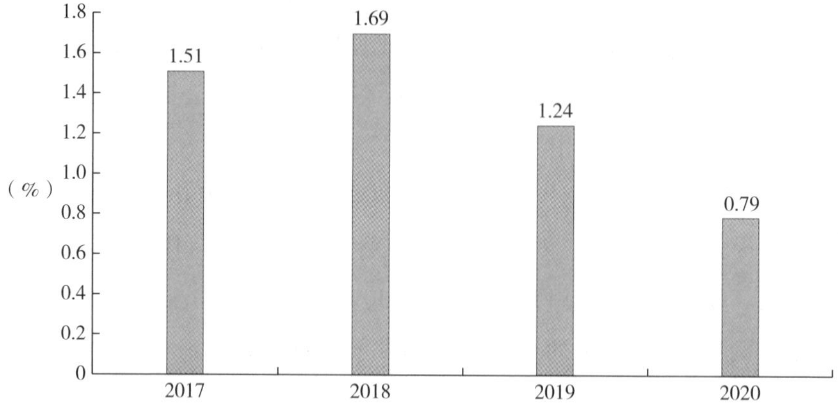

图4-55　2017-2020年华为废弃物填埋率

数据来源：2017-2020年华为可持续发展报告；中大咨询分析。

解决方案：打造绿色智能联接，以比特管理瓦特

联接，是华为的核心业务之一，华为从5G、F5G、IPv6、站点能源等涉及网络建设的各个环节着手，打造绿色比特，成就绿色智能联接，在网络建设中依靠联接技术推动行业企业低碳化和自然环境绿色化。

建设5G基站：华为携手湖南移动、广西电信等深入研究无线网络节能技术，结合华为移动网络自动化引擎（MAE）创新推出了PowerTurbo，是华为PowerStar三级节能解决方案中的网络级节能解决方案。PowerTurbo日均单站节能可达3.5度，全网5G每年节能可达1000万度，相当于减少二氧化碳排放4750吨。

建设站点能源：在5GPower站点能源解决方案中引入太阳能和AI技术，尽量使用清洁能源为基站供电，实现绿色供电，迈向“零”碳排。中国计划在2019至2022年间新建或改造约200万个5G站点，借助华为的方案，预计每年将可节省电力83亿度；华为与欧洲客户基于5GPower的联合创新实验也实现单站节能51%。

推动自然环境绿色化：2020年，华为调研发现荷包岛光照充足，适合采用iPowerCube离网去油综合供能解决方案，通过对太阳能发电系统和智能锂电储能系统的多能源调度，替代原“油机+交流电源+铅酸电池”方案，确保24小时不间断可靠供电。此方案助力珠海VTS船舶导航站每年节省燃油成本

22万元，实现零碳排放，守护荷包岛美好的自然环境。

绿色运营

数据中心：推出液冷方案和冷却系统，帮助数据中心散热降耗

数据中心是数字经济时代跳动的“心脏”，但也是能耗大户，一个超大型数据中心每年的耗电量近亿度。为帮助数据中心摘掉“能耗大户”的帽子，华为围绕数据中心制冷难题持续攻坚，通过多重创新取得积极进展。

华为研发出全液冷方案帮助散热，即在密闭式液冷机柜中，通过液体带走所有热量，可以将散热功耗下降96%，电源使用效率（PUE）由采用风冷方案的2.2降低至1.1。在50千瓦柜功率设备上，每年可节省约50万度散热能耗，相当于减少二氧化碳排放约237.5吨。

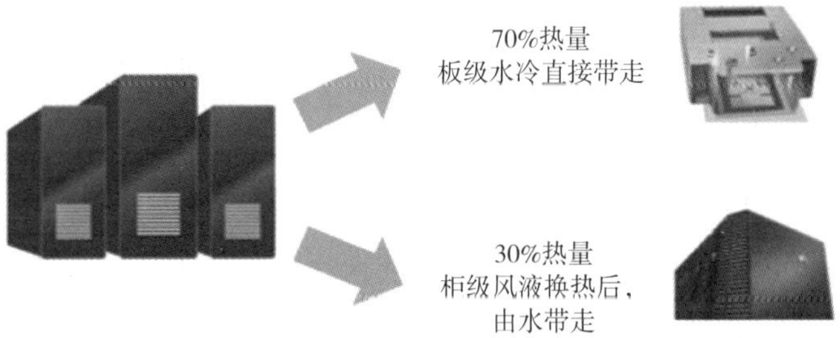

图4-56　全液冷方案散热原理

资料来源：《华为2020年可持续发展报告》，公开资料；中大咨询分析。

华为推出iCooling解决方案推动“智冷”，通过融入大数据、人工智能，利用能效优化技术让数据中心自动进行能效调优，实现制冷到“智冷”的转变，可有效降低数据中心PUE约8%～15%。例如，华为廊坊云数据中心部署了此套方案，每年可节电2764万度，相当于减少二氧化碳排放约13129吨。

能源管理：导入能源管理体系，例行节能改造项目

随着业务增长以及大量新建园区投入使用，能源的消耗量也随之增加。华为在能源管理体系之下，采取技术节能和管理节能，引入清洁能源，减少碳排放和提高能源使用效率，最大限度降低运营过程中对环境的不利影响。

表4–6　　2016–2020年华为全球能源消耗量

名称	单位	2016	2017	2018	2019	2020
天然气	万立方米	993	711	1114	1313	1536
汽油	吨	358	600	347	650	608
柴油	吨	116	256	77	106	107.7
电力（中国）	万度	168653	207095	235504	302093	346714
电力（海外）	万度	/	/	/	21032	13456
蒸汽	吨	20352	21801	23143	22613	22694

数据来源：2017、2019、2020年华为可持续发展报告；中大咨询分析。

华为基于ISO50001标准和相关法律法规需求，建立了能源管理体系，深圳总部于2017年通过ISO50001管理体系第三方认证，2020年顺利通过年度监督审核。通过例行节能监测、能源审计、内部审核、节能技术改造等措施，持续提高能源管理体系的有效性，降低能耗，提高能源利用效率。华为在管理体系认证期间完成节能改进措施28项，节能改造项目节约用电207万度，管理节能250万度，相当于减少碳排放3965吨。

智慧园区：形成绿色运营管理闭环，推进产业园区高质量发展

华为依托数字平台，从加强清洁能源使用、开展节能改造项目、科学处理废弃物等方面进行运营管理。华为在自身运营上长期秉持“绿色、低碳、可持续”的发展理念，坚持“低消耗、低污染、高效率”的集约式发展方式，在建设绿色园区过程中，采取从源头控制（可再生/清洁能源）到过程管理（技术和管理节能）、再到结果闭环（日常“三废”处理）的体系，推动园区向绿色低碳方向发展。2020年间，华为中国区使用的可再生能源电力达2.2亿度，相当于减少二氧化碳排放约18.8万吨。

2019年，华为引入“智慧园区能耗解决方案”，开启了园区管理的数字化转型，智慧园区数字平台的大数据智能分析诊断模型和算法，改变了传统粗放式的供能模式，建立以需求驱动的精准供能模式。智慧园区能耗解决方案收益效果显著，2019年实现节能超过15%。

在推进清洁能源使用方面，华为成都研究所结合四川水电资源优势，因势利导，积极推进绿色园区建设及改造，建立绿色运维体系，2019年实现100%可再生能源供电，且年均供应水电超2亿度（相当于减少二氧化碳排放约17.7万吨）。2020年，华为还采购了约15.5亿度的清洁能源电量，相当于减少碳排放超62万吨。

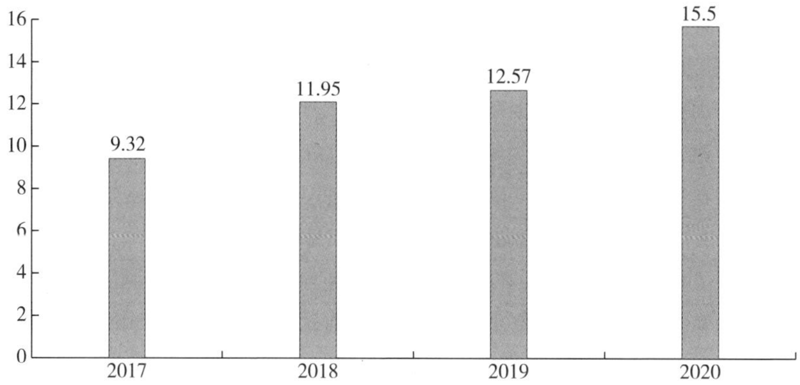

图4-57　2017-2020年华为采购清洁能源电量（亿度）

数据来源：2019、2020年华为可持续发展报告；中大咨询分析。

2020年，华为完成了冷却塔填料升级改造、冷站空调水泵变频改造、照明改造等多个节能项目，中国成熟园区运营能耗同比节约用电量1100多万度，相当于减少二氧化碳排放9000多吨。

表4-7　　华为园区典型节能改造项目

措施类型	城市	2020年项目名称
技术节能	东莞	冷却塔填料升级改造
	东莞	冰机冷却水泵变频改造项目
	成都	园区T5日光灯更换为LED灯
	廊坊	闲置风柜脱离主系统
	深圳	文档室空调机组加风管和变频改造
管理节能	东莞	景观照明开关时间调整
	武汉	开好空调关好灯
	深圳	空调夜间间歇性开机

资料来源：2019、2020年华为可持续发展报告；中大咨询分析。

此外，为加强园区日常废弃物管理，华为采用有资质的专业公司对废弃物分类分级进行处理，最大程度减少对环境的负面影响。

表4-8 华为园区日常“三废”管理

废弃物分类		处理方式
固体废弃物	不可回用废弃物	由指定供应商定期清运处理，口罩等拉往指定焚烧点无害化处理
	食堂餐厨垃圾	由专业资质供应商无害化处理
	可回用废弃物	由指定供应商定期清运处理，设备报废五金零部件等走报废流程
	危险废弃物	定点存放，统一由有资质公司处理
	建筑垃圾	施工现场建筑垃圾定点存放，施工方处理，由市政统一指定填埋点
废水	食堂废水	先经隔油池处理后，再进入化粪池，达标后排放至市政管网
	其他生活废水	直接进入化粪池，达标后排放至市政管网
	工业废水	通过设施处理后达标排放，并实现污水量60%回用至生产
废气	餐饮废气	先经集烟罩，再经静电油烟净化器，达标后有组织排放
	工业废气	集中收集至楼顶工业废气处理设施处理后达标排放

资料来源：2019、2020年华为可持续发展报告；中大咨询分析。

供应链：携手供应商伙伴共建绿色供应链

实施供应商绿色环保管理是提高供应链竞争力，最大化企业绿色可持续发展的有效途径。华为持续开展绿色伙伴计划，联合供应商进行节能减排创新，并积极参与相关行业组织活动及相关标准的制定，全方位构建绿色供应链。华为将环保要求融入采购战略及业务，在供应商认证、选择、审核、绩效管理及物料选型等环节明确提出环保要求，并通过采购业务激励牵引供应商持续改善。

一方面，供应商数量增加。近年来持续推进一定数量的供应商减排，至2020年，华为推动采购金额前100位的供应商统计碳排放量、设定碳减排目标、制定减排计划并实施减排项目。截至2020年底，所有Top100供应商均已完成碳排放数据统计，其中93家供应商设定了碳减排目标并实施了碳减排项目，剩余7家供应商仍在进行中。另一方面，碳排放有所下降。2020年供应商与华为业务相关的碳排放总量约为1246万吨，比2019年减少了30万吨。

表4-9 2015–2019年华为供应商参与节能减排项目情况

年度	供应商数量	碳减排量（吨）
2015	35	77144
2016	20	55000
2017	25	63000

续表

年度	供应商数量	碳减排量（吨）
2018	20	51094
2019	35	80144

数据来源：2015-2020年华为可持续发展报告；中大咨询分析。

在“绿色伙伴”行动中，自2011年起，华为持续参与公众环境研究中心（IPE）发起的“绿色选择”倡议，将蔚蓝地图环保检索纳入供应商自检表和审核清单，鼓励供应商自我管理，确保供应商环保合规。2020年，华为定期检索了900家重点供应商的环保表现，在IPE绿色供应链CITI指数排名IT行业第四，中国大陆企业第一；2020年IPE供应链气候行动SCTI指数排名IT行业第六，中国大陆企业第一。

绿色生态共建

华为建立了利益相关方识别和参与机制，对应关注点制定和实施绿色低碳发展策略，促进了绿色环保战略的推进。

利益相关方参与是华为绿色低碳发展道路上的重要环节，通过与相关方就低碳话题开展沟通和交流，了解其观点、诉求和期望，可以更好地识别低碳发展的风险和机遇，制定科学合理的发展目标。华为积极参与关键的利益相关方倡议、行业联盟、区域性和全球性可持续发展平台，倡导通过创新和协作的方式实现低碳发展目标。

2020年，华为通过各类沟通渠道了解到利益相关方的主要关注点，并制定了相应的策略。

表4-10　　华为与利益相关方的讨论议题

利益相关方	低碳关注点	华为的策略
客户与消费者	应对气候变化/碳减排	积极制定中长期的碳减排目标，并牵引Top100供应商制定碳减排目标
	循环经济	将绿色低碳要求融入产品全生命周期，大力促进循环经济
供应商与合作伙伴	节能减排	将低碳发展作为采购战略的重要组成部分，引导供应商持续改进，共建绿色产业链
政府	节能环保	参加政府项目，如中国政府绿色环保建设项目
社区	环境保护	将“绿色环保”作为华为可持续发展的四大战略之一

资料来源：《华为2020年可持续发展报告》；中大咨询分析。

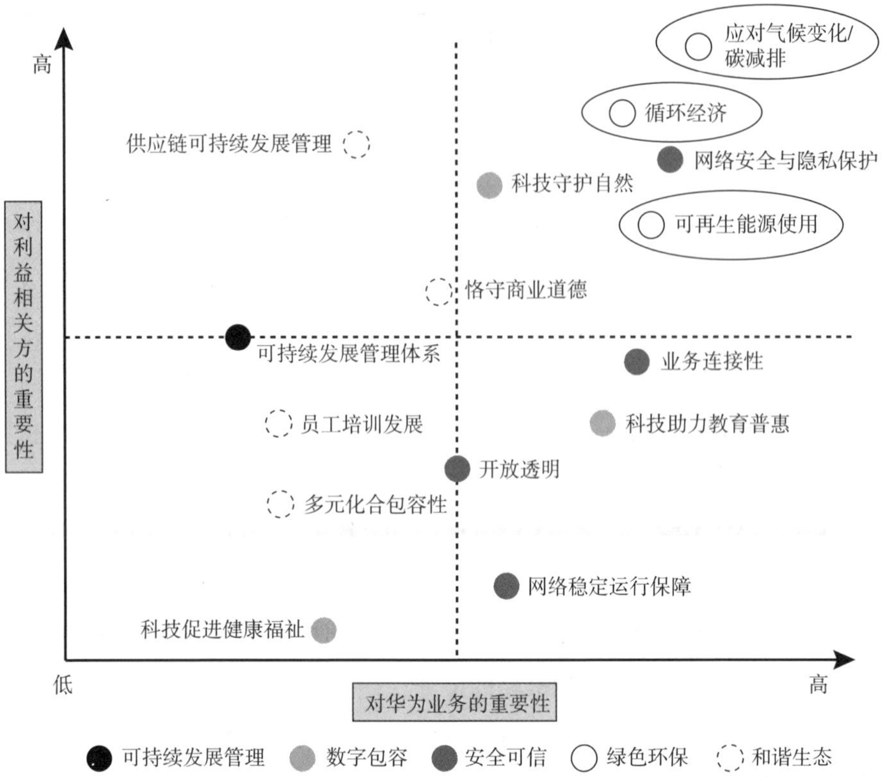

图4-58　利益相关方参与中的华为绿色低碳发展相关议题

资料来源：《华为2020年可持续发展报告》；中大咨询分析。

华为的低碳减排效果

华为超额完成减排目标，打造了清洁高效、低碳循环的发展格局，温室气体排放量逐年下降，在应对气候变化和节能降碳方面做出了杰出贡献。华为2020年单位销售收入二氧化碳排放量比2012年下降33.2%，超额达成2016年承诺的减排目标（30%）。

2020年，在5800余家获得全球非盈利环保机构CDP评分的公司中，华为因在低碳减排和缓解气候风险方面的行动，荣登CDP应对气候变化A级榜单，是少数表现杰出的公司之一。

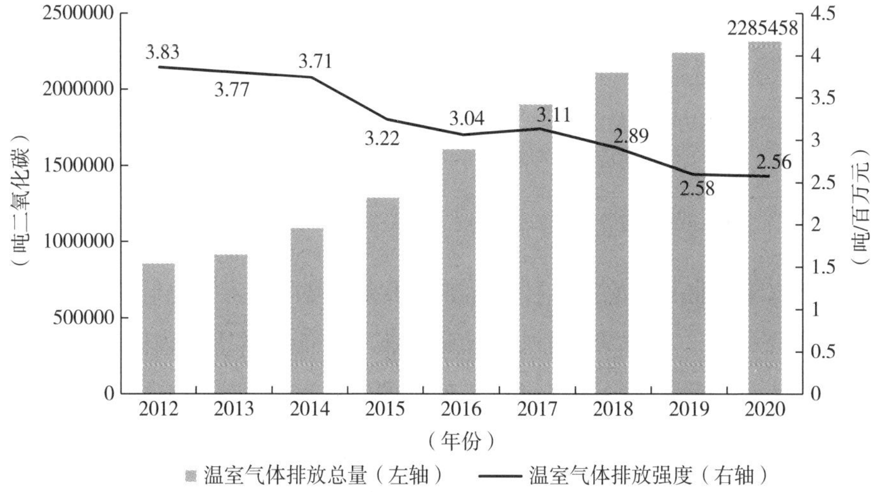

图4-59 2012-2020年华为温室气体排放总量及强度变化

数据来源：2012-2020年华为年报、可持续发展报告；中大咨询分析。

ICT企业可参考华为经验，推动行业整体减碳

华为在贯彻绿色低碳发展理念的同时，依靠先进技术，在自身产品、内部运营、供应链等领域采取了示范性的节能和减碳的举措，效果显著。

表4-11 华为低碳发展代表性举措及其成效总结

低碳发展亮点	节能减排行动	节能降碳成效
节能产品全生命周期碳排放评估	华为基于产品全生命周期环境影响评估（LCA）方法，对产品碳足迹系统评估	大力开发节能技术，降低产品能耗：NetEngine8000X8路由器相比同类产品，每比特数据的功耗降低26%～50%，每台设备每年节电约9万度
环保材料促进循环经济	华为优先选用环境友好型材料，减少原材料使用，提升产品耐用性，完善产品回收体系，削减温室气体排放	2019年绿色包装用量超40万件，相当于节约了9万多立方米的森林木材；2020年回收处理电子废弃物超过4500吨，全面提高了资源利用率
借力科技推动内部运营碳减排	华为始终致力于推动自身运营节能减排，覆盖从园区设施、研发实验室、数据中心到工厂的方方面面	2019年引入“智慧园区能耗解决方案”，全年实现节能超过15%；借助UPS解决方案、间接蒸发冷却技术等帮助数据中心散热，大幅降低碳排放

续表

低碳发展亮点	节能减排行动	节能降碳成效
携手供应商共建绿色供应链	华为将环保要求融入公司采购战略和业务，引导供应商节能减排	2020年供应商与华为业务相关的碳排放总量约为1246万吨，比2019年减少30万吨

资料来源：2018–2020年华为可持续发展报告，《企业碳中和路径图》；中大咨询分析。

国内ICT行业的其他企业可以考虑采用在战略内融入绿色低碳发展理念、建立碳盘查机制、共建绿色生态供应链、推广节能技术等手段促进自身绿色低碳发展，同时助力整个ICT行业实现低碳发展。首先考虑将绿色低碳发展理念融入公司的可持续发展战略，贯彻执行节约能源和减少碳排放相关工作，加速企业低碳化进程。其次，运用碳盘查机制帮助企业了解排放状况和识别相应风险，如对自身产品从源头生产到终端回收进行全流程的碳足迹评估，分析碳排放来源及构成。此外，供应链是温室气体排放的一大源头，充分考量供应链的碳排放，并制定系统化的方法与机制来引导和管理供应商的碳减排进程，共同推动建设绿色供应链。同时要注重不断革新节能技术，如采用“智冷”系统降低数据中心用电量、使用智能联接推进网络建设绿色化，从而达到良好的碳减排效果。

附　录

附录 I

有关双碳的一切：双碳热词解析

国家主席习近平2020年9月22日在第七十五届联合国大会一般性辩论上发表讲话，提出“中国将提高国家自主贡献力度，采取更加有力的政策和措施，二氧化碳排放力争于2030年前达到峰值，努力争取2060年前实现碳中和”[①]。

自此，我国为应对气候问题所提出的双碳目标正式确立，由此衍生的一系列相关词汇提及频率骤增。为了更好地理解相关概念，本书根据公开资料和现有研究[②]整理了双碳相关的核心词汇，分别从双碳目标相关名词、气候相关名词、碳排放相关名词、低碳相关名词和绿色金融相关名词等五方面依次介绍。双碳目标即为碳达峰和碳中和，是统领国家行动的整体目标，也是首要的研究对象，需要最先明确碳达峰与碳中和的定义。双碳目标的提出目的是为了解决气候问题，随后需要明确气候问题的相关名词。气候问题的主要原因是全球碳排放量的不断增多，因此解决气候问题的落脚点放在了碳排放和碳吸收上，需要再对碳排放和碳吸收相关名词进行解析。低碳与绿色金融是解决问题的两个重要途径；绿色低碳的生产生活方式能够助力碳减排与碳吸收；绿色金融则是扮演着重要的支撑角色，能够帮助各国合理配置市场资源，从而调动全社会的力量来助力减少碳排放、增加碳吸收，实现双碳目标。

---

① 新华社. 习近平在第七十五届联合国大会一般性辩论上的讲话［EB/OL］.（2020-09-22）［2022-07-22］. http://www.xinhuanet.com/world/2020-09/22/c_1126527652.htm.

② 华创证券. 一“碳”究竟——碳中和入门核心词典&迈开碳中和的脚步系列三［R］. 2021.

双碳目标相关名词

碳达峰

碳排放达峰，二氧化碳排放量在某一个时期达到历史最高值，达到峰值之后逐步降低。碳达峰是二氧化碳排放量由增转降的历史拐点，标志着碳排放与经济发展实现脱钩，达峰目标包括达峰年份和峰值。目前已有部分国家实现了碳达峰，例如英国于1991年实现碳达峰，美国于2007年实现了碳达峰。

碳中和

根据IPCC，碳中和指的是在特定时期内，人为产生的二氧化碳排放与人为产生的二氧化碳吸收达到平衡[①]。碳中和有两层含义，狭义上的碳中和即指二氧化碳的排放量与吸收量达到平衡状态，广义上的碳中和即为所有温室气体的排放量与吸收量达到平衡状态。部分国家在提到碳中和时多是指温室气体中和，如英国与美国均表示到2050年实现碳中和，也即温室气体净零排放。目前我国并未明确指出碳中和是二氧化碳还是温室气体。根据新华网《碳中和路线图确定，车企开足马力顺势而变》报道，碳中和指的是在一定时间内，企业、团体或个人直接或间接产生的温室气体排放总量，通过植树造林、节能减排等形式，抵消自身产生的二氧化碳排放，实现二氧化碳的“净零排放”。但是我国为了达到1.5℃温升目标，并与发达国家保持同步，也需要将温室气体纳入进碳中和里。目前苏里南和不丹分别于2014年和2018年宣布实现了碳中和。

净零碳排放：一定时期内通过人为使二氧化碳移除与全球人为二氧化碳排放量达到平衡，即二氧化碳排放量和移除量基本保持一致。

净零排放：人类活动造成的温室气体（GHGs）排放与人为排放吸收量在一定时期内实现平衡。在碳中和的基础上扩大了检测范围，将碳中和的二氧化碳排放转变为温室气体排放。

---

① IPCC. In: Global Warming of 1.5℃[R]. 2018.

气候中和：人类活动对于气候系统没有净影响。其考虑区域或局部的地球物理效应，例如来自飞机凝结轨迹的辐射强迫效应，气候中和的范围较净零排放更广。

国家自主贡献目标

国家自主贡献目标（Nationally Determined Contributions，NDC）指的是根据巴黎协定要求，各缔约方根据自身情况确定的应对气候变化行动目标。

截至2021年8月10日，共有192个缔约方递交了国家自主贡献目标。我国最新的国家自主贡献目标是："二氧化碳排放2030年左右达到峰值并争取尽早达峰；单位国内生产总值二氧化碳排放比2005年下降60%～65%，非化石能源占一次能源消费比重达到20%左右，森林蓄积量比2005年增加45亿立方米左右。"

气候变化相关名词

气候突变

IPCC将气候突变定义为在几十年或更短时间内，气候系统发生使人类系统和自然系统受到很大影响的变化，这一变化至少持续（或者预期持续）几十年。气候突变也可以理解为气候从一个稳定状态到另一个稳定状态的急剧变化，表现为气候变化的不连续性。

气候变化

根据IPCC，气候变化指气候状态的变化，这种变化可根据气候特征的均值或变化速度的变化进行识别。气候变化会持续一段时间，通常为几十年或更长时间。气候变化的原因可能是自然的内部过程或外部强迫，如太阳活动周期的改变、火山喷发，以及人类活动对大气成分或土地利用的持续改变[①]。

联合国气候框架公约将气候变化定义为"直接或间接地归因于人类活动的气候变化，而人类活动改变了全球大气成分，这种气候变化是同期观测到的自然气候变率之外的变化"，这一定义区分了由于人类活动产生的气候变化和由于自然原因产生的气候变化，并将气候变化定义为人类活动产生的气候变化。

① IPCC. AR5 Synthesis Report: Climate Change 2014[R]. 2014.

气候变暖

人类活动可能会通过持续排放二氧化碳和其他温室气体的途径增强温室效应，在无意中改变全球气候，这些温室气体将导致地球表面温度上升，这一现象即为气候变暖。自1850年以来，全球平均气温逐渐升高，2010–2019年的全球平均气温较1850–1900年的全球平均气温升高1.07℃[①]。

温升目标

《巴黎协定》中提出了未来的温升目标：把全球平均气温升幅控制在工业化前水平以上低于2℃之内，并努力将气温升幅限制在工业化前水平以上1.5℃之内。由此产生了2℃温升目标和1.5℃温升目标。

全球温度变化潜势

全球气候变化潜势（Global Temperature change Potential，GTP）是用来衡量单位质量的某种物质排放所能造成的全球平均地表温度的变化，是一种指数，用来表示某些物质滞留在大气中一定时间后产生的综合影响以及对气候系统变化的作用。GTP分为固定GTP和动态GTP，固定GTP指基于未来固定时段的全球气候变化潜势，动态GTP指的是基于某个目标年份的全球气候变化潜势。在动态GTP中，时段随目标年份的临近而缩短，因此GTP值会发生变化。

碳排放与碳吸收相关名词

碳排放

能源

根据中国水力发电工程学会的研究可知，能源的分类标准存在区别，分类标准具体包括了是否可再生、形成机理、利用方式、开发利用时期。碳排放主要来源于化石能源的使用，新能源和可再生能源使用占比的提高可以减少碳排放。

---

① IPCC. Climate Change 2021: The Physical Science Basis[M]. Cambridge: Cambridge University Press, 2021.

表Ⅰ-1 能源分类

分类标准	能源类型	定义	能源名称
是否可再生	可再生能源	可以不断得到补充或能在较短周期内再产生	风能、水能、海洋能、太阳能、地热能和生物质能等
	不可再生能源	经过极为漫长的时间才可形成	煤、石油和天然气等
形成机理	化石能源	经长时间地质变化形成，只供一次性使用的能源	煤、石油和天然气等
	非化石能源	非煤炭、石油、天然气等经长时间地质变化形成，只供一次性使用的能源类型外的能源	风能、太阳能、水能、生物质能、地热能、海洋能等
利用方式	一次能源	在自然界现成存在的能源	原煤、原油、天然气、水能、核能、风能、太阳能、地热能、生物质能等
	二次能源	由一次能源加工转换而成的能源产品	电力、煤气、蒸汽及各种石油制品等
	终端能源	去除了能源中间的加工转换环节的能源损失后（比如锅炉供热、电厂发电时的余热损失后），真正应用于生产生活的能量	电力、天然气等能够直接利用的能源
开发利用时期	常规能源	利用时间早，技术上成熟，使用比较普遍的能源	煤炭、石油、天然气、水能等
	新能源	新近利用或正在着手开发的能源	太阳能、风能、地热能、海洋能、生物能、氢能等

高耗能行业

高耗能行业是指生产过程中所消耗的一次能源或二次能源比重比较高、能源成本在产值中占成分比较高的产业，也可称为消耗能源密集型的产业。我国的六大高耗能行业包括石油、煤炭及其他燃料加工业，化学原料和化学制品制造业，非金属矿物制品业，黑色金属冶炼和压延加工业，有色金属冶炼和压延加工业，电力、热力、燃气及水生产和供应业。

碳排放

碳排放指煤炭、石油、天然气等化石能源燃烧活动和工业生产过程以及土地利用变化与林业等活动产生的温室气体排放，也包括因使用外购的电力和热力等所导致的温室气体排放（《碳排放权交易管理办法（试行）》）。碳排放是关于温室气体排放的总称或简称，由于温室气体中最主要的气体是二氧化碳，因此用碳（Carbon）一词作为代表。

碳排放量是指在生产、运输、使用及回收该产品时所产生的平均温室气体排放量。

碳排放量的计量单位是二氧化碳当量，根据中国气象报，“二氧化碳当量是指一种用作比较不同温室气体排放的量度单位。各种不同温室效应气体对地球温室效应的贡献度皆有所不同，为了统一度量整体温室效应的结果，又因为二氧化碳是人类活动产生温室效应的主要气体，因此，规定以二氧化碳当量为度量温室效应的基本单位。一种气体的二氧化碳当量是通过把这一气体的吨数乘以其全球变暖潜能值（GWP）后得出的（这种方法可把不同温室气体的效应标准化）”。

其中，全球变暖潜能值（GWP）为基于充分混合的温室气体辐射特性的一个指数，用于衡量相对于二氧化碳的、在所选定时间内进行积分的、当前大气中某个给定的充分混合的温室气体单位质量的辐射强度。全球变暖潜势表示这些气体在不同时间内在大气中保持综合影响及其吸收外逸热红外辐射的相对作用，二氧化碳的GWP值为1。例如在100年的时间跨度下，甲烷的GWP为25，那么减少1吨甲烷产生的效果相当于减少25吨二氧化碳。

辐射强迫是指在地球输入和输出能量的过程里，某个因子对地球输入和输出能量之间平衡产生的影响大小，其反映了该影响因子对气候变化的重要程度。正强迫即为使地球表面增暖，负强迫即为使地球表面降温。

温室气体

温室气体是指大气中由自然或人为产生的能够吸收和释放地球表面、大气和云所射出的红外辐射谱段特定波长辐射的气体成分。IPCC在《第三次评估报告》中提到水汽（H_2O）、二氧化碳（CO_2）、氧化亚氮（N_2O）、甲烷（CH_4）和臭氧（O_3）是地球大气中主要的温室气体。《京都议定书》将二氧化碳（CO_2）、氧化亚氮（N_2O）、甲烷（CH_4）、六氟化硫（SF_6）、氢氟碳化物（HFCs）和全氟化碳（PFCs）定为需要减排的温室气体。

碳源

碳源与碳汇是相对的概念，指的是向大气中排放二氧化碳，增加温室气体在大气中浓度的过程、活动或机制。在自然界里，碳源主要包括海洋、土壤、岩石以及生物等；在人类社会里，碳源主要包括工业生产活动、能源消耗活动、农业活动、城市废弃物和土地利用变化等。

碳预算

碳预算指在考虑到其他人为因素影响的情况下，能够将全球变暖限制在给定概率的给定水平的全球人为二氧化碳累积净排放量的最大数额①。

碳预算分为总碳预算和剩余碳预算，总碳预算是指从前工业化时期（1850–1900年）开始到全球升温达到特定水平所能产生的二氧化碳排放总量，剩余碳预算的含义为在将升温控制在特定温度水平以下的情况下，仍能排放多少二氧化碳[1]。根据IPCC的《2021年气候变化：自然科学基础》，全球平均气温升高达到1.07℃，从1850年至2019年已经累积排放了2390 ± 240吉吨二氧化碳（1吉吨二氧化碳等于10亿吨二氧化碳），在升温1.5℃的条件下，从2020年开始有50%的概率未来只剩500吉吨二氧化碳的剩余碳预算。

碳强度

碳强度是一国在一定时期内，二氧化碳排放量与国内生产总值的比值，即单位GDP的二氧化碳排放量。其计算公式为碳强度 = 二氧化碳排放总量/GDP。

碳强度将二氧化碳排放与GDP相结合，能够反映出一个国家自身发展过程中能源利用及相应碳排放的效益改进状况。碳强度的大小受经济发展阶段、技术水平、能源结构、能源强度等因素的影响②。

根据《新时代的中国能源发展》，2019年我国碳排放强度比2005年下降48.1%，提前实现了2009年提出的“2020年碳排放强度比2005年下降40% ~ 45%的目标”。

碳足迹

碳足迹即为人类活动过程中直接和间接的温室气体排放量，是国家、企业机构或个人通过交通运输、食品生产和消费以及各类生产过程等引起的温室气体排放的集合。其核算层面主要为产品碳足迹、企业或组织碳足迹、国

---

① IPCC. Climate Change 2021: The Physical Science Basis[M]. Cambridge: Cambridge University Press, 2021.

② 陈广玉．美国碳排放强度及其启示［J］. 能源与环境，2011，(3)：8-10.

家碳足迹[1]。

碳足迹与碳排放存在一定区别，对于企业而言，碳排放是指企业的生产经营活动中消耗的能源以及生产过程产生的温室气体排放，而碳足迹是企业运营、材料与产品运输、能源消耗、产品的分解等等一系列活动产生的碳排放之和。

黑碳

黑碳（Black Carbon，BC）也称烟煤，属于气溶胶种类，主要是由化石燃料、生物燃料和生物质的不完全燃烧形成的，也可以自然形成。黑碳是颗粒物质（PM）中吸收光线能力最强的成分，当其沉积在雪或者冰上时，会将热量吸收到大气中并降低反照率来起到暖化作用。

碳吸收

碳吸收

碳吸收指的是将游离的二氧化碳等温室气体固化的过程。

碳汇（carbon sink），是指吸收大气中的二氧化碳，从而减少温室气体在大气中的浓度的过程、活动或机制。根据吸收机制不同，碳汇大致可以分为森林碳汇、草地碳汇、耕地碳汇、土壤碳汇、海洋碳汇。

碳汇林业是指以应对气候变化、积累碳汇为主要目的开展的林业活动，在《京都议定书》中将造林、再造林这一碳汇林业项目作为重要的碳汇手段。

固碳

固碳即为增加除大气之外碳库的碳含量的过程，也称为碳封存。生物固碳过程包括通过土地利用变化、造林、再造林以及加强农业土壤碳吸收的实践来去除大气中的二氧化碳。物理固碳过程包括分离和去除烟气中的二氧化碳，或将二氧化碳长期储存在开采过的油气井、煤层和地下含水层。

森林蓄积量

森林蓄积量指一定森林面积上存在着的林木树干部分的总材积。我国目前森林蓄积量超过175亿立方米，连续30年保持增长，成为森林资源增长最

① 白伟荣，王震，吕佳．碳足迹核算的国际标准概述与解析［J］．生态学报，2014，34（24）：7486-7493.

多的国家。我国在自主贡献目标中提到2030年森林蓄积量比2005年增加45亿立方米左右。

碳循环

碳循环指的是碳以各种形式在大气、海洋、陆地、海洋生物圈和岩石圈中循环不止的过程。碳循环的过程主要表现在空气和陆地生物体之间、水体与生物体之间、空气和水体之间等等。在空气和陆地生物体之间，碳循环的过程主要包括绿色植物的光合作用从空气中吸收二氧化碳、植物生成的碳化合物通过食物链传递给动物、动植物通过呼吸作用以及死亡后被微生物分解作用将其体内的碳传递至空气中。水体与生物体之间也存在着类似于空气和陆地生物体的碳循环关系，还存在着二氧化碳与碳酸、碳酸盐之间的转化关系。在空气与水体之间，二氧化碳可以由大气进入水体，反之也可以由水体进入大气。

二氧化碳移除

二氧化碳移除（Carbon Dioxide Removal，CDR）指人为活动从大气中移除二氧化碳，并将其持久地储存在地质、陆地或海洋水库或产品中，其中包括人为增强生物或地球碳汇的行为，也包括直接空气捕集和封存。

碳捕集、利用与封存

碳捕集、利用与封存（CCUS），是应对全球气候变化的关键技术之一，即把生产过程中排放的二氧化碳进行提纯，继而投入到新的生产过程中，可以循环再利用，而不是简单地封存。其是一套技术流程，旨在通过安全地捕集、封存和利用生产过程中排放的二氧化碳以减少大气中的二氧化碳以备将来使用。

完整的CCUS流程为碳捕集、运输埋存与利用。当前二氧化碳捕集技术总体可分成四大类：燃烧后捕集技术、燃烧前捕集技术、富氧燃烧技术以及化学循环燃烧技术。二氧化碳运输是指将从排放源捕集并压缩后的二氧化碳通过管道、罐车或其他运输方式输送至特定埋存地点或利用地点的过程。二氧化碳封存包括地质封存与海洋封存两种。二氧化碳利用技术是指利用二氧化碳的物理、化学或生物学功能以生产具有商业价值的产品的工业和农业利用技术。目前碳捕集、利用与封存技术的成本仍较高，需要进行更多技术创新推动成本降低以推广CCUS技术，助力碳达峰、碳中和目标的实现。

直接空气捕集（DAC）指的是使用化学试剂将二氧化碳与周围空气分离，然后将捕集的二氧化碳永久存储在地质构造中。DAC技术的优势主要在于应用场景广泛，可以对数以百万计的小型化石燃料燃烧装置以及数以亿计的交通工具等分布源的二氧化碳进行捕集处理[①]。2021年8月，美国能源署宣布将投入2400万美元到发展直接从空气中捕集和储存二氧化碳新技术的项目中。

生物能源与碳捕集和储存

生物能源与碳捕集和储存（BECCS）将碳捕集与埋存技术与生物质结合起来，树木随着生长从大气中吸收二氧化碳，然后将树木砍伐作为生物发电厂的燃料。BECCS技术实际上是将生物质能利用与碳捕集和储存技术相结合，通过碳捕集和储存技术分离生物质能利用时产生的碳排放。生物发电厂将配备碳捕集技术来限制排放，已燃烧状态的生物碳无法进入大气，并达到长期存储在埋存地点的效果，目前英国的Drax公司已经展开了BECCS项目试点，利用BECCS实现碳减排。

脱碳

脱碳指的是国家或其他实体旨在实现低碳经济或个人旨在减少碳消耗的过程。在实现碳中和的过程中，需要实现全球经济的脱碳，将经济发展与碳排放脱钩，实现零碳发展。

蓝碳

蓝碳就是利用海洋活动及海洋生物吸收大气中的二氧化碳，并将其固定、储存在海洋中的过程、活动和机制。海洋在碳循环过程中扮演着重要的角色，在固碳过程中起到了极大的作用，沿海（如红树林、盐沼、海草）和海洋生态系统中的生物捕获的碳，其在被捕获后储存在生物和沉积物中。2021年3月，湛江红树林碳汇项目成功注册，成为我国首个“蓝碳”碳汇项目。

---

① 张杰，郭伟，张博，等．空气中直接捕集CO_2技术研究进展［J］．洁净煤技术，2021，27（2）：57-68.

低碳相关名词

低碳产品认证

低碳产品认证，是以产品为链条，吸引整个社会在生产和消费环节参与到应对气候变化。通过向产品授予低碳标志，从而向社会推进以顾客为导向的低碳产品采购和消费模式。以公众的消费选择引导和鼓励企业开发低碳产品技术，向低碳生产模式转变，最终达到减少全球温室气体的效果。

低碳技术

低碳技术涉及电力、交通、建筑、冶金、化工、石化等部门以及在可再生能源及新能源、煤的清洁高效利用、油气资源和煤层气的勘探开发、二氧化碳捕集与埋存等领域开发的有效控制温室气体排放的新技术。

低碳技术可分为三个类型：第一类是减碳技术，是指高能耗、高排放领域的节能减排技术，煤的清洁高效利用、油气资源和煤层气的勘探开发技术等。第二类是无碳技术，比如核能、太阳能、风能、生物质能等可再生能源技术以及氢能等新能源技术。第三类是去碳技术，典型的是二氧化碳捕集与埋存（Carbon Capture and Storage，CCS）、碳捕集、利用与封存（Carbon Capture，Utilization and Storage，CCUS）、生物能源与碳捕集和储存（Biomass Energy with Carbon Capture and Storage，BECCS）、直接空气捕集（Direct air capture，DAC）。

低碳社会

在可持续发展理念的指导下，通过转变发展方式、改善能源结构、推进技术进步、产业转型升级，尽可能减少化石能源的消耗，降低温室气体的排放，实现经济社会与生态环境协调发展。即通过创建低碳生活，发展低碳经济，培养可持续发展、绿色环保、文明的低碳文化理念，形成具有低碳消费意识的社会①。

低碳经济指的是在可持续发展理念指导下，通过技术创新、制度创新、产

① 赵旭东．节能减排常用词语［M］．北京：中国标准出版社，2013.

业转型、新能源开发等多种手段，尽可能地减少煤炭石油等高碳能源消耗，减少温室气体排放，达到经济社会发展与生态环境保护双赢的一种经济发展形态。

低碳经济的核心内容是低碳技术，其目标是实现低消耗、低排放、低污染。低碳经济要求改善我国的能源框架体系，降低对石油、煤炭等传统化石能源的依赖，推动新能源技术的开发和应用，减少碳排放，对我国的发展提出了挑战。

绿色建筑

根据《绿色建筑评价标准》，绿色建筑指的是在全寿命期内，节约资源、保护环境、减少污染，为人们提供健康、适用、高效的使用空间，最大限度地实现人与自然和谐共生的高质量建筑。截至2020年底，全国城镇建设绿色建筑面积累计超过50亿平方米。

绿色金融相关名词

绿色金融

绿色金融

绿色金融是指为支持环境改善、应对气候变化和资源节约高效利用的经济活动，即对环保、节能、清洁能源、绿色交通、绿色建筑等领域的项目投融资、项目运营、风险管理等活动所提供的金融服务。

绿色金融体系是指通过绿色信贷、绿色债券、绿色股票指数和相关产品、绿色发展基金、绿色保险、碳金融等金融工具和相关政策支持经济向绿色化转型的制度安排。

绿色信贷通常被称为可持续融资（Sustainable Finance）或环境融资（Environmental Finance）。宏观上的绿色信贷就是指银行业金融机构在遵循对应产业政策的基础上利用利率杠杆调控信贷资金的流向，实现资金的“绿色配置”。具体而言就是对“高能耗、高污染”行业实施信贷管制，通过项目准入、高利率、额度限制等约束其发展，引导其转变高能耗、高污染的经营模式；同时通过提供配套优惠的信贷政策与信贷产品，来加大对节能环保、低碳循环产业的扶持力度，使节能环保产业产生更大的生态效益，并反哺金融机构，最终实现生态与金融业的良性循环[①]。

绿色债券是将所得资金专门用于资助符合规定条件的绿色项目或为这些项目进行再融资的债券工具。根据中国人民银行的数据，截至2020年末，中国绿色债券存量8132亿元人民币，居世界第二。绿色债券包括绿色金融债、绿色企业债、绿色公司债、非金融企业绿色债务融资工具、绿色结构融资类工具。

碳中和债是绿色债务融资工具的子品种，全称为碳中和绿色公司债，主要指募集资金专项用于具有碳减排效益的绿色项目的债务融资工具，募集的资金专项适用于经认证具有碳减排效益的绿色产业项目建设、运营、收购或偿还碳中和项目贷款等[②]。2021年2月9日，中国长江三峡集团有限公司、中国南方电网有限责任公司、华能国际电力股份有限公司、国家电力投资集团有限公司、四川省机场集团有限公司、雅砻江流域水电开发有限公司等六家发行人发行登记首批碳中和债券，总发行规模为64亿元。

绿色税收

绿色税收又称环境税收，指对投资于防治污染或环境保护的纳税人给予的税收减免，或对污染行业和污染物的使用所征收的税。绿色税收旨在保护环境、推动合理利用资源、推进绿色生产消费。

碳税是针对二氧化碳排放所征收的税。目前在OECD国家中，征收碳税的包括英国、法国、日本等29个国家。碳税的征收对象主要是化石燃料中的碳，由于所有的化石燃料经过使用后，其中的碳不仅会作为二氧化碳排放，还会形成其他温室气体，因此碳税相当于对每个二氧化碳当量单位征收的排放税。

能源税，即征收的燃料能源含量税，该税可减少对能源的需求，进而减少使用化石燃料所产生的二氧化碳排放。

ESG

ESG是责任投资中的专有名词，是三个英文单词首字母的缩写，即环境

---

① 孔瑞．我国绿色信贷发展研究［D］．山东：山东师范大学，2015.

② 新华社．债市践行绿色发展理念创新推出碳中和债［EB/OL］.（2021-02-12）［2022-07-22］. http://m.xinhuanet.com/2021-02/12/c_1127095888.htm.

（Environmental）、社会（Social）和公司治理（Governance）。ESG是衡量上市公司是否具备足够社会责任感的重要标准。ESG是近年来金融市场流行起来的投资策略，旨在产生长期的财务回报，同时对社会做出积极贡献。其内涵包括气候变化、能源、社会发展等等多方面的要素，有助于企业提高自身价值。目前ESG已经被看作一项评价企业的重要标准，国外的主要股票市场已经编制了ESG指数，我国也编制出了ESG指数。

绿证

绿证即为绿色电力证书，是国家对发电企业每兆瓦时非水可再生能源上网电量颁发的具有独特标识代码的电子证书，是非水可再生能源发电量的确认和属性证明以及消费绿色电力的唯一凭证。绿色电力指的是在生产电力的过程中，它的二氧化碳排放量为零或趋近于零。绿电的主要来源为太阳能、风力、生质能、地热等，中国主要以太阳能及风力为主。

碳金融

碳金融

一般而言，碳金融泛指所有服务于限制温室气体排放的金融活动，包括直接投融资、碳指标交易和银行贷款等。碳金融运用金融资本去驱动环境权益的改良，以法律法规作支撑，利用金融手段和方式在市场化的平台上使相关碳金融产品及其衍生品得以交易或者流通，最终实现低碳发展、绿色发展、高质量发展的目的。

碳资产

碳资产指的是在碳排放权交易机制下，产生的可直接或间接影响组织温室气体排放的配额排放权、减排信用额及相关活动的资产。碳资产主要包括企业由政府分配的排放量配额、企业通过创新技术减少的碳排放量以及企业申请到的清洁发展机制项目或者国家核证自愿减排项目。根据目前碳资产交易的制度，碳资产可以分为配额碳资产和减排碳资产①。

① 吴宏杰．碳资产管理［M］．北京：清华大学出版社，2018.

碳盘查

碳盘查指的是计算政府、企业等单位在社会和生产活动中各环节直接或者间接排放的温室气体的过程。碳盘查的具体流程是对企业或组织的活动进行现场核查，查找二氧化碳排放边界及排放源，计算其二氧化碳排放水平，最后进行汇总校验。碳盘查的目的就是帮助各个组织明确碳排放来源与排放水平，从而更好地制定合理高效的减排策略以减少碳排放，助力碳达峰、碳中和目标的实现。

碳交易

碳交易是为促进全球温室气体减排、减少全球二氧化碳排放所采用的市场机制。《京都议定书》把市场机制作为解决二氧化碳为代表的温室气体减排问题的新路径，即把二氧化碳排放权作为一种商品，从而形成了二氧化碳排放权的交易，简称碳交易。

欧洲、美国等国家或地区均陆续设立了碳排放交易市场，将碳排放权与减排措施实现的减排额度进行量化并形成指标，从而在市场上进行交易。我国的碳交易起始于2011年10月国家发展改革委下发《关于开展碳排放权交易试点工作的通知》，经历几年的发展后，2020年12月25日由生态环境部出台了《碳排放权交易管理办法（试行）》，开始推动我国碳交易市场快速发展。

目前我国碳排放交易的交易产品即为碳排放权，交易主体是重点排放单位以及符合国家有关交易规则的机构和个人。此处的碳排放权指的是国家核证自愿减排量（Certified Emission Reduction，CCER），即为依据《温室气体自愿减排交易管理暂行办法》的规定，经国家发改委备案并在国家注册登记系统中登记的温室气体自愿减排量，是碳交易市场的标的。碳排放权配额来源于一级市场的政府免费发放或拍卖，以及在二级市场上向其他企业或投资机构购买的配额。

碳价

碳价指的是排放二氧化碳的价格。碳价能够通过提高化石能源的使用成本，从而向市场传递信号，调节化石能源的供需水平，进而达到调整市场资源、减少二氧化碳排放的目的。在我国碳交易市场开市首日，首笔全国碳交易价格为每吨52.78元，总共成交16万吨，交易额为790万元。

绿色溢价

绿色溢价指的是选择清洁技术的成本比排放更多温室气体的技术的成本高多少。其可以作为一个测量体系，展示人类在阻止气候变化领域取得的进展，同时测量“零碳”解决方案的成本。其计算公式为绿色溢价 = 零碳排放成本 - 传统能源成本。假如购买牛肉的价格为每磅3.79美元，而基于植物的零碳汉堡价格为每磅5.76美元，那么零碳汉堡的“绿色溢价”是两者之间的差价，即1.97美元。

附录Ⅱ
企业温室气体核算方法简介

企业想要采取有效措施降低碳排放，前提是要明确当下碳排放总量和碳排放结构。目前，国际与国内都已出台了可操作性较强的核算方法与指南供企业选择。随着碳中和工作进一步推进，更多高排放、高耗能的行业将会纳入碳交易市场，监管部门对企业碳排放数据的核算方式和精准度也会有更高要求，因此，对于企业来说，了解各类温室气体核算方法和核算温室气体的步骤是十分必要的。中大咨询研究员对现有的企业温室气体核算方法开展了研究，下面将介绍温室气体的主要核算方法、核算指南和核算步骤。

企业核算温室气体的意义

摸清企业“碳家底”，准确掌握温室气体排放量是企业实现碳中和、管理碳资产的起点。对于企业来说，实现碳减排首先要明确温室气体排放的总量，其次要定位温室气体具体产生于生产经营的哪些环节，进而才能确定企业减排的目标，并制定针对性措施降低温室气体排放，开展碳资产管理工作。

核算主要方法：计算与在线监测

温室气体核算的主要方法分为排放因子法、质量平衡法和在线监测三种方法，当前排放因子法应用更加广泛。

排放因子法

排放因子法是政府间气候变化委员会（IPCC）提供的碳核算基本方法，基本原理为：

温室气体（GHG）排放 = 活动数据（AD）× 排放因子（EF）

其中AD是导致温室气体排放的生产或消费活动的活动量，如每种化石燃料的消耗量、净购入的电量等；EF是与活动水平数据对应的系数，包括单位热值含碳量或元素碳含量、氧化率等，是单位生产或消费活动量的温室气体排放系数。EF值可以从IPCC、国家、省市或行业提供的标准指南中选择缺省值。

质量平衡法

质量平衡法是指根据每年用于国家生产生活的新化学物质和设备，计算为满足新设备能力或替换去除气体而消耗的新化学物质份额，具体原理为：

二氧化碳（CO_2）排放 =（原料投入量 × 原料含碳量 – 产品产出量 × 产品含碳量 – 废物输出量 × 废物含碳量）× 44/12

该方法的优势是可反映碳排放发生地的实际排放量，不仅能够区分各类设施之间的差异，还可以分辨单个和部分设备之间的区别；尤其当年际间设备不断更新的情况下，该种方法更为简便，但目前应用较少。

实测法

实测法基于排放源实测基础数据，汇总得到相关碳排放量。现场测量一般通过碳排放监测系统连续监测浓度和流速测量排放量，也可以通过采集样品利用专门的监测设备和技术进行定量分析。目前实测法实际应用较少，但随着碳市场对企业碳排放量精确度要求提升，实测法也将获得更进一步的发展。

企业温室气体核算指南简介

《温室气体核算体系：企业核算与报告标准》

《温室气体核算体系：企业核算与报告标准》（以下简称《企业标准》）是当前最通用的企业温室气体核算方法论，其中对如何界定组织范围、如何界定运营范围、如何选择排放因子都给出了详细的解释，也是我国各类核算方法论参考的重要文件。《企业标准》采用排放因子法计算，适用于各行业企业，包括直接排放较多的电力、工业类企业，也包括直接排放较少的第三产业企业。对于我国未纳入碳排放交易市场的企业来说，《企业标准》可以作为碳核算工作的方法论。

《企业温室气体排放核算方法与报告指南 发电设施（修订版）》

2021年6月25日，全国碳排放权市场启动，为了满足全国碳排放权市场对更加精准的碳排放核算的需求，生态环境部出台了《企业温室气体排放核算方法与报告指南 发电设施（修订版）》（以下简称《发电设施方法与指南》），对首批纳入全国碳排放权交易市场的发电行业重点排放单位（含自备电厂）使用燃煤、燃油、燃气等化石燃料及掺烧化石燃料的纯凝发电机组和热电联产机组等发电设施核算温室气体排放量提供了计算指南，并指明其他企业发电设施可参照执行。《发电设施方法与指南》同样采用排放因子法。对于目前纳入全国碳交易市场的发电设施来说，使用《发电设施方法与指南》是强制性要求，随着未来碳市场的扩容，预计钢铁、有色等行业也将出台相应的报告指南。

行业企业温室气体排放核算方法与报告指南

为了支持试点碳交易市场的建设，国家发改委在2013–2015年期间分三批发布了24个行业企业的温室气体排放核算方法与报告指南，涵盖了工业与制造业的大部分细分行业，也包含了建筑等碳排放主体的核算方法，对于尚未纳入全国碳排放权交易市场的企业来说，行业指南依然可以作为核算碳排放的标准。

表Ⅱ–1 国家发改委印发24个行业的温室气体排放核算方法与报告指南

第一批10个行业
《中国发电企业温室气体排放核算方法与报告指南（试行）》
《中国电网企业温室气体排放核算方法与报告指南（试行）》
《中国钢铁生产企业温室气体排放核算方法与报告指南（试行）》
《中国化工生产企业温室气体排放核算方法与报告指南（试行）》
《中国电解铝生产企业温室气体排放核算方法与报告指南（试行）》
《中国镁冶炼企业温室气体排放核算方法与报告指南（试行）》
《中国平板玻璃生产企业温室气体排放核算方法与报告指南（试行）》
《中国水泥生产企业温室气体排放核算方法与报告指南（试行）》

续表

《中国陶瓷生产企业温室气体排放核算方法与报告指南（试行）》
《中国民航企业温室气体排放核算方法与报告格式指南（试行）》
第二批4个行业
《中国石油和天然气生产企业温室气体排放核算方法与报告指南（试行）》
《中国石油化工企业温室气体排放核算方法与报告指南（试行）》
《中国独立焦化企业温室气体排放核算方法与报告指南（试行）》
《中国煤炭生产企业温室气体排放核算方法与报告指南（试行）》
第三批10个行业
《造纸和纸制品生产企业温室气体排放核算方法与报告指南（试行）》
《其他有色金属冶炼和压延加工业企业温室气体排放核算方法与报告指南（试行）》
《电子设备制造企业温室气体排放核算方法与报告指南（试行）》
《机械设备制造企业温室气体排放核算方法与报告指南（试行）》
《矿山企业温室气体排放核算方法与报告指南（试行）》
《食品、烟草及酒、饮料和精制茶企业温室气体排放核算方法与报告指南（试行）》
《公共建筑运营单位（企业）温室气体排放核算方法和报告指南（试行）》
《陆上交通运输企业温室气体排放核算方法与报告指南（试行）》
《氟化工企业温室气体排放核算方法与报告指南（试行）》
《工业其他行业企业温室气体排放核算方法与报告指南（试行）》

企业核算温室气体的步骤

企业核算温室气体可以分为六个步骤。

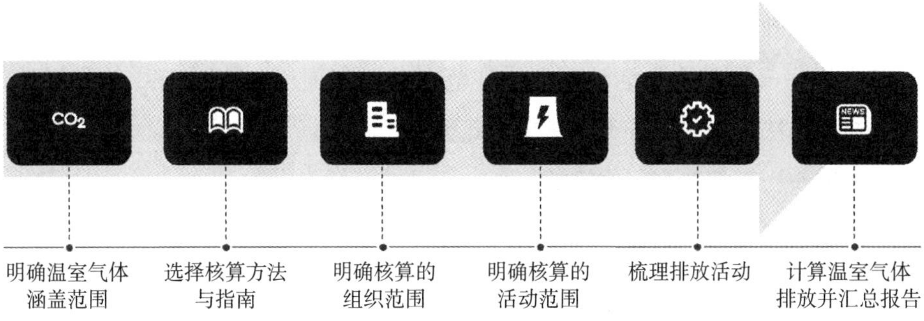

图Ⅱ-1 企业核算温室气体排放量步骤

步骤一：明确温室气体涵盖范围

并不是所有温室气体都需要纳入核算范围，根据《京都议定书》规定，需要核算的温室气体通常包括6种，分别是二氧化碳（CO_2）、甲烷（CH_4）、氧化亚氮（N_2O）、氢氟碳化合物（HFCs）、全氟碳化合物（PFCs）、六氟化硫（SF_6）。

步骤二：选择核算方法与指南

纳入全国碳排放权交易市场的企业，根据生态环境部要求选择核算方法与指南；未纳入企业根据自身所处行业和核算需求选择方法论。

步骤三：明确核算的组织范围

集团类企业需要明确整个企业范围内，有哪些主体需要纳入核算范围。《企业指南》对此提出了股权比例法和控制权法两种方法，企业可以自行选择。需要注意的是企业需要在整个集团内保持统一标准，以避免重复和遗漏。

股权比例法：企业根据其在各业务中的股权比例核算温室气体排放量。

控制权法：企业对其控制的业务范围内的全部温室气体排放量进行核算，对持股但没有控制权的业务产生的温室气体排放量不核算。

步骤四：明确核算的活动范围

在确定企业内部的核算范围后，需要更进一步地确认哪些生产经营活动需要纳入碳排放。为了避免重复核算，《企业标准》引入了“范围”的概念，将产生温室气体的企业活动划分为“范围一、范围二、范围三”三个类别，其他核算方法与指南的分类方法也与此类似。

范围一：直接温室气体排放

范围一通常是企业必须纳入统计范围的温室气体排放活动。直接温室气体排放是指一家企业拥有或控制的排放源，例如企业拥有或控制的电厂、锅炉、熔炉、车辆等产生的燃烧排放，拥有或控制的工艺设备进行化工生产所产生的排放（生物质燃烧产生的直接二氧化碳排放不计入范围一）。

范围二：外购电力产生的间接排放

范围二同样是核算的必选项，是核算一家企业所消耗的外购电力产生的间接温室气体排放。外购电力指通过采购或其他方式进入企业组织边界内的电力。范围二的排放实际来源于电力生产设施。

范围三：其他间接温室气体排放

范围三考虑了所有其他间接排放，一般不作为企业必须核算的选项。范围三的排放是一家公司上下游行业合作伙伴的碳排放，不是产生于该公司拥有或控制的排放源。例如，开采和生产采购的原料、运输采购的燃料，以及售出产品和服务的使用。范围三一般用于某项产品全生命周期碳排放的核算。

图Ⅱ-2　价值链上的范围与排放概览

步骤五：梳理排放活动

根据步骤四确定的运营活动范围，详细梳理企业生产运营过程中产生的碳排放活动。例如，范围一的活动可能包括企业组织边界内固定排放源的燃料燃烧，如锅炉、熔炉、涡轮机及企业的自备电厂；范围二包括企业从电厂、售电公司等主体内购买的所有电量。

步骤六：计算温室气体排放并汇总报告

根据所选计算标准及与指南提供的计算方法与缺省参数，计算出各项活动的温室气体排放量，并结合监管部门要求、企业自身碳排放管理需求、信息披露需求，汇总成企业层面的温室气体排放报告。

编制企业温室气体排放清单、明确企业温室气体排放数量是企业开展碳排放管理的基础与起点，在碳减排要求越发严格和碳交易市场各类标准逐渐明晰的趋势下，准确核算碳排放量对企业来说也将更加重要。

后 记

气候问题已成为国际焦点问题，如何应对气候变化是全球亟待解决的关键议题。自1992年《联合国气候变化框架公约》获得通过以来，全球治理气候变化的进程已经向前推进了30年，全球各经济体也逐步开展了相应的举措来治理环境、应对气候变化。目前，全球已有192个缔约方批准了《巴黎协定》，194个经济体设置了国家自主贡献目标，128个经济体提出了碳中和目标。应对气候变化作为与人类社会发展息息相关的命题，引起了全球的重视。

2020年9月22日，习近平主席提出了我国的碳达峰碳中和目标，按下了我国推进实现碳中和、应对全球气候变化等重点工作的加速键。随后，我国陆续出台相应的政策文件，以碳达峰碳中和“1+N”政策体系指导我国双碳工作推进。在双碳目标的推进下，发展新能源、新产业、新技术将为社会带来生产生活各个方面的变革，影响各个行业、各个企业的发展模式。

中大咨询自1993年成立至今，长期致力于解决政府与企业面临的复杂问题，为各类客户提供行业咨询、管理咨询、数字化、政府咨询、国企改革以及培训等服务，帮助客户解决问题、实现可持续发展。在我们的咨询实战中，也在与客户沟通交流我国的碳中和目标所带来的影响，引发了更多的讨论与思考，更深刻地认识到双碳目标带来的是深层次的系统性社会变革。因此，我们成立了双碳课题组，依托多年深耕市场积累的丰富经验，开展了双碳课题的研究，并完成了本书的撰写。

本书从宏观、行业、企业三个视角分析了碳中和，帮助各位读者能够从多角度理解碳达峰碳中和。宏观层面上，我们探讨了双碳背景、全球碳排放现状、主要经济体降碳政策发展趋势。行业层面上，我们探讨了五个高排放行业与产业园区的降碳路径，还关注了碳交易市场的发展。同时，我们探寻了碳汇、CCUS和碳金融等降低碳排放的辅助手段。企业层面上，我们分别选取了多个领域的降碳标杆企业，分析其领先举措。

在本书的撰写中，我们翻阅了大量的文献资料，包括各位学者发表的期刊论文和学术论文、研究机构发布的研究报告、业内专家的公开讲话、政府公开的政策与大量数据、专业机构公布的统计数据。其中国家统计局、IEA、世界银行、CEADs、Our World in Data、Climate Watch、BP等机构或公司所公布的数据对我们的研究起到了重要的支撑作用，《碳中和经济学》《一本书读懂碳中和》《中国碳中和通用指引》、*Emissions Trading Worldwide: Status Report*、*Decarbonising Road Freight: Getting into Gear*、《零碳智慧园区2022白皮书》《碳资产管理》等图书或报告文献对我们的研究提供了重要的资料支撑作用，《BP公司战略与组织变革及其启示》《英国碳市场建设及英国石油公司碳资产管理启示》《碳足迹视角下ICT产业碳排放对环境的影响》《一“碳”究竟——碳中和入门核心词典&迈开碳中和的脚步系列三》《主要国家实现“碳中和”路线图》《中国节能政策变迁研究》《商业银行绿色信贷创新实践与相关政策建议》《锚定碳中和 电力行业减排扬帆》《煤电机组灵活性运行政策研究》《国内钢铁行业碳中和路径》《碳中和——推动水泥行业高质量发展》《碳中和背景下绿色装配式建筑发展前景展望》《2021中国商业建筑碳中和实施路径研究报告》等文献为我们的研究提供了重要的研究素材，上海环境能源交易所、天津碳排放权交易所、湖北碳排放权交易中心、广东碳排放权交易中心等碳排放权交易中心公开的研究以及报告为我们的研究同样提供了重要的资料支撑作用，IPCC、World Economic Forum、中信研究院、中信证券、招商证券、安信证券、华创证券、东北证券、华宝证券、方正证券等机构的研究报告为我们的研究提供了重要的资料来源作用（排名不分先后）。在此我们要向文中所引用参考的文献作者表达衷心的感谢。

在成书的过程中，我们其他的课题团队以及研究院专家也提出了很多宝贵的意见和建议，在这里对各位专家的辛苦付出致以最诚挚的谢意。